近代青海 社会救济研究

Research on Social Relief in Modern

王 梅 / 著

摘 要

社会救济与贫困问题相伴而生，是国家和社会为陷入贫困的各类人群给予接济和帮助，使其生活得到基本保障的制度和行为。这是一个复杂的课题，涉及诸多内容，唯救济对象一般划分为两大类：一类是因老、弱、病、残疾等个人生理原因以及其他因个人能力和社会原因导致的常态贫困人口，另一类是因遭受天灾人祸的打击而陷入困境的人们。依据救济对象的划分，本书的研究围绕常态的贫困救济和灾荒救济两大板块展开。又因青海民族地区特殊的自然环境和人文环境下社会救济事业的开展在沿着“国家大历史”轨迹行进的同时又具有独特性，因此本书选择以近代青海作为研究的特定时空背景。具体而言，本书的论述分六部分展开。

第一部分为绪论，对社会救济的整体及区域研究的前期成果进行了回顾，指出对青海民族地区社会救济事业进行全面、系统研究的必要性。同时提出在写作视角上，在关注官方的救助行为的同时，将视角转入普通人和下层社会，对各民族由血缘性和地缘性支撑下的互助共济、融入习俗中的慈善行为予以关注，探究在困境中基层社会存在和发展的原动力。

第二部分从青海地区的自然环境、气候条件，以及人文环境、行政设置的历史沿革等入手，对本书的研究客体做一较为详细的介绍。指出位于青藏高原东北部的青海海拔高、地形复杂，形成了以寒冷、干旱、多风为特点的高原大陆性气候。特殊的自然地理环境因素，使本区在近代一直频遭自然灾害的侵扰。而人文环境上，多民族聚居的青海，在生计方式上农耕和畜牧并存；政治制度上，近代青海府县制与土司制度并存，并保留了一定的政教合一制度；宗教氛围浓厚，寺院在该地发挥着政治和经济功能。而且在传统社会多元构成的基础上，又有近代因素的发轫。人文特征的多样性，使救济活动的开展带有地域的烙印，有着与中原地区不同的异质性特征。

第三部分对近代青海常态贫困救济的开展，以救济活动实施的主体不同分官方（国家和地方）、民间、外来力量三个层面加以论述并兼论其成效。

官方的救济活动包括：官办救济机构的设立，开展“冬令救济”，设立平民工厂，实行义务教育、平民教育以及多类奖助项目的助学活动，因突发情形而返贫的民众的灵活救济等。

民间力量的慈善救济包括：民间由血缘性和地缘性支撑下的互助共济、融入习俗中的慈善行为，民间慈善团体施舍贫民的活动以及宗教组织在收容孤儿、流浪人员等弱势群体，医疗救助、助葬、举办冬赈等方面的作为。而作为外来力量，西方教会在传播“福音”的过程中，在教育、医疗等方面开展了一定的慈善救济活动。

第四部分对近代青海灾荒救济的开展情况，以救济活动实施的主体不同分官方（国家和地方）、民间、外来力量三个层面加以论述并兼论其成效。

政府的救灾活动。政府的救灾除机构的设置和制度层面的建设外，具体分防灾、应灾、灾后善后三个阶段展开。灾前的预防包括植树造林、兴修水利、鼓励农垦、禁烟、发展仓储、备荒植物的推广种植，设立气象、水文监测机构等备荒措施，以及以卫生机构的免疫种痘、卫生清洁运动的发起、卫生观念的普及等为内容的防疫举措；灾害发生时，按规定勘灾、定灾后，政府开展了急赈、工赈、疫病的救治等赈济措施；灾后，政府通过安辑流民、蠲缓、灾后补种、借贷、对粮食流通进行管理等多种手段来平抑粮价，恢复生产。

灾荒救济中的民间力量。在面对灾害时，除向政府呼吁请赈外，民众也有一定的自救行为，包括结成互助关系、民间土法防疫、祈雨防雹等。此外，民间个体、宗教组织、救灾团体参与赈灾，形成多重的民间救灾格局。而作为外来力量，西方传教士在灾害发生时治疗时疫、救治伤员、发放赈济粮，为灾民提供了一定的帮助。

第五部分揭示近代青海的救济事业从晚清到民国近百年的发展过程中呈现的诸多特点，反映出的国家—地方—社会的互动模式。

第六部分为结语，总结近代青海社会救济事业的成效，并结合当代地方实际，探讨近代青海民族地区社会救济研究留给我们的思考和启发。

关键词： 近代青海　社会救济　慈善救济　灾荒救济

Abstract

Social relief goes hand in hand with poverty problems, is the assistance and help that state and society provide for all kinds of people in poverty, so that their lives could be protected by basic security system. This is a complex subject, involving many contents, but the relief objects are generally divided into two categories. One is group of the old, the weak, the sick and people who get stuck to poverty due to some social reasons. Another kind is the people who suffer from natural disasters and unexpected incidents. In accordance with them, the thesis mainly tackles two aspects which are closely related to normal relief and famine – related relief.

Taken as many factors as possible into consideration, like the status quo of social relief in Qinghai province which has a variety of ethnic groups and its unique development along the historical river of China, the thesis is set in the contemporary time. The thesis is developed in the following chapters.

The first chapter provides an overview on the social relief and the findings in previous studies, which help indicates the necessity of doing so. Besides the government – guided social relief, the thesis also touches upon the diverse formations of relief and charity activities going on among ordinary people because of the blood – bond and the relationship in the concerning local communities. It also helps find out the motivation of the social development under rough situations.

The second chapter covers the roles different elements playing in the social relief, which ranges from the natural and humanistic environment to its changing administrative systems. Lying in the northeast of Qinghai – Tibetan Plateau, Qinghai has all the features of the typical plateau continental climate such as drying, less rain, windiness, long sunshine, cold and so on, which makes it inevitable for the people to suffer from varied natural disturbance. People here in

Qinghai rely mainly on farming and ranching and the political system is to some extent, the result of the combination of religion and politics. With the popularity in various religions, temples and mosques are playing remarkable role both politically and economically. All these elements make the social relief in Qinghai differ greatly from the rest of the country.

In the third chapter, the thesis compares and summaries social relief from three aspects: government – directed, non – governmental relief and assistance from other sources like individuals from other countries.

The official activities include the set – up of some institutions and the relief in winter times. The free compulsory education and diversified students – aid activities and scholarship projects are also carried out constantly. Non – governmental activities vary in its form and scale. Some get help from the blood – bonded people and people with closer relationships in their local communities. And others like the homeless and the orphans are provided accommodation by some religious organizations. People with different believes from abroad also hold some charitable campaigns to help the needed.

The fourth chapter emphasizes on the status quo of the famine – related relief from the same three aspects. As for the government – directed relief, the prevention, reaction during the disaster and the measures taken afterwards are the three main steps with the guidance of institution and a series of administration center. Prevention involves planting more trees and forests, building rivers and lakes, encouraging farming, banning smoke, preparing storages, promoting rare crops and setting up the surveillance institution. And the sanitary institution exert all sorts of steps like the vaccination, sanitary movement, and the dissemination of healthcare concepts.

When the unexpected disasters happen, the local government formulates a range of measures to provide the urgent reliet and pestilence treatment. After the disaster, relevant authorities places shelters for victims and refugees, plant the destroyed crops, planning loans, getting the crop market under control, stabilizing grain prices and restoring the production.

As far as the nongovernmental relief is concerned, the citizens in Qinghai are willing to make every possible effort to get out of straitened circumstances. Some work in teams to offer mutual help, others might utilize indigenous methods to cure pestilence and some even would pray to the gods for more rainfall and hail suppression. What' s more, numerous self-employed individuals, religious organizations and some rescuing teams work together in the face of the challenge. And the missionaries and people from other nations also contribute in the process of the rescue and treatment.

Chapter five analyses the achievement of the social relief in over 100 years from the late Qing dynasty to ROC (Republic of China). And it gives a clear demonstration on the interaction among the center and local government and society.

In the last chapter, the thesis puts up with some reflections and inspirations on the studies and research going on related to social relief in Qinghai.

Keywords: The Modern Times Qinghai; Social Relief; Charitable Relief; Famine Relief

目　录

绪　论 ………………………………………………………………… 001

第一章　青海的自然与人文环境 ………………………………… 014

第一节　青海的自然环境 ………………………………………… 014

第二节　青海的人文环境 ………………………………………… 022

第三节　近代青海的行政区划及建置的沿革 …………………… 036

第二章　济贫事业 ………………………………………………… 044

第一节　近代青海民族文化中的慈善观念及其发展 …………… 044

第二节　官方的济贫事业 ………………………………………… 047

第三节　民间的慈善救济 ………………………………………… 074

第四节　西方教会的慈善救济 …………………………………… 096

第五节　近代青海济贫事业的成效及其评价 …………………… 102

第三章　灾荒救济 ………………………………………………… 107

第一节　灾荒概况 ………………………………………………… 107

第二节　官方救灾 ………………………………………………… 123

第三节　民间救灾 ………………………………………………… 198

第四节　西方传教士的救灾 ……………………………………… 219

第五节　近代青海灾荒救济的成效及评价 ……………………… 221

第四章　近代青海社会救济的特点及反映的国家—地方—民间的互动关系 …… 230
第一节　近代青海社会救济的特点 …… 230
第二节　近代社会救济事业中国家—地方—民间的互动关系 …… 235

结　语 …… 242

参考文献 …… 252

附　录 …… 275
附录一　有关近代青海社会救济的部分法规 …… 275
附录二　近代青海自然灾害发生统计表 …… 286

绪 论

一 选题的理由和意义

20世纪80年代以来，随着国家政策导向的调整，学术氛围的活跃，关乎社会稳定和持续发展的社会救济事业越来越为学者所重视。特别是在社会转型期，新的社会问题的出现，对已有的社会保障制度提出了新的要求。如何建立一种更为公平、合理、有序的社会救济机制，便成为学术界关心和探讨的问题。本书从社会史的视角，在坚持历史学本位的基础上，将历史学与其他社会科学相结合，借助于社会学、灾害学、政治学等多种学科知识，对近代青海多民族聚居区这一特定区域的社会救济问题进行探讨，有助于进一步深化社会救济史领域的研究。因此，本书选题有一定的学术价值。

青海地区地处偏远，资源相对稀缺，就当今在地方经济迅速发展的同时，频发的自然灾害仍困扰着人们，常态的贫困问题依然很严峻。再者，随着城镇化建设的推进，民族地区已然或面临着大的变革，这也为地方社会保障制度的推进提出了新的课题。通过对历史上青海多民族聚居区社会救济事业的研究，总结正反两方面的经验和教训，能对今天逐步完善社会保障制度、全面建设小康社会提供一些借鉴。此外，本书通过对近代中央、地方、民间组织对青海广大农牧区的救济活动以及各少数民族民众自身融入生产、生活习俗中的互助共济行为的关注，以期引起政府部门在实施国家救助政策时，考虑如何从多民族聚居这一地方实际出发，并考虑如何借力于各民族的救助传统（如藏族的拉果组织和“朗姆”体系）。因此，本书的选题研究又具有现实意义。

有学者指出，社会救济事业的地方性很强，具有浓厚的地方色彩，愈到近代这种地方差异就愈加明显。而青海地区经济发展相对滞后，民族众多，宗教氛围浓厚，各种政治、宗教势力纵横交错，地方实力派与中央关系微妙。以上种种，就区域社会救济史的研究而言，这是一个极具特点的研究场域。而关于该地区社会救济事业的前人研究又存在一定的局限：区域上侧重于农业区，对广大牧区关注不够；内容上侧重于灾荒救济，对常态下的济贫内容关注不多。以近代该地区救济事业为对象的系统、整体的研究尚付诸阙如，还有发挥的空间。因而，本书选择的研究区域具有一定的代表性并存在研究的空间。

二　国内外研究现状及趋势

（一）关于社会救济史的整体研究

1. 民国时期的相关研究

民国时期社会问题丛生，当时的社会学家多关注时事，尤其对关乎民生的社会救济问题较为重视，纷纷著文探讨，如柯象峰《社会救济》（正中书局，1935）一书，指出社会救济的症结所在是贫困，而贫困又多是社会经济之各种制度所致，因此认为在社会救济中政府要承担很大的责任。该书对救济的对象做了分类，并逐一进行了详细论述。此外，在追溯古代救济事业的同时，又对当时（民国时期）社会救济事业的现状和存在的问题做了评述。该书对我们了解近代中国社会救济事业的发展脉络很有价值。其另外一部力作《中国的贫穷问题》（正中书局，1947），从贫穷相对应的生活程度的界定、贫穷原因的探讨入手，重点分析了贫穷的防治办法，即治本的预防政策——社会保健、治标的社会诊治——救济。预防政策方面提出要改善自然环境和社会环境，实行适当的人口政策。社会救济方面提出了“户外”和“户内”救济的概念，并分析了这两种救济方式的利弊，为我们提供了一个很好的分析范式。而社会学家高迈继续这一主题，在《我国户内救济之过去与今后》（《东方杂志》，1945）一文中重申了户内救济的内涵即指现在救济设施中的安老所、育婴所、育幼所、残疾教养所、习艺所、妇女教养所等留养机关，进而对其起源、发展、社会价值及今后应有之趋向做了论述。另在其所撰的《户外救济的纵横观》（《东方杂志》，1945）一文中对中西户外救济制度进行了历史的归纳，并重点对户外救济的利弊得失以及办理事项、原则做了概括性的说明。此外，高迈还撰《我国救济事业之过去与今后》［《青年月刊（南京）》，1935］一文，追溯了中国历代救济事业的发展变化，并指出民国时期的救济事业在特定的时空背景下渐趋组织化、科学化。言心哲所写的《中国社会事业机关调查》（国立中山大学编写组，1937），列举了19个省市的公立、私立的社会事业机关及其地址。李剑华的《非常时期之社会政策》（中华书局，1937）一书指出社会政策是由国家所施行的一切社会救济、社会改良政策，分贫穷救济政策和失业救济政策两方面。贫穷救济政策的推行又以国民经济建设的发展、废止苛捐杂税、举办低利借贷、设立公营典当等为具体措施。

具体到灾荒救济，民国时期学者的研究成果有于树德分别在1921年《东方杂志》第14期、第15期上发表的《我国古代之农荒豫防策：常平仓、义仓和社仓》及《我国古代之农荒豫防策：常平仓、义仓和社仓》（续）两篇文章，文章探讨了仓储在备荒中的作用，并详论常平仓、社仓和义仓的区别，各自的沿革及管理方法，进而分析了三仓的利弊。王武科的《中国之农赈》（商务印书馆，1936）考察了救灾中农赈的起源和发展及其在恢复农业生产、应对饥荒中所起的重要作用。邓拓的《中国救荒史》（商务印书馆，1937）一书是我国学术史上第一部较为完整、系统、科学地研究历代灾荒的专著，其内容分为灾荒和救荒两大部分。从某种意义上说，该书所确立的研究灾荒史的框架，常为后人所承袭。王龙章的《中国历代灾况与赈救政策》（重庆独立出版社，1942）在概述历代灾祸的同时，考证了历代的救济对策，对民国时期的社会救济事业、中央赈济机构的演变、赈济政策，中央近十年来的赈济工作做了回顾，对我们宏观了解民国时期的社会救济情况有参考价值。

2. 20世纪80年代以来的相关研究

社会救济事业的研究在新中国建立后，受当时历史条件的限制，一度停滞。20世纪80年代以来，随着国家政策导向的调整，学术氛围的活跃，关乎社会稳定和持续发展的社会救济事业，越来越为学者所重视。关于社会救济史的研究，成果蔚为大观，既有关于社会救济事业的整体研究，又有专门以灾荒救济为题的论著。国内外已有相关研究如下。

国内的研究主要有蔡勤禹的《国家社会与弱势群体：民国时期的社会救济（1927—1949）》（天津人民出版社，2003），该书从国民政府时期社会救济的立法、社会救济体制、救济机构、救济措施等方面入手，比较系统、全面地研究和考察了民国时期的社会救济。陈桦、刘宗志在《救灾与济贫——中国封建时代的社会救助活动（1750—1911）》（中国人民大学出版社，2005）一书中指出，“救灾与济贫”是中国封建时代社会救助内容的主体。在救助的实施方面，政府起主导作用，民间社会处于辅助地位。周秋光、曾桂林、向常水等人合著的《中国近代慈善事业研究》（天津古籍出版社，2013），以近代所发生、发展的慈善事业为研究对象，分慈善思想、慈善组织、慈善法制、慈善人物、宗教慈善、区域慈善等篇展开专题研究，重点考察了慈善事业在近代中国社会的演变和发展及其产生的影响。其中对西北地区慈善事业发展特点的总结中肯而独到，对笔者有所启发。张祖平的《明清时期政府社会保障体系研究》（北京大学出版社，2012）以明清政府举办的社会保障事业为研究对象，就政府举办的灾荒救济、济贫事业、养老保障、育幼事业等多种保障事业的历史沿革、运行机制、弊端及其防范机制等内容进行了探讨。

李文海等著的《灾荒与饥馑：1840—1919》（高等教育出版社，1991）是作者研究灾荒的系列成果之一。在概述近代灾害情况之余，详论政府的荒政，并结合近代以来中国半殖民地半封建的国家体制来分析荒政的弊端，是研究灾荒救济方面的重要参考书。夏明方的《民国时期自然灾害与乡村社会》（中华书局，2000），系统分析了民国时期自然灾害与乡村社会各个方面的互动关系，揭示了民国时期自然灾害的成因、发生实态及其在乡村社会各个层面的扩散过程。该书突破传统的学科界限，将灾荒问题和自然、生态、经济、政治、文化、心理等各个方面联系起来进行全方位、多层次的综合考察，创意颇多。余新忠的《清代卫生防疫机制及其近代演变》（北京师范大学出版社，2016）一书着重探讨了晚清卫生观念的演变及卫生防疫视野下的卫生行政与清洁运动的推进过程，借此展现了近世中国社会的变化和特点，本书在防疫方面的书写从中多有借鉴。以上成果为笔者从宏观上正确认识和把握社会救济事业提供了帮助。

国外的研究有日本学者夫马进的《中国善会善堂史研究》（商务印书馆，2005），该书从国家和社会的关系的角度对明末清初的善会善堂史进行了分析。印度学者让·德雷兹的《饥饿与公共行为》（社会科学文献出版社，2006）一书指出常态贫困造成的原因中“裹挟着根深蒂固的经济与社会弊端”；此外，作者认为政府对食物价格上涨的成功控制一般都将有利于保护弱势群体的权利。还有美国学者李明珠在《华北的饥荒：国家、市场与环境退化（1690—1990）》（人民出版社，2016）一书中认为“政府救灾的效率在抑制歉收对粮价波动的有效性中得以反映”。以上论著在研究角度方面多有创见。

（二）关于甘宁青地区的政治、经济、文化等方面的相关研究

有关甘宁青地区的政治、经济、文化等方面的研究成果，为近代青海社会救济问题的研究提供了背景材料，有的自身也涉及社会救济问题。如刘进的《中心与边缘：国民党政权与甘宁青社会》（天津古籍出版社，2004）考察了国民党政权对甘青宁地区的控制与开发，进而在区域视野下对国民党中央政权与地方政权之间的关系进行了研究，而在社会救济这一主题下，中央与地方的互动也是本书的关注点之一。黄正林的博士学位论文《黄河上游区域农村经济研究（1644—1949）》（河北大学，2006）以黄河上游流经的主要地区甘肃、宁夏、青海三省清朝至民国时期的农村经济为主要研究对象，主要涉及生态环境与农村人口、耕地和农作物种植结构的变化，农田水利和农村经济制度，农村市场等问题。陈秉渊的《马步芳家族统治青海四十年》（青海人民出版社，2007）对马氏家族在青海地区统治时政治上的专制、经济上的掠夺性做了分析，兼论青海教育、卫生、科技等发展缓慢的社会现实，并考察了中央与青海地方政权间的微妙关系。罗康隆的《族际文化制衡与资源利用格局》（《怀化学院学报》，2007）论述了青海三江源地区藏族的传统文化和水土资源利用方式在维持资源结构稳定、保护生态环境方面所起的作用。崔永红的《明代以来黄河上游地区生态环境与社会变迁史研究》（青海人民出版社，2008）一书的部分章节探讨了人口增长、农业垦殖、林业畜牧业的发展等对生态环境的影响，进而分析了经济开发、社会变迁与生态环境的互动关系。白文固等的《明清民国时期甘青藏传佛教寺院与地方社会》（青海人民出版社，2009）将明清以来甘青的藏传佛教寺院作为社会实体而非单纯宗教社团来进行考察，诠释了这一时期的藏传佛教寺院在甘青地方社会的地位、角色、作用、影响等问题，有助于我们深化对甘青地方社会历史及其特点的认识。马光星、闫国良合著的《土族文化概况》（青海人民出版社，2010）对土族的历史、经济生产、宗教信仰、风俗习惯、伦理道德等做了较为详细的论述，便于对青海土族有一全面的认识，进而了解其互助传统。

（三）关于西北及青海社会救济事业的区域研究

1. 民国时期的相关研究

民国时期的相关文章、著述，有青海省民政厅编《最近之青海》（新

亚细亚学会，1932），该书就青海各县建置、吏治、公安、地方自治、水利、社会事业、垦殖状况等项进行逐一论述。其中社会事业一节记述了青海各县的医院、救济院、大会场、收容所及仓储等，内容虽简略但相对信实，有很大的参考价值。张得善的《青海之政治经济及社会事业》（《地方自治》，1935）一文简要介绍了西宁等七县的社仓，并指出了社仓存在的弊端，提出了治理意见。此外，略述了青海省救济院下分的几个机构及其相应的运行情况，有一定的参考价值。王昱等主编的《青海风土概况调查集》（青海人民出版社，1985）收录了20世纪20～30年代时人编写的有关青海各地风土概况的调查记。这些风土调查记中对各县的公益、卫生等有所涉及，为我们保留了一定的原始材料。

具体到灾荒救济，民国时期的论著较少，笔者看到的只有为数不多的期刊文章，相对简短，内容也仅限于对灾况的陈述以及要求国家赈济和社会改良的呼吁，如廖觉的《外人观察中的中国灾荒》（《西北》，1929）、彭家礼的《社会情报：西北诸省的大灾荒》（《中国社会》，1937）、宪城的《各地灾荒惨象：西北角一年缺雨》（《现代农民》，1946）等。还有私人文集中也有涉及，如谢善述的《谢善述诗文集》（青海人民出版社，2002）以其自身活动为主线，记述了清末民初60多年的青海地方风情、民俗、灾害、社会事件等，其所作的《逃荒歌》更是当时自然灾害频繁和人民困苦的重要文字记忆。

2. 20世纪80年代以来的相关研究

20世纪80年代以来，关于青海社会救济事业的研究成果比前期较多，如王中兴的《解放前西宁社会经济事业简况》（内部资料，1984）一文，介绍了从明代至1949年官方在西宁地区设立的救济机构的演变。对相关机构资金的投入、救济的对象等作了介绍。但行文过于简略，仅1200余字，只能对相关救济机构做一泛泛了解。青海省地方志编纂委员会编的《青海省志·民政志》（黄山书社，1998）中对清代、民国时期的荒政，官方的救济机构有所记述，但该书的论述时间上偏重于现当代，对近代荒政内容的记述相对简略。此外，缺乏对民间力量参与救济内容的书写。翟松天的《青海经济史（近代卷）》（青海人民出版社，1998）就清末和民国时期官方抚恤和社会救济费的支出做了介绍。此外，该书也涉及防灾的内容，对近代青海农田水利的兴修、植树造林的情况以及牛瘟的发生与防治情况做了详细介绍。刘颖的《略论民国时期青海社会救济》（《和田师范专科学校学报》，2009）是以“青海社会救济”为题的专篇论文，该文涉及的救济措施以灾荒救济为主，略谈了备荒措施中仓储的积贮、水利的兴修以及应灾时的“以工代赈”等内容，对国家、地方政府、民间的多层次、多形式的救济活动则缺乏全面论述。且此文对常态的贫困救济未涉及，只是将救济院、平民工厂归入“特殊的以工代赈”，这一提法是否妥当尚有待商榷。但该文值得肯定的是，对民国时期青海社会救济中的现代化形态予以了关注，谈到了教育救济、生产合作等具有近代化色彩的社会救济方式在青海的应用。邓慧君的《近代青海社会史》（青海人民出版社，2001）就地方的社会救济分官方、民间、宗教三种类型都予以了关注，唯在内容上过于简略，没有展开详细论述。

此外，个别论著在记述其他内容时对青海地区部分少数民族的社会救济情况有所涉及，如张济民主编的《青海藏区部落习惯法资料集》（青海人民出版社，1993）中有关于部落对赡养老人、生产中的互助形式“变工”等的规定。陈光国的《青海藏族史》（青海民族出版社，1997）中有对藏族法律中的“亲邻助友”等规范和藏族社会尊老爱幼风尚的记载，值得借鉴。郝苏民主编的《丝路走廊的报告：甘青特有民族文化形态研究》（民族出版社，1999）中对青海撒拉族融于宗教活动和丧葬仪轨中的济贫活动有所记述。韩生贵主编的《西宁东关清真大寺志》（甘肃文化出版社，2004）论及了西宁东关清真大寺的历史沿革、组织管理、寺院职能与宗教活动，寺院的教育、经济、社会活动与公益事业等，有助于我们了解宗教组织在扶危济贫方面的职能。郝时远等主编、穆赤·云登嘉措等著的《中国少数民族现状与发展调查研究丛书·玛沁县藏族卷》（民族出版社，2006）一书对果洛藏族自治州玛沁县的现状及发展中存在的问题进行研究时，追溯了历史上藏区的自然灾害、贫苦牧民之间的互助习惯，非常时期贫苦牧民向寺院、头人的借贷等活动。

具体到灾荒救济，其中最有影响力的是袁林的《西北灾荒史》（甘肃人民出版社，1994），这是一部研究西北灾害历史的专门著作，在探询自然灾害在西北地区的基本发生规律的同时，提出了相应的防止或减轻危害的基本对策。李强的硕士学位论文《民国时期西北民族地区灾荒引发的社会问题研究》（兰州大学，2006）的第二章探讨了民国时期西北民族地区的灾荒与救济问题，其中对国家、地方、民间在救济活动中的互动模式的论述有新意。付春峰的硕士学位论文《20 世纪 20 年代甘肃灾荒救济》（兰州大学，2006），以20世纪20年代为研究范围，在考察这一时段灾情的同时，系统研究了政府在灾荒救济中的行为和民间力量在灾荒救济中的活动，探讨了社会转型期间灾荒救济方式和内容的转变。崔永红的《明、清、民国时期黄河上游地区备荒赈灾考述》（《青海社会科学》，2008）一文，略述明、清、民国时期黄河上游地区自然灾害的频繁，对具体的赈灾措施及其演变做了探讨，并指出虽有备荒赈灾的措施，但遇灾歉后百姓流离失所、卖儿鬻女的现象仍多有发生，这对本书的写作有一定的启发。尚季芳在《传教士与民国甘宁青社会赈灾研究》（《宗教学研究》，2010）一文中指出民国时期的甘宁青地区水旱和地震等自然灾害频仍，西方传教士在着力布道的同时，也通过积极募集捐款筹办“以工代赈”以及兴办贫儿院的方式救济灾民，其活动有一定的积极意义。

史国枢主编的《青海自然灾害》（青海人民出版社，2003）在对青海各类自然灾害分类详加论述的同时，对清代、民国时期的荒政有所论述，其中对民国时期灾害监测防治机构的关注值得注意。温克刚主编的《中国气象灾害大典·青海卷》（气象出版社，2007），介绍了青海的主要气象灾害，对各类灾害在历史上的发生情况做了系统梳理，探讨了气象灾害对国民经济和社会发展的影响。李健胜的《清代—民国西宁社会生活史》（人民出版社，2012）一书以西宁地区的衣食住行、婚丧礼俗、节庆宗教、医疗卫生为主要研究对象，探究了西宁地区社会生活的主要内容，该书第六章记述了近代西宁地区的天灾人祸及相应的仓储、水利的建设，粥赈等备荒、赈灾措施。温艳的博士学位论文《民国时期西北地区自然灾害研究》（西北大学，2012）借助大量档案资料在详论民国时期西北地区自然灾害发生的概况、特点及其对地方社会产生的影响的同时，也兼论了政府和民间的救灾活动。岳巧茹的硕士学位论文《清至民国青海旱灾及社会应对研究》（陕西师范大学，2014）以青海东部为研究区域，重点论述了清至民国青海地区旱灾的时空分布规律、对社会造成的影响，其第三章对官方和民间救灾措施做了论述，唯对民间应灾的论述只以地方乡绅、华洋义赈会、教会开展的活动为主，欠全面。史金伟的硕士学位论文《民国时期青海东部地区自然灾害与乡村社会研究》（青海师范大学，2014）中关于救灾的论述，在对救济主体的关注上较为全面，尤其对民间的救灾活动如以血缘和地缘为纽带的民间互助和慈善、宗教组织的救灾活动都予以了关注。唯地域上仅以青海东部地区为限，且文中也没有反映出民国时期灾害救济中的现代因素。袁瑞的硕士学位论文《民国时期青海自然灾害与社会应对》（青海师范大学，2014）着重论述了民国时期青海主要自然灾害的成因及其对地方社会的影响，其第三章谈及了官方的应灾措施，却对民间的自救寥寥几语带过。

从上述看，前人关于青海地区社会救济事业的研究成果，偏重于灾荒救济方面。而关于这方面的研究，就区域而言，侧重于农业区，对牧业区的关注极少；内容方面，更侧重于对灾况的分析、成因的探讨，对灾害救治方面关注不够，分析不全面，没有呈现官方（中央和地方政府）、民间、外来力量参与的多元化、多层次的救灾形式，尤其对灾荒中民间自救内容的关注不够。且在关注官方的赈灾措施时，对民国以来卫生观念的普及与卫生清洁运动的发起，防疫机构的设立与疫病防治，合作社与新式农贷的兴起等带有极大现代因素的救灾措施的出现关注不够，没有就相关内容进行全面、深入论述的论著出现。

而关于常态的贫困救济方面的研究，较之灾荒救济更显薄弱。少量的单篇文章及著作对相关内容的书写多简而略，对国家、地方政府、民间的多层次、多形式的救济活动缺乏全面、详细的论述。尤其对民间社会由血缘性和乡土性支撑下的互助共济、融入习俗中的慈善行为等缺乏应有的关注。

总体而言，以近代青海救济事业为对象的系统、整体的研究尚付诸阙如，还有发挥的空间。

三 研究目标、研究内容、方法及创新点

（一）研究目标

首先，运用大量历史文献、档案资料以及方志、报刊、碑刻、家谱等资料，从分析国家、地方政府、民间、国外社会组织（西方教会）在济贫和救灾活动中的不同表现入手，梳理出近代青海社会救济事业的概貌，并以此为角度来观察特定时空背景下的区域社会，进而探讨社会救济事业所反映的社会现实。其次，在行文中关注政府对青海广大牧区的救济活动以及各少数民族民众自身融入生产、生活习俗中的互助共济行为，凸显出青海地区是少数民族聚居区的特性。最后，通过该专题研究，总结近代青海社会救济举措中所反映的正反两方面的经验和教训，以期能对今天逐步完善社会保障制度、全面建设和谐小康社会有所启示。

（二）研究内容

社会救济与贫困问题相伴而生，是国家和社会为陷入贫困的各类人群给予接济和帮助，使其生活得到基本保障的制度和行为。这是一个复杂的课题，包含诸多内容，唯救济对象一般划分为两大类：一类是因老、弱、病、残疾等个人生理原因以及其他因个人能力和社会原因导致的常态贫困人口，另一类是因遭受天灾人祸的打击而陷入困境的人们。依据救济对象的划分，本书的研究围绕常态的贫困救济和灾荒救济两大板块展开。又因青海民族地区特殊的自然环境和人文环境下社会救济事业的开展在沿着“国家大历史”轨迹行进的同时又具有独特性，因此以近代青海作为研究的特定时空背景。

具体而言，本课题的研究内容主要分四章进行。

第一章，从青海地区的自然环境、人文环境以及行政设置的历史沿革等入手，对本书的研究客体做一较为详细的介绍。

第二章，对近代这样特定的时空背景下的常态贫困救济的开展，以救济活动实施的主体不同分官方（国家和地方）、民间、外来力量三个层面加以论述。官方的救济活动包括：官办救济机构的设立，开展“冬令救济”，设立平民工厂，实行义务教育、平民教育，针对中等及以上学校学生的公费、免费学额及奖助制度、省内公费生资助项目等助学活动，以及因突发情形而返贫的民众的灵活救济等其他救济事业。

民间力量的慈善救济包括：民间由血缘性和乡土性支撑下的互助共济、融入习俗中的慈善行为，民间慈善团体施舍贫民的活动以及宗教组织在收容孤儿、流浪人员等弱势群体、施医助葬、举办冬赈等方面的作为。而作为外来力量，西方教会在传播“福音”过程中在教育、医疗等方面开展了一定的慈善救济活动。

第三章，对近代青海灾荒救济的开展情况，以救济活动实施的主体不同分官方（国家和地方）、民间、外来力量三个层面加以论述。

政府的救灾活动。政府的救灾除机构的设置和制度层面的建设外，具体分防灾、应灾、灾后善后三个阶段展开。灾前的预防包括植树造林、兴修水利、鼓励农垦、禁烟、发展仓储、备荒植物的推广种植，设立气象、水文监测机构等备荒措施，以及以卫生机构的免疫种痘、卫生清洁运动的发起、卫生观念的普及等为内容的防疫举措。灾害发生后，按规定勘灾、定灾后，政府开展了急赈、工赈、疫病的救治等赈济措施。灾后，政府通过安辑流民、蠲缓、灾后补种、借贷、对粮食流通进行管理等多种手段来平抑粮价，恢复生产。

灾荒救济中的民间力量。在面对灾害时，除向政府呼吁请赈外，民众也有一定的自救行为，包括结成互助关系、民间土法防疫、祈雨防雹等。此外，民间个体、宗教组织、救灾团体参与赈灾，形成多重的民间救灾格局。而作为外来力量，西方传教士在灾害发生时治疗时疫、救治伤员、发放赈济粮，为灾民提供了一定的帮助。

第四章，揭示近代青海的救济事业从晚清到民国近百年的发展过程中呈现出的特点，反映出的国家—地方—社会的互动模式。

（三）拟解决问题及采取的研究方法

1. 拟解决的问题

（1）近代是一个新旧碰撞、交替的时代，西方科学技术、新思想的传入，映射到地方社会救济事务上，使其较之传统的社会救济呈现出诸多新的内容和变化，找寻其中的变迁所在。

（2）通过对民间由血缘性和乡土性支撑下的互助共济的关注，探究在困境中基层社会存在和发展的原动力。

（3）就灾荒救济而言，虽有政府、民间社会、西方教会的多方参与，并基于防灾、应灾、灾后恢复都采取了一定措施，并取得了一定的成效，但悖论的是，清末至民国时期，灾后百姓流离、饿殍遍野的情形还是常见。

（4）以社会救济为观察视角，再现该场域中国家—地方—民间三方的互动模式。

2. 研究方法

本研究是从社会史的视角，在坚持历史学本位的基础上，将历史学与其他社会科学相结合，借助于社会学、历史地理学、灾害学、政治学等多种学科知识，对近代青海多民族地区社会救济事业进行的专题研究。具体而言有以下两种研究方法。

（1）历史文献分析法：对历史资料的搜集和运用，是历史学研究最基本、最常用的方法。本书研究的开展亦是建立在占有大量史料基础之上的，并为使研究更能接近事实真相，一如其他前辈学者所坚持，强调史料的甄别、辨伪。尤其在使用大量官方报刊资料时采取审慎的态度：对明显带有歌颂政府政绩的材料不选用；对选用的部分材料互为佐证后使用，以确保材料的真实性；至于无法佐证，但有关于本书事实陈述的材料姑且用之，以便研究的开展，当然也期待有新材料的发现能辅助甄别。

（2）比较研究法：对近代青海社会救济事业的开展分晚清和民国两个时段进行纵向比较，呈现其新旧嬗变的特点。此外，进行跨地区的横向比较，除找出规律性的东西外，揭示区域救济中的特殊性以及部分“非正常现象”出现的合理性。

3. 创新点

（1）对研究对象的整体性考察。就国内社会救济史领域的研究看，对青海民族地区社会救济事业的研究相对薄弱，且以往对民国时期该地区社会救济的研究，区域上侧重于农业区，对广大牧区关注不够，内容上侧重于灾荒救济，对常态下的济贫内容关注不多。本书在地域上做整体考察，兼顾农牧区。此外在内容上灾荒救济和常态下的济贫活动两大板块平衡兼顾。并对青海地区各种力量在社会救济这一公共领域的作为及其彼此间的关系加以呈现。通过青海地方社会救济体系相对完整、系统的考察更好地来反映地方机制，国家和地方的互动，民间各族人民的生产生活、风俗习惯等内容。

（2）写作视角上的创新。以往论述侧重于官方的救助行为，言及民间，只涉及民间团体以及士绅、富户等特殊群体，而将绝大部分民众视为不具备自身主体性的“沉默的大多数”，他们在救助活动中的主观能动性被抹杀。本书对民间各民族基于血缘、地缘单位下的互助传统，各民族融入宗教生活、丧葬习俗中的济贫行为以及面对灾害时民间的自救行为予以了关注，将视角移入普通人和下层社会，探究在困境中基层社会存在和发展的原动力，而对普通人的关注正是年鉴学派和新社会史所倡导的。

（3）观点上的创新。坚持唯物主义史观，辩证地看待政府的救灾工作，对政府的部分救灾成绩加以肯定。因为救济措施不仅在于它预防了人们所遭受的苦难，而且在于它保存了农村经济的生产潜力，而农村的生产潜力正是赋税杂捐来源最初的原动力。再者，任何政府都有改善民生、维持社会稳定的愿望，哪怕它是出自维护自身统治的目的。近代以来，地方社会自然灾害频仍，民生艰难，国家和地方政府在力所能及的范围内都做了一些工作。近代以来，尤其民国时期，以政府力量全面推进和开展的救灾活动，如植树造林、大型水利工程的兴修、卫生清洁运动的发起及卫生防疫机构的设立等，对改善地方生态环境、提高抗旱能力、发展农业生产、减轻疫情起了一定的作用。灾后的安辑、蠲缓、借贷、补种、粮食流通的管理等善后措施，对平抑粮价、促进农业生产的恢复起了一定作用，尤其以国家力量推进的新式农贷等现代金融方式在青海地方的浸入，有利于缓解民间高利贷的剥削，大量生产资本的投入有利于地方农牧业生产的恢复。虽然上述诸项措施实行过程中不乏弊病，但不能否认其实施也取得了一定的成效。

第一章　青海的自然与人文环境

第一节　青海的自然环境

青海地区位于我国西部，青藏高原的东北隅，地处北纬 31°39′～39°19′与东经 89°35′～103°04′之间，南北跨纬度 7°40′，宽约 800 千米；东西跨经度 13°29′，长约 1200 千米。面积约 72.12 万平方千米，约占全国总面积的 7.5%。境内有我国最大的内陆咸水湖——青海湖，青海省名由此而得，简称“青”。北部以阿尔金山—祁连山为界，与甘肃省的河西走廊相隔；东部和东南部与甘肃的甘南藏族自治州和四川的阿坝藏族自治州、甘孜藏族自治州接壤；西南部以唐古拉山为界，与西藏自治区的昌都、那曲相邻；西北部以阿尔金山为界，与新疆维吾尔自治区的塔里木相望。①

一　地貌

青海高原地域辽阔，地势高亢，地貌形态复杂多样。在地壳运动为主的内营力以及阳光、流水、风力、冰雪寒冻、生物等外营力的综合作用下，形成了全省复杂多样的现代地貌。虽地貌特征各有差异，但依然可以看出其基本框架结构：西高东低的地势，从北向南依次为山地、盆地—低地—谷地、高原，几乎东西走向的地域配置。且大体上也可分出三个不同地形区，即东部及北部平行岭谷区、西部柴达木盆地区、南部青南高原区。②

东部及北部平行岭谷区　包括西北部的阿尔金山区、东北部的祁连山

---

① 参见西北师范学院地理系、青海师范大学地理系编《青海省地理》，青海人民出版社，1987，第 2 页；周兴民等编《青海植被》，青海人民出版社，1986，第 5 页；张忠孝编著《青海地理》，青海人民出版社，2004，第 1 页。

② “地貌”这一部分参见张忠孝编著《青海地理》，青海人民出版社，2004，第 10 页；陈新海：《历史时期青海经济开发与自然环境变迁》，青海人民出版社，2009，第 4～6 页。

区及东南部的河湟谷地。坐落于青海西北部的阿尔金山区是柴达木盆地和塔里木盆地的分界山，气候干旱，剥蚀作用强烈，山体岩石裸露，山坡多为岩石屑坡。祁连山区是由一些大致相互平行的西北—东南走向的山脉和山间谷地所组成，像党河南山、土尔根达板山、托勒山、托勒南山、冷龙岭、达坂山等，在这些山脉之间形成一系列的谷地和盆地，如哈尔腾河谷地、黑河谷地、哈拉湖—青海湖盆地、共和盆地等，祁连山脉的山峰多在4000 米以上，雄伟、高大，发育着现代冰川及冰蚀、侵蚀地貌。谷地和盆地则平坦宽大，水草丰美，为高原优良牧场。

河湟谷地是指大通山—达坂山以南的广大地区，在地质构造上湟水谷地属祁连地槽褶皱系，为中新生代山间断陷谷地。第四纪黄土遍布谷地，堆积厚度可达数 10 米至 200 米不等，在河流的侵蚀下形成了许多峡谷和山岭。该区海拔在 2500 米左右，是青海地势最低的地区，气候温和，是青海重要的粮食、工业基地。

西部柴达木盆地区　柴达木盆地位于青海省西北部，四面环山，中间低落，西北开阔，东部狭窄。盆地北依阿尔金山和祁连山，南靠昆仑山，周围山地海拔 3500 米至 4500 米，盆地内部平均海拔 2600 米至 3200 米，为青海高原上地势最低的断陷盆地，面积约 24 万平方千米。

南部青南高原区　包括柴达木盆地—青海南山—贵德县巴音山以南、纳木湖以东、四川盆地以西、唐古拉山以北的广大地区，面积约占青海省的 1/2。青南高原海拔 5500 米左右，耸立着昆仑山、布尔汗布达山、可可西里山、唐古拉山、巴颜喀拉山和阿尼玛卿山等，山岭高度多在 6000 米至 7000 米，地貌形态多是高差不大的平顶山岭、峡谷、第三纪熔岩地和宽广的长江黄河源高平原。青南高原上的大小山脉很多，尤其是昆仑山、唐古拉山等几组东西横亘的大山脉，气势磅礴，高差虽不很大，但它是构成青南高原的骨架，是几条大河的分水岭。地势低缓，坡度平缓，山岭间分布着一些宽浅的谷地与丘陵地，在宽广的谷地里，河道宽阔，水流平缓，地面因常年积水形成许多湖泊与沼泽。高原内部则流水切割微弱，是一片广阔的高平原。这里又是长江、黄河、澜沧江、怒江等河流的发源地，水源多为高原上的冰川融水，江河形成后，滚滚东流，形成许多峡谷，山高谷深，落差大，水流急，蕴藏着极为丰富的水力资源。

二　气候

青海省地处欧亚大陆腹地，青藏高原东北部地区，地势西高东低。由于远离海洋，深居内陆，是典型的高原大陆性气候。①

（一）气温

青海高原的年平均气温为－4℃～8℃，比同纬度的黄土高原和华北平原低8℃～12℃，这主要是受海拔垂直高度的影响，使气温在水平方向上朝北推进了10个纬度。全省除东部河湟谷地、柴达木盆地以及与川藏毗邻的金沙江、澜沧江上游谷地年平均气温在0℃以上外，祁连山地和青南高原的绝大部分地区均在0℃以下。

该地区1月平均气温为－18℃～－8℃，平均最低气温为－26℃～－14℃；7月份平均气温为6℃～20℃，平均最高气温为12℃～26℃，年极端最高气温为20℃～30℃。青海省冬季的气温虽比同纬度的地区要低，但还不算过低，主要是冬季持续时间较长。如日平均气温为≤0℃的日数在海拔2000～4000米的地区为4～6个月，4000米以上地区则超过6个月。日平均气温稳定超过0℃的日数，柴达木盆地为200天，祁连山地为120～180天，东部河湟谷地为200～260天，青南高原为140～200天。冬季漫长，春秋相连，是高原气候的特点。②

青海高原年平均气温低，仅为－4℃～8℃，这使该地区容易受低温霜冻和风雪的侵袭。

（二）降水量

青海地区深居内陆，远距海洋，又受地形阻隔，降水稀少，属干旱和半干旱气候。由于地形和地理位置的差异，不同地区的降水量相差也很大，“降水最丰富的地区是与川藏毗连的久治、班玛、囊谦诸县，其中久治县年降水量就达到774mm；降水次多区为东北部的祁连山东段，年降水量在500mm以上；最少的是柴达木盆地，年降水量普遍少于100mm，大部分地区还不足50mm。青海地区年降水量的地理分布趋势是由东南向西北递减”。③

---

① 青海省气象局编《青海省基层气象台站简史》，气象出版社，2013，第1页。

② “气温”这一部分参见陈新海《历史时期青海经济开发与自然环境变迁》，青海人民出版社，2009，第6～7页。

③ 参见陈新海《历史时期青海经济开发与自然环境变迁》，青海人民出版社，2009，第7页。

降水量不但在地域分布上不平衡，季节上分配也极不均匀。夏多冬少，秋多于春。春季（3～5月）各地降水量占年降水量的10%～22%，绝大部分在20%以下。由于春季连着秋、冬两个少雨季节，气温回升快，大风日数多，蒸发旺盛，因而春旱频繁，对农牧业生产十分不利。夏季（6～8月），各地降水量均占年降水量的50%以上，柴达木盆地、玉树、唐古拉山及海北、果洛、海南的部分地区超过60%，个别地方甚至超过70%。秋季的降水量一般占年降水量的20%，多于春季，但柴达木盆地中的都兰、香日德、大柴旦等地春雨多于秋雨。冬季全省普遍干燥少雨，各地降水量仅占年降水量的3%左右，且均为固态降水。①

降水量的集中，形成雨热同季，对各类农作物和牧草的生长极为有利。但“降水过分集中在夏、秋两季，常使东部农业区和广大的牧区出现春旱，影响播种、农作物出苗和牧草返青。而在夏末秋初的收获季节，又因降水过多，影响收割打碾，以致麦禾发芽霉烂，丰产不能丰收”。② 近人统计之各县少雨及多雨时期见表1－1。

表1－1　各县少雨时期及多雨时期统计

县　别	少雨时期	多雨时期
西　宁	5～6月	7～8月
互　助	5～6月	7～8月
大　通	5月	8月
亹　源	3～6月	7～8月
乐　都	5～6月	9月
民　和	5月	8月
循　化	6月	8～10月
化　隆	6月	7～8月
贵　德	6月	8月
共　和	6月	9月
湟　源	5月	9月
都　兰	4～5月	7～8月

资料来源：汤惠荪、雷男、陆年青《青海省农业调查》，《资源委员会季刊（西北专号）》（二）1942年第2卷第2期，第268页。

① 王国祯编著《青海气象史》，气象出版社，2004，第68页。

② 参见陈新海《历史时期青海经济开发与自然环境变迁》，青海人民出版社，2009，第7页。

（三）霜期

霜是影响农作物生长最有害的天气之一，“土地利用受霜降的支配，霜期长的地方，生长季短，作物收获次数减少，或不能收成。西北为大陆性气候，地势高寒，大部分地方霜降皆早，且霜势强烈，去得也迟，所以一年内霜期恒长，限制了农作物的种植，减少了农作物的产量”。[①] 青海湟水谷地的西宁等地，霜期从9月至次年4月，农作物生长期仅有四个月。[②] 霜期的长短，对农作物的生长影响很大。青海省霜期因地而不同，20世纪30年代的《青海省农业调查报告》对各地霜期记录见表1－2。

表1－2　各县霜期统计

县　别	霜　期	
	秋霜（早霜）	春霜（晚霜）
西　宁	8月	5月下旬
互　助	8月	5月下旬
大　通	7～10月	5月上旬
亹　源	8月	5月
乐　都	8月中旬	5月下旬
民　和	9月	5月下旬
循　化	9月	5月下旬
化　隆	9月	6月下旬
贵　德	8月	5月下旬
共　和	8月	5月下旬
湟　源	8月	6月
都　兰	8月	5月下旬

资料来源：汤惠荪、雷男、陆年青《青海省农业调查》，《资源委员会季刊（西北专号）》（二）1942年第2卷第2期，第268～269页。

（四）日照

日照时间长，太阳辐射强，是青海的气候资源优势，“全年日照时数在2300～3600小时，年日照百分率为53%～80%。总辐射量为584.9～

① 韩宪纲编著《西北的气候》，西北人民出版社，1951，第41页。

② 安汉、李自发编著《西北农业考察》，国立西北农林专科学校丛书，1936，第5～6页。

741.1 千焦/平方厘米，居全国第二位。太阳辐射量地理分布趋势由东南向西北逐渐增大”。[①]

三 土壤与植被

青海深居内陆，群山环绕，暖湿的东南季风和西南季风不易入侵，海拔又多在三四千米以上，气温随海拔升高而递减，青海在地理位置上处于暖温带、亚热带范围，实际上是处于高寒干冷的环境中，也产生了相应的土壤和植被，[②] 其主要类型的分布与特性如下。

高山寒漠土 是脱离冰川影响较晚、成土最年轻的一类土壤，主要分布在高山冰雪线以下，其上发育着垫状植被，高山流石坡稀疏植被和苔藓、地衣等，植物生长稀疏，群落的总覆盖率小于 15%。这里气候严寒、风大，成土作用主要是以低等植物、少数高等植物和微生物参与下的寒冻原始成土过程为主，土层薄，剖面分层明显，地表多覆石块岩屑，有机质含量低。

高山漠土 是在干旱、寒冷气候条件下发育起来的土壤。主要分布于青南高原西部和高海拔地区，土层薄，石质性强，地面常覆盖砂砾，腐殖质层发育微弱，多粗有机质残留。

高山草甸土 是青海分布最广泛的土壤类型。除西宁市外各州县均有分布，主要集中分布于玉树、果洛、黄南、海南、海北以及天峻等地森林带以下山地阳坡，高寒灌丛以上的山地阴坡以及青南高原的东部和中部。成土母质系多种多样的冰积物、冰积沉积物、冲积物、残积物和坡积残积物等。由于脱离第四纪冰川较晚，成土年龄较年轻，土层薄，表土层以下常夹有多量砾石。其发育着蒿草草甸、高山杂草类草甸，优势植物为小蒿草、矮蒿草、线叶蒿草、冷龙胆等。

高山草原土 主要分布于青南高原西部、长江和黄河河源一带，以及昆仑山内部山地和阿尔金山，祁连山西段的宽谷、湖盆周围的山地。成土母质有冰积物、坡积残积物、湖积物等，土壤质地多属砂壤和轻壤。其上发育着以紫花针茅为主的高寒草原，草皮层薄而疏松，表层有机物质含量

① 参见青海省地方志编纂委员会编《青海省志·气象志》，黄山书社，1996，第 2 页。

② “土壤与植被”这一部分参见陈新海《历史时期青海经济开发与自然环境变迁》，青海人民出版社，2009，第 17～19 页；张忠孝编著《青海地理》，青海人民出版社，2004，第 147 页。

为1.2%~4%。

栗钙土和灰钙土 主要分布在东部湟水流域和黄河流域海拔3200米以下河谷及两侧山地中下部，是在半干旱的大陆性气候和温性草原植被下形成的。植被以长芒草、沙生针茅、铁杆蒿等为优势的草原。草皮层薄而较疏松，植被覆盖率较低，一般在20%~50%。栗钙土质较轻，多属轻壤或砂壤。

棕钙土 主要分布在柴达木盆地东部的山麓地带和地势比较平缓的河流两岸的冲积阶地。土壤母质多为砂砾质、砂壤质，土层薄，有机质含量低，盐化和碱化现象比较普遍。其上植物以芨芨草、蓖叶蒿为主。

灰棕荒漠土 主要分布在柴达木盆地中、西部戈壁，是在极端干旱的大陆性气候和灌木荒漠、小半灌木荒漠下发育而形成的，植被极其稀疏，均为强旱生或盐生植物，有柽柳、骆驼藜等。成土母质为砾砂质洪积物、洪积冲积物及风积残积物，以粗骨性为主，细土物质异常缺乏，地表常形成砂幕。

高山灌丛草甸土 主要分布于青海东部，是在半湿润的气候和高寒灌丛下发育起来的。植物生长茂密，覆盖度大。主要植物有毛枝山居柳、金露梅和杜鹃。

山地灰褐色森林土 主要分布于青海东部和东南部，是在寒冷干旱的亚高山针叶林下的土壤。其上植物有青海云杉、云杉、川西云杉及祁连圆柏、大果圆柏等。

高原沼泽土 为隐域性土壤类型，是在寒湿环境和藏蒿草沼泽草甸植被下发育的土壤，主要分布于柴达木盆地和青南高原各河流中下游、江源地区平缓地和低洼地，其他河流河滩地和湖滨低洼积水地段亦有分布，其中高寒冻土发育区则是沼泽土集中连片分布区。植物为高寒沼泽化草甸；成土母质为河流冲积物、湖积物，质地黏性强，透水性能差；气候冷湿多雨，多年冻土发育。

总体来看，青海高原的土壤发育年龄轻，发育程度低，具有土壤层薄、土壤砂质含量大的特点。在寒冷、干旱、多风为特点的高原大陆性气候影响下，植被生长缓慢，覆盖率低。

四 河流

青海高原是江河源头，河流、湖泊众多，据统计，该地区集水面积在

500平方千米以上的河流共计271条，多年平均流量在1立方米/秒以上的有245条。青海多年平均流量为2002立方米/秒。年总径流量为631.4亿立方米，占我国年总径流量的2.37%，青海土地面积约占全国土地总面积的7.5%，就单位面积而论，青海所有的径流量不足全国平均值的1/3，因此，青海仍是一个水资源相对贫乏的地区。① 而且青海高原的河流，无论是内陆水系，还是外流水系，其流量的年季变化很大，具有冬落夏涨的特点。处于严冬季节的高原大地，天寒地冻，雨雪稀少，为数有限的积雪，不能及时转化为径流，地下水多呈禁锢状态，所以河川处于枯水期，许多小河乃至于干涸绝流。入春以后，随着气温的日渐回升，地表积雪和冻土开始消融，河川水量随之增加，形成春末夏初以冰雪融水为主的春汛。由于春温较低，尚不能使高山冰川大量融化，所以，春汛不是很猛，历时也较短暂。进入夏季之后，气温继续升高，雨季也来到，造成降水和冰雪融水的补给骤增，河水猛涨，形成夏汛，形成青海高原的洪水季节。夏尽秋末，雨季渐渐结束，天气转寒，高山冰雪融化减缓，河水徐落。进入隆冬以后，河川又恢复到枯水状态。

总之，位于青藏高原东北部的青海，海拔高度高，山峦起伏，河湖纵横，地形复杂。虽然处于暖温带纬度，但受高海拔的影响，形成以寒冷、干旱、多风为特点的高原大陆性气候。平均气温低，年平均气温为-4℃~8℃，容易受低温霜冻和风雪的侵袭。又青海深居内陆，远离海洋，且受高原地形阻隔，降水稀少。全省年降水量在17~744毫米，由于地理位置和地形的差异，不同地区降水量悬殊，且季节分配不均，年降水量的85%以上集中在5~9月，常使青海省东部农业区和中西部广大牧区出现春旱或春夏连旱。而在夏末秋初又往往阴雨连绵或暴雨倾盆，极易酿成洪灾且使粮油作物毁损或发芽霉变。② 再者，由于太阳辐射强，热对流旺盛，形成了高原独特的季风环流形式，使高原对流天气增多，尤其夏季对流云出现较为频繁，扰动激烈，因此，多出现雷暴天气。而且青海又是夏季副热带急流徘徊的纬区，属多雹纬度带，降雹频繁，又降雹往往与暴雨相伴，极易酿成洪灾。③

① 陈新海：《历史时期青海经济开发与自然环境变迁》，青海人民出版社，2009，第10~11页。

② 史国枢主编《青海自然灾害》，青海人民出版社，2003，第4页。

③ 参见王国祯编著《青海气象史》，气象出版社，2004，第64页；史国枢主编《青海自然灾害》，青海人民出版社，2003，第5页。

此外，就水资源而论，如前所述青海高原是江河源头，河流、湖泊众多，但就单位面积而论，青海所有的径流量不足全国平均值的1/3。所以，青海仍是一个水资源相对贫乏的地区。并且水资源在地域上呈现分布不均的特点。还有青海高原的河流，无论是内陆水系，还是外流水系，其流量的年季变化很大，具有冬落夏涨的特点。

从土壤和植被条件来看，“青海高原是地球上形成时代最新、土壤发育程度最低的高原，土壤层薄，土壤砂质含量大。又在独特的高原大陆性季风气候影响下，植被生长缓慢，覆盖率低。且植被一旦遭到破坏，短期内很难恢复，因此容易发生水土流失和农田、草场沙化现象”。[①] 青海的自然环境呈现明显脆弱性的特征，易发生自然灾害。

从上述可以看出青海的自然环境条件并不是十分优越。青海高原特殊的自然地理环境因素，使该区在近代一直频遭自然灾害的侵扰，而且包括地理地貌和气候条件等在内的自然环境因素，也决定了自然灾害的种类、频次、强度、复杂性等方面的内容，亦使各类自然灾害的分布具有不同的时空特性，这在第三章灾害概况中有所论述。

第二节　青海的人文环境

一　多民族聚居和传统地方社会的多元化

在长期的历史演进过程中，在青海这片古老的土地上民族间的迁徙、角逐、融合不断上演，至清时多民族分布的格局渐趋稳定乃至定型，[②] 主要聚居着汉、蒙古、藏、回、土、撒拉等族。

（一）汉族

汉族进入青海地区最早可以追溯到西汉时期。自此，随着各朝设官治民、屯田、“移民实边”的实行及民间的自然流动，“生齿渐繁”。至清乾隆十一年（1746年）时，青海的农牧区总人口为71.6万人，汉族为22.2万人，占31%。到咸丰、同治时，汉族人口已发展到46万人以上，约占总

① 参见史国枢主编《青海自然灾害》，青海人民出版社，2003，第4页。

② 参见秦永章《甘宁青地区多民族格局形成史研究》，民族出版社，2005，第343页。

人口的40%。[①] 到1949年时，全省总人口148万，其中汉族为74万人，占50%。[②]

汉族尊奉以诗书礼易、纲常伦理为核心的儒家文化。清代以来，随着地方社会经济的发展和统治阶级的大力倡导，在东部河湟地区已初步形成了由社学、义学和书院等组成的儒学教育体系，陆续培养出了一批本地籍的封建知识分子。儒家文化在河湟一带蔚然成风。

青海汉族主要分布在“以西宁为中心而遍及已设治之各县。其在城市者，多务工商业，而居乡者，则大抵务农”。[③] 青海汉人“大部信仰多神教，佛、儒、道各教（都信），寺庙到处皆有，除所谓敕建文武庙及有名之各寺庙外，尚有娘娘庙、山神庙、土地庙、水神庙、雹神庙、吕祖庙、马王庙……香火甚盛。有少数人信仰天主及耶稣教”。[④]

（二）土族

土族是青海的世居民族之一，其族源远可追溯到3～7世纪居于青海、甘南等地的吐谷浑（慕容鲜卑与羌族等融合后形成的）。[⑤] 在漫长的历史发展过程中，青海的吐谷浑人先后融合了藏、蒙、汉、羌等族，至元末明初最后形成了今天的土族。[⑥]

青海境内土族主要分布在互助、乐都、民和、大通、同仁等地。自清以来，土族以从事农业为主，兼营少量的畜牧业、手工业。至于商业，除民和三川喇嘛外，一般土民都不经商。

青海土族地区的土司，部分始于元代，正式授封于明代，分别分为明代西宁卫所的指挥使、指挥同知、指挥佥事、千户、百户等世袭官爵，到了清初这些土官又归附了清朝。大多数土族自明清以来均属于土司管辖，“年纳租粮于土司，一切诉讼民政诸事，亦莫不决之于土司”。[⑦] 只是如清人言，此时土司已式微，“惟是生息蕃庶，所分田土，多鬻民间。与民厝

---

① 芈一之：《青海汉族的来源、变化和发展（下）》，《青海民族研究》1996年第3期。

② 芈一之：《青海汉族的来源、变化和发展（上）》，《青海民族研究》1996年第1期。

③ 魏崇阳：《西北巡礼》，《新亚细亚》1935年第9卷第3期，第111页。

④ 张得善：《青海种族分布概况》，《地方自治》（南京）1935年第3期，第685页。

⑤ 周伟洲主编《西北少数民族地区经济开发史》，中国社会科学出版社，2008，第318页。

⑥ 参见周伟洲《吐谷浑史》，宁夏人民出版社，1985，第210页。

⑦ 孙翰文：《青海民族概观》，载甘肃省图书馆目参考部编《西北民族宗教史料文摘（青海分册）》（上），甘肃省图书馆，1986，第310页。

杂而居，联姻结社”。[①] 尤其到民国时期实行改土归流以来，遗留的土族地区的土司制度于1931年8月由国民政府明令取消，土司地区“粮归大仓民归县”。[②] 土司属民成为地方政府直辖的编民，普遍编入区和乡镇建置体系。土司成为世俗地主，只是政府为体恤起见，“由县政府以该土司原有地粮内每年酌给若干，以资赡养，并予以各土司以区长或村长等名义”。[③]

经过明代和清初数百年，土司及其治下的土族，深受内地汉族传统文化之影响，其子弟参与清朝科举考试的不乏其人，正如西宁道佥事杨应琚所言“俊秀读书，亦应文武试，如祁伯豸兄弟，已登科目”，且渐有“不习土语者”。[④] 尤其到民国时期，土司制度的废除，加快了土族的汉化进程。时人言“土人生活，除妇女系天足并有特殊之服饰外，亦与汉人无异”。[⑤]

在长期的历史发展过程中，土族除受汉族文化影响外，也深受藏族文化的影响。如宗教信仰方面，土族多信奉藏传佛教。明清以来，在朝廷的推崇和支持下，格鲁派在土族地区广泛传播，出现了“番人、土人有二子，必命一子为僧。且有宁绝嗣，而愿令出家者”的景象[⑥]，土族地区寺院众多，清时就有40余所。[⑦] 佑宁寺几经沉浮，成为土族聚居区最大的藏传佛教寺院。寺院享有朝廷赏赐的大量土地，以“庄田”招纳大量“佃种之民”，为寺院耕作，这些佃民进而成为寺院剥削奴役的属民。信仰藏传佛教的土族，其日常生活也与寺院产生密切联系，他们缴纳大量的布施给寺院，供养入寺的贫困家人，承担着一定的宗教负担。长期以来，广大土民处在政府、土司、宗教势力的三重统治下。

---

① （清）杨应琚：《西宁府新志》卷24《官师·土司附》，青海人民出版社，1988，第619页。

② 《据内政部呈为核议青海省政府咨请转呈明令撤销青海省土司各职一案情形，经提出本院第三十四次国务会议决议准如所拟办理转呈国府照案转呈鉴核准予撤销由》，载《青海近代史料辑录》（1912～1948年），手抄本，第5～8页，青海省图书馆馆藏。

③ 《据内政部呈为核议青海省政府咨请转呈明令撤销青海省土司各职一案情形，经提出本院第三十四次国务会议决议准如所拟办理转呈国府照案转呈鉴核准予撤销由》，载《青海近代史料辑录》（1912～1948年），手抄本，第5～8页，青海省图书馆馆藏。

④ （清）杨应琚：《西宁府新志》卷24《官师·土司附》，青海人民出版社，1988，第619页。

⑤ 张其昀：《青海之民族》，载甘肃省图书馆目参考部编《西北民族宗教史料文摘（青海分册）》（上），甘肃省图书馆，1986，第234页。

⑥ （清）杨应琚：《西宁府新志》卷15《祠祀·番寺》，青海人民出版社，1988，第385页。

⑦ 杨学琛：《清代民族史》，四川民族出版社，1996，第284页。

（三）回族

关于回族的族源，学术界认为唐宋时期来中国经商定居，当时被称为“蕃客”“胡商”的阿拉伯、波斯穆斯林商人是回族的先民，13 世纪成吉思汗及其子孙多次西征后，被迫东迁的中亚各族人、波斯人以及阿拉伯人构成了回族的主体。[①] 这些“回回”人以伊斯兰教为纽带，并在同汉、蒙古、维吾尔、藏等各族长期相处交往的过程中，大约在元末明初以后，在中国境内形成一个完整、独立的新的回族共同体。[②]

青海作为主要的回族聚居区，早在唐代，就有“回回”先民的活动。宋代，西宁一带有少量侨居的中亚、西域各国商人。13 世纪初，蒙古西征后，签发随同东来的大部“回回军”（由被征服的中亚穆斯林各国的青壮年组成）连同随军的工匠和妇孺等或驻守，或从事屯聚牧养于包括河湟流域在内的西北各地。元初，驻守青海的不少蒙古贵族及其部属改宗伊斯兰教，如西宁王速来蛮等。与此同时，有一些伊斯兰教教士率教徒、随从来西宁传教，有的便留居于此。明、清两代推行移民实边政策，数次移民青海。明代有江淮地区一带居民大量移居西宁、乐都、贵德等地，其中也包含当地的“回回”人。洪武十三年（1380 年），移河州回民 48 户于贵德城。咸同年间，西北回族起义失败后，统治者采取了强制迁徙的措施，再加上逃难流徙，陕西、甘肃一代的回族留居青海的也不少。青海的回族在同周围汉、蒙古、藏、撒拉、土等民族共同劳动生活的过程中，融合发展，繁衍壮大。[③]

回族主要聚居在青海河湟地区，西宁、大通、化隆、循化、民和、湟源、贵德等地，以从事农耕为主，又多有经商沽贩者，清初学者就有“回回皆拥资为商贾，以及马贩、屠宰之类”[④] 的记载。近代回族保持着善于经商的传统，又借地处河湟流域——农牧边缘地带的优势，成为青海农牧区互通有无的桥梁。只是在咸同年间，回族起义失败后，在清政府的强制迁徙、封闭管理下，回族经济的发展进入暂时的困顿时期。民国时期，崛

① 参见杨建新《中国西北少数民族史》，宁夏人民出版社，1988，第 516 ~ 521 页。

② 崔永红等主编《青海通史》，青海人民出版社，1999，第 272 页。

③ 参见孔祥录、喇秉德《青海回族来源初探》，《青海民族学院学报》（社会科学版）1982 年第 4 期。

④ （清）梁份：《秦边纪略》，赵盛世、王子贞等校注，青海人民出版社，1987，第 64 页。

起于河州的回族军阀马麒势力逐步伸入青海，且其家族在青海延续了近 40 年的统治。回族官僚资本在青海有了较大的发展。

回族通用汉语汉文，衣着服饰方面也多与汉族相同，唯其生活习俗及文化心理上深受伊斯兰教影响。因其与汉族在居住地域、语言、经济生活等方面广泛的共同性，政治制度方面没有显著的特殊体系，是省府州县下的编户齐民[①]，承担着封建国家的赋税、兵役。此外，还要承担一定的宗教负担。回族聚居区，教派和门宦仍保留着对教民的绝对权威。当时仅青海地区大小门宦就有 18 个之多，几大派系并存。封建上层与宗教上层相勾结，以宗教名义向教民征收捐税。[②]

（四）撒拉族

撒拉族是甘青地区的少数民族之一，主要聚居于今青海的循化撒拉族自治县，其次在化隆、黄南、海北及甘肃临夏大河家镇等都有分布。中外学者们根据撒拉族传说、迁徙路线及其语言、信奉伊斯兰教等，大多认为，大约在元代，由今中亚撒马尔罕一带操阿尔泰语系突厥语族西匈语支乌古斯语组的西突厥乌古斯部中的撒鲁尔（Salour）一支，向东迁徙，经新疆地区，最后定居于青海的循化。此后又与当地蒙、回、藏等族相互融合，大约在 16 世纪中叶，最终形成近现代的撒拉族。[③]

青海的撒拉族主要居住在循化、化隆两县，居住在黄河南岸循化境内的称“撒拉八工”，在化隆的称“外五工”。“撒拉八工”包括街子工、查加工、查汗大寺工、苏只工、张尕工、孟达工、乃曼工、清水工；“外五工”即甘都工、卡尔岗工、上水地工、黑城子工和十五会工。其中除上水地、黑城子两工系聚族而居外，其余十五会、甘都、卡尔岗的撒拉人，均

---

① 当然，在明清普遍实行土司制度的前提下，也有回族冶土司的出现，但只是个案，且至清末已衰落。民和米拉沟一带的冶土司家族是甘青十八家土司中唯一的回族土司，自洪武四年（1371 年），冶土司始祖薛都尔丁（系西域缠回）以前元甘肃行省佥事的身份归附明王朝起，世袭罔替，辖民和米拉沟一带土、回各民，到清末时已明显衰落，到民国废除土司制度，正式退出历史舞台。参见喇秉德等《青海回族史》，民族出版社，2009，第 52 页。

② 青海省编辑组《青海省回族撒拉族哈萨克族社会历史调查》，青海人民出版社，1985，第 26～27 页。

③ 参见《撒拉族简史》编写组编《撒拉族简史》，青海人民出版社，1982，第 8～23 页；芈一之：《撒拉族史》，四川民族出版社，2004，第 4～37、45～65 页；周伟洲：《西北少数民族地区经济开发史》，中国社会科学出版社，2008，第 326 页。

与汉、藏、回等民族杂居，其居处亦散漫分离，不似八工之整齐集中。[①]“工”作为区域性单位，在清代、民国相当于“乡”的行政区划，每工之下领属若干村庄。[②]“工”内包括若干以父系血缘为纽带形成的亲缘组织，撒拉族语称之为“阿格乃”“孔木散”。“阿格乃”“孔木散”是撒拉族特有的社会基层组织，“阿格乃”意为兄弟、“当家子”，是以父系血缘为基础的近亲组织。“孔木散”意为“一姓人”或“一个根子”，是以父系血缘为基础的远亲组织。经过长期演变，“孔木散”逐渐变化为以血缘关系为核心的地缘的或地域的组织，且与国家政权的行政组织相一致。[③]

撒拉族的经济中，在明代及清前期畜牧业占一定地位，到清乾隆年间，随着耕地的不断增加、水利的兴修，农业有了较大发展。近代的撒拉族多居于河谷平川中，以务农为生。“除耕种外，也向外发展，经营商业，平、津、沪、汉都有他们的足迹；投身军界，在西北回军中颇占一部分势力。在青海马步芳军队中服务的，成了军队将官中的中坚分子。”[④]

政治制度方面，雍正、乾隆时期在循化设营立厅，将撒拉族地区纳入国家统治机构之下，但同时也沿用元明以来的土司制度，委千户进行统治。土司之下有受土司统辖的基层负责人——哈儿（户长），主持各“孔木散”的事务。此外，除世俗政治力量外，撒拉族聚居区还有代表宗教势力的“尕最”。“尕最”除掌全族的宗教事务外，也干预教徒的户籍、婚嫁、钱粮、诉讼等事项。土司从政治上进行统治，“尕最”从宗教上进行统治（有时也会出现“尕最”、土司两职居一人之身的情况），撒拉族人民要承受两重压迫。[⑤]光绪二十二年（1896年），撒拉族地区的土司制度被废除，撒拉族社会便从土司自治纳入府县制的权力统治体系，归循化厅直接治理。哈儿从原来的世袭改为轮流担任（俗称乡约）。每工设一乡约，由工内人员推选后循化厅加委，三年一换。乡约不得兼

---

① 青海省编辑组：《青海省回族撒拉族哈萨克族社会历史调查》，青海人民出版社，1985，第74～75页。

② 《撒拉族简史》编写组编《撒拉族简史》，民族出版社，2008，第28页。

③ 青海省编辑组：《青海省回族撒拉族哈萨克族社会历史调查》，青海人民出版社，1985，第100页。

④ 李廷弼：《撒拉回民》，《回民言论》（重庆版）1939年第1卷第8期，第19页；任美锷：《循化的撒拉回回》，《地理教育》1936年第1卷第5期，第25页。

⑤ 参见韩得彦《试谈撒拉族的尕最制度》，《青海民族研究》1991年第1期。

任宗教职务。乡约上传民情，下达政令，催粮交差，无薪俸，在所收粮赋中折扣一成左右归己。[①] 马步芳时期实行保甲制后，原撒拉族地区的乡约制遂废。

（五）藏族

青海藏族的来源是多元的，即由西藏高原的吐蕃征服该地多弥、白兰、党项、羌及吐谷浑之后，经过长期的相互交往与融合后形成的。[②] 青海藏族从元朝起至清朝一直被称为“西蕃”或“西番”，“藏族”这一名称后在西藏出现，以后青、康等地各部相继沿用。

青海藏族因居住地不同，其经济生活、社会组织有所不同。自清代以来，原西宁府所辖地区藏族，河南贵德、循化地区的“熟番”部落，多与汉、撒拉、回等族杂居错处，主要从事农业或半农半牧生产。这些藏族社会内部，原有部落的血缘关系日益淡薄，地域关系增强，部落名、族名也多由“庄”“堡”等替代。其原有部落结构遭到破坏，他们逐渐成为地方政府管理体制下的“编户”，向政府纳粮贡马，但在其行政体制中仍保留了“土流参治”的形式，只是土司、土千、百户、昂索等各级土官权力较弱，且有“流官化”的趋势，有的甚至以内地之“乡约”“牌长”之名而取代之。[③] 到民国时期，青海东部地区实行“改土归流”后，原土司委以区长、村长名义，以示优待。另外，这些居于青海东部的藏族由于定居务农，脱离了游牧生活，在与汉族等民族交错杂居过程中，其社会意识形态、文化多受汉族影响，出现了文化汉化与民族融合的现象。其子弟有入塾读书者，也有汉藏互通婚者，在生活民俗方面多成“汉风”，出现当地人所称“家西番”者。[④]

远离农业区，以游牧为生的藏族部落，包括河南贵德、循化之“生、野番”部落及后期形成的“环海八族”、青海玉树四十族（清末为二十五族）等。[⑤] 这一类型的藏族部落以游牧为业，逐水草而居。虽然，牧区的

---

① 邓慧君：《青海近代社会史》，青海人民出版社，2001，第48页。

② 周伟洲主编《西北少数民族经济开发史》，中国社会科学出版社，2008，第311页。

③ 参见周伟洲《清代甘青藏区建制及社会研究》，《中国历史地理论丛》2009年第24卷第3辑。

④ （清）杨志平编纂《丹噶尔厅志》卷6《人类》，何平顺等校注，载《地方旧志五种》，青海人民出版社，1989，第316页。

⑤ 民国时期还有果洛九族，清代属四川，民国时期属青海。

河谷地带也有小片的农业区，但这里的经济结构仍以传统的游牧经济为主。千百年来，藏族人民在青海水草丰美的草原上，发展了畜牧业，积累了一些传统的放牧和防治畜疫的方法，使该地区畜牧业得以承续发展下来。但是，由于落后的生产方式的束缚、传统保守旧习、生产工具的落后和缺乏对草场的改造，直至近代，畜牧业生产仍处于靠天养畜的低级水平。

从事牧业的藏族部落，其部落组织的血缘关系通常较为浓厚，只是在由众多的小部落组成的大部落中，地域关系才有所发展，部落兼有生产、行政和军事三位一体的职能。此外，清代承袭了元明以来的土司制度，这些部落的头人、首领兼指挥使、佥事、土千、百户等土官职务，只是由于这些以游牧为生的部落，地处辽远、迁徙无定，故官府控制有限，因而部落头人、首领也即朝廷的土官有较大的自主权，维系着部落的稳定性和连续性。① 只是到民国时期，随着现代多民族国家构建的推进，民国政府在广大牧区普遍设立县、设治局、行政督察专员公署等政府行政管理单位，且在“县治”的基础上在部分牧区进一步编组保甲。随着行政设置在牧区的推进，国家不仅向部落统一征收财政赋税，而且在藏区基层开始行使头人的任免、刑罚案件的审理等行政职能。国家势力的代表——青海地方政府在牧区势力的深入往往以武力为开路先锋，迫使部落的首领、头人臣服。部落的自治权受到冲击，政府的政治威权开始逐步在民族社会中确立。即便如此，由于地理环境的特殊及其文化、宗教上的异质性，政府在这些地区的治理在一定程度上要依靠千百户头人来完成，如赋税的代为征收等。因此，1931 年 8 月，青海东部地区土司制度因不利于统一政令的推行，由国民政府明令取消，而这些地区部落的土司、土官制度一直保持到了新中国成立前。

还需指出的是，在农、牧藏族社会，藏传佛教的势力延伸到了宗教与世俗两界，形成了“以活佛、法台或堪布、僧官（都纲）为主，兼理附属部落、村寨属民的‘政教合一’制度”。② 寺院不仅有治民特权，而且拥有雄厚的经济和武装实力，成为与藏族社会原有地方基层行政组织不相统属

① 参见周伟洲《清代甘青藏区建制及社会研究》，《中国历史地理论丛》2009 年第 24 卷第 3 辑。

② 智观巴·贡却乎丹巴饶吉：《安多政教史》，吴均等译，甘肃民族出版社，1999，第 80 页。

而并行的特殊权力模式。

（六）蒙古族

蒙古族进入青海地区可以追溯到13世纪，1227年，成吉思汗在灭夏攻金的军事过程中进入青海地区，“三月破洮、河（今甘肃省临夏市）、西宁三州”。[①] 元世祖忽必烈建立元朝，甘青地区为蒙古、元朝统治达百余年。在这一历史进程中，蒙古军队、将士分驻于甘青地区，渐与当地各民族交往和融合。蒙古族大批迁入青海等地，是在明朝正德年间，正德四年至十年（1509～1515年）先有蒙古亦卜剌部入居青海；接着，在正德十年至嘉靖年间，又有以蒙古卜儿孩、整克、吉囊等为首领的部落进入青海游牧，臣属于卜儿孩部。此后，蒙古俺答汗率部进驻青海，成为青海蒙古各部的霸主。万历十年（1582年），俺答汗去世，加之明朝对入居青海蒙古各部的清剿，其势渐衰。[②]

至明末，先后又有察哈尔部林丹汗、喀尔喀蒙古却图汗及和硕特蒙古固始汗（又译作顾实汗）率部入居青海等地。明崇祯十年（1637年），固始汗接受西藏格鲁派首领——扎什伦布寺寺主罗桑曲结的请求，率军入青海，击溃了支持西藏噶玛噶举派的喀尔喀蒙古却图汗，遂留驻和统治了青海藏区。不久，势力强大的蒙古各部将原居于青海湖四周的藏族部落赶往黄河以南地区游牧。为青海蒙古王公们所统治的青海藏族，“私馈皮币曰手信，岁时加馈曰添巴”，[③] “西海（青海）之牛羊驴马取之于番，麦豆青稞取之于番，力役征调取之于番”。[④] 当时，青海为和硕特汗廷所在，固始汗八个儿子称“青海八台吉”，各有世袭封地，其下又分左右两翼，设翼长，两翼之下即为各封地（兀鲁思）。诸台吉有定期的会盟制度，并利用格鲁派（黄教）巩固其统治，大兴寺院。[⑤] 这一时期，青海蒙古诸部得到较大的发展，人口增加，牧业经济得到发展，

---

① （明）宋濂等纂《元史》卷一《太祖本纪》，中华书局，1976，第24页。

② 参见杨建新、王东春《明代蒙古部落大批入据青海考论》，《中国边疆史地研究》2007年第2期。

③ （清）杨应琚：《西宁府新志》卷19《武备·番族》，青海人民出版社，1988，第470页。

④ （清）年羹尧：《青海善后事宜十三条》，载中国藏学研究中心、中国第一历史档案馆等合编《元以来西藏地方与中央政府关系档案史料汇编（第二册）》，中国藏学出版社，1994，第350页。

⑤ 参见马大正、成崇德主编《卫拉特蒙古史纲》，新疆人民出版社，2006，第159～177页。

并与新兴的清朝建立朝贡关系。

到清朝雍正元年（1723 年），青海和硕特蒙古亲王罗卜藏丹津起兵反清，清政府派军征讨，最终清军胜利，罗卜藏丹津逃至准噶尔。这次战争使青海蒙古各部受到较大的损失，人口减少。雍正二年（1724 年），清廷批准了年羹尧上奏的《青海善后事宜十三条》及针对青海蒙古的《禁约青海十二事》。其中划定蒙古各部的分地，并“悉照北边蒙古之例，编立佐领”，即建立盟旗制。“掌一旗之政令”的各札萨克，虽然仍不失其封建领主身份，但汗、珲台吉、岱青等名号被废除，他们变为清朝皇帝的臣属和地方官吏。与此同时，藏族各部落不再“岁纳添巴”。①

至雍正九年（1731 年），清廷完成了对青海蒙古蒙旗的编制和安置番民的工作，插旗定界，以黄河为界，蒙古划定的 24 旗在河北，另有 5 旗（其中包括察罕诺门汗一旗）在河南，藏族部落则均在河南。

可是，自嘉庆以后，即发生了上述河南藏族部落不断北迁，并侵扰河北蒙古各旗的情况，清廷采取“扶蒙抑番”的政策，派军多次驱赶迁入河北的藏族部落，并最终于咸丰九年（1859 年）被迫承认藏族迁居河北的事实，安置了藏族的“环海八族”。河南一部分藏族部落渡河北迁，使得一部分蒙旗的牧地也发生了一些变化。原河南四旗、海西八旗中的七旗，均在原牧地；海南十旗多数迁往海北，少数几个旗在海南而稍北迁；海北七旗牧地变化较大，但仍在海北；原在河南的察罕诺门汗旗（内多杂有藏族）则迁于河北。②

此后，青海蒙古各旗牧地缩小，人口减少，经济发展受到一定的影响。清末青海蒙古的人口又有所回升。宣统三年（1911 年）任丹噶尔厅同知的康敷镕撰《青海记》所记，当时青海蒙古二十九旗人口已渐增至 12000 余户。清末至民国初，青海蒙古族社会经济也有所发展，其经济以畜牧为主，生产方式和发展水平与藏族同。另外手工业在青海蒙、藏各族中也有一定的发展，撰于宣统年间的《丹噶尔厅志》记：“工，本境工艺以木（器）、银（器）、（制）皮、铁（器）四项为大宗。四者之艺，皆有

① 芈一之、张科：《青海蒙古族简史》，青海人民出版社，2014，第 196 页。

② 马大正、成崇德主编《卫拉特蒙古史纲》，新疆人民出版社，2006，第 366～370 页。

资于蒙、番。”①

清末、民国时期，牧区的土地制度仍沿袭名义上部落公有、事实上归封建领主支配的所有制。② 蒙古各旗所辖草场名义上属旗公有，实际上由王公、扎萨克占有，草场的支配权操纵在他们手中，广大普通牧民对草场的使用完全听命于王公贵族，自己没有任何权利。至于牲畜，据新中国成立初期的调查，占蒙古族总人口10%的王公扎萨克和宗教上层，占有牲畜总头数的60%，而占总人口90%的牧民，却只占有牲畜总头数的40%。王公、扎萨克凭借占有的大量牲畜和草场，通过向贫苦牧民出租牲畜、雇工放牧、向牧民摊派无偿劳役、放高利贷等方式对牧民进行残酷的剥削，其剥削量平均达到牧民年收入的60%以上。③ 除此之外，广大牧民要承担政府名目繁多的苛捐杂税，还要向寺院交纳布施，牧民负担沉重。

从上述可见，在长期的历史进程中，一方面，各民族在这块贫瘠而广袤的土地上繁衍生息并相互交融、相互促进，共同推动了青海地方社会历史的发展和进步；但另一方面，各个民族在经济生活、制度文化、宗教信仰以及风俗习惯等方面都自成体系，各具影响，使地方社会呈现多元化的特点。

二　宗教氛围浓厚、寺院林立

青海多民族杂居，宗教氛围浓厚，正所谓“汉敦儒术，回习天方，蒙番崇信佛教，自古之今，未之有改”。④ 庙宇、寺院作为各族人民宗教活动的场所，几乎遍及城乡各地。

青海汉人大部信仰多神教，佛、儒、道各教皆信，寺庙到处皆有，“最普遍而遍及于各地者有关帝庙、文昌宫、玉皇楼、魁星阁、财神庙、火神庙、药王殿、菩萨庵、龙王庙、马王庙、牛王庙、娘娘庙、城隍庙、

---

① （清）杨志平编纂《丹噶尔厅志》卷5《实业》，何平顺等校注，载《地方旧志五种》，青海人民出版社，1989，第286页。

② 崔永红等主编《青海通史》，青海人民出版社，1999，第693页。

③ 参见青海省编辑组《青海省藏族蒙古族社会历史调查》，青海人民出版社，1985，第146页。

④ （清）升允等修、安维峻纂《甘肃新通志》卷33《学校志·贡院》，载甘肃省古籍文献整理编译中心编《中国西北文献丛书》第24册，兰州古籍书店，1990，第272页。

土地庙等类，随地随物，即修祠建庙，乞福求寿，以为神也”。[①] 据时人调查，民国时期青海各县汉人信奉、修建的庙宇大抵有：西宁县，340座；湟源县，120座；贵德县，100座；化隆县，110座；循化县，50座；乐都县，60座；互助县，70座；民和县，50座；亹源县，30座；大通县，40座，合计达970座。[②] 庙宇众多，其需用款项，均由地方人民负担，加之“酬神还愿，耗费颇巨”，又有“专有吃神者，藉庙宇为名，广募布施，讽经演剧，依赖生活，更多绅士阶级，管理庙产，愚人肥己……统而计之，耗费甚巨”。[③] 财富过多靡费于宗教活动，无疑会影响生产上的投入。至于各庙宇占有的生产资料及其他财产除关岳庙外其余不详，这里仅以关岳庙略作一观，“迄至1937年4月，青海省有关岳庙8处，财产总计83880元，其中含房屋189间，土地93亩”。[④]

藏、蒙古、土各族主要信奉藏传佛教，时人曾言“青海为佛教蕃衍之区，故其佛教之盛，寺庙之多，实不亚于康藏”。[⑤] 到20世纪40年代，青海的藏传佛教寺院已有620余所。[⑥] 到1949年新中国成立初期，有学者统计“青海全省有大、中、小喇嘛教寺院650多座（不含麻尼坑），在寺喇嘛43000余人（另有流散于社会的宗教职业者1万余人），占信奉喇嘛教少数民族人口的10%左右，在个别地区如玉树竟占当地藏族人口的20%以上”。[⑦]

回族、撒拉族合族信仰伊斯兰教。新中国成立前，青海回族、撒拉族聚居的村庄，几乎村村有清真寺，处处有阿訇。据调查，新中国成立前夕全省共有清真寺720座，宗教职业人员4741人，其中阿訇947人、满拉

---

① 顾亭林：《青海省帐幕经济与农村经济之研究（下卷）》，载萧铮主编《中国地政研究所丛刊·民国二十年代中国大陆土地问题资料》，台北成文出版社有限公司（美国）中文资料中心印行，1977，第20581页。

② 顾亭林：《青海省帐幕经济与农村经济之研究（下卷）》，载萧铮主编《中国地政研究所丛刊·民国二十年代中国大陆土地问题资料》，台北成文出版社有限公司（美国）中文资料中心印行，1977，第20582～20583页。原文为表格。

③ 顾亭林：《青海省帐幕经济与农村经济之研究（下卷）》，载萧铮主编《中国地政研究所丛刊·民国二十年代中国大陆土地问题资料》，台北成文出版社有限公司（美国）中文资料中心印行，1977，第20583页。

④ 内政部统计处编发《内政部关于各省市关岳庙的调查统计》，《内政统计季刊（南京）》1937年第3期，陕西省图书馆藏。原文为表格。

⑤ 王接盛：《青海佛教寺院之概况》，《边事研究》1941年第12卷第4期，第9页。

⑥ 白文固：《明清以来青海喇嘛教寺院经济发展情况概述》，《青海社会科学》1985年第2期。

⑦ 王册：《青海喇嘛教概述》，《青海社会科学》1980年第2期。

3794 人。[1]

各寺院既是各族人民宗教活动的场所，也是他们文化政治的中心，“教权所至，即政权所在”。[2] 封建上层和宗教上层互相依赖，甚而在身份上重叠，宗教在地方社会发挥着巨大的政治功能。此外，无论农业区还是牧业区，宗教寺院土地占有制在青海封建经济中都占有突出地位。这种现象始自元代，明清两代得到进一步发展，民国时期仍沿袭未改。1949 年前后，青海共有藏传佛教寺院 650 多座、清真寺 720 座，寺庙共占耕地约 44 万亩，其中占地 5 万亩以上的有塔尔寺、东科尔寺、佑宁寺、广惠寺等。[3] 西宁市东关清真大寺，从 1916 年到 1952 年土改时，有水地 56209 亩，循化街子清真寺有土地 219 亩，其他清真寺也有大量土地。[4] 寺院除占有大量的田地外，还拥有众多的依附人口。此外，通过向民众化“布施”、放贷、从事商业等方式，寺院集聚了大量社会财富，时人谓“塔尔、隆务二寺之富藏，可似金穴”[5]，不只是这两座寺院如此，这应是当时大部分寺院经济实力的写照。寺院经济已然是地方社会经济结构的重要组成部分。

三 近代因素的发轫与地方社会

近代以来，在外来因素的刺激下，中国社会步入近代化的历史时期。青海作为多民族聚居地区，地处中央府县制统治体系的边缘地带。在近世中国社会发生巨变的大背景下，其传统社会也面临新的社会因素的挑战。青海地方社会由传统向近代的转型在清末民初已见端倪，诸如城镇的发展、外国洋行的介入、以山陕商人为翘楚的私营商贸企业中资本主义方式的出现。从 20 世纪 30 年代起，在国民政府“开发西北”的大背景下，地方军阀主持的青海近代化进程在地方官僚资本的支持、军政力量的推进下，全面启动。海阳化学厂，大通公平煤矿，西宁小峡缸厂，大通窑口瓷器厂，互助北山烤胶厂、皮革厂、机器厂、地毯厂，义源工

① 马毓：《青海伊斯兰概况》，载中国人民政治协商会议青海省委员会文史资料研究委员会编《青海文史资料第 10～12 辑》，1984，第 87 页。

② 杨效平：《马步芳家族的兴衰》，青海人民出版社，1986，第 44 页。

③ 崔永红等主编《青海通史》，青海人民出版社，1999，第 689 页。

④ 马毓：《青海伊斯兰教概况》，载中国人民政治协商会议青海省委员会文史资料研究委员会编《青海文史资料第 10～12 辑》，西宁第三印刷厂印制，1984，第 88 页。

⑤ 黎小苏：《青海喇嘛教寺院》，《新亚细亚》1933 年第 5 卷第 4 期。

厂，西宁水力发电厂，农林部所辖的青海兽医防治大队血清厂等近代机器工业企业建立；[①] 从“协和商栈”“德兴海商号”“青藏商务队”到青海湟中实业公司，垄断地方经济的官僚商业资本形成；[②] 邮政局、电报局、无线电台、无线电收发报机、长途电话等构成的近代通信机构和设施出现；[③] 银行、近代学校教育以及作为居民业余活动场所的一些社会福利机构和公共服务设施、文化娱乐广场如图书馆、公园、影戏院、旅店、舞厅、医院等近代事物也开始出现；城镇进一步发展：西宁设市，其他较大的城镇有“湟源县城、湟中县的文华镇、玉树的结古镇等，其余各县县治即为中小城镇。还有西宁的平戎驿，大同的后子河、桥头，乐都县的高庙、瞿昙，贵德县的康杨家（今属尖扎县），互助县的张其寨（今属海东市平安区），化隆县的甘都，湟中县的多巴、上五庄”等集镇。[④] 随着资本、劳动力市场、机器工业等近代社会新现象的出现，工商业领域资本主义生产方式的出现，青海社会阶级结构方面也产生了不少的资本家与工人，只是“数千工人相对于上百万的农牧民人口也还是微不足道的，封建的社会阶级结构还完整、强大地存在着”。[⑤] 再者，政治行政方面，“县级行政建置的进一步完善，近代的行政体制初露端倪，对蒙藏地区的统治也开始至少在表面上变得规范化了”。[⑥] 此外，随着科学、民主、男女平等等近代观念的传播，以政府力量推进的革除“缠足”等陋俗的运动，倡导科学卫生观念的“清洁运动”，以消除文盲为目的的“识字运动”等有悖于封建传统文化的活动陆续展开。

以上种种，表明青海社会的近代化已成大势所趋，唯近代化的因素由于传统社会政治权力——军阀专制的存在而发展缓慢且发育不健全。此外，近代化的变迁以西宁为中心的城镇地区比较显著，农牧区近代以来的变革不大。传统与近代化二元社会结构中，传统因素远远大于近代因素。

---

① 崔永红等主编《青海通史》，青海人民出版社，1999，第734页。

② 参见王正儒《青海马家官僚资本论略》，《黑龙江民族丛刊》2011年第5期。

③ 佚名：《清末及民国期间青海省通信概况》，《青海邮电史志通讯》1987年第3期，第20～22页。

④ 崔永红等主编《青海通史》，青海人民出版社，1999，第752页。

⑤ 邓慧君：《青海社会近代化的历史步履》，《青海社会科学》2003年第4期。

⑥ 邓慧君：《青海社会近代化的历史步履》，《青海社会科学》2003年第4期。

第三节　近代青海的行政区划及建置的沿革[①]

一　县以上的行政区划及建置

（一）清代

清顺治二年（1645 年），清军进入青海，青海东部沿袭明卫所制，原土司仍其旧。罗布藏丹津事件后，清朝政府加强了对青海的控制，对青海的行政建制进行了重大的调整。雍正二年（1724 年），在青海东部地区改西宁卫为西宁府（治今西宁市），属西宁道；同年设西宁县、碾伯县（治今乐都碾伯镇）、大通卫（治今门源县浩门镇）；雍正五年（1727 年），改大通卫为大通镇。乾隆九年（1744 年），设巴燕戎格厅（治今化隆巴燕镇），大通卫署迁白塔城（治今大通城关镇），门源称"北大通"；乾隆二十六年（1761 年），改大通镇为大通县（治今大通城关镇），改归德为贵德，设"西宁县丞"，隶西宁县，乾隆二十七年（1762 年），设循化厅（治今循化积石镇）；乾隆五十七年（1792 年），改贵德所，置贵德厅（治今贵德河阴镇）。道光九年（1829 年），设丹噶尔厅（治今湟源城关镇）。至此，西宁府共辖三县、四厅，同时推行土司制度。西宁府地区隶属于甘肃布政使司（即甘肃省）。[②]

在青海的牧业区，雍正三年（1725 年）设西宁办事大臣，常驻西宁，总理青海蒙、藏族事务。同时，清政府在蒙、藏聚居区采取了不同的管理体制。清廷将青海蒙古各部纳入"内藩"，在蒙古族聚居的地区根据"宜分别游牧居住"的原则，仿照内蒙古扎萨克制度，统一划编 29 旗。各旗划定牧地，不得私相往来，地位平等，互不统属。

在藏族地区（当时主要在黄河以南地区）由朝廷直接实施管理（原由

---

① 地方行政区划的变化与建置的沿革，以及政府对基层社会的管理制度不仅与赋税的征收、劳役的征发等经济大政有关，也与社会救济事业的开展如济贫机构的设立、赈济款的发放、借贷、合作事宜的开展等息息相关，故在文中就青海地方的县级区划及基层社会组织的演变加以介绍。

② 罗麟：《青海省行政区设置拾遗集》，青海省民政厅行政区划处打印，第 13 页，青海省图书馆藏。

蒙古和硕特部统辖），派员清查户口、划定地界、设立土司，分别授以土千户、百户、巡检等职衔，统领各部落。[①] 青海东部的藏族部落，由邻近的县、厅、卫管理。这里要特别提及的是玉树、果洛地区。玉树地区于雍正十年（1732 年），青海办事大臣会同四川、西藏代表，勘定青海与西藏界址，沿边部落分隶管辖，按“近西宁者由西宁管辖，近西藏者暂隶西藏”的原则，确定纳书克等 39 族（即部落）暂隶西藏；归青海办事大臣管辖的有阿里克等 40 族。[②] 这些分布在玉树的藏族诸部，道光、咸丰以后，有的合并，又有新分出者，遂成“玉树等二十五族”，同治之际以“玉树二十五族”作为通称。[③] 果洛地区藏族诸部，清初名义上属西蒙古管辖，实际上仍处于各自为政的状态。康熙六十年（1721 年），四川提督岳钟琪率兵克复，授中果罗克头人丹增为千户，授上果罗克噶屯、下果罗克彭措为百户。果洛在行政区划上隶属于四川成绵龙义道松潘镇漳腊营，为漳腊营所辖二十八土司之一。至宣统元年（1909 年），边务大臣（四川督都赵尔丰）征剿德格，上果罗克女土官曲贞珠玛带领大头目赴行辕投诚，令德格县万里恩前往查勘地方户口，于宣统三年（1911 年）中，中下果罗克及却其扎全部内附，拟设果洛县（因鼎革未果）。[④] 至清末，果洛诸部仍归四川管辖。雍正以后形成的上述管理体制一直沿袭到了清末民初。

（二）民国时期[⑤]

1912 年元旦，中华民国宣告成立，1913 年，北洋政府在全国实行省、道、县三级行政体制。废西宁府，保留甘肃省西宁道，辖西宁、碾伯、大通三县，改巴燕戎格厅为巴戎县，改循化厅为循化县，改丹噶尔厅为湟源县，改贵德厅为贵德县。

---

① 陈光国：《青海藏族史》，青海民族出版社，1997，第 351 页。

② 《卫藏通志》卷 15《部落》，载西藏研究部编《西藏志》、《卫藏通志》合刊，西藏人民出版社，1982，第 506～509 页。

③ 参见周希武编著《玉树调查记》，吴均校释，青海人民出版社，1986，第 115 页。

④ （清）刘赞廷：《甘孜县图志·附俄落志》，民族文化宫图书馆复制本（油印），1961，第 51～52 页。转引自邢海宁《果洛藏族社会》，中国藏学出版社，1994，第 18 页。

⑤ 该部分内容整理自罗麟《青海省行政区设置拾遗集》，青海省民政厅行政区划处打印，第 15～18 页，青海省图书馆藏；魏明章《青海建省前后的行政建制》，载中国人民政治协商会议青海省委员会文史资料研究委员会编《青海文史资料·第 9 辑》，1982，52～55 页；崔永红等主编《青海通史》，青海人民出版社，1999，第 501～504 页。

在青海地区改“青海办事大臣”为“青海办事长官”，“青海办事长官”一职由西宁府知府廉兴（满洲人）升任。名称虽改，但其组织形式依旧，1915 年裁撤。[①] 1914 年增设蒙番宣慰使，管理蒙藏事务。1916 年北洋政府颁发蒙古王公及藏族千百户的封号和赏赐。1917 年设都兰（治今都兰寺）理事，管辖今广大的海西地区。同年设玉树（治玉树结古寺）理事，办理二十五族民刑各事。[②] 西宁道统辖七县二理事。1921 年，青海地方军阀征服果洛后，封授康干、康赛、然洛、红科等六部落头人为千户，其余小部落头人分别被封为百户。1927 年撤西宁道，改设甘肃省西宁第四行政区（次年撤），林竞为西宁区行政长官，同年撤销了蒙番宣慰使一职。

国民政府时期（1927～1949 年），废除道，地方政区实行省、县二级制。几经酝酿后，国民政府于 1928 年 10 月 19 日明令设立青海省，以原甘肃省西宁道和青海办事长官所属地区为辖区。1929 年元月，青海正式建省。同年改巴戎县为巴燕县，改碾伯县为乐都县，改玉树理事为玉树县；由大通、西宁二县析置门源县（治今浩门镇），由西宁、湟源二县析置共和县（治上郭密之曲沟），由循化县析置同仁县（治隆务寺，1931 年 3 月内政部批准备案，同仁县正式成立）。1930 年改都兰理事为都兰县（1932 年治所由都兰寺迁至希里沟），由西宁县析置互助县（治今威远镇），由乐都县、循化县析置民和县（治今上川口，曾迁古鄯）。1931 年改巴燕县为化隆县。1933 年由玉树县析置囊谦县（治香达庄）。1935 年，从贵德县析置同德县（治拉加寺）。1937 年由玉树县析置称多县（1938 年 2 月 1 日国民政府准予备案，治周筠庄）。

从 1938 年至新中国成立前，省府在已设县的基础上，为了加强对农牧区的管理，设置了若干行政督察区和设治局，以达到巩固统治的政治目的。行政专员最初的设置是适应当时“剿匪”时期特殊环境所设置的制度。国民政府在维护省、县两级制原则下，内政部拟具了东南部地区的《行政督察专员暂行条例》，提经行政院第五十四次会议修正通过，于 1932 年 8 月 6 日公布施行。据此，青海省政府于 1935 年 10 月，在果洛南部地区白玉寺设置果洛行政督察公署，由喇平福任行政长官（旋废）。为了适

① （清）邓承伟修，张价卿、来维礼等纂，基生兰续纂《西宁府续志》卷 10《志余·职官》，青海人民出版社，1985，第 517 页。

② 理事原为清代的官名，清廷在关外驻防区置理事同知，掌狱讼。民国沿用理事，是一种过渡性的县级处理政事的官制，理事的设立即为设县的先声。

应地方行政实际需要，明文确定“行政专员公署组织为省政府辅助机关”。1936 年 10 月，行政院修正颁布《行政督察专员公署组织暂行条例》，专员公署代表省政府对当地行政事务负监督辅导之责。

青海省政府以本省地域辽阔，治理困难，根据《暂行条例》，于 1938 年 3 月划分全省为七个行政督察区（一、二、三、四区在东部农业区，离省府较近，暂缓设置专署）。先设第五行政督察区，辖共和、都兰二县和兴海、通兴二设治局，驻共和县曲沟（后迁尕马羊曲）；所设第六行政督察区辖玉树、囊谦、称多三县，驻玉树结古；第七行政督察区辖同德县和和兴、和顺两设治局。然而国民政府批准的是五、六两个行政督察区，对第七行政督察区由于辖县不多，当时未获批准，后期才获批准设立。[①] 1940 年，省政府设置第八行政督察区，辖都兰县、香日德和西乐两设治局，驻都兰县察汗乌苏，经两任专员任职后，被撤销。后经国民政府批准，省政府于 1945 年分别将第五、六、七行政督察区区序改为第一、第二、第三行政督察区。1947 年，第一、第三行政督察区被明令撤销，其所属各县由省政府直辖。第二行政督察区仍维持原状，辖玉树、囊谦、称多三县，并改称第一行政督察区，直至 1949 年 9 月青海解放。

1938 ~ 1943 年，青海省政府根据国民政府内政部公布的《设治局组织条例》，先后在牧业区设立过 13 个设治局（县级行政区划的过渡形式），分别为和兴、和顺、祁连、兴海、通新、河曲、西乐、白玉、星川、海晏、哈姜、南屏及香日德。13 个设治局中，保留到 1949 年 9 月的只有祁连、星川两个设治局。

最后，需强调青海唯一的市一级建置。1946 年改西宁县为湟中县（治鲁沙尔），设置西宁市（1945 年曾成立市政筹备处）。

青海省行政区划和建置几经调整变迁，至 1949 年 9 月青海解放前夕，全省共辖 1 个行政督察区（玉树）、1 市（西宁）、19 个县（湟中、互助、民和、乐都、大通、湟源、循化、化隆、贵德、同德、共和、兴海、门源、海晏、同仁、都兰、玉树、囊谦、称多）、2 设治局（祁连、星川）及河南蒙旗、刚察总千户、果洛部落 3 直属地区。

---

① 据《同德县志》记载第七行政督察区于 1940 年 4 月设立。参见青海省同德县地方志编委会编《同德县志》，民族出版社，1999，第 9 页。

二　近代以来青海的基层行政组织

自宋代正式确立和实施的保甲制度，[①] 因具有收取赋税、征发劳役，以及维护地方治安、防治匪盗方面的功用为后世多所承袭。至清时加强保甲是清朝统治者采取的维护基层统治的重要措施之一，雍正四年（1726年）七月，“吏部遵旨议覆保甲之法，十户立一牌头，十牌立一甲长，十甲立一保正，其村落畸零及熟苗熟獞，亦一体编排……立民间劝惩之法，以示鼓励。有据实首告者，按名数奖赏，隐匿者，加以杖责”。[②] 乾隆二十四年（1759年），朝廷开始对保甲制度进行大规模的整顿，条例更加具体，涉及面广，对基层的控制更加严密。这一时期，甘肃省保甲的编法，“大而镇集，小而庄村，或千家数百家以及数十家，俱按各街巷之横直长短，单面街挨编，合面街对编。自第一家至十一家，内以一家择为十家长，以统十家为一甲；自第一甲至十甲为一百一十一家，内以十家为十家长。以一家择为保正，以统十家。十家长并十甲分之百家为一保。自第一保起每保总以百家为率……其法，总以一乡之人户尽编为限，不得遗漏一家……其在城及城外关厢不统于四乡保长而统于城厢保长。其在城，自十字街分为东西南北四城……其四关厢，自东南西北四城门始分编保甲，亦如在城”。[③] 如乾隆时西宁县城乡有6区79保395甲，贵德县有4区6保。[④] 从雍正至道光末年，保甲在州县的控制下，包揽了地方基层各个方面的事宜。[⑤] 同治八年（1869年），左宗棠奉调进入甘肃，平定甘青一带回民起义后，强制迁徙、安置回族，并在迁徙后的回民村庄“亲厘地亩，严行保甲”，在回村设置十家长、百家长，取代阿訇“钤束”回民。[⑥]

光绪三十一年（1905年），陕甘总督升允创办巡警制度，省垣设总

---

① 参见冉绵惠、李慧宇《民国时期保甲制度研究》，四川大学出版社，2005，第21页。

② 《清世宗宪皇帝实录（一）》卷46，雍正四年丙午秋七月辛卯，台北华文书局股份有限公司，1969，第709～710页。

③ （清）升允等修、安维峻纂《甘肃新通志》卷43《兵防志·巡警附保甲》，载甘肃省古籍文献整理编译中心编《中国西北文献丛书》第24册，兰州古籍书店，1990，第461～462页。

④ 刘郁芬修、杨思等纂《甘肃通志稿·民政一·自治·团保附》，载甘肃省古籍文献整理编译中心编《中国西北文献丛书》第28册，兰州古籍书店，1990，第6页。

⑤ 崔永红等：《明代以来黄河上游地区生态环境与社会变迁史研究》，青海人民出版社，2008，第303页。

⑥ 崔永红等主编《青海通史》，青海人民出版社，1999，第440页。

局，各县视地方繁简设局所，各置警官督责，巡兵若干名“轮流梭巡”。[①] 巡警制建立起来后，保甲制度出现衰落的趋势，正如《甘肃通志稿》所言“保甲在胜清时，自省垣以迄各府、厅、州、县，无不奉行惟谨，……洎警察兴，保甲制遂渐废”。[②] 清朝覆亡后，民国初期，保甲制处于近乎废弛的状态。[③] 至国民政府时期，出于“防共”的直接动因，保甲制度出现复兴。[④]

国民政府于1928年9月公布、次年5月重订的《县组织法》关于区、村、里、闾、邻的设置做了具体规定。1930年7月7日修正公布的《县组织法》称：原称村里者则改称乡、镇，每区以20～50乡、镇组成之。1939年9月19日颁行的《县各级组织纲要》规定县以下为乡（镇），乡（镇）之内编制为保甲，县之面积过大或有特殊情形者得分区设署。青海省政府于1938年制定《青海省各县编组保甲实施规程》，所实行的保甲制就是《纲要》的地方化、具体化。为便于办理保甲，自规程制定起划全省为七区，西宁、湟源、贵德三县为第一区，乐都、民和二县为第二区，同仁、循化、化隆三县为第三区，门源、互助、大通三县为第四区，都兰、共和二县及大河坝为第五区，玉树、囊谦、称多三县为第六区，同德县及果洛为第七区，唯第五区、第六区、第七区3个区均系蒙藏游牧民族，情形特殊，其编组保甲办法另定之。[⑤] 在青海的农业区普遍推行的保甲之编组，以户为单位，户设户长，十户为甲，甲设甲长，十甲为保，保设保长，一保以上、五保以下为乡镇，设乡镇长，以若干乡镇为区，区设区长。[⑥] 整理保甲和调查户口是并行的，青海省各县乡镇、保、甲于1940年

---

① （清）升允等修、安维峻纂《甘肃新通志》卷43《兵防志·巡警》，载甘肃省古籍文献整理编译中心编《中国西北文献丛书》第24册，兰州古籍书店，1990，第459页。

② 刘郁芬修、杨思等纂《甘肃通志稿·民政一·自治·团保附》，载甘肃省古籍文献整理编译中心编《中国西北文献丛书》第28册，兰州古籍书店，1990，第5页。

③ 崔永红等：《明代以来黄河上游地区生态环境与社会变迁史研究》，青海人民出版社，2008，第305页。

④ 参见冉绵惠、李慧宇《民国时期保甲制度研究》，四川大学出版社，2005，第2页。

⑤ 青海省地方志编纂委员会编《青海省志·附录》，载《青海省各县编组保甲实施规程》，青海人民出版社，2003，第312页。

⑥ 青海省地方志编纂委员会编《青海省志·附录》，载《青海省各县编组保甲实施规程》，青海人民出版社，2003，第312页。

10月底整理完成，计有38区234乡镇937保10018甲129527户892814人。[①]

马步芳在部分牧业区也推行了保甲制度，如1942年编查共和、海晏二县及祁连设治局保甲[②]，只是大部分保甲长还是原有地方力量。如同德县夏卜浪部落编组的保甲作为应付马步芳政权各种差役杂税的形式，对内一切行政事务仍然由千百户处理。[③] 蒙古二十九旗除河南四旗外，其余各旗内实行了保甲制，“乡、保、甲长仍由王公台吉或有钱有势的富户担任，也有个别乡、保、甲长由扎萨克兼任的”，“保甲制度实行后与盟旗制度并存，大多数地区都是两个牌子一套班子”。[④]

到1943年9月国民政府内政部统计时，青海省的区乡镇保甲户口数为35区234乡镇837保9005甲256940户，人口合计1512823人（其中男674653人、女748170人），男子中壮丁73294人（壮丁数为实施新县制之11县数）。[⑤] 这个保甲户口数同1940年10月的保甲户口数相比，有明显的变化，那就是青海省的户口大为增加，而保甲数反而有所减少，表明青海省将保甲的编制增大了。

综上，近代以来青海的行政区划和建置发生了大的变化：一方面，随着西宁办事大臣等直隶中央政府的机构的裁撤，青海从甘肃行省分出建省，有了上述独立的政区结构。这使得以孙连仲为首的国民军在青海的短暂统治结束后，青海地方政治权力进一步集中于青马军阀手上，但同时也意味着包括民政在内的行政管理机构的独立建立和完善，有利于社会救济事业的开展。另一方面，以武力作为开路先锋，国家政权通过设置设治局或筹建新县，在部分地区编组保甲的方式继续向蒙藏牧区渗透，使其逐步纳入一体的政治体系下，这加快了蒙藏牧区内地化的进程。唯地理环境上的特殊性，蒙藏部落的土司、土官制度一直保持到了新中国成立前。而东

① 《行政院关于各省实施新县政情形报告》，载章伯锋、庄建平主编，中国社会科学院近代史研究所、中国史学会编《中国近代史资料丛刊之十三·抗日战争》第3卷政治（上），四川大学出版社，1997，第44页。

② 《青海增设县治情况》，手抄本，青海省图书馆藏。

③ 青海省编辑组编《青海省藏族蒙古族社会历史调查》，青海人民出版社，1985，第36页。

④ 青海省编辑组编《青海省藏族蒙古族社会历史调查》，青海人民出版社，1985，第145页。

⑤ 国民政府内政部：《各省县（各级组织纲要）实施成绩一览概况》，载章伯锋、庄建平主编，中国社会科学院近代史研究所、中国史学会编《中国近代史资料丛刊之十三·抗日战争》第3卷政治（上），四川大学出版社，1997，第117～118页。其中部分数字有所出入，原文如此。

部地区的土司制度，因土司拥有的独立的司法行政权和其他特权，不利于统一政令的推行，于 1931 年 8 月由国民政府明令取消。青海东部土司制度的废止无疑是青海社会的一大进步。

由于青海高原的内陆高寒性气候、特殊的自然地理条件和复杂的历史原因，多民族聚居的青海在生产方式上农耕和畜牧并存：东部河湟谷地气候温和，水源丰富，适于农耕。汉、土、回、撒拉及部分藏族以村落形式错居杂处于东部河湟谷地，从事农耕。西南部地势高峻，气候寒冷，人烟稀少，蒙、藏民族分散在广袤的牧业区，以部落形式聚居，逐水草游牧。农业区自给自足的封建自然经济与牧业区的封建牧主经济并存。不同的生产方式及生产关系下，社会阶层构成复杂，基层社会组织多样。行政上，府县制与土司制度同时存在，并保留和确认了有些部落或地区实行的政教合一制度，行政不统一。法律制度方面，地方政府的法规与民间的习惯法并存，尤其是部落习惯法在青海藏区社会秩序调节中发挥着重要作用。宗教方面，各民族宗教信仰不同，“汉敦儒术，回习天方，蒙番崇信佛教”，不同宗教在这里竞相发展，并行不悖，形成了各自的宗教文化。宗教在这里发挥着巨大的政治功能，寺院占有着雄厚的生产资料和依附人手，寺院经济也是地方社会经济的重要构成部分。此外，在特有的民族属性及宗教文化影响下，各族在文化传统、风俗习惯上也存在一定差异。在传统社会多元构成的基础上，又有近代因素的发轫。近代青海多民族杂居、人文特征的多样性，使社会救济活动的开展注定带有地域的烙印，有着与中原地区不同的异质性特征。

第二章 济贫事业

第一节 近代青海民族文化中的慈善观念及其发展

多民族聚居的人文环境孕育了当地独特的多元慈善文化，既包含了传统的儒家慈善思想，同时还融入了少数民族源自宗教文化的伊斯兰教慈善思想和藏传佛教慈善思想等，当然基督教慈善思想作为外来思想在当地也有一定的影响。

在多元慈善文化背景下，传统慈善观念在当地各民族中以不同的方式引入并有着不同的阐述，唯其主旨均没有偏离慈善仁爱、博施济众的人道主义精神。此外，随着近代科学知识和新思想的传播，新的慈善观念也为知识分子和地方当局所倡导。

清代以来，随着地方社会经济的发展和统治阶级的大力倡导，在青海东部地区已初步形成了由社学、义学和书院等组成的儒学教育体系，陆续培养出了一批本地籍的封建知识分子。儒家文化在河湟一带蔚然成风，以孔子“仁爱观”、孟子“性善论”为基础的儒家慈善思想在这里也得以生根开花。一些士绅儒生以身作则，除用自己的善行实践传统儒家仁爱思想外，还注重以儒家慈善观念教化众人。如清末民国初碾伯（今海东市乐都区）儒士谢善述以《朱子家训》[①] 之义作七言绝句 62 首，又作文 52 篇，每篇百余字，分别命名为《朱子家训诗稿》和《朱子家训文稿》，作为村中子弟初学诗文者的范文，令其“熟读之余，仿而习之”。诗文中对周济贫困、扶助鳏寡孤独的慈善观念多有阐述，如有

① 《朱子家训》亦称《朱柏庐治家格言》，简称《治家格言》，是明末清初名儒朱用纯（1617～1698）对子女日常生活起居的教诲，虽语言质朴，然集儒家做人处世方法之大成。

“居家必要爱亲邻，乐善存心广施仁。事事宜行方便好，怜他困苦济他贫”[①] 之语；又借因果报应之说，警示富人的吝啬行为，作诗言“刻薄心肝铁石肠，守财不肯破悭囊。锱铢必较贪无厌，只恐成家不久长”[②]；强调宗族作为父系血缘群体，在恤贫中的作用，“宗族一家本至亲，分多润寡要怜贫。友朋尚有通财意，敢视同宗似路人”[③]；同情孤寡人士处境的凄凉，倡导世人对他们要存周恤之心，“寡妇孤儿最可怜，劝君事事要周全。休将势力来凌逼，衿恤存心对上天”[④]。此外，以“小本经营利亦轻，终年负贩为谋生。蝇头利益教他得，莫惹贫人怨恨声”[⑤]，呼吁人们莫沾小利，对贫民的生计予以扶持。诸如以上种种慈善观念以蒙养读物为载体在乡间传诵，广为流传。这仅是儒士倡导仁爱观念的一个侧面而已，但也足以说明儒家的仁爱思想在儒学兴盛的河湟地区有一定的根基。

蒙藏人民大多为佛门信徒。藏传佛教向广大民众宣扬“轮回”“因果”观念——今生所受之苦，是前世所造之因，主张人们行善积德，以便来世更好。藏传佛教在言行举止上规范着蒙藏人民，平日中要多做善事，切忌行恶，否则来世会遭报应；回族、撒拉族信仰伊斯兰教，其教义从宗教功修和人们的日常都竭力劝善戒恶，并强调“因善恶后世清算而散财避祸，进而扶助贫弱”。[⑥]《古兰经》中就有诸如“至于赈济贫民……且承认至善者，真主将使他易于达到最易的结局”，“应当把亲戚、贫民、旅客所得的周济分给他们，不要挥霍”[⑦] 等劝人行善、赈济贫民的规定。此外，汉传佛教在青海也有一定传播，不乏汉族信众。尤其到民国年间，祖籍湖北的天台宗法师心道在青海积极弘法，门徒信众尤为众多。慈悲观念是大乘佛教之根本，《法华经》曰：“大慈大悲，常无懈怠；恒求善事，利益一切。”《大智度论》亦云：“大悲，与一切众生乐；大悲，拔一切众生苦。”[⑧] 而佛教的“因果报应”论也是劝人行善之利器。此外，20 世纪 40 年代太虚

---

① 谢善述：《谢善述诗文集》（上卷），谢才华辑，青海人民出版社，2002，第 39 页。

② 谢善述：《谢善述诗文集》（上卷），谢才华辑，青海人民出版社，2002，第 39 页。

③ 谢善述：《谢善述诗文集》（上卷），谢才华辑，青海人民出版社，2002，第 39 页。

④ 谢善述：《谢善述诗文集》（上卷），谢才华辑，青海人民出版社，2002，第 41 页。

⑤ 谢善述：《谢善述诗文集》（上卷），谢才华辑，青海人民出版社，2002，第 38 页。

⑥ 曾桂林：《伊斯兰教慈善思想探析》，《宁夏社会科学》2012 年第 2 期；谢善述：《谢善述诗文集》（上卷），谢才华辑，青海人民出版社，2002，第 38 页。

⑦ 《古兰经》，马坚译，中国社会科学出版社，1981，第 476、214 页。

⑧ 周秋光主编《中国近代慈善事业研究》（中），天津古籍出版社，2013，第 873 页。

法师提出的“人间宗教”一时成为思潮，在全国很多区域流播，倡导教众“学菩萨行，致力于社会公益”的思想也随之传入青海。[①] 总之，青海地区宗教氛围浓郁，宗教在广大民众意识形态中的影响是巨大的，其中宗教中行善积德的观念也潜移默化地影响着人们。

还有，自19世纪中期，天主教、基督教新教相继传入青海。至民国时期来青的基督教新教牧师先后在西宁后子河、化隆马坊街、湟源南城壕、贵德居家沟、循化西大街、大通中山大街、乐都城东街、民和川口西大街、门源浩门河等处设立了福音堂。[②] 新中国成立前夕，全省共有基督教徒400余人（教会的统计）。[③]

至于天主教，至新中国成立前夕，青海地区有8座天主堂（包括西宁总堂），下辖25座分堂、1所公教医院、2所诊疗所、1所小学。根据天主教青海教会1950年统计资料，全省共有天主教徒3960人[④]。教会进入本地区后，在宣传福音的同时，将西方的“教养并重”的救济理念带入了地处边陲的青海，在医疗和贫民教育方面开展了一定的慈善救济活动。

随着近代科学知识和新思想的传播，新兴知识分子以振兴实业作为慈善的更高层次即赋慈善救济于发展经济中的观念，也开始悄然出现。如湟中儒士李焕章在1920年农历十二月的一次地震后写诗道：“可怜国人遇地震，斋僧佞佛何营营。多少素称慈善者，误信御灾赈贫氓。贫氓虽感解推惠，徒惹人嗤太憨生。何如挥金作事业，造福苍黎博大名。”[⑤] 指出灾后希冀于斋僧佞佛、祈求庇佑的愚昧行为不可取，以慈善者的面目所搞的一些施舍汤粥的赈济也只是暂时之举，最好的救灾是“挥金作事业”。此外，将社会救济作为政府之责任的观念，在民国时期以蒋介石在《政治的道理》一文中指出的“今日的社会救济，并不纯是一种以悲天悯人为基础的

① “人间佛教”首次由太虚法师在民国三十年代提出，并由其弟子印顺等人进一步阐述，强调入世，纠正中世纪以来佛教过重出世、不问社会的一面，倡导信众转变仅追求个人果报的态度，学菩萨行，投身社会公益。参见邓子美《人间佛教释疑》，《法音》2007年第12期。

② 崔永红等主编《青海通史》，青海人民出版社，1999，第841～842页。

③ 马毓：《青海基督教简介》，载中国人民政治协商会议青海省委员会文史资料委员会编《青海文史资料选辑（第10～12辑）》，西宁第三印刷厂印制，第118页。

④ 王册：《天主教在青海的传播与发展》，载中国人民政治协商会议青海省委员会文史资料委员会编《青海文史资料选辑（第10～12辑）》，西宁第三印刷厂印制，1982，第109页。

⑤ 李焕章：《惜阴轩诗草》，李逢春编注，青海人民出版社，2012，第76页。

慈善设施，而是在义务与权利对待的观念中，以及在社会的连带责任观念中，政府与人民应有之职责”[①] 为代表，在中央和地方都有一定的传播。马步芳在西宁合作训练班上对受训人讲话时提到，“一个国家如果经济不民主，政治也不可能民主，国家必须重视发展生产，要为本国人民提供生活手段”，[②] 鼓励青海民政官员采取所有适宜的手段消除流浪者，其中提到青海需要一切可用的人力去开发其资源即承认每个人的价值，不管他如何穷、如何看上去不重要，都要为每个人提供一种合法生计的手段。[③] 尽管这有地方军阀装点门面的意味，且在贯彻执行中有背道而驰之处，但至少“社会救济为政府之责任的观念”在地方上已经悄然兴起。

慈善观念在青海民族文化中的普遍存在和发展，促进了民间社会救助活动的开展，同时对政府社会救济事业的发展产生了一定的影响。

第二节 官方的济贫事业

正如著名学者瞿同祖所言：“中国的‘政府哲学’宣告的是：所有与民生福利相关的有组织的活动都是政府应关心和操办的。”[④] 而时人也认为：“贫穷是一个社会问题，不是个人问题。”[⑤] 对贫弱的救助应该是国家和政府的责任。

一 官办救济机构

官方对民众的社会救济在乡村表现为注重救灾，而在市镇则表现为注重恤贫。在市镇，主要是建立馆舍收养各类鳏寡孤独、废疾贫民及乞讨流浪者。这里需指出的是，关于救济机构的介绍以青海东部地区为主，至于蒙藏牧区，民国时期虽如前所述在部分地区已有县制的推进，但由于资金

---

① 秦孝仪主编《革命文献》第100辑《抗战建国史料：社会建设五》，台北兴台印刷厂，1984，第2～3页。

② 《青海民国日报》1946年11月30日，第2版。

③ 《青海民国日报》1943年5月30日，第1版。

④ 这里需指出的是，瞿同祖先生虽说的是清代的地方政府，但关于地方这一职能的论述仍适用于民国时期。参见瞿同祖《清代地方政府》，晏锋、何鹏译，法律出版社，2011，第233页。

⑤ 陶孟和：《贫穷和人口问题》，载《孟和文存》卷一，亚东图书馆发行，1928，第78页。

支绌、积习难改等多重原因，新设的县对于社会事业没有推进，当然也没有官方设置的收容乞丐、流浪人员的救助机构。而就这部分流离失所的贫民，“部落、寺院往往收留他们作苦力”，[①] 部分孤儿也为寺院所收容。关于这部分内容将在宗教组织的慈善救济活动一节详细述及。

（一）清末民初以养济院为主的官办救济机构

从全国来看，最早出现的官办救济机构是南朝齐文惠太子设立的收容鳏寡孤独及病残者的“六疾馆”。[②] 此后，梁武帝设置了“孤独园”。[③] 唐武宗废佛之后，唐政府从寺院手中接管其主持的“悲田坊”，并改称“养病坊”。[④] 北宋时期有福田院、居养院、漏泽园、安济坊、慈幼院等养济机构。[⑤] 南宋时期正式设立了养济院，收养“老疾孤寡，贫乏不能自存，及丐者等人”。[⑥] 元代继承前代，继续设立养济院，以赡养那些生活困难、哀哀无告的人，“诸鳏寡孤独、老弱残疾、穷而无告者，于养济院收养”。[⑦] 太宗窝阔台时期设立为贫穷百姓疗疾的机构——惠民药局。[⑧] 明代政府对鳏寡孤独贫弱之民的救助进一步发展，洪武五年（1372 年），朱元璋下诏，“诏天下郡县立孤老院”，[⑨] 洪武八年（1375 年）又下诏对于“孤独废疾不能自养者，官为存恤”。[⑩] 后孤老院改名为养济院，收养对象为“凡鳏寡孤独及笃疾之人、贫穷无亲属依倚、不能自存者”。[⑪] 在官方的倡导下，明成祖时“天下府州县俱有惠民药局、养济院”。[⑫] 弘治十五年（1502 年），明孝宗“命延绥镇巡等官于沿边各卫设立养济院、漏泽园各一所”。[⑬] 养济院

---

① 陈庆英主编《藏族部落制度研究》，中国藏学出版社，2002，第 172 页。

② （梁）萧子显：《南齐书》卷 21《文惠太子传》，中华书局，1972，第 401 页。

③ （唐）姚思廉：《梁书》卷 3《武帝纪下》，中华书局，1973，第 64 页。

④ （宋）王溥：《唐会要》卷 49《病坊》，中华书局，1955，第 863 页。

⑤ 任崇岳：《中国社会通史·宋元卷》，山西教育出版社，1997，第 491～494 页。

⑥ 任崇岳：《中国社会通史·宋元卷》，山西教育出版社，1997，第 495 页。

⑦ （明）宋濂等：《元史》卷 103《刑法志二·户婚》，中华书局，1976，第 2640 页。

⑧ 任崇岳：《中国社会通史·宋元卷》，山西教育出版社，1997，第 497 页。

⑨ （明）张萱辑《西园闻见录》卷 41《户部 10》，民国哈佛燕京学社印本。

⑩ “中央研究院”历史语言研究所校印《明实录 2·明太祖实录》卷 34，1962，第 616 页。

⑪ 《大明律》，转引自王卫平、黄鸿山《中国古代传统社会保障与慈善事业：以明清时期为重点的考察》，群言出版社，2004，第 81 页。

⑫ “中央研究院”历史语言研究所校印《明实录 12·明太宗实录》卷 127，1962，第 1585 页。

⑬ “中央研究院”历史语言研究所编《明实录附录 18·明孝宗宝训》卷 3，1967，第 469 页。

等的设立由内地州县向边地各卫所扩展。清代承袭养济院制度，顺治五年(1648年)，顺治帝诏令“各处养济院，收养鳏寡孤独及残疾无告之人，有司留心举行，月粮依时给发，无致失所”。[①] 此后诸帝多有重申，养济院的设置日渐普及，遍布全国县治以上城市。此外，清代还设有收留流民的栖流所、收养孤贫的普济堂、官督民办的收养弃婴的育婴堂，以及收留流民并教以工艺的工艺局等。[②]

具体到地方，清末民初青海的官办救济机构从功能上主要有收容鳏寡孤独及废疾中无依无靠之人的养济院（又称“孤贫院”“孤老院”），有为贫者施药治病的惠民药局、吕祖祠，收留流民的栖流所，助葬的同善公所、漏泽园等。

养济院的设立可追溯至明代，这也是青海最早的官方救济机构。明孝宗弘治初期（1488年前后），西宁兵备道按察副使柯忠建养济院[③]，设在西宁城内北街，收养社会上一些老弱残废、鳏寡孤独、贫苦无靠的人。[④] 之后西宁道所属其他地方也陆续有了养济院的设立。乾隆十一年（1746年），西宁道佥事杨应琚建养济院于郡城，且设碾伯县养济院。[⑤] 道光十一年（1831年），西宁办事大臣恒敬捐制钱一千五百仟（按：当作串），发当生息，在石巷子创设养济院，按月给散孤贫口粮；[⑥] 同治元年（1862年），承顺任贵德同知时，捐修养济院，“鳏寡孤独，给予腰牌，入院栖身。并慨捐清俸厘钱六百串，发商生息，每月得息钱九串文，作为十五分。每月初一，每分散钱六百文，当堂面领”。[⑦] 同治三年（1864年），西

---

① 《清世祖章皇帝实录（一）》卷41，顺治五年戊子十一月辛酉，台北华文书局股份有限公司，1969，第481页。

② 王卫平、黄鸿山：《中国古代传统社会保障与慈善事业：以明清时期为重点的考察》，群言出版社，2004，第110~117页。

③ （清）升允等修、安维峻纂《甘肃新通志》卷56《职官志·大吏传下》，载甘肃省古籍文献整理编译中心编《中国西北文献丛书》第25册，兰州古籍书店，1990，第28页。

④ 王中兴：《解放前西宁社会救济事业简况》，载中国人民政治协商会议青海省委员会文史资料委员会编《青海文史资料选辑（第10~12辑）》，西宁第三印刷厂印制，1982，第418页。

⑤ （清）邓承伟修，张价卿、来维礼等纂，基生兰续纂《西宁府续志》卷8《纲领志》，青海人民出版社，1985，第256页。

⑥ （清）邓承伟修，张价卿、来维礼等纂，基生兰续纂《西宁府续志》卷8《纲领志》，青海人民出版社，1985，第373页。

⑦ 姚钧纂、宋挺生标注《贵德县志稿》，载《青海地方旧志五种》，青海人民出版社，1989，第804页。

宁道、府、厅、县均设立养济院。[①] 光绪四年（1878 年），贵德营游击杨宗德新建贵德城内养济院二处，分别男女住宿。[②]

地方官员设立的为贫者施药治病的机构有惠民药局、吕祖祠。明弘治年间，西宁兵备道按察副使柯忠在西宁城内设惠民药局，给贫苦人免费施药治病。[③] 光绪三年（1877 年），青海办事大臣豫师在南郊外建窣堵波院，在郡城城内印心寺内建吕祖龛（祠），捐银生息，舍施药剂。[④] 近人言其所建“吕祖祠”，以迷信的谶方施药，给贫苦人治病，有时还在三九天给饥寒交迫的人施舍稀饭（拌汤），对个别人还给老羊皮皮衣，使其御寒过冬。豫师后来还在城内大十字及东街添置铺面四处，使救济基金更有所扩充。[⑤]

“栖流所”作为清代收养流浪乞讨人员的机构[⑥]，最早是乾隆十一年（1746 年）西宁道佥事杨应琚协同西宁府知府前任申梦玺、后任刘洪绪及西宁县知县陈铦等人募捐资金设立，以收容社会上老弱贫苦、流离失所的人。[⑦] 又同治十二年（1873 年），西宁府知府龙锡庆创建栖流所（在郡城后街）。[⑧]

至于助葬的机构，有同善公所和漏泽园。同治十三年（1874 年）知府龙锡庆创建同善公所[⑨]，并在城东门根南首到石坡街一带，购置铺面 20 余间，在学街（今勤学巷）购置铺面两间，又在东郊购置水地 10 余亩，以其收入作为同善公所社会救济基金，给赤贫丧主施舍棺材，每口棺材还附

① 翟松天：《青海经济史》（近代卷），青海人民出版社，1998，第 355 页。

② （清）邓承伟修，张价卿、来维礼等纂，基生兰续纂《西宁府续志》卷 8《纲领志》，青海人民出版社，1985，第 381 页。

③ （清）升允等修、安维峻纂《甘肃新通志》卷 56《职官志·大吏传下》，载甘肃省古籍文献整理编译中心编《中国西北文献丛书》第 25 册，兰州古籍书店，1990，第 28 页。

④ （清）邓承伟修，张价卿、来维礼等纂，基生兰续纂《西宁府续志》卷 8《纲领志》，青海人民出版社，1985，第 381 页。

⑤ 王中兴：《解放前西宁社会救济事业简况》，载中国人民政治协商会议青海省委员会文史资料委员会编《青海文史资料选辑（第 10～12 辑）》，西宁第三印刷厂印制，1982，第 418 页。

⑥ 张祖平：《明清时期政府社会保障体系研究》，北京大学出版社，2012，第 115 页。

⑦ 王中兴：《解放前西宁社会救济事业简况》，载中国人民政治协商会议青海省委员会文史资料委员会编《青海文史资料选辑（第 10～12 辑）》，西宁第三印刷厂印制，1982，第 418 页。

⑧ （清）邓承伟修，张价卿、来维礼等纂，基生兰续纂《西宁府续志》卷 8《纲领志》，青海人民出版社，1985，第 380 页。

⑨ （清）邓承伟修，张价卿、来维礼等纂，基生兰续纂《西宁府续志》卷 8《纲领志》，青海人民出版社，1985，第 381 页。

银子4钱资助埋葬。[①] 漏泽园，即官设的公共墓地，有的地方也称其为“义冢”，“葬民之死而无归者”。[②] 漏泽园制度早在宋徽宗崇宁三年（1104年）已然正式形成[③]，后朝各有延续。清代西宁道所属各地所设的漏泽园如下：

西宁县 郡城南门外一处，南北宽八丈，东西长十一丈。迤东又一处，东西宽三丈，南北长三十丈（乾隆四年，佥事杨应琚、知府申梦玺、知县靳梦麟买民地创设）；平戎城一处，东西长三十丈，南北宽二十五丈；西川镇海城一处，东西长二十二丈，南北宽十九丈；丹噶尔城一处，东西长十五丈，南北宽十二丈；南川黑古城一处，东西宽十二丈，南北长十三丈；北川永安城一处，东西宽十二丈，南北长十三丈；威远城一处，东西长十六丈，南北宽九丈。[④]

碾伯县 县城东郭外雷鸣山下一处，周回三里；老鸦城北山下一处，东西宽二十五丈，南北长三十六丈；冰沟城东山坡一处，东西长二十丈，南北宽十丈；深沟堡路北一处，东西宽八丈，南北长十丈；岗子堡西关场台一处，东西长三十丈，南北如之；红水堡东路一处，东西长十丈，南北宽八丈；阿蛮堡东山下一处，东西长五丈，南北宽四丈；长里堡东旱台一处，东西宽六丈，南北长八丈；上川口李土司舍人李大华施地一处，东西长四十丈，南北宽二十一丈；古鄯城南一处，南北宽二十丈，东西长二十七丈；红嘴堡南一处，东西长三十五丈，南北宽三十丈；鲍家堡一处，东西宽三十丈，南北长五十丈；三家堡一处，东西宽三十丈，南北长四十丈；慈利族一处，东西长四十丈，南北如之；总堡南一处，东西长二十九丈，南北如东西之数；小西纳堡东一处，东西长二十三丈，南北宽二十一丈；浪塘族堡南一处，东西宽三十丈，南北长五十丈；广教族堡东一处，东西宽五丈，南北长六丈；开化族堡东一处，东西长十丈，南北宽八丈；柴沟堡一

① 参见青海省地方志编纂委员会编《青海省志·民政志》，黄山书社，1998，第256页。需要指出的是，原文中知府龙锡庆创建同善公所的时间为同治十一年（1872年），根据《西宁府续表》卷8《纲领志》的记载应为同治十三年（1874年），特更正之。

② （清）杨应琚纂《西宁府新志》卷13《建置志·漏泽园附》，青海人民出版社，1988，第342页。

③ 张文：《宋朝社会救济研究》，西南师范大学出版社，2001，第188页。

④ （清）杨应琚纂《西宁府新志》卷13《建置志·漏泽园附》，青海人民出版社，1988，第341~342页。

处，东西宽十五丈，南北长二十五丈。[①]

大通卫　卫城外东南一处，南北长一百丈，东西宽四十丈。[②]

贵德所　城南毕家庄一处，计地三亩四分；城东寄骨寺一处，北傍一处，计地三亩六分；城西拉沙庄一处，计地五亩三分；城南五里南塘施舍义园一处，计地三亩五分。[③]

上述是青海地区清末民初官办救济机构的设置情况，相对而言救济机构少、名目简单。因材料的限制，我们无法对全部官办救济机构的运行情况及经费来源逐一做一介绍，只能仅以养济院的经费来源、收容情况略作一观。清代，地方官署对残疾孤贫失养老小发给口粮和银钱，以资救济，称孤贫口粮。同治三年（1864 年），西宁道、府、厅、县均设立养济院，对残废、孤贫、失养老小供给口粮和银钱，年支口粮（仓斗）210 余石，支银 300 两左右。[④] 光绪末年，西宁县的养济院、残废院等救恤机构，每年收养孤贫约为 50 名，由官府按月发给口粮，年支（仓斗）口粮 86 石，支银 82 两 9 钱；碾伯县孤贫院（养济院）每年收养老人和孤儿 10 余名，年支（仓斗）口粮 90 石。贵德厅养济院每年收养残废、乞丐，存有基金银 200 两，发商生息，到年终发给每人。巴燕戎格厅每年收养孤贫数额不定，年支口粮（仓斗）34 石 2 斗。[⑤]

宣统元年（1909 年）起，西宁道、府及各厅、县对孤贫口粮发放实行两种办法：一是由司库按孤贫人数发放，二是由地方民政赈恤费中支付一部分。各厅、县每年发给孤贫人员的口粮和银钱数量不尽相同。清末的养济院除政府划拨的孤贫口粮外，养济院有孤贫地，每岁冬至后，收租以资孤贫。养济院置买孤贫地的资金，有民人自主捐献的成分，也有地方官向富商劝募得来的。这从清光绪年间丹噶尔厅同知黄翰章撰写的《养济院水旱地契记》中可窥知一二：

---

① （清）杨应琚纂《西宁府新志》卷 13《建置志・漏泽园附》，青海人民出版社，1988，第 342～344 页。

② （清）杨应琚纂《西宁府新志》卷 13《建置志・漏泽园附》，青海人民出版社，1988，第 344 页。

③ 姚钧纂、宋挺生标注《贵德县志稿》，载《青海地方旧志五种》，青海人民出版社，1989，第 739 页。

④ 青海省地方志编纂委员会编《青海省志・民政志》，黄山书社，1998，第 256 页。

⑤ 青海省地方志编纂委员会编《青海省志・民政志》，黄山书社，1998，第 256 页。

丁酉（光绪二十三年，1897 年）夏，予署斯缺，见交待有孤贫地契三张，租约一张。每岁冬至后，收租以资孤贫，仅敷养济院而已，而外来流氓（逃荒的人）未免向隅。适值董志仁控典马选乐水旱地二石四斗五升，已交银一百零九两，实两造狡展。董志仁愿将此地价施入孤贫，但地二石余斗，不敷原价八十余金，并勒石以垂永久，非百金不可。余会镇海协杨、中军都司郭，订缘簿交农畯李永福，红牌闫海忠、焦生春，劝募于贵商巨贾，共助银二百七十四两六钱六分。除添买马选乐地价银九十五两，恐日久湮没，不得不勒碑刻石。而且将前任移交地契三张刻之于上，及贵商巨贾助捐芳名。而农畯请序于予，予不敏，惟将所办实在事宜，以为之记，则又不可不记也。[①]

（二）民国中后期官办救济机构的改组和救济院的成立

民国中后期官办的救恤机构有了一定的发展，尤其是省救济院在原来部分救恤机构的基础上改组成立，由此出现了与传统救助理念不同且更加规范的救助机构，一时呈现了新的气象。

民国时期青海的养济院在前清基础上有了进一步发展。1926 年，大通县城设有养济院一处，收留鳏寡孤独、盲哑残废之人，每年春、夏、秋三季，自行乞讨度活，至冬季寒冷，由官绅筹款助给。[②] 湟源养济院，“仅乞丐少许”。[③] 1930 年 9～12 月，西宁县政府在县城草场附近修建第一所养济院（院址在今省文联家属楼西，大同街粮站以东），继又在东稍门外小泉（今名晓泉）修建第二所养济院（院址在今西宁第二印刷厂靠城墙根）。第一、第二养济院共建房舍 49 间，收养孤老残废和贫苦无业群众。同年 11 月 20 日，县政府制定养济院简章 14 条公布施行，其中第 10 条规定院内孤贫有死亡者，管理员通知同济公所施棺掩埋。委派本城北街陈起胜为第一养济院管理员，东关妥全为第二养济院管理员。12 月 21 日，对第一养济院收养的一百数十名孤贫，每人发青稞 8 升，铜元 27 枚。西宁第一、第二养济院由县政府呈省财政厅核准，在自己粮款项下，每年拨给仓斗粮 80 余

---

① （清）杨志平编纂、何平顺等校注《丹噶尔厅志》，载《地方旧志五种》，青海人民出版社，1989，第 351 页。

② 王昱、李庆涛编《青海风土概况调查集》，青海人民出版社，1985，第 66 页。

③ 王昱、李庆涛编《青海风土概况调查集》，青海人民出版社，1985，第 149 页。

石，分季发给养济院。[1] 1944 年，西宁县养济院收养孤贫人员 107 名，年支口粮银元 53 元，仓斗口粮青稞 70 余石。[2]

设粥厂，施粥救济贫苦无依之人。粥厂一般以临时设立以救济灾民的较多，但也有常设的。1927 年，西宁、湟源两县各设立饭粥厂 1 处，供给老弱病残饭食。其所需粮油由公家粮仓调拨。[3]

救助贫民的医疗和助葬机构。1927 年 2 月，西宁设平民医院、牛痘局。平民医院每年春、秋二季配制药剂施放，预防疠疫、霍乱等症。牛痘局种痘不令收资，[4] 其后湟源、亹源、贵德等县也陆续设有牛痘局，“以资保赤”。[5] 1929 年，乐都公安局新设贫民医疗所一处，以资救济，不取药资，并讲求公共卫生，以期清洁。[6] 另外，还有义诊处的设立。1941 年春季，青海各县设立国医义诊处以医疗赤贫民众。且省府鉴于各义诊处因经费关系，大都有名无实的实际，将各县集市所收的佣金，平均分配各县义诊处，作为医疗赤贫民众疾病的费用，并饬令各县每月实报实销，不得移作他用。[7] 至于助葬的机构，1932 年 5 月，西宁县设同济公所一处，由地方绅士经理。[8]

秉承“将省垣各慈善机关整合成一之局”的原则，省救济院成立。[9] 1931 年，省民政厅呈准省政府将救济团体同善公所、吕祖祠、因利局合并为青海省救济院。随后将石巷的养济院归于青海省救济院，后又将西宁平民医院改为青海省救济院施医所。省救济院接收了原西宁救恤机关的房屋、器具、什物，又将西宁县救恤机关原有基金 4751 元 7 角 2 分 3 厘收归作为该院救济基金。[10] 省救济院整合各部资源，遵照部颁各地方救济院规则设立。“地址设在广福观（今西宁市第一中学），委任绅士杨治平（字景昇）、蔡有渊为正、副院长，郭晓山等七人为基金保管委员。救济院内以收容对象和职能不同，分养老、孤儿、育婴、残废、施医、贷款 6 所，并

---

① 参见青海省地方志编纂委员会编《青海省志·民政志》，黄山书社，1998，第 303 页。
② 青海省地方志编纂委员会编《青海省志·民政志》，黄山书社，1998，第 257 页。
③ 青海省地方志编纂委员会编《青海省志·民政志》，黄山书社，1998，第 257 页。
④ 王昱、李庆涛编《青海风土概况调查集》，青海人民出版社，1985，第 53 页。
⑤ 王昱、李庆涛编《青海风土概况调查集》，青海人民出版社，1985，第 164、172、203 页。
⑥ 王昱、李庆涛编《青海风土概况调查集》，青海人民出版社，1985，第 97 页。
⑦ 参见《青海民国日报》1944 年 7 月 19 日，第 2 版。
⑧ 青海省地方志编纂委员会编《青海省志·民政志》，黄山书社，1998，第 303 页。
⑨ 参见《青海民国日报》1932 年 4 月 16 日，第 3 版。
⑩ 《青海民国日报》1932 年 4 月 16 日，第 3 版。

附设盲哑学校。”[1] 经费方面，除原有经费充用外，“其职员薪金呈准每月由省库拨款350元，其他救济医药各费，由省政府向各酒馆酌加酒席捐，藉维现状”。[2] 至于青海省救济院的内部组织及各所运行情况，据时人20世纪30年代所做的调查，大致如下：

> 青海省救济院，职员共计10人，院长1人，主任3人，医师1人，其他职员4人[3]，其内部组织如下：（甲）养老所：经费260元，收容人数现有31人，最多时曾达41人，最少28人；（乙）孤儿院：经费320元，收容人数现有55人，最多时曾达七八十人，最少35人；（丙）残废所：经费250元，收容人数现有35人，最多时为35人，最少时21人；（丁）育婴所：经费80元，收容人数现有8人，最多时为8人，最少时为5人；（戊）施医所：经费205元，施诊人数（缺）；（己）贷款所：基金2000元，贷出款数1316元（23年6～12月），收回款数415元（23年6～12月）；[4] 贷款所贷款专为贫农及小贩借予，以5元至20元为止，月利8厘。[5]

省救济院成立后，委托士绅管理，并有基金保管人员。在其运行和活动安排中秉承教养兼施的理念，无疑具有了一定的近代救济机构的气息。如省救济院育婴所改进育婴计划，“针对社会一般人士，对于私生小孩，往往致害毙命、送所养育者寥寥无几的现象，仿效东南各省育婴方法，以后如有人送来私产小孩一名者，决与来人酬谢大洋若干，以重

---

① 参见青海省政府民政厅编《最近之青海》，新亚细亚学会，1934，第227页；王中兴《解放前西宁社会经济事业简况》，载中国人民政治协商会议青海省委员会文史资料委员会编《青海文史资料（第10～12辑）》，西宁第三印刷厂印制，1982，第418～419页。

② 参见青海省政府民政厅编《最近之青海》，新亚细亚学会，1934，第227页。

③ 数字有所出入，引文原文如此。

④ 王昱、李庆涛编《青海风土概况调查集》，青海人民出版社，1985，第28页。另外原文中有“（庚）施材掩埋所。施材七十二付（二十三年六月至十二月）”一条，在这里未将其列入。笔者认为这应是上文提到的1932年5月成立的施棺助葬的机构“同济公所”。省救济院自成立之初就按照部颁《各地方救济院规则》第一章总纲之第二条“救济院分设左列各所：一、养老所，二、孤儿所，三、残废所，四、育婴所，五、施医所，六、贷款所”而成立，并无“施材掩埋所”一项。参见《省救济院奉到内部各地方救济院规则及管理各地方私立慈善机关规则》，《青海民国日报》1931年12月30日第3版。

⑤ 张得善：《青海之政治经济及社会事业》，《地方自治（南京）》1935年第4期，第789页。

人道”;[①]“该院以三百元由津购置缝纫机一架，平机一架（平机可织卫生衣、毛袜、围巾等物），自制纺线车12架，作工室亦改造竣工并购得羊毛千斤，一俟机器到省，则织毛工厂，即可开始工作，在机器未到省以前，所有该院老幼，每日均令铸制煤块，使其养成劳动身手，不使坐而待食，与失救济宗旨云”;[②] 又省救济院“为使该院施救平民，增加生产，免其坐而待食计，特令其每日纺织毛线、编作毛织物，以及粘制本市火柴公司火柴匣等工作，以养成勤劳习惯，以作将来社会谋生的准备”。[③] 至于收容人所之孤儿，“除由该院给供衣食住外，并令其读书，每日午前授以与小学相同之课程，午后则分组授以编毛、缝纫、纺织等简单工艺。其年在十五岁以上，具有初小卒业程度者，则由该院资助相当学校升学，以求深造，或送往各工厂、商店以专习工商业，务期孤苦男女，获得一般国民在教育上职业上应享之均等机会，以减少社会上之寄生份子”。[④] 以上诸种，无不显示出省救济院在救济理念上已然发生了大的变化，其近代因素更加明显。

省救济院成立之后，在各方努力下一时呈现出良好的发展势头，其基金、规模等都有所扩充，到1936年，青海省救济院的基金，除原有铺面40余间及水地10余亩外，还积存银币6000元，加上戴传贤（国民党政府考试院院长）捐赠3000元，共有9000元银币。省政府还每月拨发经费240元。只是到马步芳执政后，他为了一己私利，竟然也觊觎这不多的救济资产。1938年8月，身为省政府主席的马步芳勒令省救济院负责人王起奎、蔡有渊，将该院全部基金和财产（银币9000元、铺面40余间及水地10余亩）交出，并入义源工厂（马步芳军用后勤工厂），将救济院有劳动能力的院民，选拔到义源工厂做工。同时，还将北街孤老院房屋等拆并于中山医院，把强壮盲人迁送到大通煤矿做工，其余盲人迁往小西门外城角下木桥东北侧新址。[⑤] 经过地方军阀这般强行侵占和撤并，不仅使省救济院元气大伤，也使收养于该院、本应受到政府庇护的贫弱残疾者被收入工厂、煤窑成为廉价的劳动力，受到非人的压榨。

---

① 《一月来之青海》（三月十四日至四月十三日），《新青海》1934年第2卷第5期，第86页。

② 仲模：《救济院将开始毛织工作》，《新青海》1934年第2卷第10期，第81页。

③ 《青海民国日报》1938年10月27日第3版。

④ 积琏：《青海省救济院扩大救济范围》，《新青海》1935年第3卷第5期，第82~83页。

⑤ 参见青海省地方志编纂委员会编《青海省志·民政志》，黄山书社，1998，第304页。

在大通公平煤窑，盲人被安排在矿井口边使劲摇轱辘，这些盲人为了使劲出力，不断地喊出“哎哟！嗨！哎哟！嗨！”的声音，让人潸然泪下，近人至今记忆犹新。①

（三）从“养济院”到省救济院看近代官办救济机构的变化

晚清已降，随着西方国家意识、社会管理理念的传入，人们逐渐认识到“教”在社会救助中的重要地位和作用，“养”“教”不可分离。随着中国近代工业的出现和发展，以及社会经济的结构性变化，在社会救助中实施“教”的内容，也具备了应有的社会条件。在这种情况下，清末的官方救助出现了变化，对于贫困者的救助开始注重其个人素质及生产技能的培训。② 因此积极鼓励和支持各地方政府建立“教”“养”并重，突出教育功能的“工艺局”“工艺厂”“工艺所”“教养局”等新式社会救助机构，③ 北京的“工艺局”“教养局”、江西省的“工艺院”、四川省的“四川通省劝工局”、陕西省的“工艺厂”、吉林省的“工艺教养所”、贵州省的“警务工厂”应运而生。④ 而青海地处偏远，经济发展滞后，清后期这类新式机构的设立并未见记载，但在传统的养济院中出现了“教养兼施”的发端。盲人在音乐方面有独特禀赋，古代就有“凡乐之歌，必使瞽矇为焉”的说法。⑤ 无独有偶，养济院无疑也注意到了这一点，组织盲人教习贤孝（以说唱为主的一种青海地方曲种），如著名盲艺人文桂贞（女，1920 年生）幼年即入孤老院（当时群众对养济院的称法）拜师学艺，演唱西宁贤孝。贤孝的演唱无固定演出场所，“艺人一般在街头巷尾或深入民家小院席地卖唱，收取米、面、馍馍”。⑥ 盲人通过学习，获得一技之长，后期可通过卖唱招徕听众并借此乞讨些许钱物聊以生存。又光绪末年

---

① 参见王中兴《解放前西宁社会经济事业简况》，载中国人民政治协商会议青海省委员会文史资料委员会编《青海文史资料（第 10 ~ 12 辑）》，西宁第三印刷厂印制，1982，第 419 页。

② 陈桦、刘宗志：《救灾与济贫——中国封建时代的社会救助活动（1750—1911）》，中国人民大学出版社，2005，第 363 页。

③ 陈桦、刘宗志：《救灾与济贫——中国封建时代的社会救助活动（1750—1911）》，中国人民大学出版社，2005，第 368 页。

④ 陈桦、刘宗志：《救灾与济贫——中国封建时代的社会救助活动（1750—1911）》，中国人民大学出版社，2005，第 365 ~ 367 页。

⑤《周礼·春官宗伯》，转引自陆德阳、〔日〕稻森信昭合著《中国残疾人史》，学林出版社，1996，第 49 页。

⑥ 赵全华编《我爱青海》，山东画报出版社，2014，第 108 页。

成立的乐都县孤贫院（养济院）收养年老及无依儿童教以手工。[①] 清末青海的养济院虽然有了如上“教养兼施”的发端，但尚不普遍，总体以“养”为主，其救济大都集中在为鳏寡孤独贫以及笃废残疾等社会弱势群体提供衣食、钱粮的层面，虽暂时缓解了社会弱势群体的生存困境，但治标不治本，属于消极救济。到民国时期，救济院继承了西宁原有救恤机关的房屋、器具、什物等，在其设立和发展过程中虽未真正摆脱传统因素，但已然有了近代因素。如救济院不仅有了全国统一的规范——《各地方救济院规则》为指导，有了基金保管委员会等较为进步的组织，而且在救济理念和方式上也有了大的变化，如上文所述该院对收容的贫民进行识字教育、教习纺织、组织劳作，给不同年龄的孤儿做出相宜的安排等，无不显示出省救济院建立初期一时奉“教养兼施、救人救彻”为圭臬，而且也能从中感受到省救济院在各方努力下于艰窘中努力发展的坚持。只可惜，好景不长，这微不足道的救民的好事业如上文所述却被执政地方的马步芳亲手摧残了。

二　救济机构以外的官办救济事业

在地方救济事业的兴办中，地方政府除了设立救济机构，对贫弱进行集中教养外，还实施了一系列其他社会救济，如举办覆盖城乡、针对广大贫民的“冬令救济”“平民工厂”，面向大众的义务教育、平民教育、省内公费生资助项目等助学活动，因突发情形而返贫的民众的灵活救济等措施。

（一）冬令救济

冬令救济为适应时季、拯救贫民的重要措施。我国历代常有散年米、发寒衣、设厂施粥、辟屋庇寒之善举。[②] 民国时期，国民政府对冬赈也极为重视。1942 年社会部出台了《冬令救济实施办法》，规定各省县市设立冬令救济委员会，办理冬令救济事业。该会由社会行政机关（或主管社会行政人员）发动，联合有关机关团体及当地各界代表组织。又各级冬令救

---

① 刘郁芬修、杨思等纂《甘肃通志稿·民政志一·自治·恤政附》，载甘肃省古籍文献整理编译中心编《中国西北文献丛书》第 28 册，兰州古籍书店，1990，第 19 页。

② 殷梦霞、李强选编《民国赈灾史料续编》（第一册），国家图书馆出版社，2009，第163～167 页。

济委员会的工作时期于每年11月16日或12月1日成立起，至次年3月底结束；冬令救济之对象有鳏寡孤独残疾、难民、灾民、抗战军人家属及家境赤贫者，在救济时需对救济对象作一考察。冬令救济款物之筹集主要来自：一、依法动支地方救济经费；二、依法动用或平粜地方积谷；三、向地方殷实富户、巨商捐募米谷、衣被或代金；四、动用地方特种公集款项（但其上级官署有案者，仍须依法呈准）。当然也有中央拨款奖助的经费，但大部分由各省市自行劝募。冬赈的方法上，除采用发放款物、安置庇寒所外，注重积极之救助，如实施工赈、贷放款物，办理平粜等。① 以上关乎冬赈机构的设立、经费的筹措、冬赈的方法等的规定为地方冬赈活动的开展提供了指南。

青海地处高寒，冬季寒冷而漫长，对缺衣少食甚至无处栖身的贫民来说，冬季的来临意味着更大的生存考验，啼饥号寒者自不必说，饿死冻僵者各处亦有之。又近代以来，青海遭受了连年的灾害和战祸，社会上的贫民人数剧增，因而冬赈的开展尤为必要和迫切。只因待救者数量庞大，又冬赈是一年中开支较大的救助项目，因此冬赈的开展需由政府、社会共策进行。

在冬赈期间，向贫民或灾民发放粮食或食物、衣物甚至现金进行救助，或贷放粮食成为该地冬赈的通常做法。如1931年，省救济院筹备初期，考虑到天气严寒，马主席勋丞（马麟）以“近来天气渐冷，贫民难免无（有——引者注）号寒之虞。特捐皮衣多件，令发给该院贫民以资御寒”，② 同时，救济院筹备委员李耀庭特将已存皮衣20余件捐给该院贫民以资分发。③ 1934年，省振务会给西宁各县区区长拨放冬赈款洋800元，用此购买青稞60石，平均分配各区贫农，作为籽种。④ 1939年，省府特令西宁县在各社仓杂粮项下，拨发青稞20石，由省佛教会出面操办，磨面施放冬赈。⑤ 行政院在1938年因青海省蒙、番两族牲畜灾疫及青海汉、回、土各族水旱雹灾拨急赈款16万元，省府在赈款项下拨款6014元，用作西

① 彭秀良、郝文忠主编《民国时期社会法规汇编》，河北教育出版社，2014，第23~26页。

② 《青海民国日报》1931年12月10日，第2版。

③ 《青海民国日报》1931年12月26日，第3版。

④ 佚名：《一月来之青海（三月十四日至四月十三日）》，《新青海》1934年第2卷第5期，第87页。

⑤ 《青海民国日报》1939年2月14日，第1版。

宁城区极贫民的冬赈款，每人发放一元。[①] 又 1945 年，社会部拨给青省 1944 年度冬令救济奖助费 50 万元。省政府将该款交省社会处会同警察局购储仓粮，贷给赤贫人民，以资救济。[②] 从上述看，冬令救济的救济措施一般以救助贫民“衣食”为重，对于“住”的方面，由于条件限制，未见设立“庇寒所”以及类似功能的救助场所的记载。只是养济院会在冬季秉承政府的要求，在冬季代为收容无衣无食之贫民。如 1931 年，省政府主席马麒根据省党部筹备委员会呈报的“时值冬令，气候严寒，冰天雪地，一般贫民无衣无食啼饥号寒之声，耳不忍闻、目不忍视。近见檐下、墙角冻僵而饿死者，日有所闻”的惨状，饬令“西宁县政府将沿街无家无衣之贫民收纳在养济院设法救济，令省会公安局转饬岗警将冻馁无力之贫民随时调查送县养济院以施救济”。[③]

至于冬赈经费的来源，除中央的拨款奖助外，由地方政府拨付一部分，民间募集一部分。经费筹措方面官民共举来进行。中央的拨款奖助是不定期的，是偶然享有的福利。仅见 1945 年，社会部拨给青省 1944 年度冬令救济奖助费 50 万元的记载。[④] 而政府拨付的冬赈款多来自地方救济经费，直接使用地方仓储粮也较为常见。如上述 1938 年省府从中央拨发的赈款项下拨款 6041 元用于西宁城区贫民的冬赈，又 1934 年省振务会给西宁各县区区长拨放冬赈款洋 800 元。1940 年省垣贫民救济会赶办冬赈，“省府由西宁县仓拨发青稞二十石”[⑤] 等。至于民间的募集部分，有个人自主捐助的，有发动劝募募集的。个人捐助如 1931 年，马主席（马麟）时值冬季，捐助救济院贫民皮衣多件；[⑥] 1940 年，护送班禅灵柩回藏专使赵守钰捐省垣冬赈款 500 元，交由冬赈筹备会汇放[⑦]等。比较而言，劝募募集的记载更多，1935 年，贵德县党务特派员办事处召集全体党员，申述灾区冬赈中劝募之重要，并指定个别党员担任劝募委

---

① 《呈报办理青海省第一、二两批放赈及备赈实在情形附赍表册三份伏乞核备由》（1938 年 1 月 31 日），载《青海赈济资料》，第 6 页，青海省图书馆馆藏。

② 《青海民国日报》1945 年 1 月 25 日，第 2 版。

③ 青海省政府公报局编印《青海省政府公报（月刊）》，1931 年 1～3 月第 40 期，第 31～32 页。

④ 《青海民国日报》1945 年 1 月 25 日，第 2 版。

⑤ 《青海民国日报》1940 年 12 月 13 日，第 2 版。

⑥ 《青海民国日报》1931 年 12 月 10 日，第 2 版。

⑦ 《青海民国日报》1940 年 12 月 22 日，第 2 版。

员到各区劝募，商会方面由商会常委穆棣轩、居廷玉负责。[①] 1940 年，省垣贫民救济会，“以本年灾情奇重，更以时届隆冬，一般贫民，号寒啼饥，特向各方请捐赈款，办理冬赈，时已捐获赈款二千余元”。[②] 此外，值得一提的是，在募集冬赈款物时，除个人资助捐助、民间劝募筹集的外，也采用“游艺筹款”的方式，以售票所得来协助冬赈。1940 年，省冬赈会以“本年全青歉收，冬赈需款，尤倍于往昔”，函请省垣新生活俱乐部诸人士“以游艺筹款”，协助冬赈。俱乐部以“筹款助赈，事为善举”，欣然同意，遂决定于 1941 年元旦起，举行冬赈游艺会五日，由该部同仁公演国剧外，并邀请省垣有组织的团体、学校，参加公演话剧。[③] 而且，就游艺会的一些具体事宜，俱乐部会同省冬赈会商定，会场之布置及维持秩序事宜，由冬赈会函请省会警察局担任；游艺会入场券分荣誉券，每张 10 元，特别券每张 5 元，甲字普通券每张 2 元，乙字普通券每张 1 元，丙字普通券每张 5 角。[④] 继而将印制的 10 元、5 元、2 元、1 元、5 角等入场券函请省垣各机关团体、学校暨热心公益之人士代为推销，共计发出入场券 11104 元。蒙各界热烈赞助，鼎力推销：省垣各机关学校合计推销券价洋 3108 元，省商会推销券价洋 4465 元，门票共售券价洋 592 元，另各处退回券 2939 元。以上共收券价洋 8165 元，内除开支表演新旧戏剧洋 3187 元，又支广告费 16 元外，余洋 4962 元。以游艺会最终所得 4962 元呈解省振济会取放进行冬令救济。[⑤] 从以上可以看出，冬赈游艺会实属“群策群力，共成之义举”。

此外，还需指出的是，冬令救济不仅仅限于城区，在乡村也悄然进行着。各县成立了冬令救济委员会，在各乡镇发动民众募捐，并就募捐物资依据乡镇贫民实际情形进行救济。这一点从亹源县 1947 年的冬令救济情况可略见一斑：

> 本县冬令救济委员会，前派员赴各乡镇所捐得的救济物资，于元月二十日由县党部陈书记长起俊，分团部马干事长成发，县政府魏科长明璋等，先赴河北区浩门镇、屡丰乡、协和乡、湧翠乡施济

① 《一月来之青海（一月廿一日至二月五日）》，《新青海》1935 年第 3 卷第 3 期，第 53 页。
② 《青海民国日报》1940 年 12 月 13 日，第 2 版。
③ 《青海民国日报》1940 年 11 月 30 日，第 2 版。
④ 《青海民国日报》1940 年 12 月 25 日，第 1 版。
⑤ 《青海民国日报》1941 年 4 月 2 日，第 2 版。

发放。各乡镇所捐物资及救济贫民人数如下：浩门镇共捐法洋二百一十七万零七千七百元（物资折合时价洋），被救贫民一百一十二名；屡丰乡共捐青稞一石八斗六升，皮褂五件，菜籽三石九斗四升，青科面□千四百三石五斤，皮鞋十九双，青油三十一斤，毡袄及毡四件，大麦二斗二升，羊一只，毛袜一双，法币十六万五千五百元，被救贫民四十人；协和乡捐法币四十六万九千元，菜籽一石四斗三升，毡一条，皮褂二件，毡袄四件，被灾贫民四十二人；湧翠乡共捐青稞一石零五升，法洋七万八千元，皮鞋二十二双，羊皮九张，菜籽一石五斗二升，毡八条，皮褂七件，皮靴一双，青稞面二（百）三十斤，被救四十五人。以上各乡所捐物资，以十分之六施放救济，十分之四作为救济会基金生息，每年待放。[①] 又其余丰盛乡、进化乡、丰聚乡尚未办理完竣的于二月十三日，由党政团三方面，派张承德、魏明章、赵虎、应生辉等，前往丰聚乡、进化乡，会同各该乡该会委员张万祥、马国仁等，依照贫病疾苦者实际情形公允发放。[②]

在政府、民间团体及个人的多方努力下，冬令救济在省内14个县都有不同程度的开展，1945年度（截至1946年度底止）青省冬令救济发放款物及受救济人数如表2－1。

表2－1　1945年度（截至1946年度底止）冬令救济发放款物及受救济人数（青海）

行政区域	据报县市区旗数	发放现金及实物折合现金数（元）	受救济人数	每一市县（局区旗）平均受救济人数	每一受救济人平均所得金（元）
青海	14	185262697	30427	2173	6089
…	…	…	…	…	…

资料来源：殷梦霞、李强选编《民国赈灾史料续编》（第一册），国家图书馆出版社，2009，第167页。

从青省冬令救济看，逐步由城区覆盖到乡间，待救者数量庞大，政府资力有限，难以承担如此艰巨之任务，因此，从经费的筹措、活动的组织开展都体现出官民互动良好的一面。筹措冬赈款物时，在政府拨付一部分

① 《青海民国日报》1947年2月11日，第2版。

② 《青海民国日报》1947年2月21日，第2版。

的同时，以行政手段发动民众募捐，在贫富户间进行调剂，所谓“取之于众，用之于众”，这在1947年的亹源县冬令救济的开展中有很直观的体现。又冬令救济活动开展时由政府牵头，省冬振会、省冬振筹备会、贫民救济会、冬令救济会等主管机构（1945年以后通称为冬令救济会）组织、协调，民间团体参与的形式展开。只是从表2-1看，虽经各方努力，冬令能够得到救济的平均人数为每市县（区旗）两千余人，只占日益增长的贫困人数的一小部分。

（二）平民工厂

“平民工厂”亦称“民生工厂”“贫民习艺所”，晚清时期开始推广，民国时期有进一步发展。民国时期的平民工厂是为收容乞丐与无业游民，安排充斥于社会的失业者而开设的，是不以营利为目的的“福利工厂”。其宗旨在于训练贫民的谋生技能，解决失业问题，是一种积极的救济方式[①]，不仅可以实现贫民的自养自立，而且可以减轻国家和社会的救助负担。1927~1937年间，南京国民政府发布政令要求各省市县创办平民工厂，内政、实业两部亦令青海省省政府筹办平民工厂。[②]青海平民工厂的创设不尽如人意，多半途而废，未真正起到收容、救济贫民的作用。贵德县在1926年9月于县城内设一平民工厂，分毛编、纺织二科，原料采用羊毛，资本筹有经常款，每年约三百元，至1932年因无款停止。[③]巴燕有平民工厂一处，因款项支绌，事从中止[④]；湟源县原有民生工厂一处，“编制毛织物品。自经十七年匪乱后停工，所有地址始而被军队占住，继而为女校借住……”[⑤]。更有一些平民工厂（民生工厂）只有积极筹设的记载，后面就无下文了。如湟源“各界绅商早年筹款，欲建筑平民工厂一处，已筹有基金发商生息，至1928年土匪陷城，各商均被抢掠，因而未得成立，加以近受外侮影响，市面萧条，金融艰窘，一时难以举办，俟市面活动，再

① 参见谭玉秀、范立君《从平民工厂看南京国民政府十年期失业治理及其成效》，《理论导刊》2014年第11期。

② 《一月来之青海（廿三年十二月廿日至廿四年一月廿日）》，《新青海》1935年第3卷第2期，第54页。

③ 王昱、李庆涛：《青海风土概况调查集》，青海人民出版社，1985，第204页。

④ 王昱、李庆涛：《青海风土概况调查集》，青海人民出版社，1985，第110页。

⑤ 青海省政府民政厅编《最近之青海》，新亚细亚学会，1934，第110页。

议成立”。[①] 20 世纪 30 年代，“大通没有大规模的工厂，靠手工业来维持生活。(县府）现积极筹办民生工厂，一面收容无业游民，一面改进手工业”。[②] 又 1932 年，西宁县政府以“本省人民多以农牧为生。工艺向来缺乏，妇女生活能力尤低。省会虽有女子师范、中山小学二校，然按社会现状仍与妇女实际需要相隔甚远”，遂召集各区区长及邑中士绅会商筹设妇女家庭工艺传习所一处，决定筹得款即着手进行。[③] 以上均在筹划中，后面却都不了了之。

平民工厂（民生工厂）、工艺传习所等作为积极的救助方式，在青海几乎没有长期、有效的活动，记载中的有些平民工厂仅仅是筹划，并无实际成立。而实质开办的两三个厂，在建立后不久，随即因资金、战乱的原因草草收场了，实属遗憾。

（三）助学：晚清义学，民国平民学校、义校、免费学额及奖助制度

除上述官办的救济院对院中孤儿、弃婴等实施的文化知识及编毛、缝纫、纺织等简单技能的慈善教育外，晚清的义学，民国时期的平民学校、义校、学校免费学额及奖助制度的实行在以推进普及教育的同时，又融通了对贫民的失学救济。[④]

1. 晚清的义学

传统时期，对贫民的慈善教育以社学、义学、义塾的形式出现。根据朝廷则例“每个州县都要在城区和乡下设立‘社学’和‘义学’，为负担不起学费的儿童或成人提供受教育的机会。但除顺天府外，政府一般不提供办学经费。因此，社学、义学通常由仁厚的州县官自己捐款或向士绅募集资金而建”。[⑤] 青海地区的社学、义学多为官吏捐俸创修，士绅捐资建设。当然也有地方士绅自己倡导地方力量修建的，这在后文民间的济贫助

① 王昱、李庆涛：《青海风土概况调查集》，青海人民出版社，1985，第 164 页。

② 王昱、李庆涛：《青海风土概况调查集》，青海人民出版社，1985，第 88 页。

③ 《青海民国日报》1932 年 2 月 14 日，第 3 版。

④ 至于近代慈善教育范围的扩大，有学者指出，“在近代，慈善教育早已超越了教养孤儿、弃婴的层面，从贫苦家庭孩童的学习，扩展到成人识字、生计教育、职业培训以及资助深造等各个领域”。参见赵宝爱《略论近代山东的慈善教育事业》，《济南大学学报》（社会科学版）2010 年第 5 期。

⑤ 参见瞿同祖《清代地方政府》，晏锋、何鹏译，法律出版社，2011，第 256 页。

学中详论。

社学、义学的建立早在清乾隆、嘉庆年间就有，大量的兴办在同治八年（1869 年）左宗棠奉调入甘、平定甘青回民起义之后。左宗棠针对西北社会经长期动荡后文教凋敝的现状，提出“关陇要事，读书为急”[①]，呼吁各地官员“所至均以兴教劝学为急”。[②] 在左宗棠的倡导下，各地秩序一经恢复，遂掀起了兴教劝学的热潮。青海地区社学、义学的数量明显增多。到清末时仅西宁县就有社学 26 处（含回民社学 4 处）、府义学 3 处、乡义学 22 处。[③] 西宁府学教谕慕暲于光绪二年（1876 年）到任后，陆续设义塾 120 处。当时碾伯（今乐都）有社学 5 处、义学 10 处，丹噶尔（今湟源）有社学 1 所、义学 10 处，贵德有义学 6 所。[④] 青海义学、社学的创建以同治、光绪年间为多，且多由地方官吏自上而下创设。因为不用交学费，义学和社学为少数渴望求学的贫寒子弟提供了难得的读书机会。但社学、义学、义塾等贫民慈善教育的形式，一般规模都很有限，教授的人数也不多，这是当时地方的常态。民国时期，传统的义学、社学则被新式学堂教育所取代。

2. 平民学校的设立

五四运动以后，平民教育在晏阳初等自由主义知识分子的倡导以及杜威、罗素来华的推动下，掀起热潮。1923 年，平民教育全国总机关“中华平民教育促进会”成立，继而在全国 20 余个省区开设平民学校、平民读书处、平民问字处等，实施平民教育。平民教育的推进以多样的形式展开，而平民学校无疑是最主要的形式。平民学校的设立不是为了专门救助贫民，而是以启迪民智、普及近代教育为宏旨，但“从操作层面上，平民教育主要还是面向农村，难民、（城市）贫民等弱势群体”。[⑤] 该类学校的设立客观上惠及了贫寒子弟，在推广民众教育的同时实现了对贫民的失学救助。平民学校既有政府创办，也有民间力量兴办的，在青海显然以政府力量创办的更多。

---

① （清）左宗棠：《左宗棠全集·书信（第二册）》，刘泱泱点校，岳麓书社，1996，第 355 页。

② （清）左宗棠：《左宗棠全集·书信（第二册）》，刘泱泱点校，岳麓书社，1996，第 467 页。

③ 青海省地方志编纂委员会编《青海省志·教育志》，黄山书社，1996，第 22 页。

④ 青海省地方志编纂委员会编《青海省志·教育志》，黄山书社，1996，第 3 页。

⑤ 杨东平：《平民教育的流变和当代发展》，《清华大学教育研究》2008 年第 3 期。

1924 年，冯玉祥入甘后，大力提倡平民教育，以启迪民智。[①] 同年甘肃省政府通令各县“凡属官厅、局所公共机关，以及各商公会、祠堂庙宇、会馆一律附设平民学校”。[②] 1929 年建省后，省政府主席孙连仲颁布《平民学校暂行简章》，进一步规定了平民学校的宗旨和基本要点：以改造一般失学壮年及贫寒子弟之思想，并授以生活上必需之普通知识为宗旨。平民学校暂附于各机关内，平民学校经费由各机关长官筹拨或捐集之。平民学校所招之学生分两大类：第一类以年龄在 15 岁以上 40 岁以下者充之，每班以 60 人为限；第二类以年龄在 6 岁以上 15 岁以下者充之，每班以 40 人为限。书籍纸笔，概由公家发给，毕业时可酌量收回。[③]

青海各县平民学校，在 1926 年和 1927 年，即由各学校附设办理。[④] 当时，在西宁道尹林竞男女合校的主张下，还出现了男女合校的平民学校。[⑤] 到 1934 年时，学校数量达到了 42 所，西宁、互助、大通、亹源、乐都、民和、循化、贵德、湟源 9 县均有设立。其中，西宁 13 所、乐都 11 所、民和 6 所为数量较多者，其他各县大多为 1 ~ 2 所。学生数量为 1325 人，西宁 440 人为最多。[⑥] 1938 年，马步芳执掌省政后，以“本省僻处边圉，地瘠民穷，赤贫之家往往因学生服装、上学用品等费之无力供给所致，虽有聪慧子弟，而不能送学校读书，只得宫墙外望，裹足不前，终身失学，殊为可惜”，下令在省垣及各县县城继续筹设平民学校，专门收容赤贫儿童。除学费免收外，所有学生服装、住宿费以及书籍笔墨纸张各费，均由省府发给[⑦]。据学者统计，该年，青省有民众学校（平民学校）47 处，民众夜校 228 所。[⑧]

---

① 李泰棻、宋哲元编述，周康变主编《西北军纪实（1924—1930 年）》，香港大东图书公司，1978，第 184 页。

② 甘肃省志教育志编辑委员会编纂《甘肃省志·教育志》，甘肃人民出版社，1991，第 382 页。

③ 刘凤翰编著《孙连仲先生年谱长编（第二册）》，台北“国史馆”印行，1993，第 553 ~ 555 页。

④ 张得善：《青海之政治经济及社会事业》，《地方自治》1935 年第 4 期，第 752 页。

⑤ 韩华：《青海妇运会在西宁活动漫忆》，载中国人民政治协商会议青海省西宁市委员会文史资料研究委员会编《西宁文史资料·第 5 辑》，1988，第 13 页。

⑥ 参见汤惠荪、雷男、陆年青《青海省农业调查》，《资源委员会季刊（西北专号）》（二），1942 年第 2 卷第 2 期，第 273 页，原文为图表；杨希尧编《青海教育概况》，青海省教育厅印制，1934，第 18 页。另外需指出的是，此时平民学校已改称为民众学校。

⑦ 《青海民国日报》1938 年 11 月 17 日，第 1 版。

⑧ 杜小明主编《青海教育史》，青海人民出版社，2006，第 10 页。

至于平民学校的具体办理情况，通过1927年马鹤天（时任甘肃教育厅厅长）视察青海，在湟源、平戎堡（今平安）等地的见闻和感受可知，马氏言平民学校的学生“衣履不完，年龄不齐，实为真正商农工界之年长失学者”，又认为“此种办法，简单切实”，在有的县份“办理得法，实为甘肃各县所不及”。[①]

3. 义校

义校作为国家自上而下推动的强迫教育形式，是面向大众的教育形式，其在失学贫民的救助方面与平民学校有异曲同工之效。西宁、互助、民和、循化、化隆、贵德、湟源、亹源、乐都、共和、大通11县官立私立学校学生人数只占学龄儿童总数的33.57%，失学儿童占到了学龄儿童的66.43%。[②] 究其原因，除部分适龄孩童因宗教信仰不愿入学读书外，主要还是高昂的学费使贫民子弟裹足不前。因此，慈善教育显得异常重要。

1904年，清政府颁布《奏定学堂章程》，令儿童“七岁必须入初等小学”，并规定“初等小学堂全国人民均应入学，名为强迫教育，除废疾有事故外，不入学者，罪其家长”，[③] 义务教育的试行自此开始。民国初期、北洋政府时期都推行过义务教育，只不过大都雷声大雨点小，进展不大。到国民政府时期真正大力推行，相继出台了一些对全国学龄儿童（指6~12岁之儿童而言）实施义务教育的办法：1929年，国民党三届三中全会通过《厉行国民义务教育及成年补习教育的议案》；1932年6月，教育部公布《第一期实施义务教育办法大纲》；1935年，教育部实施《义务教育暂行办法大纲》《暂行办法大纲施行细则》。[④]

在教育部相继出台法案，通令各地实施义务教育的要求下，1932年青海省制定《青海省实施短期义务教育计划》，开始推行“短期义务教育”，并制定了《学龄儿童强迫就学办法》，这是青海推行现代教育后第一次实施义务教育。[⑤]

---

① 参见马鹤天《西北漫游记·青海考察记》，甘肃人民出版社，2003，第166页。

② 汤惠荪、雷男、陆年青：《青海省农业调查》，《资源委员会季刊（西北专号）》（二），1942年第2卷第2期，第273页。另外调查中的学龄儿童指自7~13岁。

③ （清）张百熙等纂《奏定学堂章程》，光绪三十年（1904年）陕西藩署刻本，陕西师范大学古籍室藏。

④ 参见中国第二历史档案馆编《中华民国史档案资料汇编·第5辑·第1编 教育》，江苏古籍出版社，1994，第603、605、609、624页。

⑤ 杜小明主编《青海教育史》，青海人民出版社，2006，第9页。

青海的义务教育在经费方面得到了教育部和管理中英庚款董事会的支持。1935 年 3 月，教育部拟订《补助边远贫瘠省份推行义务教育办法大纲》。《办法大纲》中规定补助边远各省 75000 元，青海为补助的边远省份之一。只是由于军费占了国民政府财政支出的绝大部分，因此教育部不得不借助于庚款，其中中英庚款则专门用在补助边疆省份义务教育方面。[①] 有了国家上述部门的经费支持，青海省政府在义务教育方面的经费投入以 1935 年、1936 年、1937 年为例，分别为 4.4 万元、4.9 万元、7 万元。[②] 1940 年又以学生人数激增、开支浩大为由，领获 1940 年度补助费 14 万元，计先后共领获推行义务教育补助费法币 49.6 万元，另外还有特别费 10 万元。[③] 义务教育经费本以遵照实施义教暂行办法大纲施行细则第 23 条之规定以就地自筹为原则，但“青省地瘠民贫、财政困难，悉赖中央补助费办理”。[④]

有了国家经费的支持和地方政府的推进，义校在各县的设置数量逐年增加，1938 年设 111 校及各中小学校附设义教班 808 班，1939 年增设 155 校。[⑤] 各县设学数目见表 2 - 2。

表 2 - 2　1939 年青海省各县设立义务小学校数目一览

县　名	1938 年度已设立校数	1939 年度增设校数
西　宁	18	17
互　助	12	9
大　通	12	5
乐　都	12	9
民　和	10	15
湟　源	8	8

① 田正平、张建中:《中英庚款与民国时期的边疆教育》,《河北师范大学学报》(教育科学版) 2006 年第 6 期。

② 以上数据来源于《教育部民国廿四年至廿六年义教经费支配表》，分别参见中国第二历史档案馆编《中华民国史档案资料汇编·第 5 辑·第 1 编教育》，江苏古籍出版社，1994，第 613、615、618 页。

③ 陈秉渊:《马步芳家族统治青海四十年》，青海人民出版社，2007，第 257 页。

④ 青海省政府秘书处编《青海省政府公报》1939 年第 83 期，第 36 页，国家图书馆馆藏。

⑤ 青海省政府秘书处编《青海省政府公报》1939 年第 83 期，第 34 页，国家图书馆馆藏。

续表

县　名	1938 年度已设立校数	1939 年度增设校数
贵　德	8	10
化　隆	8	10
循　化	8	10
门　源	5	9
共　和	2	13
同　仁	2	8
都　兰	1	4
玉　树	1	4
囊　谦	1	4
称　多	0	4
同　德	1	4
塔尔寺隆本族	1	10
省义教会附设女子义校	1	2
合　计	111	155

资料来源：青海省政府秘书处编《青海省政府公报》1939 年第 83 期，第 39～40 页，国家图书馆馆藏。

关于义校实施的成效，青海的短期义务教育没有达到“国民教育实施纲领”要求的“学龄儿童的入学率达到90%以上”，并且“做到每保有一所小学”的预期目的。但短期义务教育的推行，对唤起社会民众教育意识，促进省内教育的发展起了积极的作用，也取得了显著成效。[①] 此外，在政府的极力推进下，义校对失学贫民起到了一定的救助作用。当时教育部规定短期小学不收学费，短期小学学生课本由学校免费供给。[②] 贫苦的家庭除却家庭帮手的缺失外，已然得到了很大的补助。

4. 公立中等及以上学校的公费和免费学额及政府的资助、奖助制度

如果说义务教育、平民教育以扫除文盲、提高民众的识字水平为目的的话，那么中等及以上学校则以培养可用建设人才为目标。与其较高培养层次相伴随的是高额的求学成本。中等及以上学校公费和免费学额及奖助制度的存在，使有志于深造的贫寒学子能够跻身更高的学府成为可能。以

① 杜小明主编《青海教育史》，青海人民出版社，2006，第 9～10 页。

② 中国第二历史档案馆编《中华民国史档案资料汇编·第 5 辑·第 1 编 教育》，江苏古籍出版社，1994，第 624 页。

下就从政府对省内及旅外学子的资助两种层次来谈。

就省内中等学校及简易师范而言，民国时期国立的湟川中学系公费，学生以中产阶级家庭者为多，贫寒家庭子弟读书者亦复不少。[①] 而青海回教促进会设立的昆仑中学，作为青省建设人才的摇篮，受到以马步芳为首的省府的大力支持。该校学生全部为公费，“学生每年除发放冬夏衣，供给伙食、课本之外，每人每月还发给零用钱硬币 1 元”。[②] 此外，本省各师范学校学生多因家境贫寒，时有辍学，为此省府设置奖学金以资救助。面向省内师范生发放的奖学金，在考虑家庭贫寒的同时，还注重学业成绩的优秀与否，固有“清寒优秀师范生奖学金”之称。奖学金发放前由校方先行调查学生家庭情形，再酌情奖励。为体恤各师范生及公费生计，尚有副食费之设置，虽一度中断，1948 年省府定于每学期开始依照原定数额核发。[③]

对旅外国内的贫寒学子的资助。从国家层面看，国家从增进边疆地区少数民族学识、加强中央与边疆地区的联系出发，制定针对边疆民族学生的特别优惠政策。1913 年，北洋政府教育部公布的《蒙藏学校章程》规定，青海籍蒙藏学生“概不收纳学费，膳宿费由公家备办，以示提倡”。[④] 国民政府时期规定：“边疆民族学生在内地设有公费中等以上学校学习者，其家庭贫寒者准予发给公费，不受名额限制。边疆民族学生在学习期间，如遇特殊事故，或确有困难而无力负担服装、书籍等费者，可申请发给特别补助费。”[⑤] 国民政府蒙藏委员会为奖励边疆蒙藏回各族青年来内境求学，历年均设有补助学额实若干名。1940 年“因一般生活高涨，该会遂将补助金额提高，计专科以上学校学生，每名年补助一八〇至二一〇元，中等学校学生，每名年补助一三〇至一五〇元。均按成绩优劣核定”。[⑥]

就地方而言，1936 年，马步芳任代理省主席时曾电陈中央在青海设立大学院，事未果。[⑦] 新中国成立之前，青海境内没有一所高等院校，一些

---

① 李得贤：《解放前青海中等学校之见闻》，载青海省政协学习和文史委员会编《青海文史资料集粹·教育文化卷》，西宁民族印刷厂印制，2001，第 5 ~ 6 页。

② 杜小明主编《青海教育史》，青海人民出版社，2006，第 277 页。

③ 青海省政府秘书处编印《青海省政府三十七年度政绩比较表》，1948，第 10 页，陕西省图书馆馆藏。

④ 杜小明主编《青海教育史》，青海人民出版社，2006，第 295 页。

⑤ 杜小明主编《青海教育史》，青海人民出版社，2006，第 295 页。

⑥ 《青海民国日报》1940 年 12 月 10 日，第 2 版。

⑦ 佚名：《最近之青海：马代主席电呈中央请在青设大学院》，《新青海》1936 年第 4 卷第 8 期，第 80 ~ 81 页。

有志深造的青年，只能长途跋涉，赴省外各大专院校就读[①]，求学的成本剧增。家境好的尚且不堪重负，贫寒子弟只能向隅而叹了。不过，当时旅外就读受到地方政府的鼓励和资助，这为大量贫寒子弟接受更高的教育、接受新知识打开了一扇门。

当时，为了更好地选拔优秀青年赴省外深造并保证他们在省外的正常学习、生活，青海省政府特别制定了《修订青海省选送国内留学省费生暂行简章》，其中涉及国内省费生资助的有第七条、第八条，“省费留学生每年每名给学费二百四十元，给费期限至毕业为止”；第十二条，“送选省费留学生时发给川资洋一百元，其毕业回省者亦同”。[②] 虽没有留学国内学生发放津贴的详细统计数字，但补助事宜确实如简章规定在一定时期内有所履行，如在1936年的青海省政府工作报告中就有这样的记录，“本省国内留学生邹国泰三名，应领津贴及留甘学生包创业五名应领实习费，返里川资，共洋一千一百八十一元四角”，[③] “业经省府准予补发。兹不日即行汇寄各该生等，以资补助”。[④] 此外，不同时期补助的履行情况不尽相同，据当时作为旅外学子之一的罗麟[⑤]谈：“三十年代以前青海省政府为出省就读高校学生每年给予简章规定数额的费用和川资，到四十年代以后，只给路费，不再付给学费了。”[⑥] 不管怎样，此项资助使一心向学的贫寒子弟有了迈进高等学校的机会。此外，青海省教育厅有时对赴外省高校就读的青海籍青年有特殊困难的申请者，也酌情给予临时性补助，但始终未形成定期补助的制度。[⑦]

政府在中等及以上学校实行的公费和免费学额及奖助制度为更多的学生提供了深造的机会，尤其对贫寒学生来说是难遇之良机。

---

① 杜小明主编《青海教育史》，青海人民出版社，2006，第298页。

② 青海省政府秘书处编印《青海省政府公报》1936年第57期，第19~21页。

③ 青海省政府秘书处编印《青海省政府工作报告：中华民国二十五年五六七各月份合编》，1936，第11页，陕西省图书馆藏。

④ 佚名：《最近之青海：教厅筹措留学津贴不日即行汇寄》，《新青海》1936年第4卷第8期，第84页。

⑤ 罗麟经省府推荐1944年考入重庆复旦大学，半公费。参见罗麟主编《青海学人录——1920—1949年青海就读高校学生事略（编者附记）》，青海西宁印刷厂印刷，1997，第209页。

⑥ 罗麟主编《青海学人录——1920—1949年青海就读高校学生事略（编者附记）》，青海西宁印刷厂印刷，1997，第347页。

⑦ 罗麟：《青海解放前十年赴外省高校就读学生简况》，载中国人民政治协商会议青海省委员会文史资料委员会编《青海文史资料·21辑》，1992，第180页。

（四）贫民救济申请与政府救济款的发放

地方政府的济贫除设置一定的机构如救济院等进行户内救济外，还会根据因突发事件返贫的市民、乡民等上报的申请救济的信息，经勘察属实后，给予一定的救助，使其度过暂时的困境，重新回归常态的生活。这便属于户外救济的范围了。如 1931 年 12 月 28 日的《青海民国日报》登载了一则消息："西宁北川下孙堡花园台的秦发福，无盖藏生活维艰，素榨油为业，藉以糊口。娶妇姜氏，感情颇甚融洽。姜氏身怀六甲，期满多日，忽于古历十一月初五日夜间腹痛异常后竟一产三子，远近闻之，甚为奇闻。近拟援照旧例将呈报西宁县府查验实况，并请酌于补助，以资养活。"[①] 这条信息中有"援照旧例"这一关键词，表明民众在出现因突发事件而致贫的情况时申请救助是政府允许的常例，而这也是政府接受处理的日常事务之一。此外，这则消息简要提及的申请救助的过程包括将事实呈报县府——县府查验实况——酌于补助。而至于更为具体的内容因材料缺乏，无从窥之。笔者有幸在甘肃省档案馆看到三例完整的因突发情况致贫的甘省市民写申请，向政府申请救助，经政府查勘属实后，上会讨论，最终由市政府呈请省府发放一定数目救济款项的例子。其中有贫人方永福一例，以下列出有关该例的来往呈文、公函、训令等以呈现整个救助的过程。

方永福关于请求救济生活的呈文[②]

呈请救济民命于水火事　窃民方永福住居本市雷坛河三十三号之二。生子方锦云，现年四十，赴上海贸易，以交通关系屡回屡阻，行抵洛阳，军事紧急，抛货奔逃，忽于四月十九日奉本市第五区区公所告知子方锦云匪区被劫，受刑身亡。查民近七旬，仅有一子。七口之家赖其小本营业为生，不幸身亡异乡，痛何堪言。现留民六十有九，妻方王氏二十有九，长孙九岁。去岁双生次孙两，不满岁。孙女两个，一个六岁，而一四岁。一家七口矜寡孤独，具所有也。不但无能搬尸回籍，且七口生命毅然断绝。况民子离家，近年在此，米珠薪桂，生活艰难之下，家中衣物等件变卖如洗，日不温饱者，绝非一日也，闻之者莫不悲伤而泣者也。此情之下，令民呼天不应，呼地无门，兹得呼之于民之父母官也。素仰我市长爱民如

① 《青海民国日报》1931 年 12 月 28 日，第 4 版。

② 《方永福关于请求救济生活的呈文》，甘肃省档案馆馆藏，档号：059－005－1835。

子，是以赤诚具报跪祈特赐洪恩，拯救七口生命于水火，则不胜瞻盼之至。

衿民方永福跪拜谨恳

中华民国三十七年五月五日

兰州市政府关于拨发灾民方永福救济金致省政府的呈文[①]

一、据本市第五区贫民方永福呈以生子方锦云，现年四十岁，赴上海贸易，以交通关系，屡回屡阻，行抵洛阳，军事紧急，抛货奔逃。本年四月二十九日被匪劫杀身亡。家留儿媳、小孙七口生计顿绝，值此米珠薪桂，衣物变卖一空，日不得温饱，请矜救济。二、查该民之子方锦云被杀一节，本年四月六日准河南陕县县政府代电以据该县张茅镇保长张举治报告，该方锦云在黑店匪区被劫杀受刑身亡。三、经派员前往该方永福家中调查，据报遗族七口，确属生活无法维持，情实堪悯。四、经提交本府第三三七次市政会议议决，由本市三十六年度结存冬令救济款六五〇九，〇一一元内拨发救济五，〇〇〇〇〇〇并通知具领在案。五、检赍取获领据一纸。六、请鉴核备查。

甘肃省政府关于拨发灾民方永福救济金一案准的代电[②]

一、市民社（37）巳字第899号呈报拨发灾民方永福救济金伍佰万元检赍收据请备查一案悉。二、准予备查。

兰州市政府会计室拨款通知书[③]

案由：第337次第□会议拨付市民方永福救济金　领款机关：社会科

用途：市民方永福救济费　金额：伍佰万元整　支款科目：冬令救济费

中华民国三十七年五月廿二

通过观察不难发现，两省贫者获取救助的流程从大的方面讲都包含三个部分：呈请救助——查勘是否属实——发放款项酌于救济，可推知呈请

---

① 《兰州市政府关于拨发灾民方永福救济金致省政府的呈文》，甘肃省档案馆馆藏，档号：059-005-1835。

② 《甘肃省政府关于拨发灾民方永福救济金的代电》，甘肃省档案馆馆藏，档号：059-005-1835。

③ 《兰州市政府会计室拨款通知书》，甘肃省档案馆馆藏，档号：059-005-1835。

救济的过程应该也是大同小异。由此将甘省贫人申请救助的内容不嫌繁复列出，以资阅览。至于秦发福等类青省贫人按旧例呈请救济的过程是否与甘省方永福们完全相同，还有待新的材料加以佐证。

上述官办救济事业侧重点不同、发展程度不一，发挥的救助作用也是有大有小，但不容否认，它们在一定程度上弥补了官办救济机构收养有限的局限。

第三节 民间的慈善救济

一 血缘组织下的互助与济贫（汉族的宗族、撒拉族的孔木散、土族的舍房、藏族的“日科尔”）

建立在小农经济基础上的个体家庭（父权家长制家庭）是社会的基本构成单位。这种家庭内部成员之间在政治上、社会上都存在休戚相关、荣辱与共的关系，就是家庭外部，同祖同姓的宗族以及婚姻之家的人们之间，也在一定程度上存在相互依存的关系。[①] 宗亲和姻亲构成的亲族间的互助共济活动是相互依存关系的一个反映。

（一）农业区宗亲间的互助共济

1. 宗族组织的互助共济活动

以父系血缘为纽带形成的宗族制度是青海近代汉族社会结构的一种形式。少数民族中也有类似的社会结构，“如土族的舍房、回族的当家子、撒拉族的‘孔木散’等都具有宗族内涵。少数民族因受宗教影响深远，宗教区域意识淡化了其宗族意识，宗族规模均不是很大”。[②] 宗族内有共同土地，称为墓田，墓田占地面积大小不一，依宗族势力强弱而定。墓田由族内人共同经营，收入用来开支宗族成员的公益活动，诸如祭祖、修庙、救济族内鳏寡孤独、办学、闹社火等。无墓田的宗族则按户轮流负担春秋上坟祭扫的猪、羊、馒头、酒、香、纸钱等祭品。

在青海以公共经营的墓田来开展公益活动的记载为数极少，也缺乏以义庄为核心的族产制度对宗族成员的救助和保障，更为普遍的是族内彼此

① 史凤仪：《中国古代的家族与身分》，社会科学文献出版社，1999，第149页。

② 邓慧君：《青海近代社会史》，青海人民出版社，2001，第22页。

间的互助共济。光绪年间的碾伯县士人谢善述就曾写过“宗族一家本至亲，分多润寡要怜贫。友朋尚有通财意，敢视同宗似路人”,[①] 可见族人间的互助济贫历来被人们认为是理所应当的。族内的互助共济主要包括族人对同族内的孤寡老弱的救助，在青黄不接和天寒季节对贫困族人给予的救济，对贫寒族人婚嫁丧葬方面的救助，族内的有识之士对同族内贫寒子弟教育上的资助等方面。

“宗亲对孤寡老弱，不能自存者有扶养义务。明清时期的养济院作为官方的社会公共救济组织规定只收养完全没有亲族依靠的人，凡有同宗有服亲属的人，法律要求他的亲属承担扶养义务，不许送养济院。”[②] 民国时期的救济院收容对象亦是没有亲族依靠或亲族无力扶养之人。1935 年，青海省救济院为教养贫苦无依之青年男女计，遵照定章，增收孤儿。其收容办法之第三项规定“亲族贫寒无力抚养之孤儿，由其亲邻作委实保证，方得入所”。[③] 在法律的影响及宗族的亲缘情谊的双重作用下，宗亲对族内孤寡的照顾较常见。

青黄不接时，一般是乡民缺乏食粮、籽种的最困苦时期，这时宗亲间的帮助往往能解燃眉之急。谢善述就提到这样的情形：“光绪二十年（1894 年）开春，籽种全无，口粮不足，呼庚呼癸，到处求人。幸而亲朋怜恤周济，或转给银钱，或借给米粮，暂且过了一年。”[④]

婚丧救助方面。婚姻直接关系家族子嗣的繁衍，而中国传统观念中死者得以土葬，能够“入土为安”是对死者的尊重，也是子孙孝道的体现，均是人生大事。因此，同族对贫寒族人婚丧上的救助不遗余力，如碾伯县的陈邦佐，“道光年间人，字公辅，世居冰沟，赋性仁慈。族党相识，有贫寒不能婚嫁丧葬者，辄量力助赀财，施棺木，闾里德之”[⑤]；杨得洲，“清同治年间碾伯人，邻里乡党中或丧葬婚嫁，不能为愿者，量力赒恤之，不少吝”。[⑥] 又光绪年间人铁子高，“族人有因匪难而合门均熸者，子高代

---

① 谢善述:《谢善述诗文集》（上卷），谢才华辑，青海人民出版社，2002，第 39 页。

② 史凤仪:《中国古代的家族与身分》，社会科学文献出版社，1999，第 182 页。

③ 积琏:《青海省救济院扩大救济范围》，《新青海》1935 年第 3 卷第 5 期，第 82 ~ 83 页。

④ 谢善述:《谢善述诗文集》（上卷），谢才华辑，青海人民出版社，2002，第 14 页。

⑤ （清）邓承伟修，张价卿、来维礼等纂，基生兰续纂《西宁府续志》卷 7《献征志》，青海人民出版社，1985，第 274 页。

⑥ 谢善述:《谢善述诗文集》（中卷），谢才华辑，青海人民出版社，2002，第 235 页。

鬻其产，延缁流为之超荐，掩栗主于各祖茔之次”。[①]

教育救助方面。族内子弟的教育关系全族未来的发展，因此为族人所重视，族内有能力者以创义塾或其他经济上的资助来帮助族内贫寒子弟就学。铁子高，“光绪年间碾伯县人，创建义塾，捐资助款，使贫家子得沾诗书之泽”[②]。来维礼（1853～1922），字敬舆，一字心耕，西宁本城人，清光绪癸未科进士。在西宁府书院任教十多年，善诗词和书法，在河湟地区很有声望，被文化教育界誉为“西平名儒”。民国时作为“乡贤”，来家从父辈起就有注重宗亲关系、扶助宗族贫寒子弟就学的传统。其父来余堂，咸同年间人，后人言“时公年甫强壮，菽水家欢，自得至乐，终不以仕进，年终日训诲子侄奋志诗书，以古人嘉言善行。勖亲邻中无力攻书者辄助赀膏”。[③] 到来维礼时，“他继承父志，对乐都洛巴沟的来姓同宗贫寒学子极为关照，时常接济乐都阴坡村来家后生在西宁读书的学生。乐都亲仁来家可字辈在西宁读书时，经常在西宁北街来维礼家中走动、吃饭”。[④]

除上述汉族宗族内的互助济贫外，土族的舍房、撒拉族的“孔木散”内的互助共济也不乏其例。土族的舍房内族人对孤儿的抚养、寡居妇人的扶助等也不鲜见。《西夏李氏世谱》之《民和李氏东府第六门世系表》中记载，李得志“生于道光十四年，卒于光绪二十年。其妻刘氏，年三十四而寡。性仁慈，好施与。抚养孤哀侄，过于亲生”。[⑤] 又李世泰，“光绪年间的碾伯土把总，管理土务。其母徐孺人者，光绪三十二年（1906 年）丧夫。孺人三十有五，衰翁已逾花甲，儿女绕膝，孤苦堪怜……夫有弟名成材者，性朴诚，能任家事。怜嫂孀居，对孺人所生子女视如己出。一切婚嫁之事，皆为之经理，无此疆彼界之分。而田园、稼穑之勤劳，钱谷出入之琐屑，叔无不竭力经营，而孺人终不敢自偷安逸也，水耕火耨，必身视之，井田桑麻，以身倡之。以故家道小康，得以丰衣足食”。[⑥] 撒拉族的

① 谢善述：《谢善述诗文集》（中卷），谢才华辑，青海人民出版社，2002，第 140～141 页。

② 谢善述：《谢善述诗文集》（中卷），谢才华辑，青海人民出版社，2002，第 141 页。

③ 参见西宁市城北区政协文史资料委员会编《晚清河湟名人来维礼》，内部资料，第 351 页。

④ 西宁市城北区政协文史资料委员会编《晚清河湟名人来维礼》，内部资料，第 370 页。

⑤ 参见李鸿仪编纂、李培业整理《西夏李氏世谱》，辽宁民族出版社，1998，第 253、428 页。

⑥ 谢善述：《谢善述诗文集》（中卷），谢才华辑，青海人民出版社，2002，第 244～245 页。

“阿格乃”是由最亲的血缘关系组成的社会组织，相当于汉语中的“当家子”，一般由两户至十多户组成，同一“阿格乃”的人员在一应大小事务上都有互相帮忙的义务。一般情况下，2～20个“阿格乃”组成一个“孔木散”，这是比“阿格乃”稍大的社会基层组织，意即“宗族”，循化孟达地区也称其为“欧里木”。每个“孔木散”都有公共墓地，在生活、生产中，同一“孔木散”的成员有互助的传统。如婚丧嫁娶时，同“孔木散”的成员或出钱，或出力，尽量将事情办得圆满顺利。生活上难免会遇到饥馑荒旱、青黄不接，同“孔木散”各户也需要相互扶助，共渡难关。此外，“阿格乃”和“孔木散”各户在农业生产中有助工的传统。在翻地、播种、送肥、收割、打碾等活动中，轮流帮工互助，只管饭食（有的在饭食外另给两个馍馍，一个白面的，一个杂面的），不计报酬，这种传统历久不变。[①]

2. 外亲亲属间的互助共济

除详谈宗族内的互助共济外，还有必要述及外亲对鳏寡孤独者的扶助。中国古代法律确认亲族间互有扶养义务，如唐代《户令》规定：“诸鳏寡孤独、贫穷老疾不能自存者，令近亲收养，若无近亲，付乡里安恤。”[②] 除宗亲对鳏寡孤独者的扶助外，其他亲属即外亲也有扶养义务。外亲是与女系血统相连属的亲属，包括直系姻亲和旁系姻亲。又从外亲中派生出妻亲即专指夫的妻方亲属，主要是妻之父母、兄弟姐妹等[③]，其中以妻之兄弟即舅家的扶助最具有代表性。谢善述在其《补拙斋文集》中就有舅家对孤儿寡母的扶助的记载，碾伯人（今海东市乐都区人）曹海峰及其弟子正，其父母在同治六年（1867年）的变乱中身亡后，舅舅李林彦对他们多方周济，“岁值凶荒，饥馑有荐臻之患。海峰时方弱冠，子正尚在髫龄。绕闱啼乌，几无资以果腹。空仓噪雀，更奚术以疗饥。时有舅父李林彦君者，酌盈济虚，屡蒙赈济，裒多益寡，时是提携。旋因舅父林焕乏嗣，即以外甥子正承继。今日者，家道小康，人丁崛起”。[④] 又记寡妇刘孺人，“赵葆元之母刘氏，年及笄，以礼归赵门，事舅姑克孝，相夫子无违。

① 参见赵宗福、马成俊编《青海民俗》，甘肃人民出版社，2004，第83页；芈一之：《撒拉族史》，四川民族出版社，2004，第390页。

② 史凤仪：《中国古代的家族与身分》，社会科学文献出版社，1999，第314页。

③ 赵宗福、马成俊编《青海民俗》，甘肃人民出版社，2004，第66页。

④ 谢善述：《谢善述诗文集》（中卷），谢才华辑，青海人民出版社，2002，第147～148页。

未几而舅姑与所天，相继弃世，时孺人三十有二，生二子。年俱幼，家道式微，无多恒产。孺人勠力耕耘，胼手胝足，艰苦万状，有为人所不堪者。饥寒交迫，仰屋嗟叹，赖外舅嘉会杨君，分多润寡，不时周恤，得免冻馁忧”。[①]

还有民国时期在西宁城区开绸缎、瓷器铺的吴宝珊、徐文芝夫妇，育有两男两女，家住西宁关门街南段东侧。1941 年 6 月 23 日，日军飞机轰炸古城西宁时，有三枚炸弹同时投到吴家院中，吴宝珊夫妇及其两个孩子惨死家中，留下 7 岁的吴鸿英和 4 岁的吴鸿均（当时头部被炸伤、左耳被炸聋，落下终身残疾）成了孤儿，随后他们被外婆徐老夫人带到湟中县西拉科乡下，由外婆及舅舅徐宝卿、舅母李尔莲抚养长大。[②]

值得注意的是，在阶级社会，即使在同一血缘的宗族团体里，由于阶级地位的差别，个别富裕族人不可能真心“赈赡贫乏”，甚至也有“寡妇孤儿为族属侮夺之事”。[③] 除却为数极少的具有负向功能的事例外，宗族内扶危救困的正向行为更为常见。族内赡济虽不能从根本上解决贫穷族人的生活问题，但缓解了他们短期内生活上的困顿，体现出了宗族的亲缘情谊，同时分担了国家、地方政府在济贫方面的部分压力，宗族组织在济贫方面发挥的作用不可忽视。

以上是农业地区的以父系血缘为纽带的宗族组织及外亲的互助共济活动，下面就牧区藏族部落组织中的血缘组织——“日科尔”中的互助做一介绍。

（二）牧区藏族部落组织中的血缘组织——“日科尔”中的互助

在青海藏区，藏族部落组织结构中处于最低层次的是“日科尔”，汉文材料中也称之为“帐房圈”“小部落”等。这级组织的成员无论是从传统来讲还是现实地看，一般是些有亲缘关系的家庭，通常具有排他性，而并非复杂的群体。这种组织带有明显的血缘组织的特征。[④]“日科尔”（相似的组织在果洛一带也称为“科尔”）中各牧户有一定的互助的义务，但

---

① 谢善述：《谢善述诗文集》（中卷），谢才华辑，青海人民出版社，2002，第 239 ~ 240 页。

② 青海省委党史研究室编《青海省抗日战争时期人口伤亡和财产损失》，中共党史出版社，2015，第 65 ~ 66 页。

③ 参见（清）杨应琚《西宁府新志》卷 23《官师志·职官》，青海人民出版社，1988，第 597 页。

④ 陈庆英主编《藏族部落制度研究》，中国藏学出版社，2002，第 120 ~ 122 页。

各户的经济是完全独立的。[①]

“日科尔”中的互助贯穿于农牧民的生产、生活中。藏区中的民众大致为半农半牧，或以牧为主，也有极少数的纯农业部落。生产中的互助分农业、牧业两种生产方式下的互助。农业生产中的互助以浪加部落中出现的劳动组织为例，该部落是黄南藏族自治州同仁县藏族十二族之一，主要从事农业生产，也有少量牧业。浪加部落多数农民在生产中都有各种自发的劳动组织形式，如“运粪组”“耕种组”“修渠组”等。这些劳动组织起初只不过是劳动生产过程中的临时帮工（亲帮亲、邻帮邻），以后逐渐固定下来。到新中国成立前夕，演变成为一种祖传性的劳动组织制度。这种组织制度建立在氏族式的家族或亲戚关系基础上，主要靠家族观念得以维系。具体如耕种组，其劳作内容包括种田、犁地、锄田、拔草等，每组3～7户不等，是一种建立在同一辈最亲近的亲戚关系基础上的非长期固定性组织。耕作时不分劳力、牲畜、农具的多少，全部出动参加。在哪家做活，就由那家供给食物，做完了事。[②]

牧业生产上的互助包括搬帐房、合群轮流放牧、互助剪羊毛、拔牛毛、互助打圈等。如同德县贡公麻千户部落下有四个百户部落，其中之一是换取乎部落，其下的建科日即为一“日科尔”，藏语意为“建美的圈子”。[③] 建科日巴巴圈子共有八户，分四个组。索才圈子共八户，分为两个组。搬帐房时将所有的驮牛、人力集中在一起，先搬一户或两户，两次搬完；合群轮流放牧分为长期与临时的两种。如建科日中的洛夫旦与娘格日两户的羊共有200多只，合群放牧已有五年，由洛夫旦的养子特包放牧。有时娘格日亦去放牧。索才与巴加两户的羊平时自己放牧，而一户有要事无人放牧时，则合群放牧；互助剪羊毛、拔牛毛，如巴巴圈子八户中有羊户六户，在剪羊毛时互相帮助（无羊户亦来），不论羊数多少，剪完为止，拔牛毛也是如此；互助打圈，如拉克木、完德郭甲圈子里打的圈，由住圈子里的互相帮助打。[④] 这种农牧业生产中的互助活动，对劳动力缺乏的贫苦弱势家庭来说无疑是有利的。而且令人欣慰的

① 青海省编辑组编《青海省藏族蒙古族社会历史调查》，青海人民出版社，1985，第100页。

② 张济民主编《渊源流近：藏族部落习惯法法规及案例辑录》，青海人民出版社，2002，第7～8页。

③ 青海省编辑组编《青海省藏族蒙古族社会历史调查》，青海人民出版社，1985，第40页。建美是人名。

④ 青海省编辑组编《青海省藏族蒙古族社会历史调查》，青海人民出版社，1985，第45页。

是，帐房圈中的互助传统历来得以很好地保持，因为互助相扶的观念已代代相传，深入他们的头脑，他们如是说，“这是我们自古以来的规矩，没有人不遵守，也没有听说过有人说吃亏占便宜之类的话”，并认为“说这种话是可耻的”。[①]

除生产中的互助外，“日科尔”中的牧户还有助葬的传统。周振鹤先生在《青海》一书中就青海蒙藏人民的习俗记道：“倘亡者身后萧条，无人料理丧葬时，则有同族邻幕代为处置，名曰‘公葬’，其拥有大（量）财产者，则以亡者之遗产大营佛事，半公半私，尽量消耗，其贫寒者，由邻幕族人携至旷郊以后，将亡者遗物敬奉于喇嘛，请喇嘛诵经。”[②] 同族幕邻代为实施葬礼，可见“日科尔”内部还有助葬的传统。

需指出的是，“日科尔”这类部落组织，随着外来户增多、人丁发展，便上升为直属部落，有的甚至发展成为独立的一大部落，也就意味着慢慢向地缘部落转变了。

（三）其他

除宗亲对孤寡弱势群体的扶助外，还有发生雇佣关系的双方间有时也会出现雇主在佣人因服务致疾或死亡时，对佣人或其陷入困境的家族的扶养，“西宁且有给养家属、卵翼子孙逾数十年之事，惟其厚也”。[③] 虽然此种扶助明显少于宗亲的扶助，或许只是以个案计，但也不失为扶助关系之一种。

二　地缘组织（村落、藏族部落内、城镇会馆组织）下的互助济贫

（一）农业区村落中的互助

1. 集体行为

同住一个村落里的人们，对维护村落公共利益都负有义务，公用道路的修筑、水利设施的兴建以及村落围墙的修葺等，需要各户共同出力完

① 张济民主编《渊源流近：藏族部落习惯法法规及案例辑录》，青海人民出版社，2002，第8页。

② 周振鹤：《青海》，台北商务印书馆，1970，第285页。

③ 佚名：《甘肃全省调查民事习惯问题报告册》，甘肃省古籍文献整理编译中心编《中国西北文献丛书》第120册，兰州古籍书店，1990，第150页。

成，自不待言。农忙季节时互相融通劳力、畜力，这些都是普通村落互助共存的一般习惯。此外，村落中的人们注重集地方之力发展教育以惠及贫寒子弟。如清咸丰时的湟源拉卓奈村村民以“闻书所以明理，所以明人伦”的朴素想法出发，又考虑到本庄贫寒者多的实际，为使庄内子弟有读书的机会，特倡议村民捐助，划出一定耕地作为“每年延师之资”，即以其所收的粮食作为聘请私塾先生之用，期望名师前来。捐助者不乏其人，特立《典贤育才碑》作为明证。兹录原文如下：

> 盖闻书所以明理，所以明人伦也。今我拉□□之设，历年以矣惜乎，我应之人贫寒者多，□□吉日方守、杨魁、阿生贤、杨生茂等倡率□□，每年延师之资，愿望□有造成人有德，万望明非不来，我庄□姓人等各有子弟，务为□□子孝□友，弟□将见家家皆敦孝弟，人人感知有不（肖）之徒，私讼。渔利师此地予别项，我庄泉证其罪，度为除暴安良之意，典贤育才□□□路口，官详□放禄、方守成捐助，六正巴浪□，地东、西至边分心育止为界，南指至主地下，指助本湾脑东城栽□平地，口殿下籽市内□□分心，□上为界，西至本地下埊为界，□□□□□□其地东北□，分心为界，南至王□□□界，杨魁、杨生茂捐助□洁大素东坡博洛□斗升其地东至上山领墩根为界，南北至□洁。①

又民国初年，乐都马营乡八架山村的有识之士，鉴于“碾地处边陲，风气晚开，学校不止一处，究之习惯痼弊，挽回为难。以故农惰负耒，安问横经，士病析薪，遑论削减。而贫寒子弟往往以衣食住之不遂其心，日为人佣，几不知读书识字为何事”，“文明智识不若人也”的现状，倡议发起在八架山设贫民学校一处，使贫寒子弟“只任心唯口诵之劳，不虞映雪囊萤之苦”。唯因筹款维艰，向村中众人募化，集众人之力建贫民学校。②

村落中除农忙时节的帮工互助、集体筹资倡学外，也存在为解决农民的经济困难而发起的比较朴素、原始的融资互助组织——钱会。钱会具有相互合作，以解燃眉之急的功能，费孝通先生甚至在《江村经济》中将此

---

① 谢佐等编著《青海金石录》，青海人民出版社，1993，第232～233页。

② 谢善述：《谢善述诗文集》（中卷），谢才华辑，青海人民出版社，2002，第212～213页。

直接称为“互助会”。[①] 这种组织在民间颇为盛行，“有摇会、拔会、认会、标会等名目，内部情形多半大同小异。在青海，拔会与摇会的组织，在一般贫民之中常有，但远不及内地之盛。拔会通常是由于某人需款迫急，需要经济援助而发起组成的。此种组织初含有‘互助’‘合作’之意”。[②] 殊为可惜的是，“后因会友竞争得会，任意抬高利息，则个人名义上各纳十元而事实上仅出六七元者有之，其利息之大，已足骇人，如是原为互助性质之团体，一变而为重利盘剥欺骗榨取之组织”。[③]

村落中的互助，为时人高度赞赏。民国初年，在西宁地区传教的比利时天主教传教士康国泰（Louis Schram）通过对传教地的观察，指出“虽然蒙古尔人的村子不是世外桃源，但他们生活中的互助性是其社会的一个诱人的特征”。[④] 康国泰神父眼中的土族村落如此，散布于青海地区的大大小小的村落亦是如此。

2. 士绅、富户救助乡里的个体活动

除村落中各户农忙季节互相融通劳力、畜力以及集地方之力发展教育以惠及贫寒子弟的集体行为外，村落中士绅和富户救助乡民的个体活动也很普遍。

士绅、富户的救济涉及日常生活的各个方面，从内容上讲涉及恤老、施医助葬、助婚、助学等多个方面。地方资料中多有提及：崔士亨，“丹噶尔人，广西柳州府罗城县典史，因亲老而病告养在籍。襄理地方事务剔清诸弊、兴学、恤穷诸善举，裨益地方者良多”[⑤]；王建基，“大通人。矜恤孤寡，仗义疏财，堪为一乡模范”；[⑥] 王敬相，“字枚卿，清时西宁人也。世以耕读为业……精方药，舍汤不过数种，舍去辄愈。有贫者乞药，不取其直（值——引者注），士民爱敬焉”；[⑦] 马云龙，“字御霄，宁邑太学

① 费孝通：《江村经济——中国农民的生活》，戴可景译，外语教学与研究出版社，2010，第 355 页。

② 周振鹤：《青海》，台北商务印书馆，1970，第 155 页。

③ 周振鹤：《青海》，台北商务印书馆，1970，第 155 页。

④ 〔比〕Louis Schram：《甘青边界蒙古尔人的起源、历史及社会组织》，李美玲译，青海人民出版社，2007，第 108 页。

⑤ （清）升允等修、安维峻纂《甘肃新通志》卷 68《人物志・群材三》，载甘肃省古籍文献整理编译中心编《中国西北文献丛书》第 25 册，兰州古籍书店，1990，第 436 页。

⑥ 刘一平、徐易主编《地方志人物传记资料丛刊》（西北卷）第 13 册，北京图书馆出版社，2000，第 682 页。

⑦ （清）杨应琚纂《西宁府新志》卷 28《献征・人物》，青海人民出版社，1988，第 710 页。

生……轻财重义，乐善好施，每春耕时散种于乡贫者，不取值”；[①] 周先，“字绍年，湟中县扎麻隆乡人。光绪末年，周先考取武举人，因军功官至西宁府镇海营副将，辛亥革命后，卸甲归田。周先为人正直有胆识，好扶困济贫。他每天清晨登凤凰山练拳，见谁家的烟筒不冒烟，就登门问讯，如确实断炊，他定会想法周济，深得乡民拥戴”；[②] 郭璪，“西宁城东曹家寨村人，在马麒、马步芳门下役作近三十年，深得马家信任。由于有与马家的这一层关系，他也薄有积蓄，置地三十亩。郭璪经常济危扶贫，解人所难。群众或口粮不足，或一时发生意外事故，只要向他开口，无不乐意排忧解难，群众有力偿还，无力偿还时也一免了事。如同村孤苦老人桑柏殁后无人抬埋，郭璪出资请人抬埋的。此类事亦很平常”；[③] 赵明五，“字奎璧，生于清光绪六年（1880 年），1915 年在门源城南大街开设天泰恒商店，家境小康。赵明五先生平日好义济困，热心于乡里的公益事业，如架桥修路，植树造林，均积极出钱出力。对贫困不能自立者，均寄予深切的同情，解囊相助。对实无力偿还者，亦不索取。曾以青稞十石专为接济春耕缺种和断炊者急需。能归还者，只求还本，不加利息；无力还者，即作赠予，最后十石青稞全部赠尽。为了救治跌打损伤病人，他根据祖传秘方，配制中药‘回生仙丹’，无偿施药治病。乡里中有老人去世，后人无力丧葬者则助以衣衾棺木。对无赡养的老人，生活上常给予周济”。[④]

士绅、富户中的仁义之士的善举，对濒临绝境的贫民来说无疑是雪中送炭，使他们在现实困境的挤压下得以些许的喘息，在一定程度上为他们重新步入正常的生活轨道提供了机会。尤其春耕时部分士绅、富户提供籽种的举动，更是保证了农时，为贫苦之人来年的生活带来了希望。

---

① （清）杨应琚纂《西宁府新志》卷 28《献征 · 人物》，青海人民出版社，1988，第 724 页。

② 朱世奎、程起骏：《清清渠水兄弟情——扎麻隆“渠水活民”摩崖石刻的故事》，载西宁市城中区政协文史资料委员会编《西宁城中文史资料（第 20 辑）》，青海省雅丰彩色印刷有限责任公司印制，2008，第 31 页。

③ 桑森：《“曹家寨”其人及其事》，载西宁市政协文史资料研究委员会编《西宁文史资料（第 5 辑）》，内部资料，第 39 页。

④ 陆相时整理《怀念爱国民主人士赵明五先生》，载青海省海北藏族自治州政协文史资料委员会编《海北文史资料选辑（第 2 辑）》，甘肃张掖地区河西印刷厂印刷，1993，第265 ~ 266 页。

（二）部落内部的救济

藏族部落基本的组织结构形式是大部落之下辖有众多不同层次的小部落。以青海省天峻县的部落为例，“在汪什代海千户部落下，有较低层次的18个百户部落，而这18个部落以下又大都有各自的小部落”。[①] 部落间在发生突发情况，导致某一部落内的大部分青壮年死亡、牲畜全无的情况下，其他部落会对这一部落中的老弱病残予以救济，如1931年农历腊月二十九日，“马元海（骑兵第二旅旅长）受命对汪什代海沙年部落突然袭击，打死88人，牲畜全部被赶走，下余七八十名老弱病残无法生存，在这种情况下，汪什代海对沙年部落每户救济牛1头，羊2只。当然这些救济的牛只是由全部落牧民承担的”。[②] 剩余的沙年部落人经汪什代海各部落的大力救助才生存下来。[③] 又部落内部对重新安家立户者，给予优待以示体恤。俄后保（新中国成立后任果洛藏族自治州政协副主席）在记果洛各部落时写道“部落群众不论贫穷或富有，若有重新安立户口者，则按部落的不成文法，由土官供给足够的灶具，以及表示福运的聚福盆，表示神祇的彩箭等，三年内不承担差役”。[④]

（三）地缘组织——山陕商帮和会馆的救济举措

会馆和商帮是远离故乡的人群出于共同的地方认同，在异乡设立的同乡组织，旨在联络乡谊、增进交流、相互扶助，以谋共同发展。会馆和商帮对本籍人的慈善活动构成了客籍地慈善救济事业重要的一部分。

1. 山陕商帮的形成及会馆的设立

清末，在青海的山西、陕西籍商人人数众多、资金雄厚，对西宁地区的贸易和商品流通起着关键性的作用，形成了颇有名气的“山陕商帮”，并于光绪十四年（1888年）在西宁首建“山陕会馆”。山陕商人

① 参见陈庆英主编《藏族部落制度研究》，中国藏学出版社，2002，第101页。

② 陈庆英主编《藏族部落制度研究》，中国藏学出版社，2002，第319页。另需说明的是，汪什代海是千户部落，沙年部落是汪什代海所辖的一个较小的百户部落，原有50余户、160多人。参见陈庆英主编《中国藏族部落》，中国藏学出版社，1991，第318页。

③ 陈佐邦：《汪什代海见闻录》，中国文史出版社，2008，第309页。

④ 俄后保：《果洛的若干史实》，载青海省政协学习和文史委员会编《青海文史资料集萃·民族宗教卷》，西宁民族印刷厂，2001，第118页。

除在西宁设总馆外，“后来陆续建有湟源、大通、民和等分会馆”。[①] 他们不仅在青海人烟稠密的汉藏边地设有会馆，就是在青南牧区亦设有类似会馆的组织——公所。如结古就设有“公所”一处[②]，同会馆一样，公所既是工商业者的社会组织，又特指某一集聚议事的场所，规模比会馆小一些。[③]

2. 山陕商帮和会馆的慈善救济举措

商帮和会馆的形成有助于团结同乡，共同对付异域商人的竞争以及减轻内部的激烈竞争和倾轧。此外，以地缘关系为基础的地缘组织商帮和会馆，针对同乡办理善举、提供救济，纾解了来青的外省籍商人羁旅的困顿，解决了他们作为异乡人在青所面临的疗疾、安葬等后顾之忧，为其异地经商的生活提供了一定的安全保障和心理依靠。

在青经商的山陕商人，并不是都富有，除凭借自身的才智胆识和个人平日的积累，再加上良好的机遇发迹的大掌柜外，更多的是受雇于本帮或当地人、外籍帮的收入平平之人。此外，机遇难求，或遇天灾人祸，或由于本身的原因而落魄于青海，从事小商小贩，流徙于四乡之人也大有人在。因此，商帮出于同乡之谊，为流寓在外，因自身原因或发生变故生活落魄的下层同乡提供一定的钱财和医疗上的救济，为无力安葬的贫寒之人出资助葬。商帮的救助活动，在青海经商的“绛太帮”[④] 中可略见一斑，如“家居西宁饮马街的根娃，被马步芳抓兵，因逃跑被抓回将其腿筋挑断，以手代足，匍（匍）行于地。他每隔一段时间，即轮流到‘绛太帮’商号内，（商号）除给与吃喝外，都能给上二三元白洋”；[⑤] 又“家居在东大街梅家巷道内的白余三老人，平日在木棍上挑数十架（小束）棉线，走街串巷卖线度口，所获极微。病故后，子女尚

① 王昱：《青海简史》，青海人民出版社，1992，第232页。

② 马鹤天：《甘青藏边区考察记》，甘肃人民出版社，2003，第458页。

③ 马敏：《官商之间——社会巨变中的近代绅商》，华中师范大学出版社，2003，第252页。

④ 自明代以来在西宁经商的山西商人多为绛州（现新绛县）及太平县（民初更名为汾城县，1954年与襄陵县合并称为襄汾县）人，被称为“绛太帮”。他们在西宁的全盛时期，当在清末至20世纪30年代前期这一阶段。主要行业如布匹、土产杂货、茯茶、铁器五金、酱园等被他们控制和垄断。“绛太帮”以西宁为中心，在青海农业各县各乡都有发展。参见张志珪《在宁经商的“绛太帮”》，载青海省政协学习和文史委员会编《青海文史资料集萃·工商经济卷》，西宁印刷厂，2001，第372页。

⑤ 张志珪：《在宁经商的“绛太帮”》，载青海省政协学习和文史委员会编《青海文史资料集萃·工商经济卷》，西宁印刷厂，2001，第372页。

幼，无资安葬，后由梁子才、程仙峰、赵世五、赵玉鼎等人（均系山西客商）出资，始将白老先生安葬”。[①] 值得一提的是，当时商帮的周济行为催生了部分到老生活无着，靠告帮（意为央告乡亲周济为生）度日之人。[②]

至于会馆的救济功能，民国时期的社会学家柯象峰曾这样指出，会馆“除平时互助外，遇有同乡贫苦者之死亡、疾病返籍借贷，亦多有相当资助，皆为中国社会救济事业之特点”。[③]

青海的山陕会馆也兼具以上功能。光绪年间，西宁山陕会馆成立后，“以救济帮内遇有天灾人祸、衣食无着之人；给无家可归者提供住宿之地；给无业可就者，给予指点介绍就业；给落魄在外混不下去之人，资助适宜的回家路费；给死亡之人，亲属无力购买棺材的施舍棺材等作为其职能的一部分”。[④] 在会馆的实际运行中也确实坚守了以上初衷，做了很多扶危济困的善事。其中，为了帮助来宁无处落脚的山陕人，会馆在光绪二十六年（1900 年）重建后的四进院落中，在西跨院中特别留出一些卧室予以接待[⑤]，使他们免受流离之苦。还有，在近代青海官府苛索繁重、道路土匪不靖的社会现实下，外籍商人经营逆顺难料，破产歇业、客死他乡者大有人在，会馆设义园、义冢以收葬无力归葬故土的同乡。西宁的山陕会馆，设有义园、墓地二处[⑥]，湟源的山陕会馆也设有山陕墓地一处。[⑦] 20 世纪 30 年代以来，许多山陕会馆的瘗所、义园也向其他省籍的商人开放，如“西宁山陕会馆的义园向河南、山东籍的商人开放”。[⑧] 会馆设立的义园义地为本籍同乡提供免费服务，但对外籍收取一定的费用，以此补充会馆的一部分开销。西宁的山陕会馆其经费来源就有南门外“山陕义园”

---

① 张志珪：《在宁经商的“绛太帮”》，载青海省政协学习和文史委员会编《青海文史资料集萃·工商经济卷》，西宁印刷厂，2001，第 372 页。

② 张志珪：《在宁经商的“绛太帮”》，载青海省政协学习和文史委员会编《青海文史资料集萃·工商经济卷》，西宁印刷厂，2001，第 372 页。

③ 柯象峰：《中国贫穷问题》，正中书局，1947，第 327 页。

④ 张志珪：《西宁的山陕会馆》，载西宁市城中区政协文史资料委员会编《西宁城中文史资料（第 12 辑）》，2000，第 174 ~ 175 页。

⑤ 张志珪：《西宁的山陕会馆》，载西宁市城中区政协文史资料委员会编《西宁城中文史资料（第 12 辑）》，2000，第 174 页。

⑥ 李刚、张军利：《陕西商帮与陕商精神十八讲》，陕西人民出版社，2013，第 192 页。

⑦ 焦文彬：《古都西安长安戏曲》，西安出版社，2010，第 15 页。

⑧ 参见任斌《略论青海山陕会馆和山陕商帮的性质及其历史作用》，《青海师范学院学报》1984 年第 3 期。

厝放死人棺木的收入一项。[①] 无论是对本籍还是外籍无力回归故里安葬的商人而言，义园、瘗所的设立均体现了会馆对商人生命的终极关怀。

三 宗教组织的慈善救济

青海多民族杂居，宗教信仰多样。寺院林立，佛教寺院（又分藏传佛教寺院和汉传佛教寺院）、清真寺几乎遍及有相应信仰民众的地方。寺院作为宗教组织，在一定程度上具有扶危济困的职能。

（一）佛教寺院、团体的救济活动

青海的藏传佛教寺院的救济职能主要体现在对孤儿、私生子、流浪人员等弱势群体的收容以及对贫者施舍医药、对乞丐定期施舍钱物等善举上。

在近代，官府的救济是有限的，只是在府县厅所在地采取了一些相应的救济措施，广大乡村牧区几乎没有任何社会救济设施。[②] 即便在个别有县制推进的牧区也是这样，因为新设县对于社会事业根本没有任何推进。在没有任何孤儿、流浪人员等弱势群体的收容机构的情形下，寺院无形中承担了这一职责，只是与官方的收容机构不同的是，部分入寺者还需承担沉重的劳役。旧时一村的寺院内常收留七八岁的孤儿入寺充当杂役，年长则成为专职僧侣。藏族游牧迁徙时，将行动不便的老人和孤儿寄养在寺院，寺院为其提供衣食来源。[③] 且藏族社会上普遍视孩子为希望和未来，非婚生子女并不受到歧视[④]，寺院也收容母亲无力抚养的私生子以及无处容身的游民等。如玉树结古市有许多女佣，身兼两用者，故市中有许多有母无父之孩儿，其母不能养育者，则多被送入寺为小喇嘛。[⑤] 此外，农牧区有一种流浪者，一般称之为游民，男的称“尼什匠”，为男光棍之意，女的叫“莫什匠”，是女光棍之意，这类人没有耕地、牲畜，不能成家立户，被迫到处流浪，以给别人做工为生或乞讨为生。除部落头人外，寺院往往也会收留他们做苦力，只是除供给少量饭食外别无报酬，所以这类人生活相当困难，所以民谚说

① 张志珪：《西宁的山陕会馆》，载西宁市城中区政协文史资料委员会编《西宁城中文史资料（第12辑）》，2000，第174页。

② 邓慧君：《青海近代社会史》，青海人民出版社，2001，第193页。

③ 邓慧君：《青海近代社会史》，青海人民出版社，2001，第193页。

④ 朱世奎主编《青海风俗简志》，青海人民出版社，1994，第180页。

⑤ 李式金：《玉树的民风（续）》，《西北学术》1943年第2期，第44页。

“单衣里边没温暖，尼什匠身边没幸福”，但毕竟有了一个容身之所。[①]

此外，需要指出的是，还有一个依附于藏传佛教寺院的贫苦群体——塔哇。“塔哇”可直译为边民，指居住在寺院周围的居民，一般来说，有寺院就有塔哇，因此，塔哇在藏族部落地区普遍存在。“塔哇”的来源主要是部落中破产了的农牧民，或为税赋杂役所迫，或遇荒年暴岁不能自存而投靠寺院。塔哇一到寺院，就“贷其种食，赁其田庐”，被奴役在寺院“庄头”（寺院辖属的佃仆村）上。附属于寺院的塔哇比其他部落百姓要贫困，社会地位也低得多[②]，要受各种经济的和宗教的束缚。身为寺院的塔哇，这一身份附着于他们的是长期的繁重而艰辛的劳作，换来的只是仅能够维持生命的残羹冷炙和破旧难以御寒的衣衫。贫困在代际循环往复，成为无法摆脱的宿命。但不得不指出的是，塔哇离开寺院就难以维持生存，“对于寺院有一定的人身依附关系”。[③]

就医疗方面而言，从 18 世纪起，青海格鲁派各大寺院先后建立了大小不等的曼巴扎仓（医明学院），专门研究藏医学。各寺在建立医明学院以后，除进行宗教活动外，主要是学习藏医药学的论著，掌握医学理论和临床实践知识，采集加工炮制藏药，行医济世。在没有建立医明学院的寺院中，也有一些高僧和僧医研究藏医药学，治病救人[④]，寺院一度成为蒙藏人民求医问诊的主要场所。寺院的医疗救治有时也含有慈善救济的一面，如瞿昙寺的十世梅凉州佛（按：瞿昙寺活佛第一代为凉州人，俗姓梅），法名却吉尖参，清光绪十五年（1889 年）生于瞿昙石坡沟，俗姓马，藏族，小时拜活佛卓仓曼巴为师，勤学经文，并到塔尔寺学藏医，中年时曾任塔尔寺大法台，多次讲经于塔尔寺。后继任瞿昙寺灌顶净觉宏济大国师，四方信徒朝拜求医者络绎其门，远自四川、甘肃、内蒙古，近在青海境内的病患者都前往求医。他云游内蒙古及南方诸地时，采集各种药材种，在瞿昙寺内辟药圃种植药材。夏秋季节率众僧采药于药草台、官沟坪、羊宗坪，制成粉剂、丸剂施舍患者，从不计利。特长于眼科、外伤，其药效之良，传闻于省内外。[⑤]

此外，藏传佛教寺院在年终之时，有施舍当地乞丐的惯例，这项开支

① 参见陈庆英主编《藏族部落制度研究》，中国藏学出版社，2002，第 172 页。
② 陈庆英主编《藏族部落制度研究》，中国藏学出版社，2002，第 171 页。
③ 陈庆英主编《藏族部落制度研究》，中国藏学出版社，2002，第 171 页。
④ 陈光国：《青海藏族史》，青海民族出版社，1997，第 503 页。
⑤ 乐都县志编纂委员会编《乐都县志》，陕西人民出版社，1992，第 565 页。

是寺院常规支出中的一部分。[①]

在青海除藏传佛教普遍发展传播外，汉传佛教也有一定的活动。其中较著名的有祖籍湖北的天台宗法师心道，他于1934年来青，秉承佛教传统的慈悲观念，并以民国时期流播于东部地区的太虚法师所倡导的“人间佛教”为指引，在青海筹建的佛教协会及佛教居士林除研习、传播佛法外，另有兼办慈善救济的一面。如在1934年9月11日，在湟源县佛教协会成立大会上，心道就指出该会成立是“以修一切善法，自利利他，自度度人，同证无上正等正觉为宗旨”的，其会务方面，除“设正副会长3人，综理会务。修持主任2人，专司共修……还设了慈济主任2人，专办社会上一切慈善事业”。[②] 又1934年成立西宁县公安街佛教居士林时，该县县长在批示中写道：“该居士林性质属于慈善团体，以佛教大乘救世为宗旨，自觉觉人，引导社会，同归至善之域。”[③]

基于救世度人的宗旨，省内佛教会开展了一系列的慈善救济活动。如省佛教会于1934年12月8日成立之后，多年来一直开展冬赈活动，以救济贫民。以1939年为例，该年2月，省佛教会定期施放冬赈，“为体恤贫民起见，省佛教会呈请省府特令西宁县在各社仓杂粮项下，拨发青稞二十石，磨面散放贫民，以资救济。又本年赈粮仍照成案，在丰黎仓存粮项下，令拨二十石。两项合计本年省佛教会共施放杂面一万两千斤”。[④] 这些杂面的施放在一定程度上解决了入冬以来陷入饥寒交迫中的人们的燃眉之急，缓解了他们的困苦。又省佛教会有助葬的义举，1940年省佛教会呈请省府，“准予迁葬普济寺无主灵柩，以安孤魂”，省府据呈后，“以所请葬埋普济寺无主灵柩事关义举”，准予照办。[⑤]

此外，汉传佛教组织和团体的慈善救济活动在1947年12月省府的《青海省各种宗教慈善事业报告表》中也有所反映，该表称本年“全省有各种宗教医院或诊所12所，其中佛教10所，诊治病人42203人，全年经费1.6亿元，系自筹”，“西宁的佛教（组织）设救济院一所，有职员6

---

① 参见黎小苏《青海之经济概况》，《新亚细亚》1934年第8卷第2期，第28页。

② 寒世子编校《心道法师西北弘法记》，上海宏善书局，1936，第14页。

③ 寒世子编校《心道法师西北弘法记》，上海宏善书局，1936，第5页。

④ 《青海民国日报》1939年2月14日，第1版。“本年赈粮仍照成案”，表明省佛教会的冬赈活动自成立以来一直在进行。

⑤ 《青海民国日报》1940年6月26日，第2版。

人，全年救济28400人，其经费来自募捐，共1000万元”。[①] 佛教组织设置救济院也得到了政府的鼓励，省政府制定的寺庙管理条例第六条就提到：“寺庙得按其所有财产之丰绌、地址之广狭自行办理各项公益事业一种或数种，其中包括设立救济院全部或残废所、孤儿院、养老所、育婴所一项。”[②]

（二）清真寺的救济活动

清真寺的慈善救济活动主要有对贫者的舍散、助葬、医疗方面的救助等。青海近代凡穆斯林聚集区都有规模大小不一的清真寺，清真寺有专门舍散贫人的规定。以西宁的东关大清真寺为例，东关的清真寺在经费支出中专门设有赈济穷人的款项，这一点在马得良参观大寺时，寺里的理事长向他介绍大寺情况时曾提及，“本寺的外格夫（寺产）很多，基金充足，如招待客、送礼等费是一笔款；赈济穷人、赗人丧葬，满拉、阿宏（訇——引者注）吃饭等经费都分门别类的保管，决不混杂在一起”。[③] 还有，关于赗人丧葬一项，大寺是西宁市伊斯兰教中心寺院，人亡后，绝大多数穆斯林将亡人抬至大寺站“者那则”（亦称殡礼、葬礼——引者注），举行葬礼，亡者家属举意给大寺一定的“乜贴”（心意——引者注），根据家庭实际情况，或多或少。但对于鳏寡孤独、无亲无故的亡者，其埋葬费用，诸如买“卡凡”布（裹尸布——引者注）、打坟工钱等，均由大寺负担[④]；再者，除传统的吹“都哇”、喝符水等带有封建迷信色彩的医治方法之外，随着近代医疗知识的传入，清真寺还支持兴建诊所，为民众提供一定的医疗救助，如1947年12月省府的《青海省各种宗教慈善事业报告表》称：“全省有各种宗教医院或诊所12所，其中回教1所，诊治病人14640人。全年经费5千万元，由教堂供给。”[⑤]

---

① 青海省民政志编委会办公室：《灾害救济大事记（1929—1989）》，青海民政信息网，http：//www. qhmz. gov. cn/html/show－3595. html。

② 青海省政府秘书处编《青海省政府公报》1929年第2期。

③ 西宁东关清真大寺志编纂委员会编纂《西宁东关清真大寺志（节录）》，甘肃文化出版社，2004，第328～329页。

④ 西宁东关清真大寺志编纂委员会编纂《西宁东关清真大寺志（节录）》，甘肃文化出版社，2004，第286页。

⑤ 青海省民政志编委会办公室：《灾害救济大事记（1929—1989）》，青海民政信息网，http：//www. qhmz. gov. cn/html/show－3595. html。

（三）西道堂的经营模式与贫民救济[①]

光绪二十八年（1902 年），马启西建西道堂于甘肃临潭旧城。西道堂是中国伊斯兰教派中形成较晚的一个派别。马启西在宗教与现实生活“两世兼修”思想的倡导下，坚持开展与藏族地区的商业贸易，坚持以农业为基础、林牧副并举，发展经济。西道堂同时又是一个经济共同体，在这个共同体内，“凡入教者，除绝对服从教主命令与遵守教规之外，即视其能力，畀以相工作。所获盈余，悉数归公。而本人及家庭生活，则由教主完全负责”。[②] 过的是集体生活，并强调“堂内教民生活一律平等。道堂外之贫苦不能谋生者，并救济之”。[③] 正如学者高占福所言，“西道堂是在中国实践伊斯兰教早期创立的‘乌玛’模式的唯一宗教团体”。[④]

西道堂在清末民国这半个多世纪，在一定阶段内自身也遭到其他教派以及卓尼杨土司、地方军阀的排挤和打压，但在以马启西为首的历任教主努力进取、不断调整经营策略下，西道堂在乱世及各方势力缝隙中能够存在并有相当的发展。道堂对贫苦民众有一定的吸引力，再加上道堂派人布道，如清光绪二十七年（1901 年）马启西二弟马启晋来青海循化、化隆、湟中、大通等地传播西道堂。清末民国时期，“河湟地区、洮岷地区大量贫苦穆斯林纷至沓来，皈依西道堂”。[⑤] 1949 年时，西道堂组织机构表中就含有一定数量的外区教民，包括青海民和县 100 余户，循化 20 余户。[⑥] 青海地区皈依西道堂的贫民来源当不止青海的民和、循化两地，也不仅仅是贫苦的穆斯林。学者朱刚在其所辑的《西道堂大事记》中提到，“1921 年 10 月 10 日，青海化隆县人马中和加入西道堂；1934 年 6 月，玉树迪尔盖卡松朵的藏族牧民依西拉毛随教并加入西道堂；1938 年，果洛达日阿穷

① 关于宗教组织对贫民的救助值得一提的还有西道堂，该道堂虽创设于甘肃临潭，但加入道堂的青海贫苦民众也有一定数目。

② 陈宝全：《甘肃的一角》，载《中国边疆研究资料文库·边疆史地文献初编：西北边疆 第二辑（21 册）》，中央编译出版社，2011，第 40～41 页。

③ 王树民：《西道堂——新社会的模型》，载甘肃省图书馆书目参考部编《西北民族宗教史料文摘》（甘肃分册），甘肃省图书馆出版，1984，第 479 页。

④ 高占福：《西道堂——伊斯兰教中国本土特色的实践者》，《西北民族研究》2014 年第 3 期。

⑤ 哈吉易卜拉欣·冯今源：《马启西评传》，《世界宗教研究》2004 年第 2 期。

⑥ 甘南藏族自治州地方编纂委员会编《甘南州志》，民族出版社，1999，第 1721 页。

公拉的藏族牧民苏合姆等四人随教并加入西道堂，等等”[①]，由此可见，加入西道堂的青海籍教民当不止民和、循化的120余户，且加入者既有贫苦的穆斯林也有藏族。

这些从青海奔赴临潭加入道堂的贫苦教众在受宗教知识的教育之余，更是以劳动者的身份参与其中，过的是集体生活。虽道堂内自有等级之分，亦做不到教民生活一律平等，然在清末民国时期，甘青地区天灾人祸频仍、人民流离失所的大势下，从大的方面来讲，道堂以“大集体”之力来应对各种挑战和困难，使加入道堂的贫苦教众的生产、生活得以相对保障。此外，道堂采取的一些具体措施也有助于贫民的生活。如对不能谋生之教徒，道堂且救济之，施以财米；道堂组织集体婚礼以减轻贫民结婚费用之累。此外，道堂还在助学方面发挥了一定作用，如在1943年5月，建“启西女子小学校”，7月正式开学，招收回、汉女学生约15名，免费入学，供给文具、课本。[②] 发展到第二年，学校已有150多名学生。[③] 以上种种表明西道堂是清末民初为当地部分贫苦穆斯林提供了生存保障的一个实实在在的社会实体。

（四）省孔道会

省孔道会[④]作为近代尊孔社团，其董事长基生兰及参与者本着儒家“为生民立命”的使命感，在救助贫民方面做了一定努力。如省孔道会名下有南塔院坟地一处。1941年，时人丁元杰交南塔院全部地价及上年田租小麦、大豆共一石有余，该会将其中大豆五斗三升八合捐出以作磨面散赈之用。[⑤]

除捐助粮食以散赈外，省孔道会负责人又呈请省府“将原有由士绅经营的同善公所施医药、棺木等慈善事业设法恢复，以资救济贫民”。[⑥] 另1941年，省孔道会拟就省救济委员会组织条例，呈请省府核准，拟筹组省

① 朱刚：《西道堂大事记》，《青海民族学院学报》（社会科学版）1982年第4期。

② 朱刚：《西道堂大事记》，《青海民族学院学报》（社会科学版）1982年第4期。

③ 丁明俊：《西北伊斯兰教社会组织形态研究》，中国社会科学出版社，2013，第236页。

④ 孔道会，近代尊孔社团。最早于1912年6月在山东济南成立，发起者为王锡蕃、刘宗国、薛正清等人，“以讲明圣学，鼓励行谊，陶淑人民道德，促进社会文明为宗旨”。参见张岱年主编《孔子大辞典》，上海辞书出版社，1993，第820页。

⑤ 《青海民国日报》1941年1月12日，第2版。

⑥ 《青海民国日报》1941年1月7日，第2版。

救济委员会救济贫民。[①]

（五）嘛呢会、防火会等小团体

嘛呢会、防火会等小团体，略有劝善救济之功能。嘛呢会，旧时遍及西宁、民和、乐都、湟中、湟源县农村，是一种松散而公开的宗教信仰组织，以念诵“唵嘛呢叭咪吽”的六字真言为主，劝人行善干好事，会众1000人以上。定期聚会，念真言、诵佛号。[②]“梆子会”又称“防火会”“敲火烛”，每年从腊月初一到年三十日，由“防火会”的成员（一般由无业贫民担任）手持牛角梆子，每日黄昏沿大街小巷，走门串户，边敲梆子边喊“严防门户，小心火烛”，提醒居民防火防盗，待到除夕之夜，每家每户都要给敲梆子的人送一些辛苦费——钱币、糖果、礼馍等，以示酬劳。[③]失业的贫民加入防火会，在年关临近时，做一些力所能及的事，来换取一些辛苦费。

四　融入民间习俗中的济贫行为

（一）葬俗中的济贫

青海的穆斯林及蒙藏等民族在日常生活中有不定期的施舍习俗，如葬礼和宗教节日、节庆等。他们在葬礼中施舍食物、钱财的习惯在清末民国时期的地方志中有所提及，如清时的龚景瀚在其《循化厅志》中这样记载回民的丧礼：“父母死……即日浴尸，裸其身，以三布单撒红花潮脑（即樟脑——引者注），自下而上裹之，束以布条，入木匣。抬至坟，浚一直坑……外填土，其土（上）起坟……至四十日满，族戚本日来吊。富者皆以白布散给，又以钱散贫人，送奠仪者折半与之钱，以代酒食。”[④]除《循化厅志》中所记埋殡后四十日满以钱散贫人外，撒拉族在埋殡之日也有舍散的行为，“众人在尸体东侧面朝西站齐，由本掌教站‘者那则’（即殡礼）。做完礼拜，众人以村为单位坐好，亡人孔木散的拟

① 《青海民国日报》1941年1月14日，第2版。

② 朱世奎主编《青海风俗简志》，青海人民出版社，1994，第114页。

③ 朱世奎主编《青海风俗简志》，青海人民出版社，1994，第114页。

④ （清）龚景翰纂《循化厅志》，青海人民出版社，2016，第253页。其中所记“回民丧礼”适用于青海信奉伊斯兰教的回族、撒拉族。

事者负责把钱散给众人”。[1] 丧礼中施散的财物不尽相同，“有时散钱，有时散火柴、青盐、茶叶等物。施散的费用依丧家子女的财力和意愿而定，只有大致上的标准，并无具体的规定”。[2]

又民国时的姚钧所撰的《贵德县志稿》就番民的葬俗写道：“番俗，父母初亡，男女俱哭尽哀，用皮绳捆尸立帐房内，以褐单盖之……每请僧念经七日，布施颇丰。贫者不同，以米面舍施乞丐贫人为要事。亲友祭奠皆用茯茶布匹。送殡出门，抬往空山弃尸……谓之天葬。”[3] 葬俗上施舍贫民的习惯不只有蒙藏民众，甚至一度发展为地区的习俗，如贵德县汉、番、回各族皆有，时人李焕章在其《河阴竹枝词》中就贵德一地的葬俗写道，“体亲施惠久成风，慷慨赒贫借饰终。多少孤寒同被泽，欢声感颂富家翁”，并以小注“贵俗遇亲丧，必施钱赈济贫民。小康之家，往往以数百缗计，此俗尚好”[4] 对贵德地方葬俗上施舍贫民的习惯表达了赞赏之情。

（二）宗教节日、岁时节庆中食物、钱财的施散

除葬礼外，在一些宗教节日或岁时节庆中，富人或寺院向贫人施舍食物、钱财的活动也比较常见，这里以蒙藏人民及青海的穆斯林群众为例加以说明。

在念经日，如四月十五日（释迦牟尼成佛纪念日）、六月六日（释迦牟尼佛传经纪念日）、九月二十二日（释迦牟尼佛诞生纪念日）以及十二月二十五日（宗喀巴寂灭纪念日）等，喇嘛王公千百户和富户们多会拿蕨麻、葡萄、红枣、酥油和米混合在一起煮成粥供晚餐用，味极浓厚。他们每次会煮得很多，预备以分赠邻幕的穷人。[5] 青海本境不产米，加上交通不便，米之来路不广，价格贵，因此米粥除能在这样的念经场合得以由富人分赠享用外，平常是贫民无法企及的食物。

---

① 郝苏民主编《丝路走廊的报告：甘青特有民族文化形态研究》，民族出版社，1999，第141页。

② 郝苏民主编《丝路走廊的报告：甘青特有民族文化形态研究》，民族出版社，1999，第140～142页。

③ 姚钧纂、宋挺生标注《贵德县志稿》，载《地方旧志五种》，青海人民出版社，1989，第718～719页。这里的番俗适用于青海信仰藏传佛教的蒙藏人民。

④ （清）李焕章：《惜阴轩诗草·河阴竹枝词》，载甘肃省古籍文献整理编译中心编《中国西北文献丛书》第170册，兰州古籍书店，1990，第338页。

⑤ 参见张元彬《青海蒙藏两族的生活》，《新青海》第1卷第2期，第50页。

青海的穆斯林民众在封斋结束、过新年以及在宰牲节上有分享食物、舍散钱财的习惯。龚景瀚在《循化厅志》中就回民过年写道："每三年缩一月，以有闰也。西人不知闰法，故但以十二月为则。过年之末月，谓之'闭斋'，一月满，然后开斋。开斋之日，则新年第一日也……过年之日，先至寺礼拜，总掌教以油香食之，遂至坟上诵经，乃至本庄拜年，互食油香，贫者麦仁饭。次日，乃至各庄。"[①] 过年时，除互相分享食物外，封斋结束之日，每家都要舍散"费吐尔"钱。按照古代的习俗，"费吐尔"钱的数目是每丁半升小麦，或一升大麦，也可以是一升枣子或一升葡萄。虽然现在随着经济的发展，"费吐尔"的施散以货币代替了实物，但是一年一度的斋月过后舍散"费吐尔"钱的习俗一直为当地的人们严格遵循着。每人必须至少舍散一个穷人一顿饭的钱，否则斋戒无效。[②]

又《循化厅志》记载回族开斋之后七十日，谓之"小过年"，如汉俗之清明，亦至寺礼拜，坟上诵经，富者宰羊或宰牛，散送本庄。[③]《循化厅志》中所记载的开斋之后七十日的"小过年"，即今天所称的古尔邦节，阿拉伯语为"古尔巴尼"，意为献牲，所以又称"宰牲节"，这天男人们参加尔德会礼。会礼结束后请阿訇到家或自行宰牲，邀请亲友做客。20 世纪 30 年代著名的纪实性摄影艺术大师庄学本先生在循化做调查时，发现在古尔邦节"一连三日，大家多停着不种田，不做事，只是剥牛煮肉，今天吃包子，明天喝粉汤。同时宰牛的人家须要款待阿訇，再把牛肉分成三份，一份交出钱的七家公分，一份送给亲邻，一份施与贫民"。[④] 在这个节日里，青海的穆斯林群众至今遵守着舍散食物给贫民的传统。

葬俗、宗教节日、岁时民俗中主人家或富人向贫者施舍的食物、钱财在数量上并不大，"数量有限的小额施舍和补贴不能使接受者脱离贫困状态，对于整体财富分配也不会施加任何明显的影响"[⑤]，但对于生活在绝

---

① （清）龚景翰纂《循化厅志》，青海人民出版社，2016，第 253 页。

② 赵宗福、马成俊编《青海民俗》，甘肃人民出版社，2004，第 133 ~ 134 页。文中提到的"费吐尔"钱，即封斋结束之日，每家有能力的户主，按家中人口数拿出的用来舍散给无衣无食的穷人的钱物。参见朱世奎主编《青海风俗简志》，青海人民出版社，1994，第 414 页。

③ （清）龚景翰纂《循化厅志》，青海人民出版社，2016，第 253 ~ 254 页。

④ 马季辉等编《尘封的历史瞬间：摄影大师庄学本 20 世纪 30 年代的西部人文探访》，四川民族出版社，2005，第 141 页。

⑤ 杨瑾：《信仰与慈善救济——伊斯兰历史上的贫困和济贫研究》，文物出版社，2012，第 538 页。

望中的人们来说，一粥一饭、一两个铜板也可解一时之需，维持短期内最低的生存需求。虽是杯水车薪，然聊胜于无。

第四节　西方教会的慈善救济

一　西方宗教的传入及发展情况

基督教是在鸦片战争以后，伴随着西方资本主义的侵略、扩张而大举传入青海的。

（一）天主教的传入及其发展

天主教是基督教的三大宗派之一，因教皇驻在罗马，亦称罗马公教或旧教，天主教是我国对该派之专称。天主教在青海的活动最早可追溯到清初。鸦片战争后，外国传教士纷纷来华。光绪五年（1879 年），天主教罗马教皇划中国为五大传教区，青海地区属甘肃省甘北传教区辖管。宣统二年（1910 年），甘北传教区比利时籍神甫康国泰来到西宁，率先在南大街设天主堂传教。此后外籍神甫不断来青，积极面向农业区的县、镇传教。天主教在青发展很快，天主堂数量不断增加。“西宁的朝阳、彭家寨、加牙；湟中的黑咀尔、鲁沙尔、上川、毛尔茨沟；乐都的汤家营、洛巴沟、李家庄；互助的威远堡、老虎沟、华林沟、大同苑、上马圈、下马圈、甘家堡、总寨、白崖、羊圈、新苑堡；大通的城关、咕咕家、后子河、新添堡、陶家寨；湟源县城东街等地，都先后设立了天主教堂。到新中国成立前夕，青海地区有 8 座天主堂（包括西宁总堂），下辖 25 座分堂、1 所公教医院、2 所诊疗所、1 所小学。根据天主教青海教会 1950 年统计资料，全省共有天主教徒 3960 人。”①

近代，传播于青海的天主教教派主要有圣言会、圣神会、圣家圣衣会、公教进行会、童子圣体军会等。

---

① 参见王册《天主教在青海的传播与发展》，载青海省政协文史资料委员会编《青海文史资料选辑（第 10～12 辑）》，西宁第三印刷厂印制，1982，第 107～109 页。

（二）基督教新教的传入及其发展

基督教新教在我国又称为基督教。早在19世纪中叶，就有个别基督教新教传教士到青海地区游历。光绪四年（1878年），基督教新教在甘宁青地区设置皋兰、宁夏、西宁三个布道区。之后基督教内地会传教士在青海展开频繁活动。光绪五年（1879年）六月，传教士义士敦首次进入青海传教。1884年巴格道到青海巡回布道，1885年劳受福在西宁建立内地会传教站。光绪二十年（1894年），英国籍牧师胡立礼夫妇来宁。[①] 光绪三十年（1904年），胡立礼购得教场街一李姓房屋，扩建为福音堂，并增修礼拜堂和宿舍。1915年后，来青的基督教新教牧师先后在西宁后子河、化隆马坊街、湟源南城壕、贵德居家沟、循化西大街、大通中山大街、乐都城东街、民和川口西大街、门源浩门河等处设立福音堂。这些福音堂信徒人数很少，一般只有十余人，多则上百人。[②] 到新中国成立前夕，全省共有基督教徒400余人（教会的统计）。[③]

基督教新教内部派别众多，传播于青海的有内地会、神召会、安息日会三派。其中内地会传教活动活跃广泛，除上文所述义士敦、巴格道、劳受福等人的活动外，继胡立礼在西宁建福音堂传教后，陆续又有传教士在化隆、贵德、大通、门源等地设堂传教。青海内地会属"甘宁青基督教联合内地会"管辖。神召会由美籍牧师柏立美（也作伯里米）传入，先后在西宁民享街、湟源、同仁保安镇设堂传教。青海神召会归属"华西区议会"。安息日会是由甘肃总会派华籍牧师陈文学于1936年传来西宁的。陈文学先在西宁西大街设堂，后又在乐都设立分堂传教。青海安息日会属"甘青安息日会第一分会"管辖。[④]

二　教会在医疗和助学方面的济贫活动

医疗活动和教育通常是教会慈善事业的主要内容，也是打破当地传教

① 刘继华：《基督教与伊斯兰教在青海的早期相遇——兼论基督教在青海的早期传播》，《青海民族研究》2012年第3期。该文作者采用"内地会差会档案"对基督教新教传入青海的史实进行了论述。笔者认为其论述更为可信，故本文采纳相关叙述。

② 崔永红等主编《青海通史》，青海人民出版社，1999，第841～842页。

③ 马毓：《青海基督教简介》，载青海省政协文史资料委员会编《青海文史资料选辑（第10～12辑）》，西宁第三印刷厂印制，1982，第118页。

④ 参见崔永红等主编《青海通史》，青海人民出版社，1999，第842页。

坚冰的最佳途径。近代青海卫生、医疗条件差，文教落后，失学率高的状况为传教士从事医疗和教育事业提供了机会。

（一）教会的医疗机构及其救济实施概况

1929年，西宁天主教堂在原县门街（今人民街）设立公教医院，“有内科和外科，可开刀做手术。院内有病床40余张。规模不大，但设备尚好。一般疾病，可在门诊就医，重病可住院治疗。每天门诊病人有40至50人。收费较低，无力治病的亦可免费治疗”①，有的老乡也用粮食或蚕豆来代替诊疗费用。② 公教医院还附设育婴院一处，可收容婴儿30多人。③ 此外，天主教会在大通、乐都各有诊所一处。1932年，大通天主堂建成，“两年后，天主堂在县城东大街建立公教医院一所”。④ 又德国籍神甫柯来思于1913年至碾伯县城传教，于东关设立天主堂，堂内设有诊所，施舍西药。⑤

基督教新教在青海的医疗活动最早起自英国人戴德生夫妇，同治年间他们先在兰州行医、传教并组建了河北医院（今甘肃省兰州市第一人民医院）。后来在西宁行医、传教，是在西宁首建西医的人。其后由胡立礼夫妇接替其医生工作。⑥ 1914年，胡立礼夫妇在西宁教场街1号创办诊疗所，能治疗简单的疾病。遇有贫穷者就施舍就医，得到广大群众的信任和赞赏。⑦ 除西宁的诊疗所外，内地会贵德分堂附设有诊疗所，化隆分堂附设有圣光医院。⑧ 1927年，基督教内地会在贵德居家沟设分会，同时设立诊疗所。第一个主持人为加拿大籍牧师魏普恩。至新中

---

① 王册：《天主教在青海的传播与发展》，载青海省政协文史资料委员会编《青海文史资料选辑（第10~12辑）》，西宁第三印刷厂印制，1982，第110页。

② 西宁市卫生局卫生志办公室编《西宁市卫生资料汇编（第一期）》，青海省气象局青年印刷厂印制，1987，第28页。

③ 田生兰：《解放前帝国主义通过宗教、间谍在青海的活动》，载青海省政协文史资料研究委员会编《青海文史资料选辑（第9辑）》，青海人民出版社，1982，第143页。

④ 大通县志编纂委员会编《大通县志》，陕西人民出版社，1993，第623页。

⑤ 乐都县志编纂委员会编《乐都县志》，陕西人民出版社，1992，第505页。

⑥ 参见星天光《回忆西宁西医的创始及发展》，载《西宁城中文史资料（第2辑）》，内部资料，第101页。

⑦ 参见西宁市卫生局卫生志办公室编《西宁市卫生资料汇编（第一期）》，青海省气象局青年印刷厂印制，1987，第30页。

⑧ 马毓：《青海基督教简介》，载青海省政协文史资料委员会编《青海文史资料选辑（第10~12辑）》，1982，第117页。

国成立前夕，曾先后有美国、英国、加拿大、瑞士等国的十余个牧师来此。最后一任牧师是英国人马道康，此人擅长医术。在新中国成立前缺医少药的情况下，教会诊疗所广纳病人，给予治疗。有些人付不起药费，就给予免费治疗，对当地民众具有一定的吸引力。① 1938 年，化隆福音堂附设了圣光医院，是兰州河北医院的分院，由英国人贾立克夫妇负责医务。因手术高明，每日就医来的病人在 250 人左右。且星天光的长子星占诚及石生贵、星启光等 6 名青海学生，跟着贾大夫学医，并小有所成。②

上述教会所设的医疗机构一般收费少、药价便宜，贫困者还可免费治疗，因此对于贫者来说是莫大的福音，在缺医少药的青海很受各族民众的欢迎。清末游历至西宁的内地会英国籍传教士金乐婷女士在其见闻录中这样写道："小小的医务室显得异常繁忙，远近的病人都来此就诊，这其中既有穆斯林和汉民，还有蒙古人和藏民。在这里，无论是医生还是实习护士，都会有很多机会接触病人，因为还没有一个城市像这里一样到处缺医少药。"③ 虽然传教士的医疗救济的出发点在于方便接近民众，进而传播教义，吸引他们入教，且在治疗过程中也有借机宣传教义教理的情况出现，如西宁公教医院的修女对住院的危重病人，借着看病机会宣传天主教的教义教理，诸如讲"上帝可以保佑你，死后灵魂可以升天堂"等。④ 但在诊疗过程中医生大多能将治病救人放在首位，且运用手术、西药等诊治方式，挽救了许多人的生命。同时，传教士的医疗活动对近代医学知识和技术在青海的传播以及西医人才的培养方面发挥了一定的作用。

（二）教会的助学活动

1920 年，天主堂在西宁兵部街（今西宁解放巷）开办了一所完全小

---

① 参见谢成林《外国人在贵德》，载贵德县政协文史资料编辑委员会编《贵德县文史资料（第 1 辑）》，2000，第 153 页。

② 参见马文辉《基督教在化隆的活动概况》，载化隆县政协文史组编《化隆文史资料（第 6 辑）》，1987，第 4 页；伦泉连《近百年来西宁的基督教会》，载西宁市城中区政协文史资料研究委员会编《西宁城中文史资料（第 1 辑）》，1988，第 55 页。

③ ［英］金乐婷（Mary Geraldine Guinness）：《大西北的呼唤——女传教士西北见闻录》，尚季芳、咸娟娟译，甘肃文化出版社，2005，第 109～110 页。

④ 西宁市卫生局卫生志办公室编《西宁市卫生资料汇编（第一期）》，青海省气象局青年印刷厂印制，1987，第 29 页。

学，名为培英小学。“该校学习科目有语文、算术、美术、体育等课，与一般小学相同，但另加宗教课——《要理答问》。教员均由天主教神甫、修士兼任。”[①] 培英小学的学生，“每年交四斗麦子的伙食费，不足部分由学校补贴；贫困、无力交伙食费的，也可以免交。学生有 200 人左右”。[②] 1941 年，因马步芳的干涉，天主教会只好将培英小学改为经学院，专门从事圣经研究。此后，学生人数大减，到新中国成立前夕，经学院中只有三四十人。[③]

天主教会先后在互助的威远镇、甘家堡、白崖、小桦林等地办了 4 处教会学校，教师由教堂的神职人员兼任。[④] 此外，在乐都的李家庄、丁柳树庄各设培英小学 1 所[⑤]，还有在湟中黑咀尔、毛尔茨沟也设立了教会小学。在黑咀尔设的“光华小学”，入校生 20 多名，全系西川各地教徒子弟。课程设国文、算术、自然、图画、唱歌、游戏诸课。另每周加一节教理，由神甫教授。学生书本由学校统一购买，借给学生使用，作业本及笔墨纸砚学生自理，住校生全年规定交口粮三斗（约 300 斤）。教育经费全由教会承担。毛尔茨沟小学，学生不分教内教外，一律招收。1938 年该校成立时报名的学生有 38 名。学校规定每名学生每年交学费粮五升、麦草二十斤（供教室燃料），其余全由教会承担。[⑥]

基督教新教在西宁开办了光华小学，随着学生数量的增加，学校班次由小学、初中到高中，学生共计 120 余人，并请张乐天、刘建英、姜治国等 6 人为教师。此外，在贵德、化隆等县也都设立了教会学校。在学校里，学生除学习英语、算术、美术等课程外，每天还要做礼拜。[⑦]

教会在青海的教育以小学为主，涉及少量中学教育。除此之外，教会

---

① 青海省地方志编纂委员会编《青海省志·宗教志》，西安出版社，2000，第 381 页。

② 王册：《天主教在青海的传播与发展》，载青海省政协文史资料委员会编《青海文史资料选辑（第 10 ~ 12 辑）》，西宁第三印刷厂印制，1982，第 109 ~ 110 页。

③ 参见青海省地方志编纂委员会编《青海省志·宗教志》，西安出版社，2000，第 382 页；王册：《天主教在青海的传播与发展》，载青海省政协文史资料委员会编《青海文史资料选辑（第 10 ~ 12 辑）》，西宁第三印刷厂印制，1982，第 109 页。

④ 互助土族自治县志编纂委员会编《互助土族自治县志》，青海人民出版社，1993，第 508 页。

⑤ 乐都县志编纂委员会编《乐都县志》，陕西人民出版社，1992，第 505 页。

⑥ 常世伟：《民国初天主教传入黑咀尔》，载湟中县政协文史组编《湟中文史资料选（第 1 辑）》，1989，第 80 页。

⑦ 青海省地方志编纂委员会编《青海省志·宗教志》，西安出版社，2000，第 391 ~ 392 页。

还出资保送学生到内地大城市上大学，介绍青年参加“基督教青年会”[①]，以期获得更多成长的机会。

教会学校的设立和教会教育的出现，无疑为文教发展缓慢、滞后的青海注入了近代的教育因素，有助于当地新式教育的推行。而且，教会学校多免费为贫困子弟提供受教育的机会，这在一定程度上改变了教育不平等的现状，对贫苦家庭来说是莫大的贡献。

（三）其他

除以上主要的慈善活动外，教会也有举办义仓、无息借贷粮款、收容少量的孤老贫穷的教民以及组织贫苦教众在教堂内进行简单生产等善举。如1919年，设于西川的黑咀子天主教堂，由教会发动教徒募捐粮食办“义仓”，共捐粮食七石（约7000斤）多，主要用于解决种子问题，年利率为“加二”，即20%，比私人利率低5%。至新中国成立前夕，此义粮已发展到1万多斤[②]；德国籍神甫柯来思于1913年至碾伯县城传教，于东关设立天主堂，后又在湟水南岸的李家庄、汤家营和洛巴沟的丁柳树庄设立3个分堂，给信教群众散发汉译《圣经》，无息借贷粮款[③]；互助的天主教堂在生活确有困难或家庭出现天灾人祸的教徒中，也给予微小的救济，给五六元或八九元白洋不等。[④]

在化隆传教的是基督教内地会。1924年前后，省内地会派来海牧师（全名不详）在城内马坊街南头往西修建“福音堂”，作为传教布道的基地。福音堂仿青海人通常居住的四合院式分三进，其中有南房三间，收住

---

① 马毓：《青海基督教简介》，载青海省政协文史资料委员会编《青海文史资料选辑（第10～12辑）》，1982，第116页。另外需说明的是，“基督教青年会”是基督教的外围组织，1844年由英国青年商人乔治·威廉斯创立。最早传入中国是在1876年，当时在上海成立了第一个青年会。1885年福州的英华书院和通州的潞河书院也先后成立了学校青年会。中国基督教青年会分城市青年会和学校青年会两大部分。基督教青年会为了达到“改进青年人精神的、道德的、社会的和体魄的目的”。参见杨靖筠《北京基督教史》，宗教文化出版社，2014，第225～227页。

② 常世伟：《民国初天主教传入黑咀尔》，载湟中县政协文史组编《湟中文史资料选第1辑》，1989，第80页。

③ 乐都县志编纂委员会编《乐都县志》，陕西人民出版社，1992，第505页。

④ 麻宝珠：《天主教传入互助地区的概况》，载互助土族自治县政协文史资料委员会编《互助文史资料（第2辑）》，互助县印刷厂印制，1994，第86页。

入教的孤苦贫穷之人数人。[①] 更有美国内地会传教士柏立美，1921 年来湟源，至 1949 年离开，在湟源传教 28 年。他在布道传教之余，在教堂内组织（贫苦）信众做一些编织、搓绳、制衣等生产活动，改善信众的经济状况。[②]

一般而言，传教士在医疗、教育和慈善等领域的长期工作自然要比他们的福音宣传活动更受中国人欢迎[③]，对边远落后的青海各民族人民而言更是如此。只是天下没有免费的午餐，西方传教士在医疗、教育和慈善等领域的工作为他们在青海的传教赢得了宽松的环境。义举只是敲门砖，如影随形的还有他们的劣迹，源自其帝国主义的本质。在传播教义、文化侵略的同时，甚至有教士欺压乡民、干涉地方事务的事情出现。但不容否认的是，教会在传播过程中采取的设立医院、兴办学校等做法，在一定程度上给予了处于缺医少药和文教落后的现实困境中的青海民众以帮助，及时救治了部分贫苦百姓，也为少量失学儿童创造了上学机会，体现了基督教的“救赎”精神，客观上对近代青海地区的社会救济事业作出了一定的贡献。

第五节　近代青海济贫事业的成效及其评价

地方富源未开，财政困窘，而军队增加，军需扩大。军费开支占去了原本困窘的地方财政的很大份额，严重地制约了地方政府对地方公益事业的投入。

地方财政困窘，如时人所言，“青宁两省每年总收入不足二百万元，尚不及东南一县之经费”。[④] 而地方不断扩军，军队数量呈几何级增长，在国民军进入青海前，宁海军只有兵力 3000 余人，1933 年总兵力达 2 万余人，1948 年达 87000 余人，兰州战役前夕，正规兵力约达 10 万人。[⑤] 随着

① 马文辉：《基督教在化隆的活动概况》，载化隆县政协文史组编《化隆文史资料（第 6 辑）》，1987，第 1 页。

② 罗铭忠主编、〔美〕柏立美摄《印记：一个美国人的丹噶尔往事》，新星出版社，2016，“序”第 3 页。

③ 〔英〕台克满：《领事官在中国西北的旅行》，史红帅译，上海科学技术文献出版社，2013，第 191 页。

④ 参见西尊《边省县政之症结及其革新之途径》，《边疆》1937 年第 2 卷第 10 期，第 1 页。

⑤ 参见崔永红等主编《青海通史》，青海人民出版社，1999，第 537～538 页。

军队人数的激增，军费开支急剧扩大。据杨效平先生研究："马家初建宁海巡防军时，军费年开支为29.157余万元。1917年甘边巡防军马步各营军费为27.35余万元，加上镇守使署支费计为32.3余万元（银元票），占当时全青地区岁入的40%。1937年，马步芳上台后，军费开支已达50余万元，占当时全省岁入的50%以上，而且军粮高于田赋的6倍。到抗战期间，马家留驻甘青的军队年支军费已高达150万到160余万元，军粮高于正额田赋的10倍，而当时地方年收入仅120万~200余万元（法币）。到1942年止，国民政府虽每年给青海补助军费50万~100万（银元），但青海军政费积欠仍高达三四百万元以上。地方财政严重超支除大量的个人侵吞外，主要原因在于军费投资巨额增长。"①

随着军队人数的激增，军费开支的增大，地方社会救济经费一再被挤压，在政府各项开支中占极小比例，政府投入不足。现以1939~1948年青海省抚恤及社会救济费支出情况略做考察（见表2-3）。

表2-3 1939~1948年青海省抚恤及社会救济费支出情况

单位：万元

年份	抚恤费	社会救济费	合计
民国28年（1939）	0.0984	0.5349	0.6333
民国29年（1940）	0.3039	0.7267	1.0306
民国30年（1941）	0.0753	0.7214	0.7967
民国31年（1942）	8.1679	6.1403	14.3082
民国32年（1943）	5.0000	12.2406	17.2406
民国33年（1944）	11.1583	35.2358	46.3941
民国34年（1945）	74.4000	336.6162	411.0162
民国35年（1946）	898.6000	1622.3755	2520.9755
民国36年（1947）	1390.4000	18097.2213	19487.6213
民国37年（1948）	0.1312	0.6030	0.7342

注：民国37年（1948）为金圆券折合的银元数。

资料来源：青海省地方志编纂委员会编《青海省志·财政志》，黄山书社，1995，第336页。

从表2-3可以看出，全省救济经费从1939年的5000多元，增长到1947年的1亿8000多万元，从数字上看是逐年增加的，实质上随着通货

① 参见杨效平《马步芳家族的兴衰》，青海人民出版社，2007，第179~180页。

膨胀的加剧，法币的严重贬值，为数很少，这从 1947 年每市石麦价突破 10 万元[①]就可想见。

政府社会救济经费投入不足，官办救济机构经费紧张，从省救济院就可以看出，“救济院自成立以来经费一项颇感困难，曾一度向菜馆抽取筵席捐来补充”，“省当局通令各街及四关菜馆，凡包酒席在千元以上者，每桌须捐救济院洋一元”，而各菜馆又以“伊等以苦力营业，此种款项似觉无力担负”，联名呈请县府豁免。[②] 酒席捐欠费甚巨，而且救济基金之息洋亦被（承借者）拖欠[③]，可见连这点经费上的少量补充也不稳定。省垣尚且如此，各县情况就更差。牧区各县，如玉树、囊谦、称多县，由于财政困窘、积习难改等原因，社会事业无足述者。[④] 就是东部农业区各县，“县政经费渺小，各县行政人员待遇菲薄，又县长疲于军差、征收赋税，无法分身于地方社会事业”，[⑤] 救济事业发展滞后。这从上文中官办救济机构的介绍中也可略见一斑。因此，总体来看，青省救济机构具有数量少、收容人数少、覆盖面小（只限于府县厅署所在地，而远离官府的其他地区只是靠社会基层宗族、村落、寺院自我救济[⑥]）、救济面窄（主要面向鳏寡孤独贫民和废疾贫困之人）、救济规模小等特征。

此外，从上文看，地方政府对社会救济机构建设与破坏并存。救济机构遭强迁、撤并，经费被侵吞的情况时有出现，甚至马步芳作为一方执政者，将收养于救济院中、本应受到政府庇护的贫弱残疾者强行赶至自己开办的工厂、煤窑充当廉价的劳动力。在大通公平煤窑，盲人被安排在矿井口边使劲摇轱辘。这也成为地方执政者破坏当地救济事业的例证，为世人所诟病。

虽然官办的救济机构于艰窘中发展，力量弱小，但在各方努力下对救济贫弱还是起了一定的作用。此外，值得一提的是，在近代新旧交替的时代背景下，救济院虽于传统事业基础上改组建立，但也融入了现代因素，

---

① 青海省地方志编纂委员会编《青海省志·物价志》，青海人民出版社，1993，第 8 ~ 9 页。

② 《青海民国日报》1932 年 2 月 23 日，第 3 版。

③ 《青海民国日报》1937 年 1 月 26 日，第 3 版。

④ 蒙藏委员会调查室编《青海玉树囊谦称多三县调查报告书》，蒙藏委员会印制，1941，第 22 页。

⑤ 参见西尊《边省县政之症结及其革新之途径》，《边疆》1937 年第 2 卷第 10 期，第 1 ~ 2 页。

⑥ 邓慧君：《青海近代社会史》，青海人民出版社，2001，第 193 页。

“教养兼施”的理念在救济院的运行和活动安排中旗帜鲜明地显现出来了。

较之于官办救济机构，近代官方的慈善救济事业，如平民工厂作为积极的救济措施，在青海的创设不尽如人意，多半途而废，未真正起到收容、救济贫民的作用。而覆盖城乡、针对广大贫民的“冬令救济”，面向大众的义务教育、平民教育、省内公费生资助项目，针对因突发情形而返贫的民众的灵活救济等措施，面向对象更为广泛，救济的程度更深，发挥的救助作用也是可圈可点。而与此同时，我们也应该注意到，在近代天灾人祸的打击下，民间日益贫困化。贫民人数剧增，面对庞大的待救济人群，官办的救济事业只能满足其中部分人群的需要，而无法做到惠及广大贫民。这应是近代地方救济事业的常态。

民间的慈善济贫，先就民间慈善团体而言，自给自足的农牧业经济、发展滞后的工商业，使民间难以孕育出财力雄厚的士绅群体。财力有限之余，因地处一隅，观念落后，没有形成组织有力、运行规范的近代民间慈善团体。而且近代青海地方社会，“强政府、弱社会”的社会结构，使民间的活力被压制，民间慈善团体在地方政府的监督及种种制约下，无法自由培育，活动空间被地方军阀一再挤压，其活动见诸记载者也是一鳞半爪，失去了在地方史乘浓墨重彩的机会。因此，在救济方面只是略有成绩，没有起到官办救济机构有力的补充，更不用说形成国家、政府力量缺失时独当一面的局面。相比较而言，民间由血缘性和乡土性支撑下的互助共济，作为人们获取社会支持资源的一种，在青海这样的多民族地区以不同的名目、形式出现。我们虽然无法量化其在救助贫弱方面发挥的作用，但能肯定的是，这种互助传统的存在，正是多灾多难的地方社会在重重打击下保有“蒲苇般柔软而坚韧的生命力”之所在。而且由血缘性和乡土性支撑的慈善济贫活动，从长时段看，具有显著的持续性，甚至融进了各民族群众的习俗中。只是灾荒、苛政等自然、人为破坏因素的存在，使整个乡村社会的“经济生存能力可能被同时削弱，以致给相互援助留下的空间就十分狭窄了”，[①] 这是近代青海社会现状下民间慈善互助活动不得不面对的现实。此外，我们也应该清楚地意识到，当时青海民间社会整体在物质方面相对匮乏，民间的慈善活动、互助行为只停留在满足最不幸之人的紧急生活需要，而并非消除贫困。

---

① 〔印度〕让·德雷兹、阿玛蒂亚·森：《饥饿与公共行为》，苏雷译，社会科学文献出版社，2006，第270页。

佛教寺院和清真寺作为宗教组织，“它们突破了个人力量较为单薄的局限性，可以凝聚众教徒的财力和物力，更有实力去有效地救助弱势群体”。[①] 但就青海而言，我们只能说寺院在收容孤儿、流浪者，开展医疗救济和冬赈，设立救济院、助葬等方面做了一定的工作，但这远远与其享有的巨额资金以及其拥有的人力、物力上的强大凝聚力等优质资源不相匹配。又加之地方偏僻，宗教信仰氛围浓厚，寺院组织自成体系且相对封闭。寺僧潜心于宗教文化活动方面，而至于如何入世济民还是关注不够。因此，宗教组织的济贫救灾活动流传下来的记载相对较少，同时也说明当时宗教组织在慈善救济方面的社会影响仍然较为微弱，受惠面或辐射范围还比较狭窄。以至于民国初期在西宁地区传教的比利时天主教传教士 Louis Schram 甚至认为“经济上，流进（当地）寺院粮仓和金库的财富从流通中离开了，没有用于贸易。这些财富或是花费，或是储存，或是用于修建新的喇嘛区，以至于没有用于普通民众的慈善金”。[②] 至于西道堂组织，作为伊斯兰教早期创立的“乌玛”模式的宗教团体，为入堂的青海各族贫苦民众提供了一定的生存保障。

最后，作为外来力量，西方教会在传播“福音”过程中采取的设立医院、兴办学校等做法，无论出于何目的，客观地讲在一定程度上给予了处于缺医少药和文教落后的现实困境中的青海民众以帮助，及时地救治了部分贫苦百姓，也为少量失学儿童创造了上学机会，体现了基督教的“救赎”精神，对近代青海地区的社会救济事业作出了一定的贡献。

---

① 参见周秋光主编《中国近代慈善事业研究（下）》，天津古籍出版社，2013，第 1547 页。

② 〔比〕Louis Schram：《甘青边界蒙古尔人的起源、历史及社会组织》，李美玲译，青海人民出版社，2007，第 222 页。

第三章　灾荒救济

第一节　灾荒概况

一　自然灾害概述

青海独特的自然地理环境及气候特征，决定了该地多种类型的灾害频繁发生，以下分气象灾害、生物灾害、地质灾害三类，择其要者而述之。

（一）气象灾害

1. 干旱灾害

干旱是青海最主要也是对农牧业生产影响最大的气象灾害。青海的干旱主要是春旱、夏旱和春夏连旱三种。以春旱最为频繁，其次为夏旱，再次为春夏连旱。

春旱是指4~5月发生的干旱。4~5月正是青海大部分地区春小麦处于出苗、分蘖、拔节期，牧草处于返青或青草期阶段，此时若长期无雨或下雨较少，便会发生旱灾，给农作物和牧草造成严重影响。夏旱是指6~7月所发生的干旱，群众称作“卡脖子旱”。6~7月本是全省各地降水量较多的时期，这两个月的降水量约占年降水量的一半，但同时也是农作物和牧草需水最多的阶段，此间如果降水不及时或降水量偏少，夏旱就会出现。春夏连旱是指4~7月连续发生的干旱，由于持续时间长，几乎使农作物和牧草的整个生育期都处在缺水状态，因此，其危害也最为严重。春夏连旱以湟、黄谷地最严重，出现频率在15%以上。①

有道是“雹灾一条线，旱灾一大片”，旱灾发生的范围广，产生的后果严重，而青海的气候特点又决定了旱灾的频发性。据学者统计，从清朝

① 王国祯编《青海气象史》，气象出版社，2004，第71页。

到民国（1644～1949 年）的 306 年中“全省共发生旱灾 249 次，接近 10 年 8 旱”。[①] 典型的如光绪二十四年（1898 年），丹噶尔等处大旱，饥；[②] 1929 年的大旱，终年不雨，颗粒具无，仅乐都一县，灾民达七万余人。哀鸿遍野，惨不忍睹。[③]

2. 雹灾

冰雹是强对流天气的产物，是西北地区春、秋两季常发生的严重气象灾害之一，其危害程度仅次于干旱。与干旱不同的是，“冰雹一般是局地性的灾害现象，受灾面积通常不大，但往往来势凶猛，在很短的时间内，可以对各类农作物和牧草产生机械性损伤，造成农作物和牧草减产或绝收，甚至损坏房屋，打死打伤人畜等。尤其对农作物来讲，雹灾多发的 6～8 月，正是作物抽穗至黄熟阶段，所以危害很大。又青海地区特殊的地形和气候条件决定了冰雹灾害的多发性”。[④] 故近人曾言“每至盛夏，狂风骤起，冰雹即至，打伤田禾，击毙牲畜，时有所闻。故各县乡村之畏惧冰雹，较之毒蛇猛兽为尤甚”，[⑤] “雹灾是青海各种灾害中最烈的天灾”。[⑥]

近代青海的史志、报刊以及官方的档案中关于雹灾的记载很多，典型的如清同治元年（1862 年）六月，“大通县雨雹、冰丸大如鸡卵，田禾尽伤，园蔬不留，遂成饥馑”；[⑦] 1935 年 8 月，循化县属边都三沟遭雹灾，冰雹大如鸡卵，各色庄稼均打伤无余；共和，城东二十里阿乙亥庄遭雹灾，雹积地面，厚七八寸，禾稼打伤无遗；互助，第三区及十一庄红牌乡，降雹大如拳头，如卵者多，禾稼摧残殆尽。[⑧] 再如 1942 年，青海东部各县遭受冰雹灾害，青海省政府致国民政府的雹灾电文中称，“受灾轻的地区收成也有四五成，互助、大通的庄稼全被打毁，牲口也被打死很多”；1944

① 史国枢主编《青海自然灾害》，青海人民出版社，2003，第 7 页。

② （清）升允等修、安维峻纂《甘肃新通志》卷 2《天文志·附祥异》，载甘肃省古籍文献整理编译中心编《中国西北文献丛书》第 23 册，兰州古籍书店，1990，第 175 页。

③ 顾执中：《到青海去》，中国青年出版社，2012，第 188 页。

④ 参见王江山主编《青海天气气候》，气象出版社，2004，第 99 页；青海省气象局编《青海省基层气象台站简史》，气象出版社，2013，第 2 页；青海省地方志编纂委员会编《青海省志·气象志》，黄山书社，1996，第 78 页。

⑤ 陈赓雅：《西北视察记》，甘肃人民出版社，2002，第 136 页。

⑥ 秦万春：《青海农业概况》，《新青海》1933 年第 1 卷第 5 期，第 36 页。

⑦ （清）升允等修、安维峻纂《甘肃新通志》卷 2《天文志·附祥异》，载甘肃省古籍文献整理编译中心《中国西北文献丛书》第 23 册，兰州古籍书店，1990，第 171 页。

⑧ 参见《最近之青海：灾情》，《新青海》1936 年第 4 卷第 8 期，第 81 页。

年7月上旬，门源、大通、互助又遭冰雹灾害，所降冰雹大如鸡蛋，落地之后凝成冰块，数日尚未融化，大通的吊钩、互助的边滩等地受灾后全无收成，不少房屋倒塌，飞鸟和牲畜被打死，树皮剥落，树枝折断。[①]

3. 洪涝灾害

洪涝灾害包含洪灾和涝灾两重意思。洪灾多发生在7~8月间，暴雨频降，山洪暴发，河水上涨，冲毁农田，淹没作物，又破屋毁桥。道光二十七年（1847年）八月，甘肃西宁县属地方，山水陡发，冲没田庐人口。[②] 1935年，"民和县第二区红嘴乡于六月一日下午，突降大雨，一时山洪暴发，计湮没田地十余石"。[③] 1948年入夏后，青海先遭旱、雹、黑霜等灾，继则暴风骤雨，山洪暴发，田禾淹没，木拔屋倒，水患遍及全省，损失甚重。山洪冲淹的农田地亩有西宁、乐都等五县二十余乡镇，被淹农田达5200余亩，几乎是全部被泥沙淤没。有关国防建设及民生福利的公路桥涵及水渠电厂等，在此次天灾下也无不蒙受巨额损失。[④]

涝灾，即秋涝，多发于8~9月间，时值农作物生育后期，阴雨连绵，降水过多，光照不足，湿度过大，病害严重，造成籽粒空秕，或发芽霉烂，降低产量和品质，脑山地区的农作物更难成熟。1934年，"民和自夏徂秋，霪雨连绵，未见天日，以致田土阴湿过度，夏禾麦生黄锈，豆类腐烂地中，灾象形成极重"；[⑤] 又1940年入秋以来，"八月十五迄今，连日霪雨不晴，所有本年本省各县脑山秋夏田，均因霪雨之故，秀而不实，收成恐已失望。而平川水地田禾，虽经收刈，更因阴雨连日，多数发芽。民间收成损失之大，尚难以数字列也。又二十余日以来之霪雨，以致公私房舍，因漏水而致坍塌者甚多"。[⑥]

4. 霜灾

霜灾是指在春、秋农作物生长季节里，由于地面气温骤降到0℃以下，

---

① 王江山主编《青海天气气候》，气象出版社，2004，第99页。

② （清）邓承伟修，张价卿、来维礼等纂，基生兰续纂《西宁府续志》卷10《志余·祥异》，青海人民出版社，1985，第143页。

③ 《新青海》1935年第3卷第6期。

④ 青海省政府秘书处编印《青海政情（水灾专刊）》第285期，1948年9月13日，甘肃省图书馆藏。

⑤ 青海省气象局科学研究所印《青海东部近五百年气候历史资料》，1978，第21~22页。

⑥ 《青海民国日报》1940年9月9日，第2版。

使农作物受到损害甚至死亡的灾害。[①] 霜冻一般开始于秋季，称为早霜冻，止于翌年春季，称为晚霜冻。[②]

近人在考察青海时，对当地霜灾的危害多有提及，“本省地处高寒，霜期甚长，早春晚秋之作物受害不浅。霜降甚早，作物遇之，即茎叶全成枯黑，故称之曰黑霜。若降于作物收获之后，尚可避免。倘于五六月间降临，则使作物枯槁，不能成熟矣。旧例四月八前之黑霜，尤为农家所最忌，因其厚积如毡，草木均可被冻折故也。每值此时，农民甚为戒惧”。[③] 而史载的霜害也多，光绪九年（1883 年）四月，“陨霜杀稼，又饥”；[④] 1917 年四月，“陨霜杀禾”；[⑤] 1942 年，西宁县 5 月 19 日、20 日两日天降黑霜，禾苗冻枯。五区四十八乡，被灾户数共计达 20143 户，被灾田地 179876 亩；[⑥] 等等。

5. 雪灾

积雪具有保温、保墒的作用，适度的降雪对农作物和牧草的生长有利，适量的积雪可对牧草越冬起到保温作用，早春融雪能增加土壤水分，缓解农牧区的春旱。但降雪过多、积雪过深，就会成灾，对农牧业生产造成危害。“青海的雪灾主要发生在 11 月至翌年 4 月间，其中，11 月至翌年 2 月间发生的为冬雪灾，3～4 月间发生的为春雪灾。春雪灾的发生频率高于冬雪灾，但危害程度冬雪灾大于春雪灾。雪灾主要分布在省内广大牧区草原，尤其是青南地区。其次在祁连山区、青海湖环湖地区、海南南部，以及东部农业区的湟中、大通、互助、化隆等高寒地区。”[⑦]

雪灾的危害甚大，“在农区，秋季过早或春季过迟的大降雪，会造成

---

① 袁林：《西北灾荒史》，甘肃人民出版社，1994，第 145 页。

② 史国枢主编《青海自然灾害》，青海人民出版社，2003，第 38 页。

③ 参见汤惠荪、雷男、陆年青《青海省农业调查》，《资源委员会季刊（西北专号）》（二）1942 年第 2 卷第 2 期，第 288 页；顾亭林：《青海省帐幕经济与农村经济之研究（下卷）》，载萧铮主编《中国地政研究所丛刊·民国二十年代中国大陆土地问题资料》，台北成文出版社有限公司（美国）中文资料中心印行，1977，第 20742～20743 页。

④ 姚钧纂、宋挺生等标注《贵德县志稿》，载《地方旧志五种》，青海人民出版社，1989，第 698 页。

⑤ 姚钧纂、宋挺生等标注《贵德县志稿》，载《地方旧志五种》，青海人民出版社，1989，第 699 页。

⑥ 参见《民国三十一年青海省政府报灾电文（附表）》，载《青海各地被遭灾害概况》，手抄本，第 1～3 页，青海省图书馆藏。

⑦ 青海省地方志编纂委员会编《青海省志·气象志》，黄山书社，1996，第 73～74 页。

低温冻害，影响作物的正常生长发育，从而阻碍农事活动；在牧区，积雪掩埋牧草，牲畜无法采食，且难以即时补饲，膘情迅速下降，御寒抗病的能力急剧降低，因饥寒交切而大量死亡”；[①] 清咸丰八年（1858 年）七月，大通县“大雪约厚二尺，压折树枝，谷皆冻秕不收”；[②] 1940 年 10 月，“大通天降大雪，所有庄稼及禾捆，均被雪压。农民灾后收获已成绝望，损失数达十分之八九”。[③] 又 1945 年 5 月，“共和县千卜列（录——引者注）乡、都秀一带，连日大雪频降，竟达五寸之厚。该地羔羊、小牛冻饿死者不计其数。蒙藏人民异常忧恐”。[④]

（二）生物灾害

1. 黄锈病

农作物病害主有小麦锈病，俗称黄锈病、麦疸等，是由真菌所引起的病害。初时叶身叶柄生有黄色斑点，以至渐行枯死，影响收量亦大[⑤]。1930 年，“西宁、大通之小麦亦遭锈病。乐都，黄灾被灾面积 27486 亩，贵德，黄灾被灾面积 33 顷，23 庄”；[⑥] 1934 年，“省垣一带禾稼，六七月间茎叶生黄，传染甚速，西宁县东区河南一带，田禾亦因天旱生黄矣。互助二区之农田，六月间茎部又生黄，禾穗全部变为黄灰粉，乘风飘扬，传染甚速。乐都，麦类发生黄病，收成歉薄”。[⑦]

2. 虫、鼠害灾

青海因气候关系，螟蝗之患虽有但少，部分地方有鼠害。老鼠于地面穿穴，损及作物根部，以至枯死，或在地面潜行啮噬，对农作物造成损伤。虫灾、鼠害见诸记载的如：光绪二十一年（1895 年），西宁“属群鼠食苗，次年乃息”；[⑧] 1927 年 4 月，“贵德害虫遍地，食麦禾、瓜果、

---

① 参见史国枢主编《青海自然灾害》，青海人民出版社，2003，第 43 页。

② （清）升允等修、安维峻纂《甘肃新通志》卷 2《天文志·附祥异》，载甘肃省古籍文献整理编译中心编《中国西北文献丛书》第 23 册，兰州古籍书店，1990，第 170 页。

③ 《青海民国日报》1940 年 12 月 12 日，第 2 版。

④ 《青海民国日报》1945 年 5 月 25 日，第 1 版。

⑤ 顾亭林：《青海省帐幕经济与农村经济之研究（下卷）》，载萧铮编《中国地政研究所丛刊·民国二十年代中国大陆土地问题资料》，台北成文出版社有限公司（美国）中文资料中心印行，1977，第 20743 页。

⑥ 青海省政府民政厅编《最近之青海》，新亚细亚学会，1934，第 236 ~ 237 页。

⑦ 青海省气象局科学研究所编印《青海东部近五百年气候历史资料》，1978，第 21 ~ 22 页。

⑧ （清）升允等修、安维峻纂《甘肃新通志》卷 2《天文志·附祥异》，载甘肃省古籍文献整理编译中心编《中国西北文献丛书》第 23 册，兰州古籍书店，1990，第 174 页。

菜蔬，岁大饥”;[①] 1943 年农历七月，“西宁西华镇、大寺沟、水峡口各庄秋遭蝗虫，成灾五分。同年八月，互助第三区太平、德胜等乡，二区顺源乡月麻、东家二庄，一区裕顺乡之包王堡遭被虫蚀，损失重大”。[②]

3. 瘟疫

瘟疫又称疫疠，是流行性急性传染病的通称。从现代医学观点来看，其种类繁多。近代青海，见诸史籍、报端的传染病主要有霍乱、白喉、伤寒、天花、猩红热、麻疹、细菌性痢疾、鼠疫等。瘟疫灾害为害极为严重，往往造成巨大伤亡。就青海已知资料而言，凡有伤亡人数记载的瘟疫灾害，死亡人数少则数百，多则上万。光绪二十一年（1895 年），河州、大通疫病大作，死者万余人。[③] 1920 年，甘肃（含青海、宁夏）地震以后，瘟疫流行，人民染此而死亡者达一百七十余万口。[④] 1940 年，青海多地疫疠流行，“亹源，全县死亡不下数百人[⑤]；共和县千卜录族死于疫疠者达 700 余人，该族千户全家病殁;[⑥] 西宁瘟疫流行，灾民 3780 人;[⑦] 湟源，全县人民均患疫疠，甚有全家皆病，无人诊疗，饥不得一食，寒不得一衣，竟致死亡绝户者，时有所闻”。[⑧]

畜疫，即畜类瘟疫，是牲畜中流行性急性传染病的通称。青海地区牲畜的疫病种类很多。一般来讲，马之疫病以鼻疽最烈，胸疫、腺疫次之。牛之疫病以牛瘟最烈，口蹄疫、出血性败血病及牛肺疫等病危害也较大。其他如炭疽、羊痘、羊腐蹄病、猪瘟、猪肺疫、内外寄生虫病等，在农区、牧区都曾普遍发生。1936 年，海南北一带兽疫流行甚烈，“本年羊因寄生虫而死者，海北达百分之十，海南为百分之二十。唯门源黑石头老虎

① （清）邓承伟修，张价卿、来维礼等纂，基生兰续纂《西宁府续志》卷 10《志余·祥异》，青海人民出版社，1985，第 515 页。

② 《青海省政府致振济委员会咨（附青海卅二年度各地遭被灾害概况表）》，载《青海省各地遭被灾害概况》，手抄本，第 11 页，青海省图书馆藏。

③ （清）升允等修，安维峻纂《甘肃新通志》卷 2《天文志·附祥异》，载甘肃省古籍文献整理编译中心编《中国西北文献丛书》第 23 册，兰州古籍书店，1990，第 174 页。

④ 《青海报请拨巨款以救灾黎》（1931 年），载《青海赈济资料》，油印本，第 4 页，青海省图书馆馆藏。

⑤ 《青海民国日报》1940 年 11 月 18 日，第 2 版。

⑥ 史国枢主编《青海自然灾害》，青海人民出版社，2003，第 168 页。

⑦ 史国枢主编《青海自然灾害》，青海人民出版社，2003，第 169 页。

⑧ 《青海民国日报》1940 年 11 月 24 日，第 2 版。

沟一带，死亡甚烈，统计竟达百分之五十”。[①] 1942 年夏，牛瘟由海西汪什代克族发生，先侵入刚察地区，又转入青海湖以东及海南之达如玉、千卜录等族，环海各牧场均被其传染。又复自环海一带传至黄河以南贵德县属之鲁仓各族及同德、同仁各牧场。十月，蔓延至柴达木地区，南至兴海大河坝，北至祁连山麓。被灾之地纵横各达一千华里，至 10 月底已死亡牛只 110 余万头。[②] 牲畜疫病是畜牧业发展的大敌。畜疫的频发，牲畜的大量死亡，制约了青海畜牧业的发展，也使以牲畜为“衣食之源”的蒙藏牧民无所凭依，生计困苦。

（三）地质灾害

青海的地质灾害主要有地震、滑坡、崩塌等。其地震发生次数多，但多发生在空旷处，致灾者相对较少，一旦成灾则危害不小。此外，小规模的滑坡、崩塌事件也给百姓的生命、财产造成了威胁。光绪十九年（1893 年）四月十七日，“西宁小南川锁尔干地震，倾倒房屋 300 余间，压毙人口甚多”。[③] 1927 年 5 月 23 日，甘肃地震，青海波及，“湟中县杏园村、严花村、三其村、马坊村、双寨村、韦家庄等地山有滑坡并裂缝，三其村地裂，年久土墙掉皮；湟源，房屋动摇，不坚固者圻；西宁，房屋倾颓数处，压毙人畜甚多”。[④] 山崩滑坡，如清光绪元年（1875 年）正月一日，“西宁县西川阴山崩，压盖田地，壅塞水渠”。[⑤] 1943 年，“贵德县属坝芒下茶纳庄，于农历正月初三午后四时，忽然山崩地裂，压毙男女一百一十六人，骡、马、牛、羊、驴共六七百头，其压伤及逃出者四十余人无家可归”。[⑥]

在此对青海地区常见的自然灾害加以概述的同时，对各类灾害发生的

---

① 《西北防疫处民国二十五年七月份工作报告》，甘肃省档案馆馆藏，档号：015－006－0456。

② 《马步芳致振委会许世英函（1942.11.18）》，载《青海黑霜、牛瘟成灾》，油印本，第 4 页，青海省图书馆馆藏。

③ （清）升允等修、安维峻纂《甘肃新通志》卷 2《天文志·附祥异》，载甘肃省古籍文献整理编译中心编《中国西北文献丛书》第 23 册，兰州古籍书店，1990，第 174 页。

④ 国家地震局兰州地震研究所编《陕甘宁青四省（区）强地震目录》，陕西科学技术出版社，1985，第 88 页。

⑤ （清）升允等修、安维峻纂《甘肃新通志》卷 2《天文志·附祥异》，载甘肃省古籍文献整理编译中心编《中国西北文献丛书》第 23 册，兰州古籍书店，1990，第 174 页。

⑥ 《青海省贵德县山崩地裂急赈事项有关文书》，载《青海赈济资料》，油印本，第 2 页，青海省图书馆馆藏。

时间、被灾地区、程度等具体内容，就笔者目前掌握的资料，按年代进行了整理统计，详见附录二。

二 灾荒的影响

（一）灾荒对地方经济的影响

灾荒对社会的影响，主要是破坏社会经济。青海的经济以农业和畜牧业为主。就农业而言，自然灾害直接造成农作物尤其是粮食作物的减产甚至绝收，摧毁农田水利等基础设施，人民生活、生产条件受到破坏，影响社会再生产的正常进行。仅以1948年的灾害为例，以窥一斑。1948年入夏后，青海先遭旱、雹、黑霜等灾，继则暴风骤雨，山洪暴发，田禾淹没，木拔屋倒，水患遍及全省，损失甚重。农业被灾情况：遭受雹、雪、霜灾的地区，据报省的有湟源、同仁等7县30余乡镇，受灾面积达14550.54亩；因久旱不雨，农作物间被病虫害侵袭，据呈报到省便有湟中、大通、贵德等14县，而只湟中一县，受灾的面积即达41736.68亩，受灾成分均在八成以上；山洪冲淹的农田地亩有西宁、乐都等5县20余乡镇，被淹农田达5200余亩，几乎是全部被泥沙淤没。[①] "人们或许会认为，水退了，涸出的田地可以重新耕种。雨来了，被滋润的土壤也可以重新结出金黄色的秋实，事实上伴随着水旱及各种爆发式灾害而来的土壤侵蚀、土地沙化、盐碱化等'渐变性灾害'造成大量土地日益瘠薄，地力不断下降，甚至失去生命力"，[②] 灾后农业的恢复实际还需要一个修复期，而其中的损失又无从考量。此外，有关国防建设及民生福利的公路桥涵及水渠电厂等，在此次天灾下也无不蒙受巨灾，尤其是国道、省道及大车道，十分之九皆被冲毁。该年刚刚动工的大型水利"常胜""庆凯""平安""阁工"等重要工程，悉被摧毁。据省府初步调查统计，关于山洪冲毁的道路、桥梁、涵洞等，计桥梁114座、涵洞13座、路面路基95处、渡船筏6只、渡口皮袋10只。公私建筑物倾圮的约200处。电信设备为当时雷电震击损失的计30门、20门总机各1部，座机5部，挂机2部，电杆670根，电线320余斤。西宁水力发电厂在这次大雨里造成3950金圆（指国民党政府当时发行的日益贬值的纸币金圆券）的损失……关于"芳惠"等20余

---

① 青海省政府秘书处编印《青海政情（水灾专刊）》，1948年9月13日，第285期。

② 参见夏明方《民国时期自然灾害与乡村社会》，中华书局，2000，第56页。

大小渠道的损失，实在难以估计。仅当年正在兴建的“常胜”“庆凯”等四个渠道，已耗资金圆券80万元以上。[①] 灾害对公共工程的破坏，除造成直接经济损失外，由于公共工程在地方经济建设中承担着建设任务，灾后一经破坏其建设功能随即减弱甚至消失，这中间造成的间接损失又是无法估量的。

灾荒对畜牧业造成的损害主要是使大量牲畜死亡，这使牧民失去了基本的生活、生产资料，对牧区经济发展造成致命的打击。1920年地震以后，（青海）瘟疫流行，人民染此而死亡者达170万口，牛羊牲畜罹此而毙者有五百三四十万头。[②] 1942年，蒙藏牧区爆发牛瘟，被灾之地纵横各达1000华里，死亡牛只已逾110万头。蒙藏人民以毛（牦）牛为最大依凭，几成畜牧主体。其中6/10为主要食品、4/10为运输工具，今则毛（牦）牛死亡殆尽，其运输方面大感困难，食料更成极大问题，[③] 冬季牧场的转场也无法完成。一定时期内，灾害使牧民生活、生产难以开展。牧区牧业生产环节的断裂，极大影响了畜牧业的扩大再生产。

此外，灾民走投无路，大量死亡。人口的大量流失和死亡，造成的直接后果便是灾区劳动力减少。这对灾后经济的重建带来了许多负面影响，更加重了社会经济的凋敝。

灾害造成大量人口的死亡。如1920年，“东部各县发生黄灾，计各县死亡八万余口，同时，西部蒙藏牧区则瘟疫流行。既乏医药，又无赈济，蒙番人民死亡之数无法以为统计”。[④] 1931年，青海年来瘟疫流行，“初惟牛羊传染，继则渐传及人，计蒙古二十九族，死亡七万余口；海南□族，死亡九万余口，玉树二十五族，死亡十万余口”。[⑤]

灾害发生后，为求生百姓迁徙流离他方者也多。天灾是引起农民离村的主要原因。如表3－1所示，绝大多数农民都是被迫离开故土的，其中最主要的原因就是天灾和经济压力，尤其天灾在离村原因统计中占到

① 参见青海省政府秘书处编印《青海政情（水灾专刊）》，1948年9月13日，第285页；李文海等《近代中国灾荒纪年续编（1919—1949）》，湖南教育出版社，1993，第668页。

② 《青海报请拨巨款以救灾黎》（1931年），载《青海赈济资料》，油印本，第4页，青海省图书馆馆藏。

③ 《马步芳致振委会许世英函（1942.11.18）》，载《青海黑霜、牛瘟成灾》，油印本，第4页，青海省图书馆馆藏。

④ 参见许公武编著《青海志略》，商务印书馆，1945，第5～7页。

⑤ 李文海等《近代中国灾荒纪年续编（1919—1949）》，湖南教育出版社，1993，第344页。

了50%。

表3-1 1931~1933年青海农民离村原因统计

单位:%

省名	天灾	匪灾	人口压力			经济压力				经济吸引	求学	其他及不明
			耕地过少	人口压力	小计	农村经济破产	贫穷而生计困难	租税剥削	小计			
青海	50.0	3.1	—	—	—	3.1	21.9	9.4	34.4	—	—	12.5

资料来源:《全国二十二省农民离村原因统计(1931—1933年)》,《农情报告》1936年第4卷第7期。

频繁的自然灾害,激起了逃荒潮。灾后,人民辗转流亡迁徙的记载很多。1927年5月31日《大公报》报道:"古鄯邑赴平番(今甘肃永登)逃难之人,在山沟因饥寒交迫而死者,一日200余人。所有各城镇,乞丐成群,络绎不绝,情形至为凄惨。"① 1928年,黄南地区大旱,庄稼无收,粮价上涨,瘟疫流行,加之兵祸,群众生活困难,逃荒者众多②。1932年,共和县"因去岁收成歉薄,加之差徭繁兴,啼饥之声,几遍全境,春耕籽种方面又极困难。近来扶老携幼迁移逃窜之哀声,遍满于道"。③ 同年,循化县民众"以年荒岁饥、生活维艰,皆率妻携子,纷迁他方",④ 民和县官亭一带,"连年荒旱,每岁歉收,人民有感于衣食困乏,负(扶)老携幼,逃难他方者日有所闻"。⑤ 据国民政府主计处统计,1932年青海被灾面积30873平方千米,灾民36947户,迁移者2760户,灾民127859人,死亡者365人。⑥

① 《大公报》1927年5月31日,转引自李文海等《近代中国灾荒纪年续编(1919—1949)》,湖南教育出版社,1993,第171~174页。

② 黄南藏族自治州地方志编纂委员会编《黄南藏族自治州志(上卷)》,甘肃人民出版社,1999,第21页。

③ 《青海民国日报》1932年3月28日,第4版。

④ 《青海民国日报》1932年4月3日,第3版。

⑤ 《青海民国日报》1932年4月19日,第3版。

⑥ 《1932年遭受各种灾害的省市及其被灾数据表》,载《中华民国统计提要(1932年)》,转引自李文海等《近代中国灾荒纪年续编(1919—1949)》,湖南教育出版社,1993,第347页。原文为表格。

灾后人口的死亡和流离，使一定时期内劳动力资源稀缺，造成土地无人耕种、大量土地抛荒，这不利于经济的恢复和发展，加剧了地方经济的破败。

（二）灾荒与社会冲突

灾荒易引发社会冲突，对社会政治秩序产生冲击。灾害在引发阶级冲突的同时，也会引起区域冲突。

1. 灾荒与阶级冲突

灾害易引发阶级间的冲突。近代青海灾荒后，从相对温和的请愿求赈到抗摊派，以至声势浩大的民族起义层层升级的社会对抗交错迭出，对现有的社会政治秩序产生了不同程度的冲击。

请愿求赈。请愿以求赈，成为受灾民众所采取的更为经常性的斗争手段。如 1935 年 8 月 5 日下午，循化县属边都三沟遭雹灾。冰雹大如鸡卵，各色庄稼均打伤无余。被灾民众，男女老少，肩荷残余禾秆奔向县府报告，请求赈济。[①] 此类和平请愿，“最终结果不是遭到武力驱逐，就是被‘温语劝令还乡’，至多也只是略事敷衍而已”,[②] 但毕竟表明民众敢于抛弃幻想，走上了自发争取救助的道路。灾民结集请赈对官府还是造成了一定的压力。

抗摊派、抗粮。灾后，民间本已极度困窘，倘官吏不体恤民情，任意勒派苛索，势必引发民变。清光绪十二年（1886 年）六月二十七日，碾伯县（今海东市乐都区）南山一带，“天降雹雨，大如鸡卵，打伤之处草根枯干，树皮剥落，禾稼颗粒未收。又有山崩地裂之村庄，房屋埋于土中，田园陷于河底，灾情十分严重。新任县官衷沂溪不顾人民死活，于第二年春、秋两次征粮，乐都南山地区十三堡的汉、藏人民除了度荒，还得‘千方百计，完纳粮草’，正所谓‘挖肉医疮，苦不可言’。县官衷沂溪又趁机巧立名目，榨取民财。他以修享堂桥为名，向民间募化，名曰布施，反而勒逼，每大堡派施银二十四两，分文不少。限期催收，逾限不交者，将原差用竹把拷打。向农民强行勒派银两的行径，激起当时乐都南山地区汉、藏人民的极大愤慨，相约到县府请愿。各户人等‘一伙一伙，不计其数’，聚集到县城门外。衷沂溪听到群众请愿的消息后，又施用诡计，命闭城门，从城头撒下钱来，

① 《最近之青海：灾情》,《新青海》1936 年第 4 卷第 8 期，第 81 页。

② 夏明方：《民国时期自然灾害与乡村社会》，中华书局，2000，第 260 页。

趁群众拾钱之机，砖石乱下，打伤百姓十余人。衷沂溪又身穿短衣，手持马刀，率领多人，从大堂杀出。当时参加请愿的许多藏族群众见势头不好，大叫道：'我们何不将这县官活捉，送在（到）大河。'于是众百姓一齐上前，打进头门，吓得衷大老爷返身退后，从西花亭逃走。南山众百姓约千余人，住在火神庙，不肯散去。官府的都司宝大人、捕厅陈老爷前往与百姓中有名望者唐古山、谢典臣等人调停，勒令众百姓回家过年，享堂桥工'布施'银全行减免。腊月二十八日，百姓解散。西宁府谌太守就此事将碾伯县令衷沂溪撤任，又以'刁风万不可长'，将为首的士绅唐古山、谢典臣、徐文华三人衣顶斥革，押解入狱，发县管押数月"。[①] 官逼民变，灾后，百姓与官府的抗争在付出了一定代价的同时，也争取到了部分摊派的减免和贪官被撤任的胜利。又 1929 年 7 月 11 日，经国民政府批准设置共和县，县治曲沟大庄。该年秋，曲沟地区农民进行抗粮斗争，武装包围县政府。[②] 而是年正是地方大旱灾之后，饥馑充斥、民人苦痛之时。

较之抗摊派、抗粮，河湟回族、撒拉族起义是更为激烈的冲突形式。诚如邓拓所言："历史上累次发生之农民暴动，实无一而非由于灾荒所促发，即无不以荒年为背景。"[③] 清末光绪年间青海地方的回族、撒拉族起义的发生虽有着深层次的经济、宗教原因，但连年的灾害无疑是促发原因。光绪十七年（1891 年），"久旱不雨，收成不登，粮价猛涨。小麦每石价格由制钱一千文涨至十千文以上，涨了十倍；清光绪十九年（1893 年），河湟地区旱灾，循化等 12 处收成仅有 7 成"。[④] 光绪二十一年（1895 年），又有灾，"西宁各属群鼠食苗，次年乃息"。[⑤] 连年灾情，使回、撒拉群众中早就酝酿汇集的反抗暗流不断显露，说"板柜里没面了，牲口槽里没草了，反的时候到了。反成了穿绸裤子，反不成穿个皮裤子"。[⑥] 加上民族宗教上层分子争权夺利，再次挑起了教派之争，终于在光绪二十一年爆发了轰轰烈烈的"河湟事变"。

2. 灾荒与区域冲突

夏明方先生将社会各阶级间的冲突称为"垂直型冲突"，将导源于区

---

① 参见《谢善述诗文集（上卷）》，谢才华辑，青海人民出版社，2002，第 6～11 页。

② 海南藏族自治州地方志编纂委员会编《海南州州志》，民族出版社，1997，第 20 页。

③ 参见邓云特著《中国救荒史》，商务印书馆，1937，第 144 页。

④ 青海民族学院民族研究所编印《撒拉族档案史料》，1981，第 329 页。

⑤ （清）升允等修、安维峻纂《甘肃新通志》卷 2《天文志 · 附祥异》，载甘肃省古籍文献整理编译中心编《中国西北文献丛书》第 23 册，兰州古籍书店，1990，第 174 页。

⑥ 芈一之：《撒拉族史》，四川民族出版社，2004，第 304 页。

域差异的集团对抗称为“水平型社会冲突”。[①] 并认为“由于自然村落是中国农村社会区域经济结构中的最小的单位，因而村村对峙的冲突无疑是最主要的平面型骚乱形式”。[②] 因此，这里在探讨灾害引发的区域冲突时，以村落为区域共同体的代表。且村村对峙的冲突，又以村落间求神祈祷以“预防灾害”时“争神力”的风波、干旱少雨时以争水为内容的水利纠纷为主要表现形式。

(1)“争神力”的风波。在人们的观念里，认为借助某种神力可以预防灾害。在科技落后的青海，农牧民往往把抗旱防雹的希望寄托于神灵的恩赐，而各种预防灾害的巫禳活动也由此展开，其间“争神力”的风波也随之上演。如土族地区防雹的“白虎祭”仪式，是萨满教在甘青土族居住区最重要的防雹法事。该仪式的准备工作中，村庄在征集祭仪物品时萨满要求“为了让所有物品具有法力，均需窃取或花钱买自其他村子”。征集的祭仪物品极为繁多，如萨满开给吐隆（Toolong 译音）村头人的物品包括 20 只黑碗、15 根 2 英尺长的木桩、1 个孩子或婴儿的尸体、1 条活白狗和 1 只活白公鸡、1 只骑士涂成黑色的小木白虎、2 尊佛像等，计 44 样征集物。萨满开出清单后，小伙子们被村里的头人派出去到其他村子行窃，或由自己出资购买。[③] 祭仪物品征集完毕，须在特定的地点和时间将它们埋入土中。萨满相信埋入土中的祭仪物品是具有法力的，需要借助白虎发挥出来以抗击带来雹灾的恶魂。

从财物的损失以及带给村子的不安因素来讲，征集祭仪物品时行窃的举动从一开始就埋下了危险的伏笔，又加之“从一个较远的村子偷来的小孩如被埋上三年或更多的年头，雹灾就会降临该村”[④] 的灾害转嫁的宿定说法与雹灾频发的“应验”，最终势必引起村子间的摩擦甚至大的冲突。尤其“将所有的挚爱都倾注在子女身上的中国农民”，[⑤] 在发现埋葬的孩子被盗并成为祭品时，不难想象那又将掀起怎样的风暴。

---

① 夏明方：《民国时期自然灾害与乡村社会》，中华书局，2000，第 273 页。

② 夏明方：《民国时期自然灾害与乡村社会》，中华书局，2000，第 284 页。

③ 参见〔比〕康国泰《甘—藏边境的土族》（The Monguours of the Kansu—Tibetan frontier）第 2 卷，第 98～99 页。转引自房建昌《土族地区的白虎祭》，《西北民族研究》1990 年第 2 期。

④ 房建昌：《土族地区的白虎祭》，《西北民族研究》1990 年第 2 期。

⑤ 〔美〕弗朗西斯·亨利·尼科尔斯：《穿越神秘的陕西》，史红帅译，三秦出版社，2009，第91 页。

此外，“安阵”之争在土族百姓中也很普遍。土民在相信由活佛摆的圆锥形土墩子——“安阵”（其大小一般为五六尺到七八尺高，直径四五尺，也有一丈多高直径七八尺的）可以挡雹的同时，也相信活佛在这一庄安阵便要对另一庄不利，所以常常有这一庄土民请活佛安阵，另一庄的土民或汉民便要请另外活佛来安阵与之对抗，并且双方常为安阵的事发生冲突，以致活佛与活佛相争，群众与群众相打。[①]

（2）水利纠纷。村落之间的用水问题，向来关乎集体的利益或权益。近代以来，随着旱魃肆虐，村落间的争水事件屡见不鲜。光绪十二年（1886年）即发生了“循化查加工水案”。水利纠纷基本上都是处在同一条河流或渠道的不同村落之间展开的，该水案也不例外。历史上，聚居在黄河南岸的撒拉族、回族以积石镇为中心，其西依街子河自南而北形成查家、街子、草滩坝、查汉大寺四个村庄，时称上四工；其东依清水河自南而北形成崖慢、张嘎、清水、孟达四个村庄，时称下四工。沿河而居的撒拉族人民兴修水渠，以便灌溉农田。自清乾隆以后，街子工渠有七道，草滩坝渠有二道，查加工渠□道，渠水之源均来自厅城西南之边都沟。[②] 上四工中之查加工、街子工及草坝滩等村庄，均靠边都沟水灌田，“然泉力微，夏月常苦旱”，[③]水源不足，争水纠纷时常出现。该年适逢大旱，春播时，上游查加工截水灌田，处于下游黄河岸边的草坝滩无水可用。草坝滩的地主得到河州马占鳌家族的支持，与上游查加工挑起武斗，死伤多人，还击伤官勇丁，酿成事端。[④] 清朝地方官府唯恐撒拉人构衅弄兵，迅疾介入，“西宁办事大臣李慎得到循化厅同知长赟禀报后，于三月底即上报陕甘总督谭钟麟，并调河州镇总兵李清吾带兵赴循化弹压，又派西宁知府倭什铿额前往循化，会同同知长赟一起处理。倭什铿额到循化后‘传集八工头目，秉公妥议分水之章’，树‘水利章程碑’，俾资遵守，上游下游各得其利。并勒令查加工交马兴旺等一干犯事者十余人。清政府‘临以虎威，施以鸿略’，恶性的争水事件——查家工水案，‘于四月二十五日会禀拟结’”。[⑤] 旱魃肆虐，争水构讼者，所见多有。甚至同族不同村的人们为争水发生械斗，以至双方均

① 青海省编辑组编《青海土族社会历史调查》，青海人民出版社，1985，第37页。
② （清）龚景翰纂《循化厅志》，青海人民出版社，2016，第234页。
③ （清）龚景翰纂《循化厅志》，青海人民出版社，2016，第233页。
④ 芈一之：《撒拉族史》，四川民族出版社，2004，第302页。
⑤ 李慎：《李星使论办河南番务复函》，光绪十二年丙戌四月初三日至三十日，手抄本，第25~26页，甘肃省图书馆藏。

出现死伤。近人不禁感叹“灌水中隐藏着农民多少血泪呵”。[①]

以村落间的冲突为代表的区域共同体之间的对抗，叠加在社会各阶级间的冲突之间，使地方社会秩序愈发显得不安宁。

（三）灾荒导致灾民行为失范与社会动荡

曾任巴西营养研究所所长的卡斯特罗先生认为，“饥饿残害人类不仅在身体方面，而且影响他的精神……一个受到饥饿鞭挞的人就能做出极不正常的行动”；[②]“饥饿对于人类性格所起的破坏作用是使他除了注重满足食的本能之外……所有其他形成人类优良品行的力量完全被撇开不管。人类的自尊心和理智的约束逐渐消失，最后则一切顾忌和道德的制裁完全不留痕迹”。[③] 在近代青海，饥馑逼仄下求生的乱世众生相莫不是对上述描述的恰当演绎。1929 年，[④]“麦价银涨到一十三元，贫民个个仰屋与嗟。折桥中山市场上，一乡民背来青稞三升，一群人围着争购，不意来了一个丐妇，掬了碗去，于是这个两把，那个一捧，转眼抢尽。斗行手批妇额，她随卧倒篮边，且说‘宁教打死莫教饿死’，斗行无奈，又予禾一升，遂去”。[⑤] 同年 2 月 26 日，“北大街卖肉食的摊边，有一面黄肌瘦的男子，蹲在地上吃了蒸馍一个，碎肉半碗，主人索钱，仅有一嘴两肩，任你打骂，口里也不出声，只得赔折资本，任他走去”。[⑥] 更有惨者，1926 年夏月天旱，秋季被雹，以致多未收获。至次年（1927 年）春耕时期，民食既乏，籽种无着，所有田地已逾播种之期，民大饥，逃荒者甚多，“从古鄯邑赴平番（今甘肃永登）逃难的饥民至青禾青穗灌浆后，群涌田间，抢食麦穗，连芒带壳，生吞而食，有死后肚皮胀破而

---

① 芈一之：《撒拉族政治社会史》，香港黄河文化出版社，1990，第 250 页。

② 〔巴西〕约绪·德·卡斯特罗：《饥饿地理》，黄秉镛译，生活·读书·新知三联书店，1959，第 63 页。

③ 〔巴西〕约绪·德·卡斯特罗：《饥饿地理》，黄秉镛译，生活·读书·新知三联书店，1959，第 65 页。

④ 该年乐都、湟中、大通等地大旱，庄稼无收。另乐都、大通复遭雹灾。参见青海省气象局科学研究所印《青海东部近五百年气候历史资料》，1978，第 17 页。

⑤ 刘凤翰编著《孙连仲先生年谱长编（第一册）》，台北“国史馆”印行，1993，第 303 页。

⑥ 刘凤翰编著《孙连仲先生年谱长编（第一册）》，台北“国史馆”印行，1993，第 303 页。

麦穗完整外溢者”。[①]

如果说哄抢食物意味着灾荒后人们在极度饥饿下自尊心和理智约束的渐失，那么人相食事件的出现，意味着灾后人们彻底为饥饿所征服，而完全丧失了理智。民国初期，旱灾频发，求生性食人事件屡屡出现。1927 年 5 月 31 日《大公报》报道：“古鄯邑赴平番（今甘肃永登）逃难之人，在山沟因饥寒交迫而死者，一日 200 余人。更惨者，尚有饿倒未死，而被狼、狗活吃者，饥民亦争食尚未死绝之体。”[②] 此外，灾荒中，饥饿的人们无暇顾及人常伦理，亲人之间不能相顾，父母兄弟姐妹亦是如此。1931 年的《青海民国日报》就登载循化县“鬻女卖子之惨闻，日有发生，触动时人之耳膜”。[③] 1930 年，“循化、巴燕、民和各地，禾稼未实先枯，又复鼠啮为害。循化乡里，亦以煮皮鞋而为食，易子吞骨，司空见惯，其有不得者，虽亲属亦将所不免”。[④]

灾后当“饥饿压倒一切含有的危险时……投身于一种或多或少带有永久性的非法生活便成为习以为常的合乎逻辑的选择”。[⑤] 部分灾民在求生不得的绝望中，不得不铤而走险。1928 年，西宁县“春雨无多，夏麦少有收成，秋后雨泽愆期，米谷勉强下种。田禾将及盈尺。不意七月间天忽阴霾，狂风四起，冰块雹弹倾盆而下，田禾牲畜皆被打伤。山川各地冰雹堆积经历半月，始行消尽。气候随之变更，禾苗皆为枯萎”，[⑥] 收获无望，“边远各村僻背乡庄不时有三五人群持械结党明火抢劫，拷烙搜握无所不为，人民防不胜防，官兵剿则远扬四散”，[⑦] 官兵撤走则复又啸聚成群，为害乡里。

青海灾害种类多，发生频繁。而各类灾害又极具破坏力，不仅吞噬了地方经济发展的一定成果，使地方经济急剧衰退，也摧残着人们的身心。天灾人祸与社会矛盾交织，暗流涌动。灾害也易引发社会冲突，如何进行灾害救治成了国家、地方政府、民间三方共同面对的课题。近代以来，青

---

① 《大公报》1927 年 5 月 31 日，转引自李文海《近代中国灾荒纪年续编（1919—1949）》，湖南教育出版社，1993，第 171 页。

② 《大公报》1927 年 5 月 31 日，转引自史国枢主编《青海自然灾害》，青海人民出版社，2003，第 8 页。

③ 参见《循化关外九族难民得救》，《青海民国日报》1932 年 4 月 21 日，第 3 版。

④ 田生兰：《建设新青海刍议》，《新青海》1933 年第 1 卷第 4 期，第 18 页。

⑤ 〔英〕贝思飞：《民国时期的土匪》，徐有威等译，上海人民出版社，2010，第 91 页。

⑥ 《甘肃省西宁县民国十七年灾情一览表》，手抄本，1928，甘肃图书馆藏。原文为表格。

⑦ 《甘肃省西宁县民国十七年灾情一览表》，手抄本，1928，甘肃图书馆藏。原文为表格。

海地方形成了以官方为主、以民间为辅的涉及防灾、应灾、灾后善后三个阶段，集预防与救灾于一体的救灾体系。

第二节　官方救灾

一　近代国家和青海地方的救灾机构及其制度建设

救灾成效的好坏除与政府财力多寡有关外，赈灾管理上的制度化、有序化也极为重要。近代以来国家和地方政府对灾赈的管理有所加强，国家和地方的救灾机构和制度建设日趋完善。

我国古代救灾措施多临时性按惯例进行，没有专门的救灾机构和官员。[①] 民国时期，各级救灾机构建立并完善。1912 年南京临时政府时期，由内政部民政司执掌社会救济、赈灾及慈善等事宜。1920 年，北京政府设立了赈务处，次年设立全国防灾委员会。1924 年，设立赈务公署。1929 年初，南京国民政府成立赈灾委员会，次年改称振务委员会。1938 年 4 月，国民政府振务委员会和行政院非常时期“难民救济委员会总会”合并，成立“振济委员会”。[②]

随着中央救灾机构的建立，各省也陆续成立了救灾机构。1920 年，甘肃省政府设筹赈会。1929 年，甘肃省政府改省筹赈会为赈务会，各县成立赈务分会。

1929 年 1 月 1 日，青海建省，同期省政府成立。时任青海省主席的孙连仲着手筹组政府机构。青海省民政厅随之成立，负责全省社会救济、赈灾等事务。同时组织临时安辑委员会作为赈灾机关。以杨希尧为委员长、范云昭、张克德、李耀廷为委员。[③] 同年青省赈灾委员会遵章成立，后期改为振务委员会。1939 年 1 月 20 日，青海省振济委员会成立，马步芳任

---

① 王元林、孟昭峰：《自然灾害与历代中国政府应对研究》，暨南大学出版社，2012，第 370 页。

② 温艳：《民国时期西北地区自然灾害研究》，博士学位论文，西北大学，2012；彭秀良：《守望与开新——近代中国的社会工作》，河北教育出版社，2010，第 162 页。此外还需说明的是，南京国民政府时期多用“振”字代替“赈”字，有振兴、振奋民心之意。

③ 刘凤翰编著《孙连仲先生年谱长编（第一册）》，台北“国史馆”印行，1993，第 286 页。

主任委员，聘任陈显荣、郭学礼、谭克敏、马绍武、马骥、翟玉航、基生兰、马梦德等13人为委员。以郭学礼、翟玉航、基生兰3人为常务委员。下设：总务组，组长由郭学礼兼任；财务组，组长谭克敏；筹募组，组长马骥；救济组，组长马绍武；查核组，组长陈显荣。[①] 随后各县也相继成立了赈济会（见表3-2）。

表3-2 各县赈济会成立时间一览

县别	成立时间	县别	成立时间
西宁	1939年7月11日	贵德	1939年9月4日
循化	1939年8月24日	乐都	1939年9月5日
民和	1939年8月28日	互助	1939年9月12日
同仁	1939年8月30日	大通	1939年9月14日
门源	1939年9月27日	湟源	1939年9月30日
化隆	1939年9月4日	共和	1940年6月29日

资料来源：《青海省赈济会民国二十九年5月代电附件（青海省各县赈济会一览表）》，载《青海赈济资料》，手抄本，第9页，青海省图书馆藏；史国枢《青海自然灾害》，青海人民出版社，2003，第390页。

近代国家和地方政府在建立和完善救灾机构的同时，逐步完善救灾制度，据学者统计，仅从民国成立到全面抗战前的20余年时间里，政府就先后制定了80余部有关灾害的法律、法规。典型的如北洋政府时期颁布的《森林条例令》《防疫条例》《造林奖励条例》《农作物病虫害防除规则》《赈务处暂行章程》等。国民政府先后三次修正《勘报灾歉条例》，颁布《勘报灾歉规程》《救灾准备金法》《义仓管理规则》《各地方仓储管理规则》《修正各省振务委员会组织章程》《督垦原则》《种痘条例》《兴办水利奖励条例》《办理振务公务员奖励条例》《办振团体及在事人员奖励条例并办理人员惩罚条例》等。[②] 近代以来，国家建立了较为完备的集防灾、抗灾、救灾为一体的立法体系，将减灾纳入法制化管理的轨道。[③]

① 《青海省赈济会组织成立情形及启用关防情形连同印模》，载《青海赈济资料》，手抄本，第8页，青海省图书馆藏。

② 杨琪：《民国时期的减灾研究（1912—1937）》，齐鲁书社，2009，第86~92页。

③ 参见张建民、宋俭《灾害历史学》，湖南人民出版社，1998，第367页。

基于上述国家灾害方面的法律法规，青海地方结合地方实际也陆续制定和颁布了《青海省田赋灾歉减免办法》《各县仓储粮管理细则》《青海省赈济委员会办事细则》《青海省各县赈济委员会组织规程》《救灾准备金法》《办理振务公务员奖励条例》《办振团体及在事人员奖励条例并办理人员惩罚条例》等规章制度，[①] 使救灾救济工作有章可循。部分内容附录于后。

二　灾前预防

近代以来政府在灾前预防方面做了一系列工作，从大的方面讲主要分为以扩大农业生产、增加粮储为主要内容的备荒措施以及以卫生清洁运动、卫生观念的普及、免疫种痘等为内容的防疫举措。

（一）防灾备荒

1. 植树造林

（1）近代青海造林活动蓬勃兴起的背景。造林的防灾功能，早在古代就为人们所认识，如明代刘天和就著有《治河六柳》，提出通过不同形式柳树的栽植，来保护河岸堤防，缓解水涝灾害。[②] 到了近代，孙中山先生更是提出大规模造林是防治水灾和旱灾的根本方法，并视其为民生主义的一部分。[③] 民国时期不论北洋政府还是南京国民政府，都不同程度地秉承了孙中山大规模造林的主张，且以国家法律法规的形式加以规定并向全国推广。1914 年 11 月 3 口，北洋政府公布了我国第一部《森林法》。1915 年 6 月 30 日，颁布《森林法施行细则》《造林奖励条例》。同年 7 月 31 日，北洋政府规定每年清明为植树节，要求全国各地届时举行植树典礼。南京国民政府时期，陆续出台了一系列林业法律、法规。1929 年 2 月 9 日，农矿部公布《总理逝世纪念植树式各省植树暂行条例》，规定每年 3 月 12 日总理逝世纪念日，各省举行植树式和

---

① 史国枢主编《青海自然灾害》，青海人民出版社，2003，第 391 页；《青海民国日报》1931 年 12 月 26 日、27 日、28 日，第 3 版；《青海民国日报》1931 年 12 月 11 日，第 3 版；《青海民国日报》1931 年 12 月 12 日、15 日、16 日，第 3 版。

② （明）刘天和：《治河六柳》，载程国政编注《中国古代建筑文献集要·明代（上册）》，同济大学出版社，2013，第 239～240 页。辽宁省朝阳市林业志编委会编《中国林业法规选编》，1987，第 36 页。

③ 《孙中山全集（第九卷）》，中华书局，1986，第 408 页。

造林运动。各省、县、市每年每处至少须植树 500 株或造林 10 亩。1943 年 2 月 27 日，行政院公布《植树节举行造林运动办法》，规定各地举行造林运动植树竞赛，造林运动的成绩则由农林部派员实地视察，分别奖惩。[①]

而对于青海地方来说，森林与自然灾害的辩证关系为官方所认识并有所宣传。同治年间，陕甘总督陶模曾撰《种树兴利示》，其中系统地论证了植树造林在改善气候、减少自然灾害方面的功能："种树于山坡，可以免沙压而减水害；种树于瘠土，可以化咸为沃，引导泉流……种树遍于僻壤荒村，可以上迓天和，驱疫疠而养民生……凡田走阡陌者，每隔数亩，商同种树，成一长排，可以改风势而阻风雹。"[②] 1922 年，西宁道尹公署在颁布给循化县的训令中指出近年来水旱、偏灾迭见的主因在于"树艺未兴，山林荒废，故不能调节气候、涵养水源"。[③] 到了 1932 年，青海当局在《青海民国日报》上以大量篇幅来论述造林的诸多益处，如保护土壤、调和气候、涵养水源、防备暴风、裨益卫生等。[④] 森林对于防灾的重要，这一认识在地方上不断加强，加上造林活动作为国家大政方针之一向地方的大力宣传和推进，促进了青海造林活动的蓬勃开展。

（2）官方的造林、护林活动的开展。青海地方官方的造林，最早见诸记载的，如乾隆八年（1743 年）甘肃巡抚黄牌饬各道转行所属"种植树木、修濬水渠……一时奉行者亦略有成效"；[⑤] 清末，丹噶尔厅同知张庭武于光绪三十三年（1907 年）在丹噶尔城东北北极山及城东河南药水河滩两处，捐资栽植共万余株，"丹地古无官树，有之自今始"。[⑥] 民国时期，青海省政府对植树造林更为重视。1915 年，北洋政府规定每年清明为植树节，地方当局"每年植树节日，举行典礼，宣讲植树利益及造

① 樊宝敏：《中国清代以来林政史研究》，博士学位论文，北京林业大学，2002。

② （清）汪学伊等纂修《固原州志·艺文·示》卷 9，宣统元年刊本，第 31～33 页。

③ 《西宁道尹公署饬令造报植树情形令循化县府的训令》（民国 11 年 4 月），青海省档案馆馆藏档案，档号：67－永久－233－16。转引自冯玉新《水资源与社会环境：西部大开发过程中水资源利用与保护——以青海省循化县为例》，《兰州教育学院学报》2010 年第 3 期。

④ 《青海民国日报》1932 年 4 月 5 日，第 3 版；1932 年 4 月 7 日，第 3 版。

⑤ （清）龚景瀚：《循化厅志》，青海人民出版社，2016，第 245 页。

⑥ （清）杨志平编纂、何平顺等校注《丹噶尔厅志》，载《地方旧志五种》，青海人民出版社，1989，第 236～237 页。

林政策后，分配每人三或五株，尽一日之力而毕其事”。[①] 1922 年 4 月，西宁道尹公署先后给各县颁布训令，要求各级政府及附属机关、学校积极植树造林，并“认真劝导、鼓励人民种植，以溥林利而厚民生”。[②] 1927 年，西宁道尹公署在西宁大教场开辟苗圃一处，培育杨树苗木。青海建省后，通令农业区各县也建立苗圃育苗。到 1938 年，全省陆续建起的苗圃达 15 处，分布在西宁、互助、民和、乐都、湟源、循化、化隆、共和、贵德、门源、都兰、同仁、大通等县，共有面积 15 公顷。1929～1938 年的 10 年中，共植树 79 万株，[③] 这一期间的植树，“每年政府虽提倡，但亦不过官场公事，实际收效极微”。[④] 1938 年，马步芳执掌省政后，将植树造林列为“六大中心工作”之一，动员社会所有力量参与植树造林活动，取得了明显的成绩。1939～1948 年，全省共植树 59407429 株，平均每年植树 594 万株。历算 1929～1949 年 20 年来的植树成绩，达到了 6000 余万株。至 1949 年时，营造的人工林面积保存 5.04 万亩（零星树木不计在内）。[⑤]

为了确保植树造林工作取得相应的成效，还必须重视管护林木。民国时期，无论是北洋政府还是国民政府，都曾出台过一些保护林木的法律法规。北洋政府分别在 1914 年、1915 年颁布了《森林法》《森林法施行细则》。到国民政府时期，中央对以上两种法规进行了修订，增补了不少内容。

地方结合自身实际也出台了护林条例。青海建省后，省政府通令各县府“对已植树株，及时灌溉、剪芽……禁止践踏攀折，以防半途夭折”，[⑥] 之后陆续有育林、护林办法的出台。到 1948 年颁布《青海省护林条例》，令各地遵照实行，其内就护林要点及违禁者的处罚一应包括。

除颁布护林条例外，地方政府为切实保护历年公共造林、学校造林、公培榆李桃杏苗圃及天然林，将各处林区按照就近原则划给相关单位负责

① 青海省政府建设厅编《青海建设概况》，手抄本，1946，青海省图书馆馆藏。

② 《西宁道尹公署饬令造报植树情形令循化县府的训令》（民国 11 年 4 月），青海省档案馆馆藏档案，档号：67－永久－233－16。转引自冯玉新《水资源与社会环境：西部大开发过程中水资源利用与保护——以青海省循化县为例》，《兰州教育学院学报》2010 年第 3 期。

③ 青海省地方志编纂委员会编《青海省志·林业志》，青海人民出版社，1993，第 3 页。

④ 赵长年：《青海森林问题》，《新青海》1935 年第 3 卷第 1 期，第 23 页。

⑤ 青海省地方志编纂委员会编《青海省志·林业志》，青海人民出版社，1993，第 4 页。

⑥ 景庆凤：《旧青海植树史话》，《青海工作》2006 年第 4 期。

保护，如胜利林区由沿林区各乡镇就自区内分段负责保护，香山林区由湟中实业公司负责保护，省垣林区由西宁市政府负责保护，小峡林区由小峡瓷器厂保护，各地学校造林由各该校长保护等。[①] 详密的护林办法，使护林工作取得了一定成效，也便有了上述造林成绩的保持。

近代以来，造林运动的蓬勃开展以及护林方面的成效，使青海的植树成绩凸显，并因此多次受到国民政府农林部的嘉奖或表扬，甚至蒋介石在1942 年视察完西北后，在同年 9 月 21 日总理纪念周训话中谈及其视察西北的感想时说到，"近年政治、社会各方面较前确有进步……而宁夏之清丈土地及青海之造林运动成绩尤著"[②]。来青的外省人士著文记述："报载青海植树冠全国，入境后，深信此言不诬。公路两旁夹道遍植杨树，树距不满一公尺。路旁田陬屋角山坡，亦无不有树，千百成丛，密如插秧，小者盈握，大者拱把，诚属巨观。"[③] 如此的造林形式，对调节气候、改造自然条件、防治灾害是有所裨益的。但与此同时，我们又要看到，近代以来以地方军阀推进为主的植树造林活动并非田园牧歌式的，也伴随着对天然林的破坏以及对民众的大肆搜刮。对天然林的破坏，以大通为例，1937 年，马步芳征集民夫前往鹞子沟进行砍伐，1941～1942 年将鹞子沟森林中椽材以上的树木全部砍光。1940 年，将广惠寺所属的克麻尔的加多山、的欠山和老虎沟山、生地、向化楞干山的原始森林中一人以上的松木全部伐完，伐木面积达 3.56 万亩，木材 17.7 万立方米，经 1950 年省农牧厅调查，鹞子沟森林破坏程度为 100%，西老虎沟为 95%，生地山为 90%，克麻尔为 85%，西沟、边麻沟为 80%，东沟、的欠沟为 40%～50%。[④] 广惠寺僧众数十年来的苦心经营，一朝便被悉数毁去。此外，马步芳采用行政命令和军事高压手段进行植树时，大部分树苗均强行摊派，农民有地无树，只得变卖家产高价求购或以劳动力向富户换取树苗，苦不堪言。而且植树季节均在每年春季农业生产大忙之时，农民因植树以致荒芜了田间生

---

① 张有魁：《二十年来青海的造林工作（附歌曲）》，《西北通讯》（南京）1948 年第 2 卷第 9 期，第 20～26 页。

② 《中央执行委员会秘书处 1942 年九月二十三日渝世机字第一六一一号公函》，转引自南京第二历史档案馆沈岚编选《有关蒋介石注意西北开发及改进党政等事项的公函》，《民国档案》2002 年第 3 期。

③ 劳杰明：《青海纪行》，《青海邮电史志通讯》1986 年第 2 期，第 37 页。

④ 李荣春：《黄伯垭山麓的明珠——生地山》，载大通回族土族自治县政协文史资料委员会编《大通文史资料（第 7 辑）》，2005，第 314 页。

产，生活受到严重影响。

2. 兴修水利

“自古致治以养民为本，而养民之道，必使兴利防患，水旱无虞，方能使盖藏充裕。”[①] 因此，官方历来重视水利，视其为“兴农富国的大计，防备灾荒的先策”。[②] 早在乾隆年间，在西宁道佥事杨应琚、知府申梦玺等人捐俸兴修水渠的推动下，青海地方水利一时大兴，当时西宁府共有主渠212条、分支渠535条。[③] 清后期，在乾隆年间所修水渠的基础上，青海东部又有了一些修渠治水工程，灌溉田亩有所增加。各县水利发展具体情况，据《清光绪年间财政说明书·甘肃卷》《西宁府续志》《甘肃新通志》的记载，大体如下：“巴燕戎格厅兴修渠道8条，灌地3061段，下籽仓石67439石。丹噶尔厅有渠7条，灌地1779段，下籽仓石137123石。贵德厅东河水引为工巴、义义等八渠，灌地3832段。西河水引为罗卡、刘老大两渠，灌地420段；大通，河东、祁家、河西、东峡四渠，共计灌地5457段；碾伯县，河南、河北、南山三渠，共计灌地46585段；西宁县，伯颜川分渠、车卜鲁川渠、那孩川、哈拉直沟等14渠，灌地2174余顷。循化厅，保安堡、起台堡、夕厂工、张哈工、清水工五渠，共灌地2895段。且还有边都寨、街子工、草滩坝等渠，灌地数记载不明。”[④]

另据有关资料记载，光绪元年（1875年）至宣统三年（1911年），今共和县境陆续出现了恰不恰河大渠等6条渠，可灌田90余石（折合3150余亩）。该地区的郭密、曲沟附近及瓦里关、廿地一带的水渠，也于光绪年间（1875～1909年）建成。[⑤]

进入民国以后，农业水利建设受到当局重视，取得的成绩较清末为大，不仅修建了一些新型水利灌溉工程，如石垒渡槽、防汛工程和蓄水涝池等多种水利设施，也注意维修旧渠。深受连年旱灾之害的刺激，青海建

① 《清高宗纯皇帝实录（二）》，卷四十七，乾隆二年丁巳七月壬寅，台北华文书局股份有限公司，1969，第850页。

② 邓拓：《中国救荒史》，武汉大学出版社，2012，第175页。

③ 青海省水利志编委会办公室编《青海省水利大事记》，青海人民出版社，1995，第19页。

④ 全国图书馆文献微缩复制中心复制《清光绪年二十二省财政说明书（甘肃卷）》第一册，新华书店北京发行所，2008，第92～104页；（清）邓承伟修，张价卿、来维礼等纂，基生兰续纂《西宁府续志》卷1《地理志·水利》，青海人民出版社，1985，第50～56页；（清）升允等修、安维峻纂《甘肃新通志》卷10《舆地志·水利》，载甘肃省古籍文献整理编译中心编《中国西北文献丛书》第23册，兰州古籍书店，1990，第582～587页。

⑤ 翟松天：《青海经济史（近代卷）》，青海人民出版社，1998，第47页。

省之初，政府遂以兴办水利为施政工作之大端。1929 年 4 月，省民政厅拟定了《青海各县兴修水利办法八条》（见附录一），要求各县设水利局或水利委员会，筹资督办水利。翌年（1930 年）省府又以本年灾情极重，用“以工代赈”办法，兴办水利。省赈务会经议决给赈洋 1 万余元作为补助，各县分配如下：西宁县大洋 5700 元，乐都县 3100 元，大通县 2640 元，共和县 2070 元，亹源县 750 元，贵德县 700 元。各县按期承领，暂为动工兴修。[①] 接着，1934 年 4 月，省政府为进一步发展本省水利，组织人员对西宁、湟源、乐都、大通、同仁、都兰等 13 个县的农灌渠道状况进行了调查，该年全省共计有农灌渠 184 条，长 5016.5 里，可灌田 672118 亩。[②] 至 1935 年 4 月，省建设厅向全国经济委员会呈送了湟源、都兰、同仁、共和等县的水利兴修计划，预计在整修旧有渠道的基础上，勘测规划新的渠道。

抗战爆发后，西北地区作为战略后方的作用凸显，开发西北一时呼声甚高。国民政府在兴办水利等实际开发举措中担当重任。近代青海的水利建设事业在国民政府技术、资金方面的大力支持下，一时出现兴盛局面。最典型的如全省最大水利工程——曹家堡渠的兴建。在国民政府行政院水利委员会的支持下，青海省政府调集军民开工兴建当时全省最大的水利工程——曹家堡渠。1944 年春，延请黄河水利委员会工程人员详细测勘，拟具施工计划图表，并成立青海省灌溉工程处，专负该渠之计划施工事宜。同年 9 月正式开工，以地方驻军和征派的民工为劳力，农民银行先后贷款法币 3.65 亿元予以支持。1947 年 8 月下旬，曹家堡渠竣工放水。该渠从西宁东郊韵家口处引湟水，流经傅（付）家寨、小峡、高寨到曹家堡，全长 43 里多，可灌田 1.3 万亩。渠修成后，省府主席马步芳将其命名为“芳惠渠”。[③]

除曹家堡渠外，20 世纪 40 年代省府新修或扩修的大型水利工程有曲格河渠、唐乃亥渠、鲁仓渠、平安渠、阁公渠、庆凯渠、长胜渠、礼让渠；由省府或全部拨款料兴办或补助材料、食粮工具等协助各县兴修的小型水利工程有石头磊渡槽、平安镇渠、贵德东河防泛工程、林家庄渠、双滩沟渠、西兴渠等。详见表 3－3、表 3－4。

---

① 青海省政府民政厅编《最近之青海》，新亚细亚学会，1934，第 212 页。

② 徐祥利、徐克敬：《民国时期青海的水利》，《青海档案》2001 年第 2 期。

③ 《青海最大水利工程——芳惠渠》，《西北通讯》1947 年第 9 期，第 25 页；崔永红、张生寅：《明代黄河上游地区生态环境与社会变迁史研究》，青海人民出版社，2008，第 178 页。

表 3-3　青海省水利工程概况（大型水利）

<table>
<tr><th>水渠名称</th><th>地点</th><th>渠长（公里）</th><th>起讫地点</th><th colspan="2">工程摘要</th><th>耗用工款（元）</th><th>受益田亩（市亩）</th><th>完工日期</th></tr>
<tr><td rowspan="5">芳惠渠</td><td rowspan="5">互助县</td><td rowspan="5">23</td><td rowspan="5">傅家寨泉水湾</td><td>土方 180000 公方</td><td>涵洞 4 座</td><td rowspan="5">14 亿</td><td rowspan="5">13000</td><td rowspan="5">1947 年 10 月</td></tr>
<tr><td>石方 3000 公方</td><td>山洪 6 座</td></tr>
<tr><td>渡槽 14 座</td><td>闸门 1 座</td></tr>
<tr><td>车桥 13 座</td><td>泄水闸 4 座</td></tr>
<tr><td>趺水 15 座</td><td>斗门 12 座</td></tr>
<tr><td>曲格河渠</td><td>贵德县</td><td>40</td><td></td><td></td><td></td><td></td><td>2000</td><td>1942 年</td></tr>
<tr><td>唐乃亥渠</td><td>兴海县</td><td>10</td><td>唐乃亥滩东至滩西</td><td></td><td></td><td></td><td>5500</td><td>1946 年</td></tr>
<tr><td>鲁仓渠</td><td>贵德县</td><td>25</td><td>芒拉沟至鲁仓滩</td><td></td><td></td><td></td><td>35000</td><td>1946 年</td></tr>
<tr><td rowspan="4">平安渠</td><td rowspan="4">西宁</td><td rowspan="4">39</td><td rowspan="4">西宁以东十五公里湟水南岸之石家营起，东至乐都之七里店子滩</td><td>进水闸 1 座</td><td>排洪洞 1 座</td><td rowspan="4"></td><td rowspan="4">19000</td><td rowspan="4">1948 年 11 月底</td></tr>
<tr><td>渠水涵洞 3 座</td><td rowspan="2">石台木渡槽 5 座</td></tr>
<tr><td>支渠 40 道</td></tr>
<tr><td>公路桥梁 5 座</td><td>斗门 40 座</td></tr>
<tr><td>阁公渠</td><td>西宁县</td><td></td><td>李家墩引取湟水至小峡西口之阳沟湾</td><td></td><td></td><td></td><td></td><td>1948 年年内</td></tr>
<tr><td>庆凯渠</td><td>乐都县</td><td>18</td><td>大峡引湟水至青石崖</td><td></td><td></td><td></td><td>数千亩</td><td>1948 年年内完成大半</td></tr>
<tr><td>长胜渠</td><td>西宁县</td><td></td><td>小寨引湟水至南川河</td><td></td><td></td><td></td><td>6000</td><td>1948 年 8 月中旬</td></tr>
<tr><td>礼让渠</td><td>湟中县</td><td></td><td>在巴浪堡渠增开水源，引至湟中县三其乡</td><td></td><td></td><td></td><td>20000</td><td>1948 年 6 月</td></tr>
</table>

资料来源：《西北通讯》资料室编《从数字上看青海》，《西北通讯》1948 年第 2 卷第 7 期，第 19 页；王荣科：《视察青海平安渠报告》《三十七年度核定大型水利贷款推进情形表》，《农贷简讯》1948 年第 13 期，第 9、11 版；青海省水利志编委办公室编《青海省水利大事记》，青海人民出版社，1995，第 43～44 页。

表 3－4 青海省政府协兴各县小型水利工程概况

水渠名称	地点	渠长（公里）	起讫地点	工程概况	工费		受益田亩（市庙）	完工日期
					省府拨发	省府补助		
石头磊渡槽	湟中县		惠宁乡石头磊渡槽	长 38 公尺、宽 1 公尺、深 0.5 公尺，砌砖 112 公方、土方 800 公方，条石 200 公尺	140000000 元		3100	1947 年 9 月
平安镇渠	湟中县	75	西营子河口至东营子上旱滩			小麦 50 公石	1600	1946 年 6 月
贵德东河防泛工程	贵德县	1	东河马家大路至黄河滨	筑长短木棚九道，共计 400 公方	麦面 2500 斤，国币 34900000 元		1500	1941 年 11 月
林家庄渠	互助县	2	小寨嘴子至林家庄上河沟	土方 1000 公方，石方 100 公方			1300	1947 年 12 月
双滩沟渠	乐都县	2	白马泉至姜湾	土方 1200 公方，石方 0.025 公方		小麦 50 公石	160	1946 年 9 月
西兴渠	湟中县						1200	1949 年 11 月

注：本表各水利工程由省府或全部拨款料兴办或补助材料、食粮工具等；《从数字上看青海》刊发于 1948 年 4 月 15 日，而 1948 年 4 月下旬又有水利工程的修建，故该表是在《从数字上看青海》的基础上结合其他材料补充而成。

资料来源：《西北通讯》资料室编《从数字上看青海》，《西北通讯》1948 年第 2 卷第 7 期，第 20 页；青海省政府秘书处编印《青海省政府三十七年度政绩比较表》，1948，第 20 页，陕西省图书馆馆藏。

20 世纪 40 年代在修渠的同时，政府还在湟中县大西山、贵德县扎次洛村，共和县东巴、恰卜恰、曲沟、沙珠玉、廿地等处修建蓄水涝池 12 座；[①] 在贵德军马场（今贵南牧场）修建了第一条草原渠道，可“灌溉饲

① 青海省地方志编纂委员会编《青海省志·水利志》，黄河水利出版社，2001，第 5 页。

草饲料地1000余亩”。[①]

近代青海新型水利灌溉工程、石垒渡槽、防汛工程、蓄水涝池等多种水利设施的兴建以及旧渠的疏浚、维护，不仅具有防灾功能，对缓解灾情起到了一定的作用，而且也在一定程度上改善了农业生产的基本条件，使水浇地面积有所增加。据统计，至1949年9月底，全省共有大小水渠570条，灌溉面积74.82万亩。[②]

3. 鼓励农垦

“耕地少则生产不足”，[③] 历代政府常致力于垦荒，近代青海地方也莫不如是。

近代青海垦务的举办，始自清光绪年间。光绪三十四年（1908），“西宁办事大臣庆恕会同陕甘总督升允奏准举办青海垦务。清政府投资2000余万两白银，设立机构，制定章程，委派专职人员在农牧交接处放垦”。[④] 此次垦务从宣统元年（1909年）开始，至宣统三年（1911年）9月停办，历时3年。放垦“河北蒙古群科、扎藏寺、栋阔尔寺、洽布卡、郭密等处各地13万余亩，河南莫渠沟等处荒地2万余亩”，[⑤] 共15万余亩。庆恕所办垦务，使耕地有所增加，但成效未著而清朝覆亡。民国时期，为扩大粮源、增加收入计，官方倡导的垦殖活动持续了近40年。

1919年，张广达督甘时，在兰州设立青海屯垦使，后由省财政厅兼领，“不过遥领虚衔，毫无实际工作”。[⑥] 1923年，甘边宁海镇守使马麒鉴于青海垦务的重要性，呈请甘肃省长陆洪涛在西宁设立甘边宁海垦务总局，以马麒为督办，赵从懿为总办，并于“西宁、湟源、大通、循化、贵德、都兰、玉树、囊谦、大河坝、拉加寺各设垦务分局一处，分全境为十区，从事丈放，发给执照。但因汉人领垦蒙番牧地甚多，因之

---

① 青海省地方志编纂委员会编《青海省志·水利志》，黄河水利出版社，2001，第63页。

② 参见青海省水利志编委会办公室编《青海水利大事记》，青海人民出版社，1995，第45页；青海省地方志编纂委员会编《青海省志·水利志》，黄河水利出版社，2001，第56页。

③ 邓拓：《中国救荒史》，武汉大学出版社，2012，第327页。

④ 崔永红等主编《青海通史》，青海人民出版社，1999，第654页。

⑤ 庆恕：《青海垦务出力各员请奖片》，载《内阁官报》，宣统三年十月十七日，第106号。另：这里说的“群科”在今海晏县境内，“扎藏寺、栋阔尔寺”在今湟源县境内，“洽布卡（今作恰卜恰）、郭密”在今共和县境内，“磨渠沟”（今作莫渠沟）在今贵德县境内。

⑥ 黎小苏：《青海之经济概况》，《新亚细亚》1934年第8卷第1期，第43页。

时起纠纷，阻挠垦务，加以省库支绌，经费无着，开办未及一年，乃行停办，鲜有成效”。[①]

1927 年 4 月，西宁道尹林竞设立西宁道属垦务总局，林氏任总办，朱绣为会办，在西宁道属七县开放荒地。当时规定，“凡承领荒地，须先缴清地价，从二元至三角不等。另交执照费洋二元，领得‘管业执照’，即该地所有权即属原领垦人。领地三年后，无论竣垦与否，悉数升科”。[②] 此次垦荒，成绩尚佳，“至 1929 年，计丈放荒地 28280 余亩，查私垦熟地 8914 亩，共收地价洋 21240 余元，升科正粮 150 余石，草 131 束”。[③]

1929 年青海建省，是年 2 月，“省主席孙连仲改原西宁道属垦务总局为青海省垦务总局，任邓德堂为局长，在各县设分局，办理垦务。此次垦务办理将近一年，计丈放荒地及私熟垦地 207750 余亩，收地价洋 154208 元，升科地 25760 余亩”。[④] 1930 年 10 月，青海省政府将垦务总局归财政厅兼办，改名为省财政厅清垦总处，当年丈放荒地 9850 余亩。收过地价洋 41500 元，至期升科地 73819 亩。[⑤] 此后，垦务有所消沉。

1933 年 3 月，中央令饬各省市限期成立土地机关。青海遂将财政厅清垦总处及各县分处一律裁撤，设立青海省土地局。该土地局继续前垦务总处事务，清丈地亩，发给丈单，并定移垦章则，招民开垦[⑥]。1936 年，青海土地局改为省地政局，在以清丈土地、征收地款为要务的同时，推进“军民垦田，以增产粮食。先派员调查荒地资源，规定谁开荒地归谁有，并督令垦荒者急速开垦种植。无主荒地划为公有土地，由八十二军派军队开垦。1939 年开荒达到高潮”。[⑦] 1938 年、1939 年两年垦荒地亩数见表 3 - 5。

---

① 参见黎小苏《青海之经济概况》，《新亚细亚》1934 年第 8 卷第 1 期，第 43 页；张得善《青海之政治经济及社会事业》，《地方自治》（南京）1935 年第 4 期，第 778 页。

② 参见安汉、李自发《青海垦务沿革现状及改进意见》，《新青海》1935 年第 3 卷第 1 期，第 15 页。

③ 安汉、李自发：《青海垦务沿革现状及改进意见》，《新青海》1935 年第 3 卷第 1 期，第 15 页。

④ 安汉、李自发：《青海垦务沿革现状及改进意见》，《新青海》1935 年第 3 卷第 1 期，第 16 页；刘凤翰编著《孙连仲先生年谱长编（第一册）》，台北“国史馆”印行，1993，第 255 页。

⑤ 佚名：《青海之垦务》，《新亚细亚》1936 年第 11 卷第 1 期，第 42 ~ 43 页。

⑥ 参见佚名《青海之垦务》，《新亚细亚》1936 年第 11 卷第 1 期，第 43 页。

⑦ 严永章：《青海建省后粮政概况》，《青海粮食史料》1988 年第 4 期，第 26 ~ 27 页。

表3-5 青海省军民垦荒地亩数

单位：亩

县别	民垦数	军垦数	蒙藏地区垦荒数	合计
湟中	312000	8006		320006
互助	128000	23184		151184
乐都	15000	4800		19800
大通	66000	23201		89201
湟源	58000	7200	3565	68765
贵德	24000	4050	3071	31121
门源	38000	10200	888	49088
民和		12000		12000
同仁			3008	3008
都兰			5468	5468
玉树			1233	1233
昂（囊）谦			836	836
海晏			1273	1273
祁连设治局			2107	2107
合计	641000	92641	21449	755090

注：本表所列之数字系1938年、1939年两年所垦的，1937年以前1940年以后均无调查。

资料来源：《西北通讯》资料室编《从数字上看青海》，《西北通讯》1948年第2卷第7期，第20页。

20世纪40年代以后，青海的垦殖活动与南京国民政府的推动是分不开的，只是效果不尽如人意。为保证抗战期间的军需民食、充裕国家税源，国民政府农林部于1940年冬季筹设粮食增产委员会，期以发动集中各省农业人员及有关各方力量，推行增产工作。地方上以省粮食增产总督导团为负责机关。青省的“粮食增产督导团”，简称“增粮团”，以马骥为总督导。[①]“增粮团”调查各县荒地，查得西宁（包括湟中）、大通、互助三县有些荒地“土质尚佳，可资垦殖”，于1943年派员分驻三县，督促开荒，当年开垦荒地3406亩，给垦荒农民发放燕麦、菜籽等籽种156石。秋收之后，收成的一半分给了开荒种地的农民，一半由增粮团就地收储保

① 参见《农林部粮食增产委员会概况》，《中华农学会通讯》1942年第23期，第10~12页。

管。这些新垦地只种了一茬，增粮团就上报国民政府农林部，以“惟查上项垦地，因地气高寒，仅能成熟油菜、燕麦，连年以来，又频遭水旱霜寒等之灾害，收成歉薄”为理由，不再官办经营，全部租与附近农民，收取租粮。1945 年，增粮团奉令撤销。[①]

1942 年 4 月，国民党中央政府发布马步青为柴达木屯垦督办，把骑五军从河西走廊调驻柴达木，改为屯垦部队。后因马步青受到马步芳的排挤并被其架空，柴达木屯垦督办公署遂成了空架子。马步青在柴达木地区的屯垦困难重重，难有进展。1945 年，青海省政府设“柴达木垦务局”以取代柴达木屯垦督办公署。该局成立后，出台了《柴达木垦务计划大纲》，规定“以移民和垦田作为其中心工作，其下设察汗乌苏、香日德、夏日哈、查查香卡、赛什克及德令哈六个垦务组”。[②] 屯垦组织齐全，但因自然条件及官方对垦民的扶植不力等因素，垦殖效果不佳。以较大的察汗乌苏垦殖点来说，当时“骑兵五军约有 1000 人左右到察汗乌苏屯垦，由敦煌运来小麦种子，在东山根、中滩一带开荒垦种。不久，受到疾疫的威胁，大部调回西宁，只留不到一个营的人马支撑屯垦门面”。[③] 到 1949 年，柴达木盆地“有耕地 1.1 万多亩”。[④]

总体来看，清末开始举办垦务，耕地面积有所增加。民国时期，时断时续的垦殖活动收到了一定成效，这一时期青海耕地面积增幅较大。据统计，民国初年，青海农田估计未超过 500 万亩，到 1949 年，全省有耕地面积有 681.65 万亩，近 40 年来净增耕地近 200 万亩。[⑤]

此外，除开垦荒地、扩大耕地面积外，青海建省后曾一度设立农事试验场，试图摸索不同农作物的生长规律，引进优良品种和先进的农耕技术，以增加农业产量。1929 年、1930 年两年，西宁、大通、贵德、湟源、化隆、循化、乐都、玉树等县相继设农事试验场，进行谷类、蔬菜、瓜果等的试验种植。只是条件均极差，效果甚微。当时所设农事试验场分布情况见表 3－6。

---

① 严永章：《青海建省后粮政概况》，《青海粮食史料》1988 年第 4 期，第 27～28 页。

② 吴中申：《旧都兰县行政建置沿革及都兰垦务局》，载海西蒙古族藏族自治州政协文史资料委员会编《海西文史资料（第 1 辑）》，西宁向阳印刷厂印制，1988，第 176 页。

③ 张嘉选：《柴达木开发史》，兰州大学出版社，1991，第 61 页。

④ 张嘉选：《柴达木开发史》，兰州大学出版社，1991，第 124 页。

⑤ 参见崔永红等主编《青海通史》，青海人民出版社，1999，第 654 页。

表 3-6 1929～1930 年青海省农事试验场分布情况

县　别	地　址	面积（亩）	试验种类	成立时间
省立（西宁）	西宁东郊黎庄	32	谷　类	1930 年 2 月 6 日
贵　德	县府后园	2.5	瓜　类	1929 年 5 月
湟　源	湟源学校内	20	谷　类	1929 年 7 月
大　通	东门外	5	菜及谷类	1929 年 8 月
化　隆	垄木塘	4	麦　类	1929 年 9 月
循　化	隍庙东侧	3	麦　类	1929 年 10 月
乐　都	小教场	3	麦　类	1929 年 10 月
玉　树	结古	2	荒芜未用	1930 年

资料来源：严永章《青海建省后粮政概况》，《青海粮食史料》1988 年第 4 期，第 28 页。

4. 禁鸦片

鸦片的流毒在明末清初已见端倪，政府颁布烟禁诏令。至清道光中叶，烟祸日深，漏卮日巨，而主禁主弛，廷议纷呈。[①] 道光皇帝发起禁烟运动，而该运动却以力主禁烟的林则徐在广东禁烟后，在外国的军事压力下，被清政府革职发配伊犁而式微。咸丰时清廷由于财政危机加剧，采取鸦片弛禁政策，鸦片烟毒在全国迅速蔓延。至光绪年间，鸦片的输入加上国内罂粟的广泛种植，鸦片数量甚巨。国人吸食者越来越多，城乡各处，烟馆林立。凡此一切，严重地破坏了社会生活的正常运行，动摇了国家的经济基础。鸦片祸害日益加深，引起清朝统治阶级的忧虑。因此清廷在 1901 年发起清末新政时，力倡禁烟。光绪三十二年（1906 年）清政府发布谕旨禁烟，并制定《禁烟章程十条》。[②] 光绪三十三年（1907 年），清廷决定在京师“设立禁烟总局，钦派大臣专司其事，又拟在上海设禁烟总会，各省设立分会”。[③] 宣统元年（1909 年）二月，清政府明降谕旨，重申禁令。同年九月，民政部与修订法律大臣会订了又一《禁烟条例》。[④] 而清末国势衰弱，禁烟之乏力自是可以想见。

随着清王朝的覆亡，民国诞生。1912 年 3 月 2 日，孙中山以中华民国

① 程维嘉：《各县级干部人员训练教材》之《禁烟行政》，1941 年 12 月，中央训练委员会、内政部印制，第 1 页。

② 马模贞等编《中国百年禁毒历程》，经济科学出版社，1997，第 52 页。

③ 马模贞等编《中国百年禁毒历程》，经济科学出版社，1997，第 54 页。

④ 马模贞等编《中国百年禁毒历程》，经济科学出版社，1997，第 53 页。

临时大总统的身份，向全国发布了《严禁鸦片通令》。[①] 后期的北洋政府也继承了南京临时政府的禁烟政策，1912 年 5 月通过了参议院提议的禁烟法案，1914 年颁布《禁种罂粟条例》等。[②] 惟民初政局动荡，中央对地方的控制有限，地方上各军阀以抽取烟税作为军费的主要来源，在“寓禁于征”的招牌下，重开烟禁，尤其偏远地方更是如此。就青海而言，陈赓雅在其《西北视察记》中就写道：“清末民初，甘属诸道，均恃种烟筹饷，西宁一道，烟土产量达七百余万两，烟亩收款，约二十余万之多。”[③] 虽然如此，鸦片对民众身心造成的危害以及引起的额外的浪费和生产效益的低下也是地方执政者心知肚明的。1915 年，时任甘边宁海镇守使的马麒，就以“种烟筹款，虽有补财政，然饮鸩止渴，殊非图强之道”，[④] 推行禁令，禁止种植鸦片。派遣宁海军马队踏毁烟苗，迫令种烟户缴纳罚款。对于烟土的贩运和吸食则不禁止，借以对入境和过境的烟土征收税款，对吸食鸦片者征收“烟灯捐”，以弥补因禁烟而无从征收的烟苗税。以后，“甘肃全省禁烟善后总公所”在西宁及道属七县普遍设立分所，马麒通过各分所垄断了贩运烟土的买卖，严厉查禁私烟。一面设立“烟膏局”，实行烟膏官卖；一面运烟土经由甘肃、宁夏、内蒙古远销华北各地，以换取军械弹药。马麒如此“禁烟”，西宁道属各县贩运和吸食鸦片的虽多，但罂粟的种植却大大减少，到 1918 年沿湟水地区农田基本上全部种植了粮食作物。[⑤] 西宁道属烟苗，已基本绝迹……曾有“西方一片干净土”之称。[⑥] 1931 年，马麟任青海省政府主席时，改设“青海省禁烟总局”，并在各县设分局，仍由官办“烟膏局”从省外运入大烟土，煎膏发售。在城乡公开登记吸烟户，每月征收“烟灯税”。[⑦] 至 1936 年马步芳代理省主席起，正是国民政府严令禁烟之时，国民政府出台了禁烟的一系列法令法规，如 1935 年 10 月颁布《禁烟治罪暂行条例》，1936 年 2 月制定《禁烟禁毒实

---

① 《孙中山全集（第二卷）》，中华书局，1981，第 183 页。

② 参见齐磊、胡金野《中国禁毒史》，甘肃人民出版社，2004，第 168 ~ 169 页。

③ 陈赓雅：《西北视察记》，甘肃人民出版社，2002，第 135 ~ 136 页。

④ 陈赓雅：《西北视察记》，甘肃人民出版社，2002，第 136 页。

⑤ 青海省志编纂委员会编《青海历史纪要》，青海人民出版社，1980，第 100 页。

⑥ 魏明章：《马麒在青海》，载西宁市政协文史资料研究委员会编《西宁文史资料（第 1 辑）》，1984，第 91 页。

⑦ 王剑萍、王中兴：《民国时期青海禁烟内幕》，载青海省政协文史资料委员会编《青海文史资料选辑（第 10 ~ 12 辑）》，1982，第 231 页。

施规程》等，[1] 并实施从1935年起到1940年底止的“二年禁毒，六年禁烟”的计划。[2] 机构上设有军事委员会委员长行营禁烟委员会总会、禁烟总监，办理全国禁烟事宜。[3] 马步芳基于国家禁烟大政，定每年6月30日为“禁毒纪念日”，大张旗鼓地宣传禁烟禁毒，1936年6月将青海省禁烟总局改组为青海省禁烟委员会，饬令各县成立禁烟分会，每年定期进行禁烟宣传和禁烟大检查。分令各县县长切实检查各该县烟民，并将烟具收缴省府，以便焚毁。[4] 1943年、1946年两次制定公布“禁毒治罪”法规，对种植、吸食、贩卖烟毒者分别按照情节轻重，处以罚款、判刑，直至处死。[5] 虽明令禁毒，青海省府的禁烟于禁吸、禁运方面执行并不彻底，如强行戒烟时只要烟民交罚款即可回家；省内没收的鸦片，大部分运往省外销售。另外在省内设点以“戒烟药”的名义销售一部分鸦片。尤其马步芳在河西走廊、甘南、川、康一带收购烟土，运销北平、天津一带，并以在平、津出售的烟土价款，就地购买日本军火、武器等。[6] 禁烟的不彻底从以上可略见一斑，甚至一位定居在甘肃的西方人在20世纪40年代写道，“（马步芳）有一个庞大的鸦片查禁机构，其实那是鸦片垄断贸易机构”。[7]

以马氏为首的青海官方的禁烟虽有诸多弊病，但禁种尚属落实。从1915年马麒下令禁种罂粟到1919年，青海基本上禁绝了鸦片的种植，以后也再未出现种植鸦片的现象。对此，时人的考察游记多有提及，如1937年8月，白寿彝先生随西北考察团成员来甘肃、青海一带考察，他们自甘肃马莲滩至享堂峡西口（这里是甘、青分界的地方），过西口木桥入青境后，发现这里“道路大平坦，大烟杆子之类绝对看不见”。[8] 禁烟中禁种一条的落实，使湟水沿岸的土地回归了农业生产，有利于地方经济的恢复，

---

① 王金香：《中国禁毒史》，上海人民出版社，2005，第180页。

② 王金香：《中国禁毒史》，上海人民出版社，2005，第178页。

③ 程维嘉：《各县级干部人员训练教材》之《禁烟行政》，1941年12月，中央训练委员会、内政部印制，第17页。

④ 青海省政府秘书处编印《青海省政府工作报告：中华民国二十五年五六七各月份合编》，油印本，1936，第37~38页，陕西省图书馆馆藏。

⑤ 崔永红等主编《青海通史》，青海人民出版社，1999，第522页。

⑥ 王剑萍、王中兴：《民国时期青海禁烟内幕》，载青海省政协文史资料委员会编《青海文史资料选辑（第10~12辑）》，1982，第232~236页。

⑦ 〔美〕默利尔·亨斯伯格：《马步芳在青海（1931—1949）》，崔永红译，青海人民出版社，1994，第111页。这则信息来自凯伯尔先生1972年8月1日写给亨斯伯格先生的来信中。

⑧ 白寿彝：《甘青行纪》，载白寿彝《民族宗教论集》，河北教育出版社，2001，第605页。

尤其粮食生产的稳定，对防御饥荒起到了作用。此外，在禁令的诸多限制下，鸦片的使用也大大缩减，保障了民众的健康，提高了其生产能力。

5. 发展仓储

正所谓“仓储备而荒欠无忧”[①]，增加粮食储备，以丰补歉是常见的备荒措施。青海地处偏远，水、陆交通均不便。灾后，不易从腹地输入粮食。粮食的调剂运输主要局限于甘青省际之间，获得数量毕竟有限。因此，地方政府历来重视仓储的建设。虽因天灾人祸，仓储屡有兴废，但屡废屡建，有所积贮。

清代青海地区的仓储种类主要有县仓、常平仓、社仓、义仓。县仓的职能在于受纳正租，保管供给郡县官员的禄粮、军需用粮和用于转运上调的周转粮，[②] 不用于赈济备荒。常平仓、社仓、义仓具有赈济性质。在此以地方上积储用于备荒的粮石数统一而论，故不细分仓储的官方、民间之别，将常平、社义仓一并论之。

常平仓是官办的具有赈贷性质的仓储制度，正式出现于汉宣帝时期，由大司农中丞耿寿昌在宣帝的支持下创立。边郡筑仓，“以谷贱时增其贾（价）而籴，以利农；谷贵时减贾而粜，名曰常平仓，民便之”。[③] 清代，仍继续沿用常平仓制度，顺治十二年（1655 年）题准，各州县利用库藏，“春夏积银，秋冬积粮，悉入常平仓备赈”。[④] 顺治十七年（1660 年），户部进一步规定了常平仓谷的用途，“春夏出粜，秋冬籴还，平价生息，凶岁则按数给散贫户”。[⑤] 青海地区的常平仓在乾隆年间发展迅速，据《甘肃新通志》记述，乾隆时期青海地区的常平仓共储各项京斗粮四万四千二百五十二石四斗零八合八勺。后期衰落，到了光绪年间，有些常平仓已改建为义仓，有些也名存实亡。[⑥] 宣统年间，已无青海各县常平仓储粮的记载了。[⑦]

社仓、义仓的兴办起自隋代，是民办性质的备荒仓储，用来在荒年补官仓之不足。正如《隋书·食货志》所言，“奏令诸州百姓及军人，劝课

---

① 刘运新等编纂、大通回族土族自治县古籍地方办公室标注《大通县志》，载《青海地方旧志五种》，青海人民出版社，1989，第 474 页。

② 王杰：《清代青海地区县仓、常平仓和社仓》，《青海粮食史料》1988 年第 4 期。

③ （东汉）班固：《汉书》卷 24《食货志上》，颜师古注，中华书局，1962，第 1141 页。

④ （清）允裪等奉敕撰《钦定大清会典则例》卷 40《户部·积贮》。

⑤ （清）赵尔巽等撰《清史稿》卷 121《食货二》，中华书局，1977，第 3555 页。

⑥ 王杰：《清代青海地区县仓、常平仓和社仓》，《青海粮食史料》1988 年第 4 期。

⑦ 参见全国图书馆文献微缩复制中心复制《清光绪年二十二省财政说明书（甘肃卷）》，新华书店北京发行所，2008，第 214 ~ 215 页。原文为表格。

当社，共立义仓……即委社司，执帐检校”，以补官仓之不足。[①] 隋之后，历代几经兴废。南宋时在朱熹的倡导下，逐渐恢复并有了大发展。清时沿用此制，要求市镇设义仓，乡村设社仓。但实际甘肃（含青海）“各属多将义仓、社仓合二为一”。[②] 青海地区的社仓、义仓“官捐倡始，劝民量输”而设，其主要用途在于“青黄不接时，低息借贷籽种，春借秋还。如遇地方旱潦等灾，本息一并出借，收纳时并不加息，以恤灾黎”，[③] “其本息粮石专为备荒而设，如遇地方公事以及官绅因公需用，无论如何紧急，概不准动用颗粒”。[④] 为了加强社仓的管理，部分厅、县出台了管理规定。同治十三年（1874 年），西宁府知府龙锡庆订立《西宁社仓简章》10 条；[⑤] 光绪三年（1877 年），观察使张价卿、太守邓承伟制定《丹噶尔厅社仓管理章程》7 条，[⑥] 分别从仓粮的借出、归还、日常管理、修缮、城乡绅耆的职责等方面做出了详细规定。

清乾隆、道光时期，青海地区的社仓共有 32 处，存放仓斗粮 15545 石，折合 435.29 万斤。[⑦] 咸丰、同治年间，青海地方历经兵燹十余年，地方粮石被劫掠、被焚者多有，仓储破坏严重。战祸结束后，恢复、新设仓储。光绪三十四年（1908 年）陕甘总督衙门统计，西宁县有备荒粮京斗 290320，碾伯有备荒粮京斗 34171，合计折合市斤为 486737 斤。[⑧] 宣统二年（1910 年），甘肃省送达清廷的本省“光绪三十四年的财政款项报告册”中记载的西宁府所辖各厅、县义仓、社仓储粮分别为循化厅 371 石、贵德厅 1235 石、丹噶尔厅 6467 石；西宁县 7454 石，另籽种粮 147 石；碾

---

① （唐）魏徵、令狐德棻：《隋书》卷 24《食货志》，中华书局，1973，第 684 页。

② 全国图书馆文献微缩复制中心复制《清光绪年二十二省财政说明书（甘肃卷）》第二册，新华书店北京发行所，2008，第 210 页。

③ （清）邓承伟修，张价卿、来维礼等纂，基生兰续纂《西宁府续志》卷 2《建置志·仓廪》，青海人民出版社，1985，第 106～107 页。

④ （清）杨志平编纂、何平顺等校注《丹噶尔厅志》，载《青海地方旧志五种》，青海人民出版社，1989，第 350 页。

⑤ （清）邓承伟修，张价卿、来维礼等纂，基生兰续纂《西宁府续志》卷 2《建置志·仓廪》，青海人民出版社，1985，第 106～107 页。

⑥ （清）杨志平编纂、何平顺等校注《丹噶尔厅志》，载《青海地方旧志五种》，青海人民出版社，1989，第 349～350 页。

⑦ 王杰：《清代青海地区县仓、常平仓和社仓》，《青海粮食史料》1988 年第 4 期。

⑧ 刘郁芬修，杨思、张维等纂《甘肃通志稿》之《财赋三·仓储》，载甘肃省古籍文献整理编译中心编《中国西北文献丛书》第 28 册，兰州古籍书店，1990，第 169 页。

伯县 448 石，另籽种粮 2972 石；大通县 3333 石；以上共计储粮 22427 石。①

民国初年，天灾人祸频仍，旧有仓储贮粮大幅度被消耗。至 1922 年后，青海地区各县重又陆续恢复或新设了一批备荒粮仓，其中新设的主要有“丰黎社仓”。1923 年，在甘肃士绅刘尔炘主持下，由（甘肃）省仓分别拨基金银 2000 两，在西宁县、大通县各设丰黎社仓一处。1926 年，乐都县在省仓所拨赈灾基金中提取白银 800 余两，在县农会倡导组织下建立了丰黎社仓。② 另 1925 年，士绅蔡占铤在“西宁新街公地设五川公民义仓”，③ 1926 年，富商李耀庭等捐资在湟源县城修建义仓一处（四廒二十间）。④

仓储有积贮，就有借放。1927～1929 年，正值甘青地区大旱，疾疫多发，又兼河湟变乱，是灾情最为严重的时期。成千上万的饥民嗷嗷待哺，仓储粮赈放殆尽。而穷民无力偿还，仓储无以为继，积谷数大为减少。这在 1932 年青海省报给内政部的“民国 20 年份积谷数”中可见一斑，当时全省 7 县总积谷数只有 8909 石。详见表 3－7。

表 3－7　1931 年青海省第一次仓储积谷报告书

县别	大通	贵德	湟源	亹源	互助	循化	西宁	总计
原有		294	724	191	994	1656	1897	5756
新收	1290	739	3164	5				5198
使用	782	1025	236	2				2045
现存	508	8	3652	194	994	1656	1897	8909

注：表中所列积谷数，以石为单位，且以该省仓斗计算。

资料来源：内政部汇编《各省市第一次仓储积谷报告书》（1933 年 6 月），甘肃省档案馆馆藏，档号：015－005－0019。

① 全国图书馆文献微缩复制中心复制《清光绪年二十二省财政说明书（甘肃卷）第 2 册》，新华书店北京发行所，2008，第 214～215 页。另：巴燕戎格厅未有积贮。原文为表格。

② 刘郁芬修，杨思、张维等纂《甘肃通志稿》之《甘肃民政志·公益、恤政》，载甘肃省古籍文献整理编译中心编《中国西北文献丛书》第 28 册，兰州古籍书店，1990，第 17 页。

③ 参见（清）邓承伟修，张价卿、来维礼等纂，基生兰续纂《西宁府续志》卷 10《志余》，青海人民出版社，1985，第 600 页。

④ 史国枢等编《青海自然灾害》，青海人民出版社，2003，第 394～395 页。

1930 年，国民政府颁布《各地方仓储管理规则》，要求各地大力发展仓储。基于此，1931 年 12 月省民政厅制定《各县仓储粮管理细则》（详见附录一），进一步结合省情，规范仓储的建设与管理。其中第二条、第六条、第七条规定：各县县长对于各该县旧有县社仓，或县义仓，或县丰黎社仓，或县丰泰社仓，或县公民义仓，或其他地方公有之积谷仓廒，以救济灾荒为目的而其属于全县者，一律改称县仓；本细则施行后如无第二条各该仓或该仓之县分应于六个月内筹设一仓，其积谷数目至少在 50 石以上，嗣后按年照数筹增大县至 3000 石、中县至 2000 石、下县至 1000 石为止；各县由地方推举协助公正绅士，其名义应称为县仓助理员；等等。[①] 同时，该厅按照仓储管理细则对旧有仓储严加整顿、务求恢复原状。此外，函请省赈务会拨款 4000 元给未设仓储的共和、都兰、化隆、同仁 4 县，[②] 各配拨洋 500 元、1500 元、1000 元、1000 元用来购谷，设立仓储。[③] 经过一系列整理和督促，1931 年以后，青海各类仓储陆续得以恢复或新设。至 1935 年 9 月，西宁、互助、贵德、都兰、共和、化隆、同仁等 13 县共有各类社仓 32 处，贮存青稞、小麦、豌豆、大豆合计 14.85 万石，[④] 比 1931 年的积谷数有大的增加。自 1939 年起，青海省政府派员到各县整理仓储积弊，清查历年积欠，又将各县公益捐悉数拨归各该县仓购粮储存。如化隆公益捐 7950 元，购青稞 7 石 4 斗，湟源公益捐 3000 元，购获青稞大升 18 升 2 合，交县仓存储等，各县仓储有所充实。[⑤] 至 1943 年，全省共有仓储库 33 处，仓储粮食 65383 石。[⑥]

青海地方对仓储的重视和积极建设，曾得到国民政府的明令嘉奖。1941 年 4 月 15 日，行政院□字第五七九六号令，“青海省政府主席马步芳，民政厅厅长郭学礼，整理仓储，成绩昭著，应予嘉奖，以策懋勋”。[⑦]

灾害频发，粮食外援有限，使地方政府和民众重视积谷备荒。建仓之余又订立相关法规加强管理，然法虽立而弊生，其中积弊甚多，于下文救

---

① 参见《青海民国日报》1931 年 12 月 26 日，第 3 版；1931 年 12 月 27 日，第 3 版；1931 年 12 月 28 日，第 3 版。

② 青海省政府民政厅编《最近之青海》，新亚细亚学会，1934，第 232 页。

③ 青海省政府民政厅编《最近之青海》，新亚细亚学会，1934，第 234 页。原文为表格。

④ 史国枢主编《青海自然灾害》，青海人民出版社，2003，第 395 页。

⑤ 《青海民国日报》1941 年 5 月 10 日，第 2 版；1944 年 8 月 17 日，第 2 版。

⑥ 史国枢主编《青海自然灾害》，青海人民出版社，2003，第 395 页。

⑦ 《青海民国日报》1941 年 5 月 10 日，第 2 版。

灾成效一节述及。

6. 设立气象、水文监测机构

民国时期，中央气象台和中央研究院气象所成立后，在各地筹建测候所，开办气象学习班，推进了地方气象机构的建成。在国家设备、人员培训等的支持下，从20世纪30年代开始，青海陆续建立了一些气象监测机构。同时，黄河水利委员会于20世纪40年代在青海设立了水文站。

1932年，西宁、民和、乐都、湟源、贵德、大通及化隆等地上报省建设厅的风雨寒暑调查表、雨量记载表中已有了逐日温度、降水及风的观测记录。1936年11月16日，青海省第一个气象站——西宁测候所建立，地址位于原西宁城文庙内（系现今西宁市文化街工人文化宫院内），马伟任第一任主任，1937年1月1日正式观测记录。西宁测候所属于国民政府国立中央研究院气象研究所建制，由青海省建设厅管理。西宁测候所从事的地面观测项目主要有气压、温度、湿度、雨量、风向、风速、日照、蒸发、能见度、天气现象等。在1940年以前，每日观测3次，即6时、14时、21时；1940年以后改为3时、6时、9时、12时、15时、18时、21时、24时8次观测。1939年10月设立都兰测候所，是青海第二个测候所，位于柴达木盆地东部的原都兰县（当时县政府院内），1940年1月1日开始观测记录，每天观测3次，即6时、14时、21时，1948年停止工作。该测候所观测项目和仪器设备均较西宁测候所少，是四等测候所。1940年，湟源、共和、贵德、化隆、大通、门源、祁连、乐都、互助、都兰、循化、同德及兴海等雨量站先后建成。观测项目主要是降水和温度。①

1940年1月，黄河水利委会在青海省民和县境的湟水干流上设立享堂水文站，1945年10月，在循化县黄河干流上设立循化水文站，以水文测验仪器实测水位、流量、沙量等项目。②

气象测候所在天气发生骤然变化时，进行预测并通知市民。如1942年2月11日的《青海民国日报》登载了一则测候所发布的消息，“本市（西宁市）自入冬以来，气候最低时期达摄氏零下十八度，近数日来气候较前

① 参见温克刚主编《中国气象史》，气象出版社，2004，第388～389页。

② 参见青海省水利志编委办公室编《青海省水利大事记》，青海人民出版社，1995，第39页。

稍温，现已升至摄氏零下十二度。惟气候变化无定，以最近情势观察不久或有雨雪可能”。[①] 此外，部分观测数据为时人作灾害研究提供了依据。如近人严得一在考察柴达木盆地时，利用都兰测候所实测的1940年、1941年两年的雨量记录：

一月	二月	三月	四月	五月	六月	七月	八月	九月	十月	十一月	十二月	年
0.7	3.4	6.8	9.2	6.1	12.6	7.1	29.8	25.3	2.1	2.6	1.0	合计106.7公厘

指出“近两年实测之年平均雨量记录，仅有一百零六公厘，都兰之雨量记录，八九月间较多。就以上1940年、1941年两年雨量记录以观，得出柴达木雨水显然不是农耕之所需，故必引溪流以资灌溉。且赖引水以洗刷田土之碱性，故灌溉不及之田亩，即无法种植”。[②]

近代科学的气象、水文监测机构的建立，对于监测气象、河流水文变化，进行灾害预警、合理安排生产发挥了一定作用。但总体来讲，民国时期青海所设立的测候所、雨量站、水文站因经济拮据，存在设备简陋、仪器不全以及观测员薪给过薄，不能罗致相当人才，其观测记录工作亦尚未能娴熟等主客观方面的不足。因此，观测记录在系统性、可信度方面也存在一定的不足，近乎管窥蠡测。其在灾害预警方面的作用有限，但近代气象、水文监测机构的建立是青海地方向科学减灾迈出的第一步，且近代气象知识为农业服务也已开始迈步。

7. 备荒植物的记载及其推广

（1）官方志书中对备荒植物的记载。在发生饥荒后，收集野生植物也是应对食物危机的方法。因此，古人历来就重视对野生的可食植物的研究，将此作为重要的备荒措施之一，更是出现了《救荒本草》和《野菜谱》等集中记载那些具有重要救荒价值的可食野生植物的专著。[③] 青海世人历来对可以救荒的野生植物也颇为关注，清末民国初期官方的地方志中就有大量相关的记载，现择其主要者摘录如下：

蕨麻　产于荒野，状似麻根，如贯珠而色紫。食之益人，又名延

---

① 《青海民国日报》1942年2月11日，第2版。

② 严得一：《柴达木屯垦问题》，《边政公论》1943年第6~8期合刊，第27页。

③ 明代朱橚《救荒本草》收录野生植物414种，同时期的王磐《野菜谱》收录野生植物60种，两书对野生植物的外部形状和使用方法等都有说明。参见李志坚《徐光启的农业备荒思想》，《农业考古》2011年第4期。

寿果。荒年可以代谷。[①]

杞柳榆　皮味甘而粘，和面食可充饥。[②]

苜蓿　按《群芳谱》：一名木粟，一名光风草，一名连枝草。春初，芽嫩可食。[③]

羊尾草　初生时可食，长大则为蒿矣。[④]

萱麻　初生时可食，长大叶芒有细刺。

马茵　初生可食，细叶白花，药中之名曰防风。

燕麦　原属野草之类。以其仁之结实者，可制为炒面，且味极甘，农家每资为正粮。[⑤]

苍术　山中多有之。采其根而用之，有健脾祛疫之功。[⑥]

枸杞　一名长寿果，补精益髓。[⑦]

蕨　《尔雅·蕨鳖注》："初生无叶，可食。"状如雀足之拳，又如人手之蹶，故谓之蕨。[⑧]

野胡萝卜　茎叶长三尺许，叶似防风，开白花，根皮黄色，味甜而辣。

苦肝菜　土俗名。叶似菠菜，开白花，结角似圆头铲，嫩时采叶食。

娘子菜　土俗名。茎方高五寸许，叶似竹叶，开白花，嫩时采食。

---

① 姚钧纂、宋挺生标注《贵德县志稿》，载《青海地方旧志五种》，青海人民出版社，1989，第723页。

② 姚钧纂、宋挺生标注《贵德县志稿》，载《青海地方旧志五种》，青海人民出版社，1989，第725页。

③ 刘运新、牛培炯等编纂，大通县民族古籍办公室标注《大通县志》，载《青海地方旧志五种》，青海人民出版社，1989，第586页。

④ 从"羊尾草"至"马茵"的记载参见（清）杨志平编纂、何平顺等校注《丹噶尔厅志》，载《青海地方旧志五种》，青海人民出版社，1989，第262页。

⑤ （清）杨志平编纂、何平顺等校注《丹噶尔厅志》，载《青海地方旧志五种》，青海人民出版社，1989，第256页。

⑥ （清）杨志平编纂、何平顺等校注《丹噶尔厅志》，载《青海地方旧志五种》，青海人民出版社，1989，第261页。

⑦ 姚钧纂、宋挺生标注《贵德县志稿》，载《青海地方旧志五种》，青海人民出版社，1989，第726页。

⑧ 从"蕨"至"芸苔"的记载参见刘运新等纂、大通回族土族自治县民族古籍整理办公室标注《大通县志》，载《青海地方旧志五种》，青海人民出版社，1989，第585~586页。

鸡冠菜　土俗名。生在山地，形似鸡冠，黄色，味如鸡肉，故名。

野蒜　土俗名。小如独蒜，无瓣，叶如细微蒜苗。味似葱，大如龙眼。

芸苔　按《本草纲目》："一名寒菜，一名胡菜，一名油菜。"或云："塞外有地，名云台戍始种此菜，故名。亦通。"

苦菜　生于田中者多，初生可食，长大则芟之。①

酸瓶儿　土俗名。树高六七尺，开黄花，结子如瓶，色黄绿，味酸，故名。②

梅子　土俗名。树高三四尺，五月开花，色红黄。七月子熟，深红，微甜。

野葡萄　土俗名。树高五尺许，形如白边麻。花紫色，结子状如豌豆，味甜。

马奶头　土俗名。树高七八尺，花红紫色，结子如马奶头，故名。

羊奶头　土俗名。树高四五尺，红花，结子如羊奶头。

野樱桃　土俗名。树高丈许，开紫色花，结子如桐子大，味酸甜。

石枣儿　土俗名。丛生平塌，开粹（碎）红花。结子比豌豆略大，味酸甜。

（2）政府对备荒植物的推广。除在地方志书中对备荒植物加以记载外，政府也有意推广种植适合当地气候的备荒植物，以应对灾荒。榆树的大力推广在当时算是一个典型。

榆树，"其木高大，春时未生叶，其枝条间先生榆荚，形状似钱而薄小，色白，俗呼为榆钱，后方生叶，似山茱萸叶而长，尖艄润泽。榆皮味甘，性平，无毒"，③ 有救饥的功效。榆树嫩叶、榆钱、干皮、根皮自古便是穷苦人救渡荒年常食之品，"《衍义》云：'榆皮，今初春先生荚者是，去上皱涩干枯者，将中间嫩处剉干，硙为粉，当歉岁，农将以代食。叶青

---

① （清）杨志平编纂，何平顺等校注《丹噶尔厅志》，《青海地方旧志五种》，青海人民出版社，1989，第262页。

② 从"酸瓶儿"至"石枣儿"的记载参见刘运新、牛培炯等编纂，大通县民族古籍办公室标注《大通县志》，《青海地方旧志五种》，青海人民出版社，1989，第595～596页。

③ （明）朱橚著、王家葵等校注《救荒本草校释与研究》，中医古籍出版社，2007，第280页。

嫩时收贮，亦用以为羹茹。’《农政》卷三十八云：‘榆根皮作面，可和香剂，嫩叶炸浸淘净可食，榆钱可羹，又可蒸饼饵’”。[1] 此外，从培育角度讲，榆树属于耐旱的树种，而且树苗抗冻性强，冬季出现冻稍，春季又能萌蘖，[2] 是适合在青海这样高寒的地区栽植的树种。由此，早在 1941 年前，青海省府就开始试验种植榆树，略有成效。到 1941 年时省府大力推广，训令各县县长认真种植榆钱，并按照各县当地气候情况，每县至少须种榆钱宁升五石（榆树主要采用种子育苗，4 月中旬榆钱由绿变浅黄色时适时采种，阴干后及时播种）以资推广，并将种植效果作为该县长考绩之一。[3] 又 1946 年，省府为增加人民营养计，通令各县市，倡导榆、杏、桃、李苗圃之培育，并向各县市发放大量款项，以资购籴榆钱，及桃、杏、李核。在政府的鼓励下，种植榆树的比重逐年加大。1945 年，省垣种植榆树 200 株；1946 年，省内各地（含政府、各机关）共种榆钱 2236700 公升。此外，西宁市及湟中、乐都、民和、互助、化隆等县所属各级中心国民学校，共种榆钱 1687312 公升，两类合计共种 3924012 公升，至 1948 年时榆树苗圃蓬勃生长，已初具规模。[4] 1948 年，西宁、湟源共栽植榆树 37670 株。[5]

（二）防疫措施

1. 近代防疫机构的建立

（1）卫生机构的设立及其预防免疫活动。灾荒发生后，往往会造成大量人口的死亡，但事实上“大多数死于饥荒的人却非由于饥饿，而是由于饥荒引发的各种传染疾病”。[6] 怎样减少各种传染病即瘟疫的发生成为政府亟须关注的问题，官办防疫机构应运而生。

清同治末年（1872～1874 年），青海地区天花流行，西宁府始设种痘局，由外地聘来医生何殿甲主持局务。除采用花痂接种新法防治天花、招

① （明）朱橚著、王家葵等校注《救荒本草校释与研究》，中医古籍出版社，2007，第 281 页。

② 青海省地方志编纂委员会编《青海省志·水利志》，黄河水利出版社，2001，第 240 页。

③ 《青海民国日报》1941 年 4 月 7 日，第 2 版。

④ 张有魁：《二十年来青海的造林工作》，《西北通讯》1948 年第 2 卷第 9 期。

⑤ 翟松天：《青海经济史（近代卷）》，青海人民出版社，1998，第 63 页。

⑥ 参见〔印度〕让·德雷兹、阿玛蒂亚·森《饥饿与公共行为》，社会科学文献出版社，2006，第 68 页。

收学徒传授种痘技术外，种痘局还派人到牧区诊病及种痘，是青海最早的卫生防疫机构。[①] 1927 年 2 月，西宁设平民医院、牛痘局。平民医院每年春、秋两季配制药剂施放，预防疠疫、霍乱等症。牛痘局种痘不令收资；[②] 其后湟源、亹源、贵德等县也陆续设有牛痘局，“以资保赤”；[③] 1934 年 10 月，国民政府经济委员会在西宁设立青海省卫生实验处，从事巡回医疗、防疫接种等工作，且定期组织开办种痘传习班，函请各县保送学员来省学习，培养种痘人员。该处还对“各县仍有的插苗与旧法种花者”加以培训改造，培训不合格、未获证书者，不能再操此业，违者处罚，以这种方式，逐渐取缔旧式种痘方法。1938 年，“省卫生实验处因经费不继而撤销。1941 年，省卫生处成立，下设防疫检查和医务保健等科室，辖有 4 个医疗队，分驻湟源、民和、循化、大通四县，进行巡回医疗和防疫工作”。[④] 省卫生处成立后，不断扩大种痘工作，除由该处施种外，并分发痘苗于中山医院，各卫生院、队，牛痘局广为施种，又分发省垣各诊疗所，多量痘苗，代为免费种痘。[⑤] 省卫生处在 1948 年春、秋两季种痘计 40474 人。[⑥] 同年，为防范白喉，该处向兰州购到大批白喉类毒素，于春、秋两季推行防治工作为各中小学学生普遍注射，计本年共注射白喉类毒素人数 12662 人；为预防伤寒、霍乱等病的传染，省卫生处从西北实验场购到伤寒霍乱疫苗 8000 瓶分发省县各卫生医疗机关普遍免费注射，防治工作分春、秋两季普遍办理两次。省县各卫生处医疗机关共计注射霍乱伤寒混合疫苗人数 20356 人。[⑦]

（2）畜疫防治机构的建立。自 20 世纪 30 年代起，近代畜疫防治机构在青海陆续设立。30 年代初期，青海的畜疫防治与 1934 年 8 月成立于兰州小西湖一带的西北防疫处联系紧密。西北防疫处的主要工作

---

① 崔永红等主编《青海通史》，青海人民出版社，1999，第 814 页。

② 王昱、李庆涛：《青海风土概况调查集》，青海人民出版社，1985，第 53 页。

③ 王昱、李庆涛：《青海风土概况调查集》，青海人民出版社，1985，第 164、172、203 页。

④ 参见崔永红等主编《青海通史》，青海人民出版社，1999，第 814 页；《青海省卫生实验处工作摘要（自二十三年四月一日至二十四年五月二十日止）》，《卫生半月刊》1935 年第 2 卷第 11 期，第 8 页；《青海省卫生实验处六七月份工作报告》，《公共卫生月刊》1935 年第 1 卷第 5 期，第 68 页。

⑤ 《青海民国日报》1945 年 3 月 20 日，第 2 版。

⑥ 青海省政府秘书处编印《青海省政府三十七年度政绩比较表》，1948，第 37 页，陕西省图书馆藏。

⑦ 青海省政府秘书处编印《青海省政府三十七年度政绩比较表》，1948，第 36 页，陕西省图书馆藏。

是实施调查防治西北各省兽疫和制造防治兽疫的药品和菌苗。下设疫苗、血清制造和兽医门诊部，协助甘肃、宁夏、青海三省的兽疫防治机构工作。

1936 年，西北防疫处在湟源、共和、西宁设立“兽疫防治所”。各所都由大专毕业生主持工作，他们用新的畜牧兽医科学进行工作，对各地牲畜疫病治疗起到良好的作用。同时还进行了人疫传染病调查及卫生情况调查。① 后期该处又设亹源、贵德兽疫防治所。② 1936 年，西北防疫处与青海省卫生实验处合作，“在实验处内设兽医检验室，从农、牧区采取病料，进行病原分析、菌种鉴定”。③ 又 1938 年，西北防疫处在湟源、共和、亹源三地设立兽疫防治实验区，并另设西北防疫处驻西宁办事处，人员 20 余人。④ 此外，西北防疫处办理西北畜牧兽疫推广人员训练班，在甘、宁、青三省招收初中毕业学生 20 名。学膳等费一律免收，训练一年，⑤ 为青海地方培养了兽疫防治人才。

1941 年 4 月 1 日，国民政府农林部接管西北防疫处与蒙绥防疫处（因日寇侵华由归绥撤至兰州）中原有的兽医防治工作，在兰州小西湖成立了西北兽疫防治处。该处作为近代第一个专门从事西北地区兽疫防治的专业机构，兼办青海兽疫防治事业。西北兽疫防治处成立后将设在青海湟源的防治所改成兽医站。⑥ 西北兽疫防治处在青省发生疫情时，赶制血清、疫苗，派员来青防治，对青省疫情的防治起了积极作用。⑦

至于青省独立的畜疫防治机构的建设与 1942 年牛瘟的一场大爆发有关。该年牧区牛瘟盛行，牲畜死亡惨重，牧民多遭破产。为了防治疫情，农林部于该年 11 月设立青海兽疫防治大队，1943 年 7 月改组为青海省兽

---

① 参见齐长庆《解放前西北防疫处与中央医院西北分院纪实》，载甘肃省民勤县政协文史资料工作委员会编《甘肃文史资料选辑（第 26 辑）》，甘肃人民出版社，1987，第 88 页。

② 翟松天：《青海经济史（近代卷）》，青海人民出版社，1998，第 91 页。

③ 参见翟松天《青海经济史（近代卷）》，青海人民出版社，1998，第 91 页；《西北防疫处民国二十五年五月份工作报告：青海乐都县防治羊疫、西宁兽医检验室之建设》，甘肃省档案馆馆藏，档号：059－006－0455。

④ 《青海民国日报》1939 年 1 月 19 日，第 1 版。

⑤ 陈宗贤、杨守绅：《西北防疫处之沿革设施及防治兽疫工作》，《开发西北》1935 年第 4 卷第 6 期，第 37 页。

⑥ 梁圣译主编《中国兽医生物制品发展简史》，中国农业出版社，2001，第 12 页。

⑦ 《西北兽疫防治处农林部国库署 1941、1942 年各月经费拨付与青海发生牛瘟派员防治情形的函电》，甘肃省档案馆藏西北兽疫防治处档案，档号：30－2－121。

疫防治处。[①] 防治处下设西宁、湟源两个兽医血清厂，制造牛瘟血清疫苗、羊用疫苗、牛出血性败血病菌苗等。1945 年 2 月，防疫处下设的湟源兽医防治工作站及防治牛疫实验区成立。[②] 防疫处作为青海唯一的兽疫防治机构，自成立起在制造血清、疫苗，防治畜病方面做了一定工作（见表 3－8）。

表 3－8 青海省兽疫防治工作概况

年 度	制造情形		防治牛羊瘟（只）		备 考
	血清（CC）	疫苗（CC）	牛瘟	羊瘟	
1943	168160	22756934	12802		
1944		8747510	7354		
1945	2866000	43858744	26438		
1946	16760252		18186		
1947	22459000		10399		牛瘟血清菌苗
1947	1485200			19520	羊用牛疫苗
1947		30000			家畜狂犬疫苗
1947	1000000				牛出血性败血病菌苗
合 计	43738632	75394188	75179	19520	

资料来源：《西北通讯》资料室编《从数字上看青海》，《西北通讯》1948 年第 2 卷第 7 期，第 20 页。另有：1944 年防治牛瘟数 8354 头的说法。参见马献瑞《青海的兽疫防治事业》，《西北通讯》1948 年第 2 卷第 3 期，第 3 页。

虽然近代甘青的畜疫防治机构普遍存在经费短绌，工作推进困难，尤其防治处下设的血清厂设备简陋、品种少，无法对付众多疫病流行的现实问题，但毕竟表明地方在畜疫的防治方面走上了科学防疫的道路。在有限的条件下，各机构在生物药品的生产、防疫知识的宣传、兽医人才的培养等方面齐头并进，在防治畜疫、减轻牧民损失方面作出了一定贡献。

2. 卫生清洁运动的发起、卫生观念的普及和公共卫生设施的设置

（1）卫生清洁运动的发起。近代以来，“清洁问题成为人们观念中防疫卫生之根本要务，也被视为关乎国家和民族兴亡的大事。于是以清洁为旨归的卫生运动随之产生并且贯穿了整个 20 世纪的卫生事务”。[③] 尤其是

---

① 马献瑞：《青海的兽疫防治事业》，《西北通讯》1948 年第 2 卷第 3 期，第 3 页。

② 《青海民国日报》1945 年 2 月 8 日，第 2 版。

③ 参见余新忠《清代卫生防疫机制及其近代演变》，北京师范大学出版社，2016，第 221、397 页。

南京国民政府成立后，于1934年在全国倡导施行新生活运动，由此附属于新生活运动的卫生运动以全民动员的形式在全国范围内展开。

在青海，民国初期虽也有地方官吏召开清洁大会，普及卫生观念的记载，如梁炳麟任都兰县县长时，以当地民众“不惟公众卫生不知注重，即个人卫生亦所不知，衣服不知浣洗，房内不施扫除，又以帐房周围牛羊杂处，粪秽满地，臭气难闻，于卫生之旨尤属不合”，“为唤起民众注意卫生起见，特召开清洁卫生大会，并于随时随地切实开导，俾民众明了卫生之要旨，而免瘟疫发生”的举措。[①] 但需指出的是，省内大规模的卫生运动的兴起是蒋介石发起新生活运动之后的事情了。由国家层面推进的新生活运动，其组成内容很多，其中涉及的有助于防疫的主要有卫生清洁运动、普及卫生知识、实施疾病预防等。诸项卫生活动的开展，不仅有防疫作用，还有助于城镇面貌的改善、人民生活习惯趋于文明。其自带的“近代化因素”，使以“改革者”姿态出现的青海地方执政者乐于接受并大力提倡。于是，青省的卫生清洁运动以自上而下的形式在全省推进。

卫生清洁运动分春季、夏令两季展开，主要以清洁大检查以及捕蝇活动构成。清洁大检查通常在春季天气转暖以及夏季疫病多发的时节进行，如1945年3月，都兰县政府从气候转暖，疾病易于发生，联合党团负责人举行春季清洁运动。对各机关、学校及附近东庄、北庄、西庄、西里沟等地举行清洁大检查。大检查时对公共厨房、厕所等环境卫生尤为注意。[②] 又该年6月6日，西宁党政团体发动首次清洁大检查，各机关、法团、学校，职员、学生暨各保甲长500余人，扩大举行夏令卫生运动大会。会后，马文澜县长即分监察队十五队，前往机关法团、学校及各住户、饭店等处作首次清洁大检查。主要检查各机关团体、学校的环境卫生、个人卫生，各保住户及寺院仅检查环境卫生。[③] 清洁检查时以检查苍蝇之有无、厕所是否清洁以及垃圾有无堆积为主要注意事项。[④]

至于捕蝇运动，更是从由最初各级警察局负责，督促市民、各保住户捕蝇，对捕蝇最多者将予以相当奖励的方式，[⑤] 后期转变为由地方当局强

① 王昱、李庆涛：《青海风土概况调查集》，青海人民出版社，1985，第224页。
② 《青海民国日报》1945年3月24日，第2版。
③ 《青海民国日报》1945年6月9日，第2版。
④ 《青海民国日报》1945年5月3日，第2版。
⑤ 《青海民国日报》1939年9月3日，第2版。

制推行，出台了《省会及各县夏令卫生及捕蝇办法》，对捕蝇运动发起的时间，各级、各类人员交蝇的数量、收交的方式、消灭的办法都做了具体规定。办法规定："地方政府在春夏之交苍蝇开始繁殖之时发起捕蝇运动，为期暂定为一个月，分为三期办理。至于捕蝇数目：机关学校团体每一员生第一期每日每人捕苍蝇三个、第二期每日交六个、第三期每日捕十个；普通住户商店不分男女，凡在六岁以上六十岁以下每人每日捕蝇数目与第一项同；海菜酱园、饭馆、酒房、肉架、旅店第一期每日每人捕苍蝇九个、第二期每日捕蝇十八个、第三期每日捕蝇二十个。"①

在这样的强制规定下，1945 年夏令卫生之捕蝇运动第一期，为期 1 个月，共计捕埋苍蝇 7191755 个，② 捕蝇运动第二期仅上旬就捕蝇 632735 个。③ 然而吊诡的是，捕蝇后期，本为防疫开展的活动，却有市民为此患上了疾病，④ 该运动也逐渐偏离了清洁防疫的主旨（详见本章第五节）。

（2）卫生观念的普及。正如近代北平卫生事务所的防疫人员指出的"民众缺乏卫生意识是卫生前途上一个最大的障碍"。⑤ 预防疾疫，除采取必要的医疗措施外，卫生知识的宣传与普及、陋俗的革除也同样重要。

青海地方地处偏远，文教不盛，宗教氛围浓厚，各族民众卫生观念淡薄，于公共卫生、个人卫生均不讲究，正如时人所言，"边疆人民，忸于积习，迷信甚深，故对于疾病瘟疫，不研究医药，只求神问卜。对于衣食住听其自然，不知清洁"⑥。卫生观念的淡薄容易导致环境、个人卫生的不清洁。而污秽的环境易于滋生病菌，引发疾疫。因此，提高各族民众的卫生意识也是防疫的关键。

随着新生活运动的普遍开展和近代医疗机构、防疫机构在青海的设立，政府及相关机构倡导的卫生观念的宣传和普及以多种形式展开：西宁县县长牛蔚真以"宁邑所属各地民众对卫生之道多不讲求，公共卫生尤形欠缺"，印发《社会卫生浅说》数百册分发各区⑦；省卫生处成立之初，组织巡回医

---

① 《青海民国日报》1945 年 5 月 3 日，第 2 版。
② 《青海民国日报》1945 年 7 月 22 日，第 2 版。
③ 《青海民国日报》1945 年 8 月 2 日，第 2 版。
④ 陈秉渊：《马步芳家族统治青海四十年》，青海人民出版社，2007，第 265 页。
⑤ 张大庆：《中国近代疾病社会史（1912—1937）》，山东教育出版社，2006，第 126 页。
⑥ 高长柱：《筹边政策与边疆现状》，《西陲宣化使公署月刊》1936 年第 1 卷第 7、8 期合刊，第 11 ~ 16 页。
⑦ 《青海民国日报》1931 年 12 月 19 日，第 3 版。

队，赴蒙藏地区施行医疗，宣传卫生。[①] 1942 年，该处在省垣“儿童节纪念会”上，展览卫生模型，并放映卫生幻灯，向民众宣传卫生常识。[②] 又 1939 年共和兽疫防治所，为提高该县各民族民众卫生常识，增进人畜健康起见，创办卫生常识讲习班，其中“防疫常识”“种痘须知”为讲习内容的重要构成部分。[③]

此外，地方政府开始重视公共卫生设施的设置及市容的整理，如 1929 年玉树初设县，时任玉树县县长的张东藩注意提倡卫生，以境内“藏民随意便溺，立官厕六处”。[④] 1931 年，互助县公安局在城关各街设有公共小便池 25 处、公共厕所 2 处。[⑤] 1945 年，省警察局在县城内外增设公共厕所，严禁随地便溺。又于城外新设屠宰场两处，以重公共卫生；[⑥] 1944 年，民和县政府积极整理市容，将全县重要市镇街道填平、垃圾去除。[⑦]

近代青海地方社会，多种备荒和防疫措施的采用，表明国家和政府对于灾害救治有了进一步的认识，灾害救治向防灾救灾并重、标本兼治的近代化阶段迈进，是社会的进步。这既是灾害频发的推动，也是近代社会科学技术、减灾理念共同发展的结果。

三　临灾赈济

（一）勘报灾情

报灾与勘灾是政府开展赈济的前提和依据，是救灾中的一个重要环节。

1. 清代

清代以被灾五分为成灾标准，亦即请赈起点。乾隆三年（1738 年），上谕曰：“嗣后将被灾五分之数亦准报灾……永著为例。”[⑧] 至于报灾的期限，《户部则例》规定：“夏灾限六月终旬，秋灾限九月终旬。甘肃省因地气较

---

① 马大正主编《民国边政史料汇编（7）》，《西陲宣化史公署月刊》1936 年第 1 卷第 6 期，国家图书馆出版社，2009，第 170 页。

② 参见《青海民国日报》1942 年 4 月 3 日，第 2 版。

③ 《青海民国日报》1939 年 1 月 25 日，第 1 版。

④ 马鹤天：《甘青藏边区考察记》，甘肃人民出版社，2003，第 416 页。

⑤ 青海省政府民政厅编《最近之青海》，新亚细亚学会，1934，第 91 页。

⑥ 《青海民国日报》1945 年 6 月 16 日，第 2 版。

⑦ 《青海民国日报》1944 年 5 月 27 日，第 2 版。

⑧ （清）杨西明：《灾赈全书》，载李文海、夏明方主编《中国荒政全书》第二辑（第三卷），北京古籍出版社，2004，第 475 页。

迟、农作物生长期较晚，报灾期限特准延至七月半和十月半。”① 报灾程序为逐级查报。初由灾区士民绅衿呈报到县，县申送府道各员，再由督抚“将被灾情形、日期飞章题报到户部……以请旨赈济，或蠲缓，或借贷”。②

在汇报灾情的同时，政府即行组织人员勘灾，对灾情做进一步详细调查，包括勘查受灾地区的具体界址，被灾的程度、面积、人口，审户以及发放赈票，这些是赈灾的准备阶段。按规定，被灾省份的督抚，“一面题报情形，一面于知府、同知、通判内遴选妥员（沿河地方兼委河员）会同该州县，迅诣灾所履亩确勘”。③ 查灾委员与本州县官员亲临灾地，随庄按田踏勘，即为“履勘”。赴勘委员带灾户填写报送的“底册”，“纠正多余少报，正式填明被灾分数、亩数，勘不成灾但收成欠薄者，造册，以备赈灾之用”。④ 成灾分数即被灾程度，从一分灾至十分灾计十等。五六分灾者为轻灾，九分、十分灾者为重灾。⑤

勘灾的另一项内容是“审户”，查实受灾应赈户口。应赈户口分极贫、次贫两等，大口、小口两类，由查赈官员“视田亩被灾轻重与器用牛具之有无，以别极贫、次贫（不包括不因灾而贫者）”，⑥ “大口、小口以年龄分，16岁为限。其在襁褓者，不准入册”。⑦

受灾州县俟委员勘齐灾田，马上造具“总册”上报。“总册”内容包括本邑成灾分数、亩数、按例蠲缓额数、注明村屯的被灾区图、受灾不及五分勘不成灾的范围。勘报总期限“统于四十五日内勘明题报”，“逾限者半月以内递至三月以外者，分别议处。上司、属员一例处分”。⑧ 朝廷最后通过

---

① 故宫博物院编《钦定户部则例》卷109《蠲恤二·灾蠲》，故宫珍本丛刊，第三册，海南出版社，2000，第186页。

② 故宫博物院编《钦定户部则例》卷109《蠲恤二·灾蠲》，故宫珍本丛刊，第三册，海南出版社，2000，第186页。

③ 故宫博物院编《钦定户部则例》卷109《蠲恤二·灾蠲》，故宫珍本丛刊，第三册，海南出版社，2000，第187页。

④ （清）杨锦仁：《筹济编》，载李文海、夏明方主编《中国荒政全书》第二辑（第四卷），北京古籍出版社，2004，第69～70页。

⑤ 郑永福、吕美颐：《中国近代社会与文化》，大象出版社，2012，第285页。

⑥ 刘锦藻纂《清续文献通考》卷81《国用十九》，民国商务印书馆影印十通本，第1568页。

⑦ （清）王志伊辑《荒政辑要》，载李文海、夏明方主编《中国荒政全书》第二辑（第二卷），北京古籍文献出版社，2004，第572页。

⑧ 参见故宫博物院编《钦定户部则例》卷109《蠲恤二·灾蠲》，故宫珍本丛刊，第三册，海南出版社，2000，第187页；（清）王志伊辑《荒政辑要》，载李文海、夏明方主编《中国荒政全书》第二辑（第二卷），北京古籍文献出版社，2004，第585页。

"总册"中的信息最终决定赈济钱、粮的数量与蠲缓额数。

2. 民国时期（青海建省后）

各地发生灾情后，农牧区民人、保甲长及蒙藏牧区千百户头人等向地方党政机关报告灾害的发生，请求查勘赈济。被灾地区所在县府督同县振务分会立即派员查勘，或由县长亲自查勘，亦有县田粮处派员查勘的。根据查勘结果，"由各县长造册呈报，将被灾地区的灾害种类、被灾程度、被灾面积、被灾人数以及财产损失等报省振济委员会。省府据报，派员前往灾区，会同当地县政府、社会知名人士（民意机关代表、自治人员、公正士绅），率同被灾地区保甲或警察依据报灾报告实地履勘。灾况特殊重大时，中央主管官署并得选派专员亲往灾区会同勘办。实地履勘后列被灾田亩数量、座落和灾户人口（男、女、大、小口分列），注明成灾分数，应否蠲缓等事项，造册汇总"。[①]

以下以 1931 年省振务会对互助灾情复勘后造册的统计表一例对当时的勘灾、定灾所反馈的信息做一概观（见表 3－9）。

履勘后，省府会对灾情有所权衡，若认为地方财力、物力无力救济时，由省府或省振济委员会将灾情再上报行政院、内务部和中央振济委员会。上报通常以电报为途径，一般是报灾和请赈同时发出。报送灾情的渠道有多条，如"当时青海省政府就有一灾同时上报行政院、中央振济委员会和蒙藏委员会的，有时也将灾情呈报黄河水利委员会。除政府向上级报灾外，青海省华洋义赈会作为社会团体也向中央政府有关部门呈送灾情报告。还有机关团体如省临时参议会以及军政要人以私人名义向上级报告灾情和请求赈济的"。[②] 所报送的灾情报告均附灾区各村履勘后的汇总名册。此外，自清代就有"协济"的传统，即一地受灾无力自救时，四方有能力的地区帮助救灾。[③] 因此，省府也会以政府名义向邻省发公函并附灾情说明，请求援助。如 1948 年，青海省政府发秘会字第 4512 号公函并附水灾专刊给兰州市政府请求援助。[④] 而邻省通常会"轸念边情"、顾及"唇齿之

① 参见《灾赈查放办法》（1946 年 5 月 9 日），载彭秀良，郝文忠主编《民国时期社会法规汇编》，河北教育出版社，2014，第 17～19 页；史国枢主编《青海自然灾害》，青海人民出版社，2003，第 391～392 页。

② 史国枢主编《青海自然灾害》，青海人民出版社，2003，第 391～392 页；《本省临时参议会呼吁救灾》，《青海民国日报》1940 年 12 月 6 日，第 2 版。

③ 参见史革新《中国社会通史·晚清卷》，山西教育出版社，1996，第 503 页。

④ 《青海省政府关于寄水灾专刊请予援助给兰州市政府的公函》，1948 年 9 月 21 日，甘肃省档案馆馆藏，档号：059－009－1836－0005。

表 3-9 1931 年 7 月互助灾情统计（省振务会派员覆查之结果）

村堡名		依山堡	陈土司庄	陈小庄	上鲍堡	下鲍堡	宋靳堡	铁家上堡	朱尔总堡	新元堡
灾情		被雹六分	被雹六分	被雹六分	被雹九分	被雹八分	被雹八分	被雹五分	被雹八分	被雹九分
		被水二分	被水二分	被水三分	被水四分	被水六分	无	被水二分	被水四分	被水五分
损失	人口牲畜淹没分数	被水淹没羊 2 只，驴 3 头	无	被水淹没羊 5 只，牛 1 头，人大女 1 口，小女 1 口	被水淹没羊 10 只	被水淹没人大女 1 口，羊 20 只，牛 2 头，驴 5 头	被水淹没驴 1 头，羊 7 只	被水淹没驴 2 头，羊 100 只	被水淹没牛 9 头，羊 200 只，马 2 匹，驴 17 头，骡 1 头	被水淹没牛 6 头，羊 68 只，骡子 1 头，驴 4 头
	冲毁房屋田苗地数目	被雹打田地 40 石，被水冲田地 8 石	被雹打田地 14 石 1 斗 6 升，被水冲田地 2 石 2 斗	被雹打田地 17 石，被水冲田地 2 石	被雹打田地 38 石，被水冲田地 2 石 7 升	被雹打田地 76 石 8 斗 1 升，被水冲田地 10 石	被雹打田地 44 石 9 斗 1 升 3 合	被雹打田地 34 石 5 斗，被水冲田地 3 石	被雹打田地 244 石	被雹打田地 56 石 2 斗 6 升，被水冲田地 16 石 7 斗 4 升
	极贫人数	灾民 182 口	灾民 68 口	灾民 85 口	灾民 400 口	灾民 900 口	灾民 536 口	灾民 108 口	灾民 1615 口	灾民 750 口
	次贫人数	灾民 228 口	灾民 35 口	灾民 56 口	灾民 49 口	灾民 32 口	灾民 122 口	灾民 103 口	灾民 312 口	灾民 333 口
被灾日期		7 月 4 日	7 月 4 日	7 月 4 日	7 月 4 日	7 月 4 日	7 月 4 日	7 月 4 日	7 月 4 日	7 月 4 日

资料来源：《青海民国日报》1931 年 11 月 19 日，第 3 版；1931 年 11 月 20 日，第 4 版。

谊”拨款赈济，该年兰州市政府电汇 3610 元以资襄助（其中包括以各单位名义电汇的 2000 元和市商会募集的款项 1610 元），[①] 宁夏省主席马鸿逵电汇国币 2 万元[②]，云南省政府主席龙云汇赈款 5 万元[③]等。

至于报灾时间，民国时期减为限 40 天。[④] 又 1928 年的《勘报灾歉条例》具体规定“旱、虫各灾，县长随时勘报至迟不得逾 10 日，风、雹、水灾及其他项急灾，立即勘察，不得逾 3 日”，[⑤] 且 1932 年，国民政府内政部发布训令，“倘各县县长逾限未报或会勘委员藉故迁延者，由各省民政厅切实考察拟呈惩戒”。[⑥]

勘灾后对被灾地区灾伤分数、灾户等次的划分，是放赈分配标准的重要依据，为后续的赈灾以及灾后蠲免钱粮提供了依据。

（二）赈济措施

中央政府和地方政府根据勘灾情况，分别各种灾情，按照极贫、次贫情况，实施相应的赈济措施。临灾救济措施主要包括急赈、工赈、疫病的救治。

1. 急赈

清代，急赈亦称正赈，是临时性措施，以资灾民过渡，使“强者可以不起作乱之心，弱者可以免逃亡之患”。[⑦] 其方式包括赈粮和平粜、赈银、粥赈等。民国时期亦把急赈放在首位，国民政府颁布《督办赈务专员办事纲要》规定：“急赈以挽救灾民生命为目的，实行粥赈、钱赈或是粮赈是根据灾情来定的。最紧急的有生命危险的实行粥赈，其余的一般实行粮赈或者钱赈，交通不便灾区一般实行钱赈。”[⑧]

（1）赈粮和平粜。

赈粮　赈粮是直接发放粮食给灾民的一种救济方式。对于灾民而言，

---

① 参见《关于为青海水灾募捐情况的通知》，1948 年 12 月 9 日，甘肃省档案馆馆藏，档号：059-006-0307-0026；《兰州市商会关于送青海水灾捐款的代电》，1949 年 1 月 17 日，甘肃省档案馆馆藏，档号：059-009-1916-0005。

② 《青海民国日报》1940 年 11 月 24 日，第 2 版。

③ 《青海民国日报》1940 年 12 月 4 日，第 2 版。

④ 国民政府法制局编《增订国民政府现行法规》，商务印书馆，1929，第 45 页。

⑤ 国民政府法制局编《增订国民政府现行法规》，商务印书馆，1929，第 44 页。

⑥ 国民政府内政部编《内政公报》，1932 年第 5 卷第 13 期，第 4 页，陕西省图书馆馆藏。

⑦ 胡彦圣：《论救荒似当以急赈为过渡，以工赈为归宿》，《湖北地方政务研究（半月刊）》1934 年第 4 期，第 55 页。

⑧ 温艳：《民国时期西北地区自然灾害研究》，博士学位论文，西北大学，2012。

灾后迫切急需的救济物资是粮食，政府赈粮的散放可以让饥民暂时远离饥饿，全活于一时。发放赈粮时一般以动用仓粮为主，地方部分仓储是专备荒歉之用的。此外，也有临时购买或从近邻调运赈济的。关于赈粮的记载，如同治十一年（1873 年），西宁道郭襄之在郡城设局散粮，赈济贫民[①]；光绪十二年（1886 年）六月二十七日，“（碾伯）天降雹雨，大如鸡卵，打伤之处草根枯干，树皮剥落，禾稼颗粒未收。又有山崩地裂之村庄，房屋埋于土中，田园陷于河底，南山一带人民，赴县报灾。县令亲履查勘，即与各堡发给赈济粮石，聊救燃眉之急”；[②] 光绪二十一年（1895 年），青海东部地区战祸纷起，又值天旱，“出逃难民纷纷集中丹（噶尔）城，厅署动用义仓粮三百余石，按口赈济”；[③] 1929 年 2 月 19 日，省主席孙连仲训令兵站总监仰拨省公安局面粉 5000 斛赈济灾民，随后省会公安局受命以麦面 4478 斛散放灾民。[④] 又 1940 年，各县被灾甚广，岁歉民饥，省振济委员会配拨赈款三万元购买食粮，办理急赈。[⑤] 1948 年春季，环海各县大雪成灾，蒙藏人民帐幕牛羊马匹损失惨重，省政府拨青稞一百石用于急赈。[⑥]

平粜　粮价的急剧上涨是灾后的一个普遍特征。灾歉后，粮食本已匮乏，加之粮户、奸商囤积居奇，遂致来源减少，供需失调，粮价日渐腾贵。为此，政府实行平粜，以低价向灾民开仓售粮，借此打击不法商人的囤积行为，平抑粮价。粮价的成功控制有利于保证灾民个人的交换权利，从而避免饥荒的发生。

关于平粜，在清乾隆年间，青海地方就有实施。乾隆四年（1739 年），西（宁）、碾（伯）大饥，（西宁道佥事杨应琚）请拨狄道、河州仓粮若干石，运宁赈粜。在郡城建粮面市，招商评价，不假官吏之手，以杜欺蒙。[⑦]

---

① （清）邓承伟修，张价卿、来维礼等纂，基生兰续纂《西宁府续志》卷 10《志余》，青海人民出版社，1985，第 380 页。

② 参见《谢善述诗文集（上卷）》，谢才华辑，青海人民出版社，2002，第 6 页。

③ 参见杨生祥《湟源县义仓始末》，载湟源县政协文史资料组编《湟源文史资料（第 3 辑）》，1997，第 15 页。

④ 刘凤翰编著《孙连仲先生年谱长编（第一册）》，台北“国史馆”印行，1993，第 269、287 页。

⑤ 《青海民国日报》1940 年 12 月 16 日第 2 版。

⑥ 青海省政府秘书处编印《青海省政府三十七年度政绩比较表》，1948，第 27 页，陕西省图书馆馆藏。

⑦ （清）邓承伟修，张价卿、来维礼等纂，基生兰续纂《西宁府续志》卷 6《官师志·名宦》，青海人民出版社，1985，第 255 页。

又同治四年（1865 年），岁大饥，同知李海裕、副将王昇督同士民，劝捐粮石，设平粜面铺，以赈宁属各乡难民及本地贫民，全活无数。嗣历年续行，至十二年始止[①]。光绪十二年（1886 年），长赟任循化厅同知时，预购仓斗粮八百石，存储新建储备仓。光绪十八年（1892 年），“岁大饥，尽数平粜，全活甚众”。[②] 光绪十九年（1893 年），“岁大饥，乡民来城觅食者甚众。西宁县属开平粜，每人准粮五升。民众拥挤不堪，竟将头门鼓尔石踼倒”。[③] 可见，灾民众多，有时政府用于平粜的粮食往往是不敷使用的。

民国时期，各级政府亦重视平粜。1929 年，“青海东部农业区遭受严重旱灾，巴燕县受灾 80 个村庄，灾民 35700 人。邻近各县饥民大量涌入（巴燕），粮食（价格）暴涨，县政府出粜和捐赠义仓粮救灾”。[④] 1946 年 6 月，省府以“民和县连年抗旱，加以去岁重灾，食粮来源至感缺乏，值此物价波动甚烈之际，该县粮价飞涨甚巨。省府为福利民生，特派员来民和县举办平粜”，“（平粜之后）供需应便，粮价次第下跌”。[⑤]

（2）赈款。正如印度学者让·德雷兹所言：“当通过公共救济体系直接递送的食物，由于管理和后勤困难受阻或延误时，现金援助可以说是一个有益的选择。”[⑥] 较之赈粮、食物的发放需要一定的管理和后勤保障，赈款相应方便得多，是政府惯于采用的赈济方式，尤其在交通不便的灾区。如宣统元年（1909 年），清政府以甘肃连年旱歉，该年入春又雪雨愆期，迄今未得透雨。据碾伯、会宁及各土司先后报灾，“著赏给帑银六万两，分往散发”。[⑦] 1929 年 2 月 19 日，省会公安局发放饥民赈济款大洋 447 元 8 角、麦面 4478 斛。[⑧]

---

① （清）杨志平编纂、何平顺等校注《丹噶尔厅志》，载《青海地方旧志五种》，青海人民出版社，1989，第 164 页。

② （清）邓承伟修，张价卿、来维礼等纂，基生兰续纂《西宁府续志》卷 10《志余·循良》，青海人民出版社，1985，第 560 页。

③ （清）邓承伟修，张价卿、来维礼等纂，基生兰续纂《西宁府续志》卷 10《志余·祥异》，青海人民出版社，1985，第 510 页。

④ 化隆回族自治县地方志编纂委员会编《化隆县志》，陕西人民出版社，1994，第 17 页。

⑤ 《青海民国日报》1946 年 6 月 2 日，第 2 版。

⑥ 〔印度〕让·德雷兹、阿玛蒂亚·森：《饥饿与公共行为》，社会科学文献出版社，2006，第 104 页。

⑦ 《清实录·宣统政纪》卷 12，宣统元年四月丙申，中华书局，1987，第 245 页。

⑧ 刘凤翰编著《孙连仲先生年谱长编（第一册）》，台北“国史馆”印行，1993，第 287 页。

青海灾害频仍，自1929年后中央政府几乎是年年拨款赈灾。据不完全统计，从1929年到1948年为止，历年全省灾民共接受国民政府和青海省政府发放的赈济款合计约740万元（以法币为主，含少量银元、金圆券）（见表3-10）。

表3-10 1929~1948年青海省赈济款统计情况

单位：万元

年度	赈济款数	拨款单位	赈济地区	说　明
1929	1.00	中央振济委员会	果洛、玉树、海南等牧区	
1931	2.00	中央振济委员会、上海各省水灾筹募会	西宁、互助等县	
1936	5.00	中央振济委员会	西宁、大通、乐都、互助、同仁、循化等县	
1937	20.52	行政院、省政府	农牧区共17县	行政院5万元，省政府15.52万元
1940	43.70	省政府	全省各地	赈旱、涝、疾病
1941	32.36	中央振济委员会、省政府	西宁、湟源、大通、乐都、贵德等10县	赈济款17.36万元，药费7万元，赈济款数中含省府自筹的10万元
1942	410.00	中央振济委员会、蒙藏委员会	西宁、湟源、互助等14县及牧区	灾荒急赈费60万元，牛瘟急赈费100万元，兽疫防治费250万元
1943	75.00	中央振济委员会	贵德、西宁、湟源、大通、互助、化隆等县	其中贵德县查纳山崩急赈款5万元
1944	100.00	内政部、中央振济委员会	西宁、祁连、互助、循化等13县	分三次拨款，第一次15万元，第二次10万元，第三次75万元
1945	50.00	社会部	全省	全部用于购仓储粮
1948	0.40	社会部、中央振济委员会	省内遭雹灾地区	系金圆券（当时发行的纸币）

资料来源：史国枢主编《青海自然灾害》，青海人民出版社，2003，第399页。《青海民国日报》1931年12月6日，第3版；1941年1月7日，第2版。

至于赈济款配放灾民的具体情形，以 1938 年为例。该年，行政院分两批拨急赈款赈济青海灾民。第一批主要救济蒙、番两族牲畜灾疫，配赈都兰、亹源、湟源、共和、同仁、同德、称多、玉树、囊谦 9 县灾民计 45114 人，以及西宁城极贫难民计 1008 人，共放赈款 91234 元；第二批急赈款系青海汉、回、土各族水旱雹灾由，配赈西宁、大通、互助、湟源、化隆、贵德、循化、共和、同仁、民和、乐都、门源 12 县灾民 6 万元，实发放 57986 元。另调配赈余 6014 元用于西宁城冬赈。两批及西宁城冬赈共计发放急赈款 155234 元，共救灾民 110122 人，[①] 人均不到 1.41 元。另发放赈款时，须给灾民发放赈票，赈票上写明赈款的数量和发赈时限，凭票领赈。[②] 在牧区使用的赈票系汉藏文印票，携票领款，领后各百户或百长在总报告上盖章，各有铜章，大半为圆形，内系花纹，或藏字，多用墨色。[③]

民国时期，国家对救济款进行严格的管理。发放赈款时，有时会有国家下派的监督发放救济款的放赈员与地方人员会同发放。如 1936 年 12 月，“行政院核准由财政部核发 5 万元交青海省振务委员会配拨。省府于 1937 年 8 月派赈务委员会青海省监放委员阎复中到玉树，会同专使行署开展赈务工作”。[④] 又 1937 年，行政院分两批拨急赈款赈济青海灾民，当时行政院派至青海省的监放赈款专员是杜延年。[⑤] 此外，中央拨给地方的赈济款，地方要给中央汇报救济款的使用情形。如 1938 年，行政院所拨急赈款的实际使用情形，青海省赈务会以呈文《办理青海省第一、二两批放赈及备赈实在情形》上报重庆振务会加以陈明的同时，另将一、二、三次各县印收二十三张附电交送备核（见表 3－11、表 3－12、表 3－13）。[⑥]

---

① 《呈报办理青海省第一、二两批放赈及备赈实在情形》（1938 年 1 月 31 日）、《据青海省振务会呈报赈款发放情形请鉴核一案》（1938 年 4 月 23 日），载《青海赈济资料》，手抄本，第 6、7 页，青海省图书馆馆藏。

② 崔永红：《明代以来黄河上游地区生态环境与社会变迁史研究》，青海人民出版社，2008，第 290 页。

③ 马鹤天：《甘青藏边区考察记》，甘肃人民出版社，2003，第 409 页。

④ 桑丁才让：《九世班禅返藏受阻玉树期间的二三事》，载青海省政协学习和文史委员会编《青海文史资料集萃·民族宗教卷》，西宁民族印刷厂，2001，第 423 页。

⑤ 这在省振务会呈给重庆振会的呈文《办理青海省第一、二两批放赈及备赈实在情形》的落款中可以看到。参见《青海赈济资料》，手抄本，第 6 页，青海省图书馆馆藏。

⑥ 《据青海省振务会呈报赈款发放情形请鉴核一案，检阅原件咨请查核具复由》（1938 年 4 月 23 日），载《青海赈济资料》，手抄本，第 6～8 页，青海省图书馆馆藏。

表 3－11　第一批印收

县　名	印收件数	款数（元）	备　考
都　兰	1	3400	
湟　源	1	4200	
门　源	1	2492	
共　和	1	6600	
同　仁	1	6300	
同　德	1	53934	果洛族在内
称　多	1	2855	
玉　树	1	5244	
昂　谦	1	3201	以上均系蒙番
西宁城	1	1008	配赈余款放城内贫民
总　计	10	91234	

表 3－12　第二批印收

县　名	印收件数	款数（元）	备　考
西　宁	1	10700	
大　通	1	8800	
互　助	1	5900	
湟　源	1	3900	
化　隆	1	4400	
循　化	1	3800	
贵　德	1	3900	
同　仁	1	2000	
共　和	1	2700	
门　源	1	2586	
民　和	1	4400	
乐　都	1	4900	
总　计	12	57986	

表 3－13　青海西宁城冬赈款印收

县　名	印收件数	款数（元）
西宁城	1	6014

上述省府就中央所拨救济款的发放情况做了详细说明，并附印收为据，便于中央了解赈款的用途。有时也有地方对中央所拨赈济款的查放情形未详为报核的情况出现，这会受到中央的责问，在很大程度上对相关的请赈也会予以否决。如1941年农历六月，互助、湟源、大通等县雹灾，青海省振务会请赈，振委会已于当年拨款赈济。青海省振务会在未将赈款用途呈报中央的情形下，次年又以此灾为由再次请求配赈，这引起了振委会极大不满，诘问之余对配赈之请冷置。这在1942年1月20日振务会第二处致振委会委员长的签呈中有很清楚的表达：

> 青海省振（务）会呈报互助、湟源、大通等县雹灾，请求施赈等情。按所报灾情发生于农历六月，早前先后呈报到会计。互助已予拨赈2000元、湟源等县已予拨5000元。嗣又准青海省政府函请，加拨5000元，统筹配拨在案。乃该会对于收到各次赈款及查放情形一字未提，又未叙明如何不敷理由，只在请求配赈。该省地瘠民贫、远处绝塞，值此抗日之时，尤应特示怀柔之意。惟以此迹借灾要求无已，实属威信所关，未便率准。
>
> 兹拟分别复饬将以前分配赈款及查放情形详为报核，设系不敷或具有其他正当原因，亦须申述明白，再凭裁夺，否则有求必应，一味加拨，则请求必无已时，赈款更有限，此端一开，似难为训……①

省振务会在知晓地方收到中央拨发的赈济款后，要将分配赈款及查放情形报核中央的情形下，没有呈报相关内容，还试图鱼目混珠，再次以旧灾请求配赈。可知，在很大程度上这笔赈款已被省府移作他用，并未真正用到灾民身上。

当然，关于赈济款发放的管理，只是在个别时期实行，随着战事增多，政局动荡，国家便无暇顾及了。

赈款的发放，除移为他用的弊病外，因被灾地域甚广，灾民过多，往往是不敷分配，所得甚少。如1937年8月，中央放赈委员阎复中一行到玉树结古进行赈款的发放。发放赈款计玉树县4300元，囊谦县3400余元，称多县2200余元。凡贫苦受灾者，每人2元。就此，时人马鹤天认为此款

---

① 《振委会致西宁青海省振济会代电（附振委会第二处签呈振委会委员长）》，载《青海各地被遭灾害概况》，手抄本，第14页，青海省图书馆藏。

“如能修桥改良畜牧，试验农林，效果或大……现每人分得二元，使边民知中央德意的意义甚大”,[①] 而对灾民的实质救济来说只是杯水车薪，意义不大。同样，以上述提及的 1938 年行政院两批共计发放急赈款 155234 元，共救灾民 110122 人来论，灾民获得的赈款平均不到 1.41 元，更少。而中央振务委员会在 1942 年青海牛瘟爆发后，拨农业区急赈款 50 万元，牛瘟急赈款 60 万元后，振务委员会委员长许世英致函马步芳也感叹道“灾重款微，杯水车薪，无补实际。惟艰难以来，军用浩大，统筹兼顾，殊真苦衷。仍仗德威，广为晓谕。俾全体灾黎益知感奋，忍痛忘苦，共度国难”,[②] 道出了赈款的匮乏和救助的乏力。

（3）粥赈。除发放赈粮、赈银外，粥赈以见效快，“可救人即刻之饿，又无冒滥、虚费可虞”,[③] 历来为官方和士人所重视。清代陆曾禹在《钦定康济录》中就粥赈曾写道，“既无遗漏，又不泛施，使饿殍藉之而生，枵腹赖之而活。虽云一粥，却可救人于‘生死关头’……庶几闹市穷乡，皆沾利益”[④]，故设厂施粥是灾荒后官方通常采取的另外一项重要的赈济措施。粥厂有常设的，有临时举办的；有设在城市的，也有设在乡间的。灾后临时举办的较常见。

同治四年（1865 年），岁大饥，（丹噶尔）同知李海裕副将王昇督同士民，劝捐粮石，设平粜面铺并粥厂，以赈宁属各乡难民及本地贫民，全活无数。嗣历年续行，至十二年始止。[⑤]

1921 年，西宁道霪雨病禾，遂成饥馑。万余灾民扶老携幼滞留西宁，衣食无着。道、县开仓赈粮，在仓院搭棚设粥厂，煮粥舍食，以活民命；1927 年，西宁、湟源两县各设立粥厂 1 处，供给老弱病残者饭食；又 1929 年，西宁地区大雨成灾，庄廓倒塌，人畜漂流，乡民来城觅食者数千人。省民政厅在西宁城关设粥厂、扶养所 3 处，委张鹤亭为主任，散发馒头、

① 马鹤天：《甘青藏边区考察记》，甘肃人民出版社，2003，第 323～324 页。

② 《振委会致青海马步芳函》（1942 年 12 月 3 日），载《青海省各地被遭灾害概况》，手抄本，第 7 页，青海省图书馆藏。

③ （明）陈龙正：《救荒策会》，载李文海、夏明方主编《中国荒政全书》第一辑，北京古籍出版社，2003，第 672 页。

④ （清）陆曾禹：《钦定康济录》，载李文海、夏明方主编《中国荒政全书》第二辑（第一卷），北京古籍出版社，2004，第 428 页。

⑤ （清）杨志平编纂、何平顺等校注《丹噶尔厅志》，载《青海地方旧志五种》，青海人民出版社，1989，第 164 页。

米粥，救活饥民数千名，并安抚遣送回乡归耕；[①] 同年乐都既罹荒旱，又遭匪灾，人民困饿致死者，每日不止数百。[②] 据此，省府派副官王书有前往该处筹设粥厂，并令乐都县暂提仓储青稞会同办理，推举县党部指导员孟士杰为粥厂主任，高小学校校长梁维成为助理，[③] 并以剧捐两千元分配粥厂。[④] 在多方准备后，乐都县粥厂于该年六月八日开始放粥，以活灾黎。[⑤] 粥厂耗费颇大，当时身为省政府主席的孙连仲在给华洋义赈会的公函中就提到："以每日4000人计，所需稞粮当在宁升二百五十石以上，烧柴亦在六十万斤左右，办公费更不下百余元。"[⑥] 除耗费大外，组织运行也不易。乐都粥厂对自身运行事宜及施粥时间、施放对象制定简章进行了说明。其要点有：粥厂设总务、文书、交际、稽查、烹饪、统计六股维持工作，其中就粥厂固有之积弊，如不法分子借机中饱等，设稽查股以杜防；粥厂的施粥对象限于老弱残废、鳏寡孤独者不计外，对能自谋生活之壮丁，严加限制；为减少粥厂开支，雇用的夫役，就灾民中作工可靠者充当之，不分性别及地域；厂内所需燃料及器物等，均由县政府责成临近各堡供给之，但器物用毕之日，仍须交还原主；粥厂粮款的筹办及运送等事，由县长及筹赈会负完全责任。[⑦] 详情见附录（一）。

2. 以工代赈

"以工代赈"是一种常见的灾后救助形式，它是指为灾民提供劳动的机会，灾民通过自己的劳动获得报酬的有偿赈济方式。[⑧] 工赈是古来赈济饥民的良法，管子就曾提出"如以予人食者，不如毋夺其事"。[⑨] 明代以其

---

① 参见史国枢主编《青海自然灾害》，青海人民出版社，2003，第396页。

② 刘凤瀚编著《孙连仲先生年谱长编（第二册）》，台北"国史馆"印行，1993，第644页。

③ 刘凤瀚编著《孙连仲先生年谱长编（第二册）》，台北"国史馆"印行，1993，第644页。

④ 刘凤瀚编著《孙连仲先生年谱长编（第二册）》，台北"国史馆"印行，1993，第765页。

⑤ 刘凤瀚编著《孙连仲先生年谱长编（第二册）》，台北"国史馆"印行，1993，第687页。

⑥ 刘凤瀚编著《孙连仲先生年谱长编（第二册）》，台北"国史馆"印行，1993，第644页。

⑦ 刘凤瀚编著《孙连仲先生年谱长编（第二册）》，台北"国史馆"印行，1993，第645~646页。

⑧ 张奇林主编《社会救助与社会福利》，人民出版社，2012，第143页。

⑨ （春秋战国）管仲：《管子》卷12《侈靡篇》，（唐）房玄龄注，四部丛刊景宋本。

同义词“兴工役”“兴工作”的形式出现，为当时荒政之一。[1] 清时，“兴工代赈”亦为统治者所青睐[2]，近人更视其“为中国向来办赈至善善策”[3]。工赈在完成地方建设的同时，又可使灾民得到赈济，此外灾民得以趁工，可以减少不安定的因素，稳固社会秩序。近代青海，政府在修葺城池、修渠筑路及植树活动中采取了工赈。

早在乾隆年间，就有地方官在修葺城池时组织工赈的记载，乾隆四年（1739 年），西宁、碾伯饥，（西宁道）佥事杨应琚请筑巴燕戎等九城堡，每夫日给银 5 分、口粮 1 升 6 合 6 勺，以工协赈。[4]

1930 年，省府以本年旱灾极重，用“以工代赈”办法，兴办水利。省振务会经议决给赈洋 1 万余元作为补助，各县按期承领数额不等之赈款，暂为动工兴修[5]；1944 年，西宁、亹源、大通、祁连、循化、互助遭雹灾，乐都、同仁遭旱，“该年，修建曹家堡水渠工程时，部分（工程）实施了以工代赈办法”。[6] 又 1928 ~ 1929 年，青省连年苦旱，又兼土匪滋扰，民不堪命。据此，1929 年，乐都县深沟庄朱永礼等呈请宽修汽车路、恢复旧渠、以工代赈。该年 5 月 10 日，省主席孙连仲训令交通处派员会同查勘办理；[7] 1936 年夏秋之间，“西宁、大通、乐都、互助、同仁、循化等县所属村庄山洪、冰雹交相成灾……有禾稼打伤无存者，有山洪暴发，田地均被冲没者”。灾情奇重，在中央拨款、省政府自行筹措款项赈济灾民的同时，次年，时值青藏公路修筑，部分工程实施以工代赈办法，[8] 对灾民进行救助。

---

① 冯贤亮：《万历年间江南的水灾与社会反应》，《明代研究》2011 年第 16 期。

② 参见（清）杨西明《灾赈全书》，载李文海、夏明方主编《中国荒政全书》第二辑（第三卷），北京古籍出版社，2004，第 505 ~ 506 页。

③ 《张謇全集（二）》，江苏古籍出版社，1994，第 102 页。

④ （清）杨应琚纂《西宁府新志》卷 31《纲领志（下）》，青海人民出版社，1988，第 818 页。

⑤ 参见青海省政府民政厅编《最近之青海》，新亚细亚学会，1934，第 212 页。

⑥ 崔永红：《明代以来黄河上游地区生态环境与社会变迁史研究》，青海人民出版社，2008，第 295 页。

⑦ 刘凤瀚编著《孙连仲先生年谱长编（第二册）》，台北“国史馆”印行，1993，第 566 页。

⑧ 史国枢主编《青海自然灾害》，青海人民出版社，2003，第 397 页。原文为青藏、青康公路，事实上该年只有青藏公路开始兴修，修的是西宁至大河坝的便道。青康公路即便在 1942 年，蒋介石还是以需款甚巨，提出缓筑。参见翟松天《青海经济史》（近代卷），青海人民出版社，1998，第 173 ~ 174 页。

造林活动亦是实施工赈的极好机会。只是在青省长达十几年的大规模植树活动中，一直是义务劳动，1948 年的《青海省政府工作报告》中明确规定植树活动为“人民义务劳动”，仅对运苗民夫由省府雇用。至 1949 年，才有各县市植树所有征雇民工均发给食粮工资，实施以工代赈的记载。[①]

从上述看，“以工代赈”这种救助灾民的积极形式，在近代青海，尤其是民国时期多有采用，在筑城、修路、修渠、植树活动中都有涉及，但对其功效不能估之过高。比之同一时期陕甘地区，政府、华洋义赈会组织的大规模有计划的大型工赈活动（如陕西泾渭渠的开凿、甘肃的西兰公路的修建等），实在是相形见绌。工赈只是工程建设当中的“小插曲”，不仅涉及的工程较少，而且开展工赈的部分往往在整个工程中所占比例极小。由于工赈需要大量资金的投入，而青海大型水利工程、青藏公路的修筑中，虽有中央资金上的支持，只是环境恶劣，工程进度慢，加之物价连年上涨，投入往往入不敷出，几度中断，曹家堡渠、青藏公路的修建过程均是如此。在资金极度紧缺的现实下，只能在人工上节省。工程中的大多数人工是政府无偿强制征发的，所以工赈开展力度弱，没有持续性，在赈济灾民方面发挥的作用有限。

3. 灾后防疫

“大灾之后必有大疫”，瘟疫比起水旱灾害来说，来得更直接、更迅猛，它能顷刻夺取成千上万人的性命，引发人们极度的不安与恐慌。瘟疫的蔓延，要求政府迅即反应，实施防治。灾后防疫是救灾的重要一环，其内容包括掩埋尸骨、医疗救治、实行隔离等。

清末，青海地方上有常设的官方的公共墓地——漏泽园，“葬民之死而无归者”；官吏捐俸所建的同善公所，亦具有施棺助葬的功能。它们的设置虽有顾及卫生之意，但重在济贫，而灾后掩埋尸骨以防疫的考量则大于一切。灾后往往是父母、兄弟、姐妹崩析沦亡而不能相顾，道横腐尸无人安葬。抛骸弃骨除有碍观瞻、造成秽臭之余，更是易滋疫疠。为此，政府为防止疫情传播，专门组织人手掩埋尸骨。如 1928～1929 年，兵灾和疫情较重的甘肃陇西地区灾民向青海东部地区流徙。正值民和、乐都两县也遭受旱灾。大批灾民的涌入，加重了两县的灾情。因饥饿和瘟疫致死的流

① 青海省地方志编纂委员会编《青海省志·林业志》，青海人民出版社，1993，第 44 页。

民为数不少，疫情蔓延。民和县派有民夫抬埋死尸，[①] 民和县上川口汪边台斜沟的“万人坑”即当时的集中掩埋地。[②]

除掩埋尸骸，减轻疫情的加剧外，疾疫的根本控制急需医疗救治。早在光绪年间，地方官吏对此就有认识，在疾疫爆发自身无力对灾民施治的情况下，积极支持传教士的工作。如光绪二十一年（1895 年）三月，河湟起义在青海循化厅爆发后，迅速蔓延到西宁、河州等地。伴随战祸的是白喉、天花等疾疫的流行。内地会传教士胡立礼等人积极医治战争中的伤员和患有疾疫的病人，此时的西宁知府全力支持传教士的救死扶伤工作，以便及早控制疫情的蔓延。他多次去看望照顾病人的传教士，派遣士兵前去帮忙，[③] 并提供政府调控范围内能够提供的一切便利。此外，官办的惠民药局在瘟疫发生时也会施药救治灾民。

民国时期，随着近代卫生和防疫事业的发展，从中央到地方对疾疫的医疗救治更为重视，政府对瘟疫的医疗赈济也更为普遍。发生疫情后，中央多次拨放专款，用于青省购买防疫药品。如 1941 年，中央振务会电汇西北防疫处国币 2000 元购防疫注射药品运交省府以防御疫病；[④] 1941 年 8 月，加拨赈款 3 万元，作为省内各县疫病救济费。[⑤] 也有来青的中央大员捐助医药费以助防疫的。1940 年，湟源全县不仅惨遭水旱巨灾，而且遍地疫疠，流行甚炽，一般贫苦病民无力医治，死亡接踵，护送班禅灵寝回藏专使赵守钰途经此地，目击心伤，捐助医药费一千元，交由湟源县长代为配放，以救灾黎。[⑥]

地方上，随着青省卫生防疫机构的设立，疫情出现，省卫生处等便派巡回医疗队驰赴各灾区从事防疫及医疗救护工作，内容包括对灾民注射预防疫苗、发放药品，并设立临时检疫站、隔离病院以杜绝疫情蔓延。1940 年农历六七月间，西宁各区伤寒流行加剧，患病人数占全县人口的 60%。

---

① 参见青海省志编纂委员会编《青海历史纪要》，青海人民出版社，1980，第 112 ~ 113 页。

② 参见民和回族土族自治县志编纂委员会编《民和县志·大事记》，陕西人民出版社，1993，第 17 页。

③ R. F. Ridley. Trouble Times in Kan – Suh Ⅱ. *China's Millions*, 1896 (5): pp. 65 – 66. 转引自刘继华《基督教与伊斯兰教在青海的早期相遇——兼论基督教在青海的早期传播》，《青海民族研究》2012 年第 3 期。

④ 《青海民国日报》1941 年 5 月 6 日，第 2 版。

⑤ 《青海省振济会三十年度领用振济委员会赈济费支配情形报告表》，载《青海赈济资料》，手抄本，第 11 页，青海省图书馆馆藏。

⑥ 《青海民国日报》1940 年 12 月 22 日，第 2 版。

西北卫生队第三队与西北防疫处西宁防治所派员合组巡回医疗队，11 月初赴各区巡回医疗。该队每至一乡村，一面注射防疫疫苗，一面医疗。[①] 1948 年元月，西宁市突发流行性脑脊髓膜炎，以病家不识病症未送医院防治致传染情形趋于蔓延。除呈报卫生部在京渝药品供应处发给盘尼西林及磺胺类药品二批运省治疗外，一面将预防方法布告民众并召集省垣各区保甲长等面为讲解该病预防方法以广宣传而杜传染外，又在中山医院特辟病室专司治疗工作，截至 3 月份止，此症逐渐拍灭。[②] 除药物防疫外，卫生防疫机构也注重检疫和隔离。1945 年，兰州市发现真性霍乱，甘青毗连，交通频繁，省卫生处以该病为害之烈，甚于洪水猛兽，恐传播来青，为求防患未然、保障人民安康，规定在甘青交界民和县享堂镇、西宁东关汽车站设立临时检疫站，检验入境旅客，并为入境旅客注射霍乱疫苗 1145 人次，在甘青公路沿线的村镇共注射霍乱疫苗 4757 人次，以杜绝病菌的传入。除检疫外，隔离是避免传染扩大的必要途径。在瘟疫流行时，防疫机构积极筹划设立隔离病院。[③] 1940 年，湟源三区疫疠盛行，截至年底全县共计死亡 1258 人。各区之疫病属流行性，一家一人染病，均共住一炕，辗转传染，遂致全家均遭波及，无人照应看护，又无医药及饮食之供给，遂致死亡枕藉。省振济会临时防疫医疗队为求彻底防疫病之传播，又免病人冻馁起见，特呈请设立隔离病院一所，以便防治。计划在隔离病院设立后，由县政府责成各区保甲长，将所有传染病人强迫在医院进行隔离治疗。病人的运送，请县府饬各区保甲长组织运输队送院收容。隔离病院的病人伙食及被服，由县振济会呈请省振济会拨发。隔离病院治疗的工作由临时防疫医疗队人员担任，不敷时由省卫生实验处调派。隔离病院至防疫病人完全出院后结束，约计 2 月。[④]

除人类疾疫频发外，青海 70% 的面积为畜牧区，作为重要的畜牧产地之一，畜疫多发且蔓延甚烈。畜疫发生后，政府拨急赈款用于购买血清、疫苗，同时派防疫机构进入灾区进行防治。如 1942 年，中央拨牛瘟急赈费 100 万元，兽疫防治费 250 万元（见表 3－10）用于防疫，并饬令西北兽疫防治处漏夜赶制血清、疫苗，并赶往灾区进行防治，且从四川荣昌血清厂调拨血

---

① 《青海民国日报》1940 年 12 月 10 日，第 2 版。

② 青海省政府秘书处编印《青海省政府三十七年度政绩比较表》，1948，第 36 页，陕西省图书馆馆藏。

③ 《青海民国日报》1945 年 8 月 14 日，第 2 版。

④ 《青海民国日报》1941 年 1 月 13 日，第 2 版。

清援救。[①] 1945年，青省兽疫防治处成立后，承担了疫情的主要防治工作。疫情出现后，其下属的防疫队携带血清、疫苗奔赴灾区进行防治。如1945年4月10日，兽疫防治处第一防疫队队长陈占鳌及第二防疫队队长杨生霭，偕同技术员刘瑛等5人，携带牛痘脏器苗10万毫升，及抗牛瘟血清4万毫升，乘拉拉车（民国时期当地的一种运货畜力车）前往贵德黄河两岸地带防疫。[②] 据统计，1945年贵德、共和等牧区，牛瘟发生后，该处先后派防治队前往注射血清疫苗。计在共和注射牛3352头，贵德注射牛4046头，拉加寺又注射400头，总计注射牛7798头。[③]

随着近代卫生和防疫事业的发展，尤其民国时期防疫机构设立后，政府采用现代医学技术在疫情的防治上积极开展工作，但政府防疫机构通常经费支绌、医药设备不足，使政府开展的医疗防疫措施处处掣肘，难以满足数量庞大的灾民。加之疫病本身的复杂性，死于疾疫者也为数不少。1940年的《青海民国日报》上就有这样的记录："贵德县瘟疫流行，伤寒流行最烈，甚有一家死亡大半者，每日死亡不下数人，阴阳木匠，大有忙不应暇之势。"[④]

畜疫的防治方面，也是同样情形，防治处下设的血清厂"因设备简陋、品种少，无法对付众多疫病的流行，只能制多少，防治多少"。[⑤] 政府积极的防治措施，受到客观条件的制约，只能在局部范围内控制疫情。尤其蒙藏牧区因交通、经费的关系，畜疫的防治还是极为薄弱。1942年底，青海兽疫防治大队组织成立，加紧防疫。当时参与防治活动的窦建业忆及当时的防治情况，客观地指出政府防疫机构的活动开展使"省东部牛瘟立见防止，奈因交通及财力关系，对于牛瘟发源地玉树一带如故流行，据当局详细统计结果，各族死亡家畜玉树为101750头，囊谦有164000头，羊3757只"。[⑥] 又上文中1945年，省兽疫防治处在共和、贵德等地防治仅7000余头，这与牛瘟爆发动辄上万的死亡数相比，救治的仅是其中一部分。

---

① 《据呈为青海省蒙藏族发生牛瘟恳祈转请增发赈款等情已转振济委员会仰知之由》（1942年12月4日），载《青海黑霜、牛瘟成灾》，手抄本，第5页，青海省图书馆馆藏。

② 《青海民国日报》1945年4月11日，第2版。

③ 《青海民国日报》1945年8月5日，第2版。

④ 《青海民国日报》1940年8月19日，第2版。

⑤ 梁圣译主编《中国兽医生物制品发展简史》，中国农业出版社，2001，第18~19页。

⑥ 《青海民国日报》1945年5月14日，第2版。

四　灾后善后

（一）安辑流民

安辑流民“是灾后的一种补救措施，具有消除灾害影响的善后性质”。[①] 流民居无定所，流动性大，散漫无组织，不易管理。又因生活所迫，强者容易啸聚为匪。而且流民涌入，密集的人群容易引发疾疫。总之，流民是社会不安定因素之一。因此，政府重视流民问题，采取的安辑方式包括“留养遣送”和就地安插两种。

暂时留养和遣返原籍。地方恤政机构养济院、栖流所等可暂为收容救助部分流民，由于青省这类机构本身规模不大，收容有限。政府也设立临时灾民收容所救助流民。如 1928 年河湟事变后，各处流离失所者不计其数，到处啼饥号寒，奄奄待毙。至 1929 年秋，仍有多处难民趋集城郭，风餐露宿。青海省民政厅以责任攸关，商承主席孙连仲在该年组织筹赈灾民游艺会，演剧售票，集款在西宁设立第一、第二、第三 3 个灾民收容所，收容灾民 2000 余人。委张鹤亭为该所主任，设置医药、面斤，以维生命。历时两月，计全活灾民数千人。[②]

留养只是权宜之法，因所需浩大，往往无法支撑，而遣送原籍、恢复生产是根本之计。如上述灾民收容所，“历时两月，需款数千元。后以来者甚众，无款维持，遂将灾民分别遣还原里，以图生业。其无家可归者，交孤老院收养”。[③] 自 1928 年河凉变乱以后，甘肃洮西、临潭、和政、宁定、临夏等县受害最巨。迄今三年之久，元气尚未恢复，以致流离失所之灾民尚有数万人。其中饱受兵灾和旱灾之害的甘肃陇西地区灾民向青海东部地区流徙者众多。时任中央新编陆军第十四师师长[④]的鲁大昌，身为临夏人，不忍坐视同胞长此颠沛，意欲安抚灾民回原籍，特派代表石作柱、马腾蛟来青与时任省主席的马麟商洽抚恤办法，提出在汉回杂处地方择一适中地点设立保安亲善会办理招抚事宜，设法筹款赈济以助春耕，另以“自民国十七年起灾区内所有回汉人民买卖田产一律以原价归还原主（如业主情愿者不在此列）”等办法招抚灾民回原籍生产。马麟鉴于甘肃灾民

---

① 参见池子华《流民问题与社会控制》，广西人民出版社，2001，第 167 页。

② 青海省政府民政厅编《最近之青海》，新亚细亚学会，1934，第 232 页。

③ 青海省政府民政厅编《最近之青海》，新亚细亚学会，1934，第 232 页。

④ 原文为第十三师，应是讹误，特予以纠正。

的大量涌入加重了青海东部地区民和、乐都等县的灾情，对鲁大昌的提议深表赞同，并提出担任筹款赈济工作，筹款赈济以助春耕，解决灾民回籍后的后顾之忧，以此鼓励他们安心回故里。①

此外，对不愿回原籍者，地方政府采用就地安插的办法。民国时期，甘肃武威、河州等地回族逃荒，青海省政府曾一次安排甘肃河州回族灾民近百户于化隆甘都、西滩等地安为庄户（佃户）。② 除部分流民被安置在东部的农业区外，新垦地也成为安置灾民的主要地区。1939 年，省府欲在都兰察汗乌苏、共和大河坝下塘、亹源八宝一带设垦殖点时，就曾言垦殖之利，“非唯地利兴辟，灾民有所安插，且西北边防，亦可赖以巩固”。③ 确实如此，垦殖区一般在偏远的地方，可以安插灾民，疏散部分流民，在缓解灾后流民蜂拥入城镇，给地方民食、治安带来的压力的同时，又可增加人手开发地利，可谓一举两得。1938 年 3 月 22 日，马步芳对各县县长训话时就令各县县长“凡入境难民，均须随时送省，以便转送八宝（属亹源县）一带垦殖”。④ 1945 年春，马得彪一行 12 人受都兰县垦务局派遣来到香日德河西安营扎寨，其任务一是垦荒种地，二是收容安置逃亡本地的士兵和难民。⑤

（二）蠲免、缓征

1. 清代的蠲免、缓征

蠲免赋税是国家对劳动者当年应交钱粮或徭役的免除，是在灾害非常严重的情况下政府采取的特殊的赋税政策。蠲免赋税的数量与灾害的严重程度有关。雍正六年（1728 年），清政府的赋税灾蠲比例，“十分者，著免七分；九分者，著免六分；八分者，著免四分；七分者，著免二分；六分者，著免一分”。⑥ 乾隆三年（1738 年），扩大蠲免范围，对受灾较轻地

---

① 参见《青海民国日报》1931 年 12 月 9 日，第 3 版；民和回族土族自治县志编纂委员会编《民和县志》，陕西人民出版社，1993，第 17 页。

② 化隆回族自治县地方志编纂委员会编《化隆县志》，陕西人民出版社，1994，第 657 ~ 658 页；喇秉德、马文慧等：《青海回族史》，民族出版社，2009，第 39 页。

③ 王国祯编著《青海气象史》，气象出版社，2004，第 28 页。

④ 青海省政府秘书处编《青海省政府公报》1938 年第 65 期，第 47 页。

⑤ 丁尕、梁良：《国民政府在香日德的屯垦活动》，载青海省政协学习和文史委员会编《青海文史资料集萃・工商经济卷》，西宁印刷厂印制，2001，第 93 页。

⑥ 《清世宗宪皇帝实录（二）》卷六七，雍正六年戊申三月辛亥，台北华文书局股份有限公司，1969，第 1046 页。

区予以关照，“嗣后著将被灾五分之处，亦准报灾，地方官查勘明确，蠲免钱粮十分之一，永著为例”。[①] 各地随地丁征收的耗羡，也于灾蠲地丁正赋之年按被灾分数一概蠲免。但须看到的是，即使灾害严重到使庄稼颗粒无收的程度，在一般情况下，受灾农户应缴纳的国家赋税也不可能被百分之百地免除。

清时蠲免在前中期，尤其是乾隆朝时最多，而到了后期，因国家内外交困、国势衰弱，关于蠲免的记录大为减少。据袁林先生的《灾荒志》整理仅有4次：道光十五年（1835）十二月，除玉树格尔基等十一族被（雪）番户应征银两；道光二十一年（1841）十一月，免玉树番族被雪压毙人户应征银；光绪二十二年（1896）九月，蠲免西宁、大通、碾伯、巴燕戎格、循化等县被雹地方新旧额赋并杂课有差；宣统二年（1910年）九月，蠲循化（上年）被旱灾地方钱粮草束。[②]

“缓征”是指“将应征赋税在政府特许的情况下延缓征收。它不是免征，只是将征收赋税的时间适当延迟，应征赋税的数量并未减少。因此，‘缓征’对灾民的救助力度远不及‘蠲免’，它只是通过推迟征收赋税时间的办法，宽纾民力，减缓灾区压力”，[③] 但同时又保证了国家财政收入。清朝晚期缓征赋税的次数明显要多于蠲免（见表3-14）。

表3-14 清朝晚期灾后缓征情况

时　间	缓征情况
道光二十年（1840）七月	缓征西宁、碾伯等县被震、被霜灾区新旧额赋
道光二十一年（1841）十一月	缓征西宁、碾伯等县被雹、被霜、被水歉收村庄新旧额赋
道光二十二年（1842）十一月	缓征碾伯、西宁等县被旱、被水、被雹歉收村庄新旧额赋
道光二十三年（1843）十一月	缓征碾伯被雹、被水、被旱歉收村庄新旧额赋
道光二十四年（1844）十一月	缓征西宁、碾伯被旱、被雹、被水歉收地亩新旧正杂额赋
道光二十五年（1845）十一月	缓征碾伯县被旱歉收村庄新旧额赋
道光二十六年（1846）十一月	缓征碾伯等县被雹、被水、被旱、被霜灾区新旧额赋
道光二十七年（1847）十一月	缓征西宁、碾伯、大通等县被雹、被水、被旱、被霜村庄新旧正杂额赋

① 《清高宗纯皇帝实录（二）》卷六八，乾隆三年戊午五月壬子，台北华文书局股份有限公司，1969，第1128页。

② 袁林：《西北灾荒史》，甘肃人民出版社，1994，第1226、1229、1086、562页。

③ 陈桦、刘宗志：《救灾与济贫——中国封建时代的社会救助活动（1750—1911）》，中国人民大学出版社，2005，第72~73页。

续表

时　　间	缓征情况
道光二十八年（1848）十一月	缓征西宁等县被雹、被水、被旱歉收村庄新旧额赋
咸丰元年（1851）十一月	缓征西宁、大通县被水、被雪、被风、被旱灾区未完新旧银粮草束
咸丰二年（1852）十二月	缓征西宁、大通县被旱、被水、被雹、被霜地方新旧额赋
咸丰三年（1853）十一月	缓征碾伯等县被旱、被霜、被雹地方旧欠额赋
咸丰六年（1856）十一月	展缓碾伯、西宁县被水、被雹、被旱灾区新旧额赋
咸丰七年（1857）十二月	缓征碾伯县被雹、被水、被旱灾区新旧银粮草束
同治二年（1863）三月	缓征碾伯县被水、被霜、被风、被冻地方新旧钱粮草束
光绪十二年（1886）十二月	蠲缓巴燕戎格、西宁、碾伯等县被雹、被水灾地方钱粮草束
光绪二十四年（1898）十二月	蠲缓碾伯县被（旱、水、雹）灾应征正耗银两并粮草
光绪二十六年（1900）正月	蠲缓巴燕戎格、西宁、大通、贵德、碾伯县（厅）被（旱、雹、水、霜）灾地方额赋粮草
光绪二十八年（1902）正月	蠲缓西宁、大通县被（旱）灾地方粮赋有差
光绪三十三年（1907）十二月	蠲缓碾伯县被旱灾地亩钱粮
光绪三十四年（1908）十二月	蠲缓碾伯县被（旱、雹、冻）灾地方钱粮

资料来源：袁林《西北灾荒史》，甘肃人民出版社，1994，第522～527、551～561、793～796、1074、1091、1228～1231页。

2. 民国时期的灾歉减免和缓征

（1）田赋减免和缓征。民国初期，北洋政府依据前清旧例，按照灾情，审定分数，分别蠲免缓征。[①] 1916年，甘肃（内含青海）豁除数：粮80石2598勺，草1614束964；蠲免数：银1705两9916（钱），粮2222石96562（勺）；缓征数：银5714两3169（钱），粮6428石28234，草87917束505。[②] 1917年，甘肃豁除数：银320两761（钱），粮112石659（勺），草375束9；蠲免数：银469两2677（钱），粮142石15705（勺）；缓征数：银430两1407，粮127石7531（勺）。[③]

① 中国第二历史档案馆编《中华民国史档案资料汇编·第三辑 财政（二）》，江苏古籍出版社，1998，第1259页。

② 中国第二历史档案馆编《中华民国史档案资料汇编·第三辑 财政（二）》，江苏古籍出版社，1998，第1261页。

③ 中国第二历史档案馆编《中华民国史档案资料汇编·第三辑 财政（二）》，江苏古籍出版社，1998，第1264～1265页。

国民政府时期，农户受灾粮食歉收，规定以受灾土地面积及减收成数经报官勘验、批准后方给予减免田赋。1942 年 4 月，国民政府颁发《勘报灾歉条例》及《修正赋税减免规程》，青海省据以制发《青海省田赋灾歉减免办法》，规定："当年受灾地亩的粮食收获量未达中等年景收获量之二成者，其承纳田赋准予全免；收获量达中等年景产量二成以上不足三成者，减免应承纳田赋的 80%；收获量达中等年景产量之三成以上不足四成者，减免应承纳田赋的 70%；收获量达中等年景产量之四成以上不足五成者，减免应承纳田赋的 60%；收获量达中等年景产量之五成以上不足六成者，减免应承纳田赋的 50%；收获量达中等年景产量之六成以上者，不予减免。随田赋带征的粮赋税捐亦按田赋减免成数予以减免。"① 1948 年，青海省田赋粮食管理处颁布的《青海省征粮须知》中对灾后田赋的减免办法又做了重申：（1）被灾成数达五成以上至六成者，减免田赋 6/10；（2）被灾成数在五成以下者，以不成灾论；（3）被灾成数达六成以上至七成者，减免田赋 7/10；（4）被灾成数达七成以上至八成者，减免田赋 8/10；（5）被灾成数达八成以上至九成者，减免田赋 9/10；（6）被灾成数达九成以上至十成者，准免全赋；（7）征借粮赋可比照前项规定减免。②

青海省地方高寒，历来气候条件甚差，雨、雪、风、雹及水、旱灾荒每年都有发生，报经官方批准获减免田赋者仅为其中的一部分。根据部分资料所载，1938 年至新中国成立前夕，青海省各年田赋减免大致如表 3－15。

表 3－15　1938～1948 年青海省各县田赋减免情况

单位：石

年　份	1943	1944	1945	1946	1947	1948
西宁市			6690.70			891.48
大通县			4942.52	14.23	2043.61	7901.01
共和县	20.16		9.21		58.73	16.83
湟源县			431.88		6.58	1379.39

① 青海省地方志编纂委员会编《青海省志·财政志》，黄山书社，1995，第 32～33 页。

② 青海省田赋粮食处：《青海省征粮须知》（1948 年），《青海粮食史料（第二辑）》，1988，第 49 页。

续表

年　份	1943	1944	1945	1946	1947	1948
贵德县	0.65		649.33	18.28	103.72	2726.23
乐都县			3062.51	1.77	310.56	4319.40
互助县	11.31	94.52	8756.50	72.49	1875.01	7893.18
民和县			5154.40	27.35	3971.45	863.14
海晏县			127.68		98.75	148.71
同仁县			191.94		6.58	701.99
化隆县			1644.25	8.67	70.78	
门源县			157.53			157.53
循化县			182.69		1126.29	1054.15
祁连县					14.91	12.33
湟中县					5710.92	14937.13
称多县						28.82
玉树县						26.54
合　计	32.12	94.52	31821.14	142.79	14397.89	43098.86

资料来源：青海省地方志编纂委员会编《青海省志·财政志》，黄山书社，1995，第33页。

除上述田赋的减免外，也有畜税的减免。1942年，青海牧区牛瘟横行，牲畜死亡枕藉。鉴于灾情，中央财政部在1943年减免青海畜产税及清末民初少数民族地区所欠4000多两的贡马银。[1]

（2）灾后地方政府对贫民所欠仓粮、应征营买粮草、杂捐等的豁免。因灾蠲免赋税的范围除国家征收的赋税外，还包括了受灾地区贫民平时向地方政府的借粮、借款。在青黄不接的季节，生活发生困难的贫穷农民可以从政府的常平仓中借粮、借种，“春借秋还”；当遇到灾荒，粮食减产，但其严重程度又未达到赈济标准时，地方政府也往往向贫民出借仓谷或银钱，以助其渡过难关。这种借贷的粮款，历年积累，有时数量也很大。[2]1939年，省府派员彻底清算整理各县县仓及丰黎两仓时，查西宁县各仓尚有民欠各色粮公斗，6486石1斗7升7合8勺；大通县各仓尚有民欠各色

① 史国枢主编《青海自然灾害》，青海人民出版社，2003，第11页。

② 陈桦、刘宗志：《救灾与济贫——中国封建时代的社会救助活动（1750—1911）》，中国人民大学出版社，2005，第71页。

粮公斗，1688 石 6 斗零 9 合；互助县各仓尚有民欠各色粮公斗，768 石 7 斗 7 升 5 合。以上共民欠粮公斗 8943 石 5 斗 6 升 1 合 8 勺。依照部章及历年陈例，应于农民秋收之时，官方严催归仓，以符宪章。正值次年（1940 年）地方夏旱秋涝，五谷不登，兼之疫疠流行，死亡日增。省府主席马步芳除令饬振济会积极筹赈外，为苏民困，将所有上列各仓民欠粮石也一律豁免。此外，循化、乐都、贵德、都兰、民和各县县仓民欠尾数粮石及谷数也分别豁免（原文未言明数目），并且进一步规定“各县借粮约据领单串票，每存仓者，监视焚毁，民有者永远作废，以免狡猾奸民，借此磕诈，陷害良善”，杜绝了借粮纠纷。就此，除分令执行外，广发布告使民众周知。[①]

关于营买粮和杂捐的减免。同治年间随着湘军到来，创设的营买粮原是优价采购的军粮，专供军食。湘军既归，营买粮草沿袭成例，继续征购，酬价依旧。到民国年间，营买粮草逐渐发展为“有营买之名，而无营买之实”。尤其到马步芳时期，随着马氏的扩军备战，更是成为加之于广大民众的较之正额粮赋更为沉重的负担。在正常年景，民众尚有“不愁苦日长，只愁营买粮”的哀叹，[②] 大灾之后人民更是无力完纳，呼吁省府减免者不绝于途。在灾区民众的呈请下，省府也会准予减免部分营买粮。西宁县东区庙嘴新庄尔及祁家川东村一带，因耕地多系旱田，近数年来迭遭旱灾，收成不佳，民多十室九空。该处民众曾迭请西宁县政府转呈省政府核减民国 20 年尾欠营买粮草。省府派员查勘，以该处灾情确属重大，委实无力完纳营买粮草，明令将 1931 年各该村所欠营买粮草如数豁免，以示体恤。[③] 又乐都县下沈家庄 1931 年灾情奇重，青海省政府从灾区原摊该年营买粮内减免 837 石 1 斗 7 升。[④]

此外，还有杂捐的豁免。如 1932 年，西宁县府就秋粮附加的民众学校经费，特布告自该年以后一律豁免，以轻负担而纾民困。[⑤] 1934 年，互助县锦阳川、娄岔等乡，受雹灾奇重，人民无法度生。此种困难情形下，县府呈请当局设法救济。省府于该年 8 月起，将受灾区域一切杂差一律

① 《青海民国日报》1940 年 12 月 22 日，第 2 版。
② 赵珍：《民国时期青海田赋附加——营买粮》，《青海社会科学》1993 年第 2 期。
③ 《青海民国日报》1932 年 1 月 25 日，第 3 版。
④ 《青海民国日报》1932 年 3 月 5 日，第 3 版。
⑤ 《青海民国日报》1932 年 3 月 29 日，第 3 版。

豁免。[①]

从上述看，虽正赋、附加的营买粮、杂税等都有豁免的现象，这在一定程度上缓解了民众的负担，也缓和了阶级矛盾，但那只是局部的、短时期的，大多数情况下，依然是责令征收。正如让·德雷兹等在《饥饿与公共行为》中写道，“中国农村已受到产量减少的打击，又承受来自政府的打击，不得不将已减少的产量再分出一大部分以供征收”，[②] 即便颗粒无收也不会全部减免。因此在政府催逼征收下，“民穷强半赋牂羊”[③] 的情况也不是没有。无力完纳赋税、营买粮等离村逃亡者，也大有人在。如1932年3月28日的《青海民国日报》上就写道：“去岁共和县因收成歉薄，加之差徭繁兴，啼饥之声，几遍全境……扶老携幼迁移逃窜之哀声，遍满于道。”[④]

（三）灾后补种

大灾过后，为尽量减少灾害带来的损失，政府积极介入灾后的补种事宜，引导和组织补种的开展，并在部分地区贷放籽种。光绪二十三年（1897年），陕甘总督陶模奏报甘肃各属被灾情形折中提到，“兰州府之河州东南乡、巩昌府属之宁远县西乡梁家湾、大沟两处……以及西宁府属碾伯县之峡口堡等五州县地方被灾较重”，其中“西宁府属碾伯县之峡口堡等十七庄于七月初三、初六等日，午后忽降雨雹，打伤禾稼，冲坏地亩”。对被灾各州县，除官方派员确切覆勘，动用仓粮、分别赈济外，仍饬“由地方官赶紧先发籽种，劝谕农民，乘时补种杂粮以冀晚收，稍赀补救而免失所有”。[⑤]

1945年，各县普遍遭灾，省府令各县补种秋田，以资补救。并饬令各县府购买大量秋种，贷放耕种。[⑥] 各县政府在奉令后，遂着力办理。如民和县政府就该县本年自入夏以来，久旱无雨、夏禾无望的情形召集党政团

---

① 《最近之青海》，《新青海》1935年第3卷第9期。

② 〔印度〕让·德雷兹、阿玛蒂亚·森：《饥饿与公共行为》，社会科学文献出版社，2006，第220页。

③ 原诗为“岁歉何堪逢硕鼠，民穷强半赋牂羊”，出自近代青海诗人基生兰的《偶成》，意为庄稼歉收，生计无着，而在官吏的横征暴敛下，贫穷的老百姓只得将赖以繁殖的母羊都交了捐税。参见李逢春《西宁历代诗人诗词选注》，陕西人民出版社，1995，第161页；基生兰：《敬业草堂嚼蜡吟·偶成一首》，载甘肃省古籍文献整理编译中心编《中国西北文献丛书》第170册，兰州古籍书店，1990，第226页。

④ 《青海民国日报》1932年3月28日，第4版。

⑤ 《光绪二十三年陕甘总督陶模奏报甘肃各属被灾情形折》，《经世报》1897年第9期，第13～14页。

⑥ 《青海民国日报》1945年8月4日，第2版；1945年7月27日，第2版。

负责人员，商讨救灾办法。扩大宣传播种秋田及菜蔬等类以补民食，并对无籽种贫民，由县府筹措贷放[①]；化隆县该年5月间，县属韩家窑、金家庄等十余庄田禾相继遭受冰雹成灾，秋收无望。县府按照本县各区气候，除督导甘都水地等处耕种秋田外，其余被管区域多系高寒之地，耕种秋田，不易成熟，特着令耕种燕麦、荞麦，以资补救[②]。政府在灾后积极参与补种事宜，在降低灾害的危害程度，防止大规模饥荒的来临方面起到了一定的作用。还有部分官吏在灾后补种时能考虑地区实际，在补种农作物的选择上因地制宜，殊为可贵。只是青海因地势高寒，无霜期短，大部分地区年仅一收。能种秋田的地区较少，大部分被灾地区生产的恢复只能等到春耕。因此，政府贷放籽种以助春耕的情况较为常见。

（四）借贷

借贷是指政府借给灾民一定的生产和生活资料，在灾害缓解后由灾民偿还政府援助的一种有偿措施。政府出借的一般是籽种和钱款，以期在尽快恢复农业生产，保证一方安定的同时，又能确保国家的赋税收入。近代青海官方的借贷，传统办法和新式农贷并存。

1. 传统借贷方式

通过放贷帮助灾民恢复生产的做法古已有之。清代的《荒政则例》就规定："遇水旱歉收等年景，农民因贫困而不能耕种时，命州、县开常平仓或社仓，出谷放贷，使耕种有资，秋收有望。"[③] 道光二十七年（1847年），"大雨雹，西宁南、北川山崩，水淹郭家、塔尔寺等堡地亩房舍，候补知州梁栖鸾赈贷之"。[④]

道光二十七年（1847年），"西宁县属地方山水陡发，冲没田庐人口"，[⑤] 次年正月，朝廷贷西宁、碾伯、大通县灾民籽种口粮。[⑥]

① 《青海民国日报》1945年7月23日，第2版。

② 《青海民国日报》1945年7月27日，第2版。荞麦、燕麦的生育期短，在可以复种的少数灾区，是一种理想的早熟备荒作物。

③ 参见邓拓《中国救荒史》，北京出版社，1998，第380页。

④ （清）邓承伟修，张价卿、来维礼等纂，基生兰续纂《西宁府续志》卷8《纲领志》，青海人民出版社，1985，第374页。

⑤ 《清宣宗成皇帝实录（十二）》卷445，道光二十七年丁未八月，台北华文书局股份有限公司，1969，第7748页。

⑥ 《清宣宗成皇帝实录（十二）》卷451，道光二十八年戊申春正月，台北华文书局股份有限公司，1969，第7868页。

民国时期，灾后，地方政府贷放仓粮作为籽种，是常见的救荒举措。1941年，民和、乐都、互助、西宁、循化、化隆、大通、湟源、门源、贵德10县被雹灾甚重。次年春耕，各地被灾区域之贫农，所需籽种，颇感缺乏。省府令各县于县仓储粮内提出七成（即十分之七）贷放于贫农，俾资播种[①]；1945年，省内各地因去岁受灾惨重，收成极薄，本年春耕籽种，民众大感困难。省府通令各县及省警察局自农历二月初一日，贷放县、义等仓存粮，并于受灾较重之大通、互助两县各配拨赈款25万元。西宁，10万元，购放籽种，总计贷放74820石9斗6升4合。[②]

2. 新式农贷

随着现代金融机构银行的成立，传统的借贷方式受到挑战，新式农贷应运而生。农贷为农民购买籽种、农具、耕牛等生产资料提供了资金支持，有利于灾后农牧区恢复生产。

青海新式银行出现较晚。1938年1月，中国农民银行在西宁设立支行。1939年10月，中国银行西宁办事处成立。1940年2月，中央银行西宁分行成立。之后，交通银行也在青海设立了分支机构。同年3月，中央、中国、交通、农民四行联合总办事处西宁支处成立。以上行、处分别从事发行法币、吸收储蓄、开办汇款、代理国库、收购金银、开展信用、抵押抵汇等业务。[③] 1942年实行银行专业化后，合作放款集中由中国农民银行办理。[④] 1942年后，农业银行与青海省政府签订合约，开始发放农牧业贷款。

银行因“农民分散，贷款没有保障”，[⑤] 其农贷对象主要是合作社、农会或其他有组织的农民团体。[⑥] 与农贷业务开展的进程相匹配，青海的合作社组织从1937年只有合作社1处，社员数126人[⑦]，到20世纪40年代有了长足发展。1940年成立“青海省合作事业管理处”，隶属省建设厅，

① 参见《青海民国日报》1942年4月11日，第2版。

② 《青海民国日报》1945年8月4日，第2版。

③ 崔永红等主编《青海通史》，青海人民出版社，1999，第712页。

④ 中国第二历史档案馆编《中华民国史档案资料汇编·第五辑第二编 财政经济（八）》，江苏古籍出版社，1998，第160页。

⑤ 吴承禧：《中国银行业的农业金融》，《社会科学杂志》1935年第6卷第3期。

⑥ 程沁：《农业生产贷款之效果》，《中农月刊》1947年第8卷第8期，第4页。

⑦ 中国第二历史档案馆编《中华民国史档案资料汇编·第五辑第二编 财政经济（八）》，江苏古籍出版社，1998，第117页。原文为表格。

主管全省合作行政事务。1944～1945 年，设立西宁、民和、湟中、大通、乐都、互助、湟源等县市合作指导室，委有室指导员，督导成立专营社。[①] 在政府的大力推进下，1943 年全省 26 县共成立信用社 54 个，1946 年增加到 282 个，股金 18010009 元。[②] 1947 年 6 月底，青海有各种合作组织社 288 个，社员数 71000 人，股金数 23346000 元。[③]

随着现代金融机构、合作管理机构的设立，青海的农贷业务于 20 世纪 40 年代初期开始起步。虽然开展比较晚，但得到了地方当局支持，发展速度很快，金额连年增加，主要涉及畜牧业、农业、农村集市及副业三种贷款形式，其性质“大多为救灾性的”。[④]

（1）畜牧业贷款。1942 年夏，牛瘟由海西汪什代克族发生，先侵入刚察地区，又转入青海湖以东及海南之达如玉、千卜录等族，环海各牧场均被其传染。又复自环海一带传至黄河以南贵德县属之鲁仓各族及同德、同仁各牧场。10 月，蔓延至柴达木地区，南至大河坝，北至祁连山麓，被灾之地纵横各达 1000 华里，至 10 月底已死亡牛只 110 余万头。[⑤]

灾后为了救济牧民生活、扶助生产，时任农林部部长的沈鸿烈在青期间曾电请蒋介石，“令四联总处及中国农民银行发放贷款 2000 万元，救济受灾牧民”。[⑥] 四联总处秉承蒋介石意旨，责由中国农民银行特拨专款 1200 万元，举办青海省畜牧贷款。此项贷款是青省大规模农贷之始，以每人或每头牛贷款 100 元为标准，配贷于各地（见表 3－16）。

---

① 罗舒群：《抗日战争时期甘宁青三省合作社运动述略》，《开发研究》1987 年第 3 期；《青海民国日报》1947 年 2 月 12 日，第 2 版；1945 年 11 月 20 日，第 2 版。

② 李云峰、曹敏：《抗日时期的国民政府与西北开发》，《抗日战争研究》2003 年第 3 期。

③ 《全国各种合作组织社数社员数及股金数》，中国第二历史档案馆编《中华民国史档案资料汇编·第五辑第二编 财政经济（八）》，江苏古籍出版社，1998，第 153～154 页。原文为表格。

④ 君羊：《抗战时期甘宁青三省之农贷探讨》，《开发研究》1988 年第 3 期。

⑤ 参见中国第二历史档案馆藏《马步芳致吴忠信笺函》（1942.11.18），档号：一四一1343。转引自中国第二历史档案馆编《国民政府赈济 1942 年青海牛瘟档案史料》，《民国档案》1996 年第 2 期；翟松天：《青海经济史（近代卷）》，青海人民出版社，1998，第 89 页。

⑥ 张天政：《20 世纪 40 年代青海少数民族聚居区的新式农贷》，《青海民族研究》2013 年第 3 期。

表 3-16 1943 年中国农民银行发放的 1200 万元畜牧贷款配贷情况

单位：万元

地　名	贷款额	地　名	贷款额
共和县	150	祁连设治局	100
都兰县	150	岗察设治局	150
兴海设治局	100	西乐设治局	100
海晏设治局	150	通新设治局	100
湟源设治局	100	香日得旗	100
合　计	1200		

资料来源：《四联总处 1942 年度办理农业金融报告》，载中国第二历史档案馆编《中华民国史档案资料汇编·第五辑 第二编·财政（四）》，江苏古籍出版社，1998，第 245 页。

随后，青海省政府又致函中国农民银行西宁支行称“该省黄河南、同德等地不敷贷款分配，函请补拨 800 万元贷款以救济受灾难民”。[①] 后期补拨的贷款具体分配如下：同德县夏卜让族 50 万元、拉加寺各族 50 万元、贡公麻族 50 万元；同仁县隆务十二族 150 万元、黄河源设治局黄河源跨日仓族 50 万元、贵德县日安三沟族合作社 100 万元、河曲设治局 150 万元、南屏设治局鲁仓族 150 万元、星川设治局哈姜族 50 万元。[②]

上述畜牧贷款共计法币 2000 万元，主要发放给灾区牧民。当时规定“贷款的 70% 用于购买牲畜和养畜设备，其余部分用于牧民生活费用。贷款月息 1 分 2 厘，外加合作行政经费息 1 厘。贷款期限 3 年，分期还贷，年终结算利息。从 1945 年 6 月起利率调高到月息 2 分 5 厘”。[③] 年利率最初为 12%，后期年利率调高后也未超出 30%。这相对于牧区盛行的高利贷，其最高利率是年利 100%，一般利率是 50% 而言，[④] 畜牧贷款利息较低，有明显的救济性质。

至于该项畜牧贷款的发放，张天政等学者通过对中国农民银行西宁支行档案的梳理，发现有关于该款省政府交于西宁支行的放款分配额明细

① 《省政府、三青团青海支部关于畜牧贷款有关问题的函（1943.1 至 1944.7）》，青海省档案馆馆藏，档号：23-永久-61。转引自张天政《20 世纪 40 年代青海少数民族聚居区的新式农贷》，《青海民族研究》2013 年第 3 期。

② 《青海民国日报》1943 年 6 月 14 日，第 2 版。

③ 青海省地方志编纂委员会编《青海省志·金融志》，黄山书社，1997，第 196 页。

④ 青海省编辑组编《青海省藏族蒙古族社会历史调查》，青海人民出版社，1985，第 47 页。

表，还有与各合作社签订的借款合同。[①] 此外，中国农民银行总行在《青行检查报告书》中也指出，该行"放款至1944年8月3日，总账余额为2000万元，计37社每户最多为150万元，最少为10万元，均系畜牧社放款，以蒙藏区之游牧民族为对象。各种放款契约经核符合手续"。[②] 种种证据表明该项畜牧贷款确实发放。但时人也称："当时国民政府发放畜牧贷款，马步芳命令牧区千百户、王公前来西宁领中央贷款，限期三年，必须归还本息。千百户、王公等听闻此言后，不敢贷款，并请主席处理。马步芳以畜牧合作社名义领走了一部分，部分发放到了牧民手中。"[③] 牧区千百户、王公对新兴的中央畜牧贷款一项缺乏相关知识，而马步芳又对该款有所觊觎，出现上述情况当属实。

虽然如此，灾后畜牧贷款的发放，对减轻灾后损失、恢复被灾地区畜牧业生产发挥了重要作用。以海晏、兴海、同德3县为例，3县畜牧贷款均系1943年转期贷款[④]，贷款人数为6个畜牧合作社3545人，占当地牧民的82%。4年之内各该旗、族牛瘟损失渐趋恢复。[⑤]

此外，到1948年6月，四联总处第365次理事会通过"民国三十七年办理边疆畜牧增产贷款办法"，分配青海左翼盟、右翼盟29个旗及藏族牧区共100亿元（法币）贷款，但截至新中国成立时，未见有发放记载。[⑥]

（2）农业生产贷款。1945年，西宁农民银行发放农业生产贷款1200万元，分配西宁500万元，乐都、民和各250万元，湟源200万元。贷款对象以依法登记之合作组织及农民团体为限，以省合作事业管理处为经办贷款机关。贷款期限一年，月息2分5厘，至1946年又展（延）期十

---

① 张天政：《20世纪40年代青海少数民族聚居区的新式农贷》，《青海民族研究》2013年第3期。

② 《青行检查报告书（1944.8.3）》，中国第二历史档案馆馆藏，档号：399－2588。转引自张天政《20世纪40年代青海少数民族聚居区的新式农贷》，《青海民族研究》2013年第3期。

③ 参见赵长年《解放前青海的合作事业》，载青海省西宁市政协文史资料研究委员会编《西宁文史资料（第4辑）》，1986，第95页。

④ 转期贷款指在贷款到期前，经审批后允许延长贷款期限、重新确定贷款到期日的贷款业务。

⑤ 《中国农民银行西宁支行三十四至三十六年度农贷报告》，青海省档案馆馆藏，档号：23－永久－66。转引自张天政《20世纪40年代青海少数民族聚居区的新式农贷》，《青海民族研究》2013年第3期。原文为表格。

⑥ 沈国真：《解放前农业银行在青海发放农贷概况》，《青海金融研究》1988年第2期。

个月。[1]

1946年，贷款额增加至16184万元，其中含青年团贷款5000万元。分配至湟中、民和、互助、乐都、湟源等13个县。贷款期限10个月，月息2分5厘。[2]

1947年，西宁农业银行发放贷款额为30963万元，配贷14个县市、226个合作社、67421人。具体分配如下：西宁3584万元，湟源2500万元，湟中4500万元，大通3000万元，乐都3300万元，民和3000万元，互助3579万元，贵德2000万元，海晏1000万元，化隆1000万元，共和1000万元，门源1000万元，同仁500万元，循化1000万元。期限为10个月，1948年7月10日到期，月息3分6厘，另加合作行政费1厘，以甲方合作管理处为经办机关。[3]

1948年度青海农业生产贷款100亿元，第一次核定之75亿元分配地区是：湟源8亿元，互助9亿元，大通9亿元，门源7亿元，贵德8亿元，循化7亿元，化隆9亿元，海晏7亿元，同仁县5亿元，共和5亿元。贷款期限10个月，利率为月息7分5厘（包括合作事业补助费5厘在内）。另25亿元贷拨区为西宁、湟中、乐都、民和4县市，在该年5月由农民银行西宁支行派人直接发放。本次贷款配额视各级合作社所经营业务之优劣及活动情形为准计西宁市5亿元，共贷给3个区合作社；湟中县10亿元，共贷给24个乡镇保合作社；乐都县5亿元，共贷给15个乡镇合作社；民和县5亿元，共贷给9个乡镇合作社。保证人实际为各乡镇合作社交叉互保，用途主要为购买耕畜和籽种。此期贷款期限为10个月，月息7分5厘，至期本息清还，但提前归还者亦可照收。本年农贷100亿元，为数过少，中央又准增拨100亿元。[4] 从上述看，农贷发展速度很快，金额连年

---

① 沈国真：《解放前农业银行在青海发放农贷概况》，《青海金融研究》1988年第2期。

② 参见沈国真《解放前农业银行在青海发放农贷概况》，《青海金融研究》1988年第2期；青海省地方志编纂委员会编《青海省志·金融志》，黄山书社，1997，第197页。

③ 沈国真：《解放前农业银行在青海发放农贷概况》，《青海金融研究》1988年第2期；《青海省三十六年度农业生产贷款报告》《省政府合管处关于发放催缴农业贷款问题的函电（1947.2至1947.11）》，青海省档案馆藏中国农民银行西宁支行档案，档号：23－永久－64。转引自张天政《20世纪40年代青海少数民族聚居区的新式农贷》，《青海民族研究》2013年第3期。

④ 沈国真：《解放前农业银行在青海发放农贷概况》，《青海金融研究》1988年第2期；《青海民国日报》1948年6月22日，第2版。

增加[①]，而农贷的用途主要“限于购置种籽、肥料、饲料，防治病虫害、药剂器械及耕畜农具暨其他有关生产上必须费用”。[②] 而事实上 80% 以上也确实用于了农业生产，这在表 3－17 中可略见一斑。

表 3－17 1945 年农业生产贷款分析

县名	合作社数量（社）	参加合作社人数（人）	参加合作社人数占当地农民的比例（%）	贷款用途
西宁	42	4232	25	肥料 15%，籽种 40%，农具 20%，耕畜 10%，副业 5%，还债 5%，消费 5%
乐都	21	4125	12	肥料 20%，籽种 35%，农具 15%，耕畜 20%，副业 5%，还债 3%，消费 2%
民和	22	3748	20	肥料 15%，籽种 45%，农具 20%，耕畜 8%，副业 5%，还债 3%，消费 4%
湟源	10	1527	40	肥料 10%，籽种 35%，农具 20%，耕畜 15%，副业 10%，还债 5%，消费 5%

资料来源：《中国农民银行西宁支行三十四年度农贷报告》，青海省档案馆藏中国农民银行西宁支行档案，档号：23－永久－66。转引自张天政《20 世纪 40 年代青海少数民族聚居区的新式农贷》，《青海民族研究》2013 年第 3 期。

农贷大部分用于生产经营，这无疑有助于灾后恢复生产，增加农业产量。此外，巨额农贷款项的浸入，对青海农村高利贷有一定的抑制作用。近代青海，民间借贷盛行，连地方政府也不得不承认：“粮价昂涨，诸物腾贵，一般自食劳力之贫民，非负债不足以资生活。”[③] 除借贷普遍外，借贷利率之高，也令人咋舌，“借粮，春借小麦一斗，秋还小麦一斗五升、二三斗不等；或于春借小麦一斗时，市价二十元即作价三十元，或二十余元，秋收后，即还价银若干；借钱，利率通常月息二分或三分，最低亦一分又半，最高竟有十分者，甚有照复利法计算，俗名‘羊羔利息’”。[④] 告

① 当然其中也不乏“通货膨胀与法币贬值”的因素在里面。

② 程沁：《农业生产贷款之效果》，《中农月刊》1947 年第 8 卷第 8 期，第 4 页。

③ 青海省政府送请财政部审核的《二十六年行政计划》，南京史料整理处资料。转引自杨景福主编《青海省志·商业志》，青海人民出版社，1989，第 11 页。

④ 周振鹤：《青海》，台北商务印书馆，1971，第 156 页。

贷对象一般为富户、寺院及商号，“农民一至青黄不接之际，虽明知饮鸩止渴，奈事实逼迫莫可如何，亦只好受其盘剥”。[①] 农贷的发放在一定程度上缓解了农牧民所受的高利贷剥削。

但在此也需指出的是，带着鲜明“人治”色彩的军阀体制是滋生特权主义和贪污腐化的温床，农民银行农贷的发放，在青海地方受益更多的是农村中的地主豪绅、保甲长这类人。在牧区，畜牧贷款也常为牧主、头人所享有，一般牧民很少贷到。[②] 虽然如此，农民银行发放的农贷，部分款子也确实贷给农民了。因此，一般农民认为农贷是件好事。[③] 农民对农贷的认可，从《西宁支行三十五年度农贷报告》中可略作一观。该报告就农民所得实益，以三民主义青年团青海支团农村贷款 5098 万元的贷放为例写道：“湟中县本年度当地农村受旱灾极重，贫、灾农民呈请贷款者络绎于途。其中受贷 379 户，贷款额 1263.5 万元。贷款用于购买粮食、农具，间有完纳国课、还高利贷者，得款农民无不叩首感谢。又乐都县因连年荒旱，该地农民谋生困难，多借高利贷为生。择其极贫者放款 1200 万元，受贷 372 户。贷款后多用于购买粮食、经营副业。受贷农民对此举俱生钦感，咸盼长期继续贷放，等等。”[④]

（3）小本贷款。中央振济委员会为便利小本业，并谋促进各地工商业繁荣起见，特于全国各重要城市遍设小本贷款处，举办小本贷款，[⑤] 以资经营小工商业而各事生产。该项贷款以扶助贫、灾、难民生计为要旨，其规定的贷款办法，由借户取具当地政府机关或社会团体或保甲长或殷实商店或有正当职业之邻居两人以上为之保证，即可申请贷款；贷款金额：以摊贩为业者 20～50 元，开设小商店者，50～300 元，经营小手工业者 100～600 元。此外，凡无不良嗜好之贫灾难民，志愿自力谋生、缺乏资本，经证明属实者，可以申请贷款。规定由各省市县振济会及其他社会团体，举

---

① 林鹏侠：《西北行》，甘肃人民出版社，2002，第 127 页。

② 青海地方志编纂委员会编《青海省志·金融志》，黄山书社，1997，第 196 页。

③ 中国人民银行金融研究所编《中华民国史资料丛稿·中国农民银行》，中国财政经济出版社，1980，第 173～174 页。

④ 《西宁支行三十五年度农贷报告》《中国农民银行西宁支行三十四至三十六年度农贷报告》，青海省档案馆藏中国农民银行西宁支行档案，档号：23－永久－66。转引自张天政《20 世纪 40 年代青海少数民族聚居区的新式农贷》，《青海民族研究》2013 年第 3 期。原文为表格。

⑤ 《经济消息：振委会举办小本贷款》，《广西银行月报》1941 年第 1 卷第 2 期，第 52 页。

办小本贷款。贷款不取利息以及其他一切费用。[①]

1941 年，国民党五届九中全会决议，振济委员会主办之各地小本贷款业务归社会部主管。次年，行政院鉴于各地多已办有农贷、工贷，饬令停办小本贷款业务。[②] 而青海的小本贷款业务存在时间较长，至 1946 年 6 月，青海省党部社会服务处小本贷款处的业务还在继续。[③]

20 世纪 40 年代，青海小本贷款的发放与地方政府鼓励各县开设集市、繁荣贸易的举措是同步进行的。地方政府以“繁荣农村经济，促进地方金融的畅流，也为便利人民交易起见”，[④] 决定筹设集市。为贯彻筹设集市的决定，省政府于 1943 年颁布了《各县筹设集市工作提要》，其内容包括：开办集市的目的是“调剂农业社会的金融，以谋渐次达到工业化”；凡开设集市的地方，以“七分务农三分营商”为指导精神；每个集市一般设柴草市、骡马市、粮食市、山货市、食品市、布匹市和杂货市。集市遴选公正集长一人，负责主持集市秩序，调解纠纷。[⑤] 同年，在政府的大力提倡下，后子河、哆吧、大通桥头、平安驿、张其寨、瞿昙寺、康扬家等处增设集市。[⑥] 时值抗战期间，加之青海农村连续遭受水旱、冰雹灾害的侵袭，人民生活十分困苦，地方政府在开设集市的同时，派员前往各地发放小本贷款，以解决集市上的小本从业者资金不足的问题。规定每一集市每户承借 600 元，后增至 1000 元为限，截至 1943 年 3 月 28 日累计发放 931.34 万元，具体发放数目是：省垣 50 万元，鲁沙尔 20 万元，多巴 40 万元，平戎驿 40 万元，后子河和长宁堡共 40 万元，上五庄 30 万元，小峡 20 万元，张其寨 30 万元，互助县 30 万元，桥头 126.34 万元，湟源、共和、海晏各 20 万元，贵德与共和共 75 万元，康杨 40 万元，甘都 60 万元，循化 100 万元，同仁 30 万元，民和 80 万元，乐都 60 万元。[⑦]

---

① 《中央法规：振济委员会小本贷款规则》，《湖北省政府公报》1939 年第 397、398 期合刊，第 47～48 页；《青海民国日报》1940 年 10 月 17 日，第 2 版。

② 《最近经济杂讯：小本贷款政院饬停办》，《经济汇报》1943 年第 8 卷第 2 期，第 88 页。

③ 《青海民国日报》1946 年 6 月 2 日，第 2 版。

④ 参见《青海民国日报》1940 年 6 月 18 日，第 2 版。

⑤ 《青海民国日报》1943 年 2 月 18 日，第 2 版；1943 年 2 月 19 日，第 2 版。

⑥ 青海省地方志编纂委员会编《青海省志·金融志》，黄山书社，1997，第 195 页。

⑦ 参见青海省地方志编纂委员会编《青海省志·金融志》，黄山书社，1997，第 195 页；程起骏、毛文炳：《青海解放前一些地区的集市贸易》，载青海省政协文史资料委员会编《青海文史资料选辑·第 17 辑》，1988，第 94 页。原文中累计发放贷款为“1001.34”万元，与具体发放数额合计不符，故改为 931.34 万元。

发放贷款的步骤是由集市委员将贷款数分配给各行业和集市范围内的各保甲，由借贷人申请，经集市委员调查、初审、复审等多种手续，方能贷到。据多吧集市 1943 年 3 月 12 日统计：自农历正月二十二日开始贷放以来，每日请贷人数不下数十人，共贷出法币 30 万元，贷款人数为 720 余人。①

青海省政府发放小本贷款，兴办农村集市，可以说是“公私两利”。政府从集市上征收到了牙佣税款，丰裕了地方财政。以化隆县为例，1943 年，政府对化隆县 6 个集镇牙佣税款的征收情况如下：

> 巴燕镇集市：月征税收骡马行 300 元，秤行 100 元，山货行 100 元，斗行 300 元，茶市行 100 元，菜果行 50 元，柴草行 100 元，合计月征 1050 元，全年 12600 元；昂思多集市：月征税收骡马行 300 元，斗行 300 元，秤行 100 元，柴草行 100 元，合计月征 800 元，全年 9600 元；扎巴镇集市：月征税收骡马行 300 元，杂货行 100 元，柴草行 100 元，斗行 200 元，秤行 100 元，合计月征 800 元，全年 9600 元；甘都镇集市：月征税收骡马行 200 元，斗行 200 元，秤行 200 元，柴草行 100 元，合计月征 700 元，全年 8400 元；支扎集市：月征税收骡马行 300 元，斗行 300 元，秤行 300 元，柴草行 200 元，合计月征 1100 元，全年 13200 元；科沿沟集市：月征税收骡马行 300 元，斗行 300 元，秤行 300 元，柴草行 200 元，合计月征 1100 元，全年 13200 元。总计全县 6 个集镇月征税 5550 元，全年 66600 元。②

虽有对集镇如上税款的征收，但省政府饬令各县新设集市，并为各集市提供小本商业贷款，以资扶助。此举为繁荣农村经济、便利百姓生活起了一定的作用，各地集市开集以来，交易兴盛。如“乐都瞿昙寺集市，正月二十一日开集首日参加集市民众 4000 余人，商家 52 户，是日货物售出每户为五百至千元之谱，骡马出售 8 头，粮食售出石余，尤以面食、果类、糖食售出为最甚”。③ 又如“大通桥头集市，于正月二十三日正式开市，赶

① 程起骏、毛文炳：《青海解放前一些地区的集市贸易》，载青海省政协文史资料委员会编《青海文史资料选辑·第 17 辑》，1988，第 94 页；《青海民国日报》1943 年 3 月 12 日，第 2 版。

② 赵国斌、牛廉：《马步芳统治化隆见闻》，载化隆县政协文史组编《化隆文史资料（第 4 辑）》，1985，第 5 页。

③ 《青海民国日报》1943 年 3 月 13 日，第 2 版。

集的人有3万多，参加集市贸易的商贩有183家之多，他如小贩以及卖零食者，布满桥头各处。各乡民众纷纷来集交易，约在25000人以上。本日各商摊营业总额约达七八万元”。[①]

此外，值得一提的是，省府饬令部分集市所收佣金平均配拨各县义诊处，作为医疗赤贫民众疾病的费用，部分还之于民了。[②]

（五）灾后地方政府对粮食流通的管理

灾后粮食问题突出，往往会出现粮食短缺、粮价腾涨的现象。据《青海省志·物价志》记载：“1929年，甘青大旱，粮食匮乏，粮价暴涨，西宁县每宁石小麦达到银币60元。”[③] 1931年，青海省维持券发行后，物价涨幅4倍、5倍至10倍不等。[④] 20世纪30年代末期以后，灾情不断，法币的滥发，使粮价成倍上涨，如1948年1月，西宁市小麦每市石涨至法币73万元，同年8月涨至2310万元。8个月时间小麦价格上涨了30倍。[⑤] 涨风所及，城乡人民饥馑，地方陷入饥荒之中。如1928年，青海东部各县遭空前大旱，秋后颗粒未收，严重缺粮，加之粮价暴涨，百姓饥饿以草根树皮充饥。次年，西宁、大通、乐都、民和等县遭受旱、雹、霜冻等自然灾害，各县饥饿而死的人，数以万计。[⑥] 而且在饥荒的逼仄下，百姓流离逃亡者也多。1932年，循化县民众因“年荒岁饥”，携妻带子，迁移他处；[⑦] 民和县官亭一带连年荒旱，粮食歉收，人民衣食困乏，扶老携幼，逃难他方者众。[⑧] 饥荒激起了逃荒潮，百姓辗转流亡迁徙。此外，灾后人心浮动，社会冲突也一触即发。如前所述光绪十二年（1886年）六月，碾伯县南山遇雹雨、地震，百姓苦难，而朝廷的征粮、摊派并未减少，一时引起民愤，千余人云集县衙展开抗粮、抗摊派的斗争；1929年秋，地方大旱灾之后，饥馑充斥，民人苦痛，共和县曲沟大庄地区农民进行抗粮斗争，武装

---

① 《青海民国日报》1943年3月4日，第2版。

② 参见《青海民国日报》1944年7月19日，第2版。

③ 青海省地方志编纂委员会编《青海省志·物价志》，青海人民出版社，1993，第11页。

④ 陈克志、王麟：《青海省旧地方纸币综述》，《青海金融》1994年第9期。

⑤ 西宁市志编纂委员会编《西宁市志·粮油志》，青海人民出版社，1996，第103页。

⑥ 严永章：《民国时期的青海粮政纪事（1912—1949年）》，《青海粮食史料》1988年第2期。

⑦ 《青海民国日报》1932年4月3日，第3版。

⑧ 《青海民国日报》1932年4月19日，第3版。

包围了县政府。①

粮食问题关系到政府、民生大计，既是重要的经济问题，亦可上升为政治问题。如何保障粮食安全，尤其如何妥善解决灾后粮食供给问题，是政府必须直面的重要课题。除前述扩大垦殖、增加粮食产量和建设仓储进行平粜外，对粮食流通的多方调控成为地方政府采取的解决途径之一。在灾后这样的非常时期，地方政府通常以强有力的政策措施来调控粮食市场，亦即用指令性计划来干预粮食流通，以保证地方急需和粮食供需平衡。对粮食外运的管制、严禁囤积居奇、整顿不法粮商、取缔粮面市场陋规、禁止酿酒等措施是政府在粮食流通方面采取的必要调节手段。

1. 对粮食外运的管制

国家对粮食流通向来以实行保护为主，各地方互相调节，以有余补不足。但遇歉岁，地方多思自保，禁商贩运粮出境。清制，灾地采办米粮，既不许采买地方之官吏遏粜，亦不得横加干涉，听商民自行流通。雍正、乾隆年间都有恶籴之禁，② 只是到清末光绪年间，出台了《运米出省章程》《稽查私运米石章程》，规定“无论何时，除特别规定外，均不许运米出省”。③ 各省不同程度地遵行了该章程。国民政府时期，政府鼓励粮食流通。1933 年，行政院通令实行《流通国内米麦令》，“由政府通令各省一律开放米麦禁令，使省与省、县与县均得自由轮转，绝对流通”，④ 亦即各省不能自行遏制粮食出省。虽然有上述规定，地方政府通常会根据地方粮食市场的实际对粮食外运有放有管。

粮食短缺容易导致饥荒，同时粮食过剩也预示着风险。因此，按自然区域进行粮食余缺调剂，是一行之有效的办法。青海偏居一隅，交通不便，唯向邻省甘肃兰州一带输送粮食较多。民国时期，青海农业各县所产粮食，若无战争或自然灾害，除农民自给和供应本省城镇居民食用外，供需平衡，还略有盈余可以外运，主要销往甘肃兰州一带，称为“西河粮”（即湟水流域所产之粮食）。因而在丰收时，为防止“谷贱伤农”，出现丰年中的饥荒，省府会鼓励粮商运粮到兰州并给予一定的保护。如 1933 年、

① 海南藏族自治州地方志编纂委员会编《海南州州志》，民族出版社，1997，第 20 页。

② 参见冯柳堂《中国历代民食政策史》，商务印书馆，1934，第 250 ~ 251 页。

③ 参见郎擎霄《中国民食史》，商务印书馆，1934，第 174 页。

④ 荣孟源：《中国国民党历次代表大会及中央全会资料（下）》，光明日报出版社，1985，第 192 页。

1934年两年丰收，粮食跌价。[①] 次年，省内各地运粮筏户呈请，“在西互、民乐等县，及水地川马营等处，购运粮石，请发布告，俾免沿途阻碍”。省府遂以“本县出产食粮，年多运往兰州一带销售，为数颇巨，若不予以保护，则商运停滞，谷贱伤农，影响至深”，印发布告多份，张贴通卫，以示保护。[②] 在政府的允许及支持下，抗战前由西宁运往兰州的粮食，在平常年景年运量有5000～6000石，个别年份年运量甚至高达5万石以上。[③]

而在灾后粮食匮乏、粮价波动之际，省府会实行粮食管制，以防止粮食出境过多导致本地粮荒。如1948年，东部农业区遭到大水灾、雹灾等侵袭，粮食减产，粮价波动剧烈。如此情形下，青海省政府认为“若不实行（粮食）管制，势必影响民生所嘱”，于是下令实行粮食管制，规定除该年2月10日起至4月8日止的两个月开放粮食管制，其余全年实行粮食管制。即便该年甘肃省兰州市天旱成灾，为解决本市粮食问题，兰州市政府电请青海省政府开放“粮禁”的情形下，青海省政府出于对本省民生的考虑，亦回电拒绝；[④] 另1949年初，地方政府依据粮食市场出现的“各种物价高贵，而粮食价格反形下跌”的反差，为避免谷贱伤农，[⑤] 于该年1月，发布训令开放粮食管制。规定该年1月29日～3月29日的两个月内，开放粮食管制。其间本省出产各种粮食，准予运往他省，自由贸易，其余时间继续管制。[⑥] 地方政府对粮食外运的管制并不是行政命令的随意而为，也是考虑到了粮食的丰歉及市场的波动。

除进行粮食管制外，地方政府下令设置关卡、发布禁令，禁止私人水运粮食行商。1932年，一些家道宽裕、手头有钱的乡民，在农村和斗市大

---

① 青海省地方志编纂委员会编《青海省志·物价志》，青海人民出版社，1993，第8页。

② 青海省政府秘书处编《青海省政府二十五年五六七月份工作报告》，陕西省图书馆馆藏，1936，第21页。

③ 翟松天：《青海经济史（近代卷）》，青海人民出版社，1998，第41页。

④ 原文为“查本府前为调剂民食计自今年二月十日起自四月八日止，两个月内开放粮食管制，在此时期内，贵省毗邻本省循化、民和、门源等县人民就近自由购运已达调盈济虚之目的，现因开放管制期已满，且以本省气候高寒，产粮无几。近来粮价波动至为剧烈，若不仍行管制，势必影响民生所嘱。兰州市政府向本省购粮予以协助一节，恕难照办，准电前由相应复请查照仰知照”。参见《关于青海省府开放粮禁一事给市农会的训令》（1945.9.14），甘肃省档案馆馆藏，档号：059－009－1339－0012。

⑤ 罗耀南：《民国田赋粮政》，《青海粮食史料》1988年第4期。

⑥ 严永章：《民国时期的青海粮政纪事（1912—1949年）》，《青海粮食史料》1988年第2期。

量收购小麦、油（菜）籽，买上皮筏、雇来水手，经湟水、黄河，水运包头、天津等地出售，大赚其利。后马步芳以行政命令在津要处设置关卡，禁止私人水运物资行商。[①] 1938 年，省府又从法令方面重申粮食管制、限制粮商活动。该年 4 月，青海省政府依据国民政府《非常时期违反粮食管理治罪条例》，在全省实行粮食管制，严禁小麦、面粉、杂粮运销省外。[②] 并出台《青海省违反粮食管制惩治暂行办法》加强粮食市场管理。[③] 由于政府对粮食外运的严格管制，部分粮贩子随之倒闭散伙。与私商惨淡命运不同的是，官办企业开始操控粮食外运。1938 年以后，粮食出省水路运输遂被官办协和商栈所垄断，粮食水运始由民营变为官办。协和商栈在兰州设几处分栈，其中之一处分栈名为“东方木厂”，厂址在兰州西郊，经办粮食、清油及木料等，在兰州销出。

从上述看，民国时期，青海对出省粮食的管理逐渐趋严，根据市场粮价升降，有管有放，相对灵活。同时，粮商在民国早期一度活跃，到 20 世纪 30 年代末期以后，由于官方的限制，他们的活动陷入低迷。其经营活动逐渐被官僚企业所取代。

2. 严禁囤积居奇

囤积居奇是商人牟取暴利的惯用手段，其中粮商的囤积居奇危害尤大。“他们大量收购粮食，坐观时机，待民间乏食之际，任意抬价。这不仅使粮食的价格失控，而且也使粮食的流通受到阻滞”,[④] 故官方严禁囤积居奇。早在清代就有“居奇操纵者，俱应付刑事上之责任……商人如不遵令遵理，则为首或囤积最多者一二人，枷号示众，全体米麦入官”[⑤] 的惩治。民国时期，财政部拟具的“第二期战时行政计划实施具体方案”（1939 年 3 月）中就提出“取缔囤积货物居奇，俾得平衡物价而灵活资金”。[⑥] 粮食的囤积居奇，历来是政府严厉禁止的。

---

① 牟正德：《解放前平安镇的商业状况》，《平安文史资料（第 3 辑）》，内部资料，1993，第 37 页。

② 严永章：《民国时期的青海粮政纪事（1912—1949 年）》，《青海粮食史料》1988 年第 2 期。

③ 罗耀南：《民国田赋粮政》，《青海粮食史料》1988 年第 4 期。

④ 陈桦、刘宗志：《救灾与济贫——中国封建时代的社会救助活动（1750—1911）》，中国人民大学出版社，2005，第 63 页。

⑤ 冯柳堂：《中国历代民食政策史》，商务印书馆，1934，第 252 页。

⑥ 中国第二历史档案馆编《中华民国史档案资料汇编·第五辑第二编 财政（一）》，江苏古籍出版社，1997，第 59 页。

青海地方上，粮商囤积居奇者也不乏其人。如西宁的斗行头韩长寿，人称“韩牛犊”，经常丰年囤积，一遇灾年，高价粜出。有一年，地方大旱，他大力囤粮。后来天降大雨，粮价猛跌。他仰天哭叫，“老天爷普降甘霖救了万民，却宰了我韩牛犊一人”，一时成为笑谈。[①] 这是灾荒发生后不法粮商投机行为的一个缩影。地方政府对粮商“韩牛犊”之类为一己私利、囤积居奇的做法多次明令取缔。1940 年，省府派人稽查，发出布告，“本省今年雨岁失调……农产歉收，粮价奇昂，加之一些斗级勾串富商囤积居奇，增价竞购。驯至市面萧条，民生困难。亟应严加禁止，以维民生”，“如有违犯，民有告发者即从惩处，绝不姑息”。[②] 又 1945 年，省府以本年各地遭亢旱与雹灾，为调剂时荒，特布告取缔囤粮，“现届收获在即，如有筹资囤粮者，一律取缔，以免影响军民食用”。[③] 地方政府对粮食囤积者的打击，有助于规范粮食市场、平抑粮价。

此外，地方政府恐粮户囤积居奇，实施民间余粮登记制。1944 年省府下令在省垣及各县进行民间余粮登记，“除按照各户人口多少足资食用者外，所有余粮，将一律登记，以资调剂”。[④] 余粮登记在西宁及周边各县陆续展开。西宁县的余粮登记，以一区共和乡为例，其情况如下：

> 五保一甲耿明德，小麦一斗、青科（稞）一斗；五保一甲耿俊德，小麦一斗；五保六甲李顺英，小麦一斗；五保五甲李长芳，小麦一斗、青科（稞）一斗；五保十甲丁秀吉，小麦一斗；五保十二甲张伏龙，青科（稞）一斗……二保二甲徐光贤，小麦二斗；二保九甲魏炳，小麦一斗；二保十甲陈兴，青科（稞）一斗。[⑤]

除西宁各保乡民外，对省垣、市镇商号住户也进行了余粮登记，地区上大通、贵德等地也有登记，兹不详述。

从上述登记结果看，西宁县余粮为数不多，根本谈不上囤积。通过余粮登记的手段将民间储粮纳入了政府的可调控范围内，亦即控制了民间存

① 金成钧：《旧时西宁的粮面市》，载青海省政协学习和文史委员会编《青海文史资料集萃（工商经济卷）》，内部资料本，2001，第 409 页。
② 《青海民国日报》1940 年 11 月 14 日，第 1 版。
③ 《青海民国日报》1945 年 7 月 21 日，第 2 版。
④ 《青海民国日报》1944 年 4 月 12 日，第 2 版。
⑤ 《青海民国日报》1944 年 7 月 17 日，第 2 版。

粮，反映出政府有垄断社会“余粮”的想法和趋向。

3. 粮商群体的整顿与粮面市场陋规的取缔

粮商作为粮食流通的主要参与者，是地方粮食流通的主要推动力量。他们不断延伸着粮食流通的时间和空间，其活动对整个粮面市场产生着举足轻重的作用。但追求利益的最大化是商人的终极目的，部分粮商在履行正常粮食流通职能的同时，在利益的驱使下也不乏参与投机活动者，以致粮面市场陋规充斥。除上述所言打击粮商囤积居奇外，地方政府对斗行、小粜等粮商群体在粮食贸易中的其他不法行为也加以整治。

斗行亦称斗级，是充当粮食买卖双方居间人的行业。在长期经营与竞争中，部分斗行逐渐把持了该行市场，使他人不得染指。如果有人愿营此生业，原有斗级便群起攻讦，甚至呈请省府业已发照之户，该原有斗级也敢反对其营业。省府以斗级数量太少，造成了上述垄断局面，遂提出增加斗级，以除流弊。[①] 而且斗级有向粜粮农民收取佣金的行规，而收取的佣金，向无一定标准，有任意添增的弊端。如 1939 年每石粮收佣金 5 角，1940 年已增至 2 元，对买卖双方均成负担。政府明确规定，按粮一石，只准收佣钱大洋 5 角。[②] 此外，政府取消斗底（即取按剩余粮），以减轻粜粮者的无谓负担。[③]

小粜实际上是二道贩子。农民如有粜不出去的粮食（多为次粮），小粜便乘机廉价购入，然后用“穿皮袄”“靠山升子”[④] 等投机取巧的手法粜出，牟取高利。尤其在歉收之岁，粮价奇昂之际，他们往往串通粮贩，抬价竞购，则一般食户常有有钱无法购粮之苦。而政府又因小粜既未领有营业执照，又未设立营业地点，不便统一管理。就此，下令取缔小粜，规定若愿营此生业者，“必须呈请省府，请领营业执照，正式营业。不得再用小粜名义，捣乱市面，与过去划分界限”。[⑤]

---

① 《青海民国日报》1940 年 11 月 14 日，第 1 版。

② 《青海民国日报》1940 年 11 月 14 日，第 1 版。

③ 斗底即粮食过升子，先倒在斗行家准备的大木匣中，粮食量到最后，匣底剩下的粮，这部分归斗行所有。加上木匣底都有两三道裂缝，从缝中漏下去的粮，也都为斗行所有，成为其实际收入的一部分。参见《省府整理斗级》，《青海民国日报》1940 年 11 月 14 日，第 1 版。

④ “穿皮袄”是把粮食分等筛选后，把次粮装入匣底部，将优粮装在顶部，掩饰次粮、以次充优的手法；“靠山升子”则是利用快速量升子以掩人耳目，然后在升面上刮出一定的倾斜面，减少数量。参见金成钧《旧时西宁的粮面市》，载青海省政协学习和文史委员会编《青海文史资料集萃·工商经济卷》，西宁印刷厂，2001，第 408～409 页。

⑤ 《青海民国日报》1940 年 11 月 14 日，第 1 版。

除上述对部分粮食从业者的整理外，省府依据国民政府粮食部颁发的《粮商登记规则》，进一步办理粮商登记，使所有采购、批发等粮商一律加入统一组织，以便政府能够进一步管控。1948 年登记粮商共有 319 家，[①]仅西宁城区内登记的粮商就有 39 家，分布于 14 条街道。[②] 政府对经营粮食者进行登记，发放营业执照，令其照章纳税。

政府对斗行、小粜等粮商群体的进一步整理和规范，在一定程度上减少了他们在粮食贸易中的投机活动，有助于改变粮面市场陋规充斥的局面，有利于粮面市场有序运行。粮商登记，则反映出政府对粮食贸易的干预推进到了一个空前的高度。虽未曾取消民间市场行为，却无异于把它们置于政府控制之下。

4. 禁止酿酒、节约粮食

酒的原料是谷物，而酒的消费在人民的生活上又非必需，故当地方出现较大规模灾荒时，政府往往发布命令，禁止受灾地区使用粮食酿酒，勒令制酒作坊暂时歇业，这已成为中国绵延千余年的传统的救荒措施之一。[③] 民国时期，每逢灾荒，国家通常会限制消耗粮食量大的酿酒业的发展，如“1920 年北方大旱灾后，内务部颁布了严禁酿酒的通令；1931 年，江南大水灾期间，国民政府行政院复颁布了禁止酿酒的法令，直到 1933 年才解除此令”。[④] 各地方政府不同程度地执行了“禁酿”政策。青海省政府为节储民食，于 1941 年、1942 年度都曾下令禁止酿酒。1941 年“省府以去年收成歉薄，民食维艰，曾饬令各酒行停业，以资节储粮石，而维民食，此间互助酒行义和永、天佑德、长丰和、世义德、文钰合、永胜和、全盛德、鸿顺元、统兴永九家奉令后，以酒醅以成，未便搁置，曾呈准限四个月内烧完，免致口烂，至限期届满，于四月二十二日暂停”。[⑤] 1942 年 11 月省府鉴于农业区遭黑霜、冰雹雪压侵害，而牧业区亦是牛瘟盛行，下令禁止酿酒，并通过财政部甘宁青区税务局青海分局呈文甘宁青区税务

① 青海省政府秘书处编印《青海省政府三十七年度政绩比较表》，陕西省图书馆藏，1948，第 32 页。

② 罗耀南：《民国田赋粮政》，《青海粮食史料》1988 年第 4 期。

③ 参见陈桦、刘宗志《救灾与济贫——中国封建时代的社会救助活动（1750—1911）》，中国人民大学出版社，2005，第 359 页。

④ 立法院编译处编《中华民国法规汇编》（第六册），中华书局，1934，第 63、64 页。

⑤ 《青海民国日报》1941 年 5 月 8 日，第 2 版。

局，要求收除青海查禁酿酒类事的关税。[①] 这一禁令直至 1946 年 3 月才解除。[②]

青海的酿酒业在湟源、西宁、互助各地都有一定规模的发展。光绪年间成书的《丹噶尔厅志》记载，“酩馏酒，境内农家皆能制造，亦专制专沽者。乡间婚娶酒席皆资焉，年终熬制不下二千余缸”；[③] 西宁地区，“明末清初，山西客商将‘杏花村’曲酒的酿造工艺传入青海。王厚德在北门外北城角开设酿酒作坊（俗称烧房），张彦魁在北大街开设‘烧房’；还有南门外的赵家‘烧房’，他们以当地青稞为原料，酿造烧酒。当时，郭世臣还在兴隆巷山陕会馆门口开烧房，酿造酩馏酒，较为有名。（新中国成立前）西宁的烧房最多时达一百多家”。[④] 互助县威远堡的酒坊在 1929 年发展到 10 多个，有天佑德、文合永、永胜合、义兴成、文玉合、永庆和、聚顺合、统顺德、长丰和、兴义德等。[⑤] 酒业的发展，意味着粮食消耗的逐渐增大。因此，灾荒期间政府对酿酒业的限制也不失为解决粮荒的一个重要手段。

灾后，政府基于“从总体上控制粮食这种重要物资，避免单纯依靠市场的自发调节而造成粮食市场混乱的危险”[⑥] 的出发点，采取了管制粮食外运、打击囤积居奇、整顿不法粮商、取缔粮面市场陋规、禁止酿酒等措施。这些调控措施是政府在粮食流通安全方面做出的努力，从量与价的常态分析看，上述措施在平抑粮价、调剂民食方面是起了一定作用的。但同时，我们也应该注意，政府对粮食流通的严格管控，使其对粮食贸易的干预推进到了一个空前的高度，虽未曾取消民间市场行为，却无异于把它们置于政府控制之下，这使民间粮食的自由流通受到限制。又通过余粮登记制，将民间储粮纳入政府的可调控范围内，使民间力量自己可以掌控的用于自救的粮食份额减少。在这种情形下，地方政治清明尚可，唯青海在地

---

① 《为报青海省政府禁酿各种酒类给甘宁青区税务局呈》（1942 年 11 月 4 日），甘肃省档案馆馆藏，档号：017－003－0600－0019、017－003－0060－0020。

② 《甘青宁税务局：青海省酿产业经明会解禁仰即遵令查明具报切实稽征的训令》（1946 年 3 月 16 日），甘肃省档案馆馆藏，档号：017－003－0426－0007。

③ （清）杨志平编纂、何平顺等校注《丹噶尔厅志》，载《青海地方旧志五种》，青海人民出版社，1989，第 278 页。

④ 张维珊：《青海工业史话》，西宁东宝印务有限责任公司，2001，第 22 页。

⑤ 韩焕文：《互助酒琐记》，载湟源县政协文史资料组编《青海文史资料选辑（第 10～12 辑）》，西宁第三印刷厂印制，1982，第 415～416 页。

⑥ 任云兰：《近代天津的慈善与社会救济》，天津人民出版社，2007，第 71 页。

方军阀控制之下，政府在粮食问题上更倾向于军供和战略的需要。因此，灾后政府没有将可调控的粮食大量发放赈济灾民，也没有积极投入粮食市场促进流通，这导致灾后政府对粮价的控制有限，在保证区域粮食流通安全方面成效甚微。

第三节　民间救灾

近代青海，灾害频仍，政府的救济显然不能完全解决灾民的问题，政府也注重发动民间力量救灾。民间在灾荒的应对上有防灾备荒的尝试、赈款的筹集、应灾时互助关系的结成，以及士绅、富户等个体、社会团体、宗教寺院以及传教士等不同主体开展的救灾活动。

一　防灾探索

（一）食物的储存与备荒

青海各族人民在收获季节有采集可食野生植物储存以备荒的习惯，如在柴达木区域内遍地生长着一种叫作菩培的植物，在七八月间满枝结着累累大如豌豆的紫色果（蒙民叫“哈拉莫古”），味甜而美，可以生吃。若煮熟后混在乳酪中吃更是合乎口味，这种果实可以济荒。紫果成熟时，柴达木区域的蒙民都爱打来煮食，尤其是牧羊的少女们，每天不离口地采食……放牧的山羊、绵羊，山中的老熊也最爱吃它。山羊、绵羊食了可以增加脂肪层，所以蒙旗人民每年在紫果成熟时期，都采好了数十袋，专供春初草尽羊瘦时期饲畜时用。[①] 1931 年，湟源县人张元彬作为资源委员会边地考察团的一员，在写《青海蒙藏两族的生活》一文时，曾走访当地。当时宗扎萨旗的一位老人给他讲在清同治六年（1867 年）（地方）遭饥馑的时候，“哈拉莫古养了他们全旗人民的生命”。[②]

珠芽蓼，蓼科植物，青海汉族称其为“染（然）布子”，牧民称

① 参见丁世良、赵放主编《中国地方志民俗资料汇编（西北卷）》，北京图书馆出版社，1989，第 288 页；张元彬《青海蒙藏两族的生活》，《新青海》1932 年第 1 卷第 2 期，第 53 页。

② 张元彬：《青海蒙藏两族的生活》，《新青海》1932 年第 1 卷第 2 期，第 53 页。

“染（然）布”。然布草是牧畜冬春季节的一种主要补饲草料，牧民称其为“救命草”。而然布籽素有“天然青稞”的美誉，是牧民无青稞可食时主食的主要代用品。因此，每年秋季，牧民几乎倾其全力采然布籽，割然布草，进行大量储备。至入冬以前，各家都要采集几皮袋然布籽，辫上几十辫然布草。到了冬春缺草季节，尤其是遇到大雪灾后，当牧畜无草可食时，他们用然布草一点一点地补饲。对于那些瘦弱的牲畜，再额外补饲些然布籽，这样可帮助它们安然度过饥寒交迫的冬春季节。此外，牧人也有食然布籽的习惯。新中国成立前，牧民常常摘其穗籽晒干、炒熟、磨成粉，当作糌粑的代用品吃。这种小米粒似的野生草籽，帮助许多牧人度过了饥寒岁月，甚至挽救了他们的生命。而且，即使在今天，一些牧人也常以然布籽补充主食。[①]

除采集野生植物储存以备荒外，青海的蒙藏人民在日常饮食中有通过冷藏、风干等方式储存肉类以应对饥荒的习惯。20 世纪 50 年代初，学者们在兴海县河卡乡做社会历史调查时，发现当地藏族在初冬牲畜肥壮的季节，大量宰杀牛羊，将肉冷藏或者挂起来熏干，常年食用。[②] 青海的蒙古族亦是如此，他们将宰杀的牛羊和狩猎所得的野牛羊肉切成肉条，风干之后储备起来，待青黄不接时食用。[③]

食物的储存使人们在突然遭遇饥荒时有了一重保障，但也间接反映出当地灾害的频繁，使人们不得不未雨绸缪。

（二）水利设施的修建与维护

民国初期，青海各地农民深受水旱灾害之苦，兴修水利工程的渴望十分迫切，只是农民困于经济，对于稍大工程无能为力。民间水利的兴修方面主要表现在小型水渠的开凿与维护，水车、提水机等引水灌田工具的修建，塘田的整理等方面。

1. 水渠的开凿与维护

在建省以前，青海的水渠多由官吏捐俸倡导，民间农户协作兴修。也有自主开渠的，如民国初年，湟中县扎麻隆乡的士绅周先，痛感于该地区 3000

---

① 参见梁钦《江源藏俗录》，华艺出版社，1993，第 367 ~ 368 页；三木才《千年汪什代海——一个古老藏族部落的历史文化新探》，青海人民出版社，2006，第 241 页。

② 青海省编辑组编《青海省藏族蒙古族社会历史调查》，青海人民出版社，1985，第 29 页。

③ 青海省编辑组编《青海省藏族蒙古族社会历史调查》，青海人民出版社，1985，第 147 页。

余亩土地都是旱地，加之十年九旱、农人难以温饱的苦状，动员该乡民众开渠引湟水灌田。他以自己的田地和庄廓为抵押，从多巴义仓中贷得青稞1万斤。规定凡参加开渠的人，每人每天一升（10市斤）青稞，在此号召下，绝大多数青壮年参加开渠。又请有经验的老农一同勘察地形，决定从西石峡口的石板沟筑坝引水。渠长3000米，转山而行。半年后，扎麻隆水渠终于完工，工程效益超过了预期的目标，一共有1500多亩旱地变成了水地，当年产量翻了一番多。[①] 通过地方民众的努力，民间自主开渠的数量逐渐增加。据1946年主管农林、水利的省建设厅统计，青海省民间兴办小型水利情况如表3－18。

表3－18　青海省各县民间小型水利状况一览

单位：里，亩

县　别	渠　数	渠线长度	灌溉面积
西　宁	21	548	145250余
互　助	8	436	150900余
乐　都	36	721	72230余
民　和	31	260.5	20820
化　隆	7	98余	约11600
循　化	12	约227	未详
同　仁	7	约38	约4560余
大　通	4	约76	61200余
亹　源	1	未详	约12000余
湟　源	22	约142	约40720余
贵　德	12	2383	约81720
共　和	16	64	约21480余
都　兰	7	77	约9300余

注：里数以华里计算。

资料来源：青海省政府建设厅编《青海省建设概况》，1946，第18～32页，青海省图书馆馆藏。

民家基于共同利益，分摊款目，开渠灌田。从上述看，民间兴修的河

① 朱世奎、程起骏：《清清渠水兄弟情——扎麻隆“渠水活民”摩崖石刻的故事》，载西宁市城中区政协文史资料委员会编《西宁城中文史资料（第20辑）》，2008，第30页。

渠，长短、数量不一，但涉及空间广，是政府大型水利工程无法覆盖、全面惠及时的有益补充，在抗旱增产方面起到了至关重要的作用，促进了区域经济的发展。

除开渠抗旱外，水利设施的日常维护也极其重要。新中国成立前，乡间集体为鼓励有经济实力的民众参与本地水利灌溉设施的修建与维护，部分地区对修渠有重大贡献的村子或个人，经过集体讨论，享受奖励性的“尕傻水”（藏语，意为水份）。如贵德县河阴镇的上高渠，“此渠修得时间较早，渠基不牢固，渗漏严重，山涧涵洞又多，关键时候会断水。上高渠流域的聂家、邓家、马家、上毕家群众，拿出家中的毛毡、被子等物，铺渠堵漏，彻底解决了问题。就此向修渠作了贡献的农户奖励了‘尕傻水’。还有，上毕家的贾家，原是街上的商人，后买了上毕家赵家的产业以后，经营上半商半农。他们有资金，修好了上高渠各山涧涵洞上的过水渡槽，耗资较大，所以也享受了奖励水份”。[①] 乡间集体通过奖励灌地水份，使投身本地水利灌溉设施修建与维护的民人得到实惠，激发了他们投身乡间公益建设的积极性，诚为一种有效的激励措施。

2. 水车、抽水机的修建与塘田的整理

黄河水车，是水力筒车的一种，它是利用流水力量，起水灌田的农业生产工具。“由于西北地区气候干燥，雨量不足。因此，在黄河上游两岸地区，利用水车进行农田灌溉，在过去相当长的时期内都占有重要地位。”[②] 早在明嘉靖年间，兰州进士段续创修水车，倒挽河水，以灌田亩，颇著成效。至清康熙末年，山西汾阳人田呈瑞，居官甘肃，加以推广应用，沿河各县相继仿造。[③] 黄河沿岸川地，多恃此汲水，其支流如湟水、大通诸水，亦多设置。[④]

民国时期，黄河及其支流湟水沿岸各县陆续有民人出资架设水车。1931 年，贵德县人民李承基、赵廷选、袁帮安等，集股承领共和县下郭密席芨滩（今属贵德）西上段之土地，集资 2000 余元（内由贵德县政府呈请民政厅在赈款项下补助 400 元），在席芨滩黄河沿边安装水车一架，灌

---

① 张志忠：《贵德的水利与“龙倌”制度》，载贵德县政协文史资料编辑委员会编《贵德县文史资料（第 1 辑）》，贵南牧场西宁印刷厂，2000，第 72 页。

② 参见甘肃省档案馆编《晚清以来甘肃印象》，敦煌文艺出版社，2008，第 271 页。

③ 甘肃省档案馆编《晚清以来甘肃印象》，敦煌文艺出版社，2008，第 266 页。

④ 甘肃省档案馆馆藏，档号：资 - 农业 - 106。转引自张蕊兰主编《甘肃生态环境真档录（清至民国）》，甘肃文化出版社，2013，第 208 页。

田 100 余亩，这是共和县提取黄河水灌溉农田之始。① 到 1932 年，循化民众在积石镇乙麻目村至清水乡石巷村黄河南北两岸已修建水车 4 部。② 1933 年 4 月，循化县城西石头坡民众，复在黄河内设水车一架，藉以取水。③ 至 1935 年，安汉在调查青海水利时发现，“贵德县黄河沿岸墩湾子有西乡农民集股建水车 1 架。化隆县西滩有水车 1 架，东滩有水车 2 架”。④

至 1937 年，循化县瓦匠庄新修水车一架，计工程洋 2500 元，由黄河引水灌田。查该县在黄河沿岸计划应修水车 8 架，正在筹款之间；共和县兴修口磨底水车 1 架，引黄河水灌田；民和官亭三庄兴修水车 3 架，引黄河水灌溉，计工 1800 余元；马场垣兴修水车 2 架，计工 2500 元，引湟水灌田。西宁县计划在罗家湾修水车 3 架，引湟水灌田。⑤ 1938 年，循化县循阳乡由青海省政府补助公款，在县政府指导下，修建水车 2 架。1944 年，贵德县过麻庄灌田无水，经该庄人呈请，亦由省政府补助修建水车 2 架。⑥ 水车的架设有力地缓解了各县农业用水紧张的局面。

就水车的日常管理，水车有水头、副车各一，管理全车事务，助手数人，负推动水车及收款之责，每年改选一次。各农户按用水之次数及时数，摊派修造工费，以水费方式缴纳。如青海共和县水车每亩摊得造价 20 元，循化每亩摊款达 40 元。⑦ 至于各县水车灌溉田亩，根据水利部河西水利工程处水利专业人员对黄河沿岸部分地区水车的调查和分析，认为一般情况下“每车灌溉区域大者四百余市亩，小者一百余市亩，普通为二百余亩。平均每座水车可灌田二百六十七市亩”，⑧ 青海各县水车的灌溉亩数应大致如此，相差无多。

---

① 参见张祐周《青海已成及计划之水利》，《开发西北》1934 年第 1 卷第 6 期，第 26 页；青海省水利志编委会办公室编《青海省水利大事记》，青海人民出版社，1995，第 34 页。

② 《民国 21 年 4 月循化县给民政厅呈报估计兴修水车并绘图》，青海省档案馆馆藏，档号：67－永久－477。转引自冯玉新《水资源与社会环境：西部大开发过程中水资源利用与保护——以青海省循化县为例》，《兰州教育学院学报》2010 年第 3 期。

③ 顾执中：《调查：青海化隆、贵德、循化三县农村之概况》，《农业周报》1934 年第 3 卷第 2 期，第 58 页。

④ 安汉：《青海农田水利调查概况》，《西北问题》1935 年第 2 卷第 11、12 期合刊，第 23 页。

⑤ 西安市档案馆编《民国开发西北》，西安建筑科技大学印刷厂，2003，第 573 页。

⑥ 徐敬利、徐克敏：《民国时期的青海水利》，《青海档案》2001 年第 2 期。

⑦ 甘肃省档案馆馆藏，档号：资－农业－106。转引自张蕊兰主编《甘肃生态环境真档录（清至民国）》，甘肃文化出版社，2013，第 208～209 页。

⑧ 甘肃省档案馆编《晚清以来甘肃印象》，敦煌文艺出版社，2008，第 269 页。

在无法引渠灌溉的地方，水车的使用使农田得以灌溉，免于在雨水不足时期变为荒土。但水车费工大、用款多，且因黄河水位涨落幅度大，水车建成以后，累被冲走，农民损失大。

此外，同样作为汲水灌田工具的抽水机，其出现也值得一提。1932年，民政厅职员魏子才集股1000余元，在西宁西教场街许家花园设裕民工厂制造抽水机。为时数月后，魏氏制作完成抽水机七架，式样大小不一。（年后）在西门外通济桥头，装设三号机，从事试验，其结果该机可吸水高至二丈余。据魏氏自称："此机每日抽吸水量可灌田二余亩，至较大之六号机，可吸水高至三丈余，每日可灌田二十余亩……现在所制就之各机，已经购完，每驾约需洋二百余元。以后当继续制造，以资推广。"① 而政府为鼓励民间改进农田灌溉工具，特对魏子才制造抽水机的行为予以物质上的嘉奖。省府令财政厅给魏氏发放奖金。② 至于魏子才制造的抽水机后期的生产和推广情况以及在实际中的应用效果如何因资料缺乏，无从窥之，但表明民间对农田灌溉工具的改进一直在进行。

另外，民间为灌溉计，依据不同的地势，找寻不同的灌溉方式。水车是用来设在水低岸高处汲水灌田的。而对于地处盆地者，民人筑塘储水。如西宁扎麻尔庄人，"以该地各处盆地，正可筑塘储水。于是筹集款项，兴修塘田。整理完竣，可灌溉田地七十数亩左右"。③

面对频繁的旱灾，各族民众在水利设施的采用上不遗余力且讲究方式方法，因地制宜。只是从上述看由于不利的自然条件的限制，水车等水力机具的技术效率较低。筑塘储水的灌田活动，灌溉亩数也是有限。但不可否认，这些来自民间的艰辛尝试，有力地缓解了各县农业用水紧张的局面，对抗旱防灾起到了一定作用。

（三）耕作方式上的抗旱探索

压砂种地是来自民间的一项农业抗旱技术，即在地表铺垫一层砂石，可有效抑制蒸发，蓄水保墒。近代以来，甘青地区旱灾频仍，为战胜干旱少雨的困难，甘青劳动人民在长期的生产实践中发明了砂田。"砂田因砂

---

① 《魏子才制造抽水机》，《新青海》1934年第2卷第5期，第86页。

② 《省政府指令财政厅据呈报发过魏育贤制造抽水机奖金等情准予备查》，青海省政府公报局编印《青海省政府公报·办事报告》1931年第42期，第80页。

③ 《青海民国日报》1940年11月30日，第2版。

砾覆盖在土壤上，可以切断毛细管，阳光也不能直射土层，所以砂田即使受到烈风酷日的吹晒，也能有效地阻止土壤中水分的上升，减少水分蒸发，达到防旱的效果。同时，砂田还有吸收阳光、增加地温，减少杂草、节省劳力以及提高农作物的产量与质量等特点。"① 砂田在甘肃中部地区为多，在青海部分地区也有。近人在游历考察西北时，在其旅行游记中写道："第一次去青海的人，大约都会发觉公路旁边有一种新奇的东西即用石蛋铺成的田亩。这是一种因地制宜的特种旱田。因为这里土质富于碱性，一下雨再经日光一晒，碱性随之也就蒸发，任何农作物都成长不了。又因为这一带是西北有名的旱地，假如天旱不雨，那么植物就要枯死。为了抵抗这'干'与'碱'的双重天然侵袭，由是发明了这种田。这种石蛋和沙土交混的农田，事先须将黄土层挖深三四尺，然后填以新土细沙与石蛋。石蛋不怕雨水蒸发，同时缝隙多沙土松，农作物根须容易深入地下，虽经日光炙晒，也无所碍。"② 新亚细亚学会的学者黎小苏等人在青海实地考察时，也提及当地砂田的抗旱效果，青海"气候偏寒，地多砂田。然拨开砂砾，播种于砂砾以下之壤土内，又覆掩之，因砂砾原为河流冲击之地层，其中所含矿质养分甚富，顾不虞抗旱，且可获早熟"。③

砂田是当地特殊土质的产物，反映了贫瘠的土地上农民生活的艰苦，但同时也显示出当地农人对干旱环境的高度适应力。此田在抗旱、增产方面有一定效果。

（四）防雹

雹灾是青海省第二大气象灾害，虽是局地性的灾害天气现象，受灾面积往往不大，但来势猛，而且发生在作物抽穗至黄熟阶段，所以危害很大。而青海独特的地形和气候条件又决定了冰雹灾害的多发性。④ 农人深受其害，于是探寻防雹方法。时人在青海做调查时言及，"每年春季时降冰雹，毁伤农作，不可胜数，虽被灾区域有一定范围，然以降雹频繁，损

---

① 魏永理：《中国西北近代开发史》，甘肃人民出版社，1993，第76页。

② 止戈：《塔尔寺瞻礼》，载甘肃省图书馆书目参考部编《西北民族宗教史料文摘（青海分册）》（下册），甘肃省图书馆，1986，第675～676页。

③ 许公武编著《青海志略》，商务印书馆，1943，第42页。

④ 参见青海省气象局编《青海省基层气象台站简史》，气象出版社，2013，第2页；王江山主编《青海天气气候》，气象出版社，2004，第99页。

失亦大，至本地人用土枪射击，其效甚微”。[①] “土枪打雹”说明民间已出现通过人为扰动来影响云水转化的自然演变过程，以达消雹、减雹目的的认识，只因打雹“装备”落后，又对打雹角度方面无甚讲究，因此效果甚微。但不难看出，“土枪打雹”与新时期用土炮驱散冰雹的人工防雹法在原理上已有共通之处，不能不说是当时民间一项有进步意义的尝试。

此外，各族民众在长期的生产生活中，不断观察天气现象、冷暖趋势的同时，总结探索一般灾害发生的规律，适时改变农时的安排。常见的是出于对一年中降雹时段的分析，在预计雹灾多发时节到来时，抢收庄稼。如互助县东沟大庄地区，一年以农历五月、六月、七月 3 个月为热，一到九月，气温渐渐下降，且入秋后常多雹雨，雹形如雀蛋，有时亦有大如鸡蛋的，不仅农作物遭受摧残，就连空中飞行的鸦雀，亦多被击毙。人们发现，只要阇门峡一带黑云笼罩，雹雨就可到来。鉴于此，当地土民在小麦多未长饱满时，即行收获。[②] 提前抢割，以降低灾害带来的损失。虽然颗粒不饱满，尚有收获，总比气温骤降，小麦受低温冻害、雹灾减收大半甚至绝收要好。

（五）防疫措施

农牧区都重视种痘以防天花。农区各县有插苗与旧法种花者，亦有点种牛痘者，如化隆的牛迁仈等。[③] 20 世纪 30 年代，省卫生实验处对民间种痘从业者加以培训，使其接受新的种痘技术，服务乡里。[④] 牛痘法在农区开始逐渐推广。

牧区为防天花流行，“族中政治领袖，常下令禁止与他族触接”，并“每隔数年举行大规模之种痘”。种痘时“以免每年人事上之麻烦，及经济上之浪费。先由全旗族共同筹备经费，齐备聘礼，推举代表，携带土职请笺，向种痘喇嘛请求来族种痘。同时族内筹备念经，另选种痘区域，布置专为种痘之帐幕，召集受痘儿童，来此绝境而与外人间隔。种痘方法多用

① 汤惠荪、雷男、陆年青：《青海省农业调查》，《资源委员会季刊（西北专号）》（二）1942 年第 2 卷第 2 期，第 288 页。

② 青海省编辑组编《青海土族社会历史调查》，青海人民出版社，1985，第 60 页。

③ 金玉堂：《略谈化隆医疗今昔》，载化隆县政协文史组编《化隆文史资料（第 8 ~ 9 合辑）》，1988，第 21 页。

④ 《青海省卫生实验处六七月份工作报告》，《公共卫生月刊》1935 年第 1 卷第 5 期，第 68 页。

粉末痘种，从鼻孔吸入。受痘儿童，皆有周到的看护，不必亲属抚慰。当种痘之间，全族举行庄严的祈祷，冀求神佛的保佑。及受痘者休养复原后，各帐皆携带礼物，酬谢种痘喇嘛，并慰问其隔绝多日昼夜悬念受痘的儿女；且有举行盛大之谢神祈祷，邻族亦各推代表携礼物来庆贺，以增加旗族间交谊。种痘喇嘛临去时，受痘诸家各以新碗、羊背肉、熟好羊皮、哈达各一，并炒面粉（炒面——引者注）一升、乳渣一升、酥油二斤，总计约值银十两。其例外赠送者尤多。故种痘喇嘛之应招而来者，在至多往返一千五百公里之行程，约月余之种痘期间内，每次可获一千元至一万元之盈余。往来乘运、食用、零花皆由邀者负担”。[①]

牧区各部落畏惧天花传染，视种痘活动为部落大事。点痘之余，部落众人对受痘儿童辅以周到的看护，并举行庄严的祈祷，不可谓不慎重。只是部落内的种痘方式多采用旧法（亦即粉末种痘，将痘痂粉末吹入婴儿鼻孔的种痘方法），牛痘点种的方式尚未普遍采用，天花的防治方面还是较农区滞后。

（六）巫禳和“不饥丸”

虽有近代科学知识的传入，也有如上积极的防灾选择，但民间仍不能摆脱传统的影响，祈雨、防雹的巫禳活动，“不饥丸”的制作等消极防灾方式依然成为民众的另一种选择。正如英国人类学家马林诺夫斯基所言：“凡是有偶然性的地方，凡是希望和恐惧之间的情感作用范围很广的地方，我们就见得到巫术。”[②] 高原气象变化万端，自然灾害频繁，人们对于自然灾害的恐惧，使巫术救荒在近代青海仍占相当重要地位。

干旱和雹灾是青藏高原常见的自然灾害，祈雨、防雹的巫禳活动也最为常见。祈雨活动是青海各民族群众在旱灾来临时采取的常见措施。宣统二年（1910年）成书的《丹噶尔厅志》记载：“本境（丹噶尔厅）毗邻青海，山高气寒，雨泽原属调匀，惟土薄石多，夏时经旬不雨，则苗必稿（槁——引者注）。弥月不雨，则无麦无禾，而岁且荐饥。故虽不大旱，而民情恒惶惶也。”“一岁之间，或遇旱祷雨，四乡农民，家出

---

① 参见周振鹤《青海》，台北商务印书馆，1971，第299～300页。

② 〔英〕马林诺夫斯基：《巫术、科学、宗教与神话》，李安宅译，中国民间文艺出版社，1986，第122页。

一人，聚者数千，以肩舆请其木偶娘娘，遍历城乡庙宇及山岭水池之处。"[①] 又1917年，西宁地区大旱，人心惶恐不安。东关清真大寺的阿訇联合宗教上层人士，进行规模较大的祈祷活动。据伊斯兰教经典说："天旱是安拉（真主）对教徒罪孽的惩罚。"因此，首先要对前来参加祈祷的教徒各鞭打49鞭，借以赎罪。之后有2000多教众到西宁西山湾一带和回民坟园，赤足高声诵经祈祷。随后众人又到南山寺拱北一带举行"礼拜"，教众按教义规定"翻穿勒杂（上衣），背手都哇（祈祷）"，衣襟朝北，背手举赞，祈祷以赎罪。凑巧的是，据称这天教众从南山寺拱北下来后，大雨即倾盆而下。[②] 此外，西宁附近各县民众在城隍、龙王庙的祈雨活动亦属常见。

在青海，雹灾频繁亦如旱灾，"每至盛夏，狂风骤起，冰雹即至，打伤田禾，击毙牲畜，时有所闻。故各县乡村之畏惧冰雹，较之毒蛇猛兽为尤甚"。畏惧之余，常祷之于天。防雹的巫禳活动成为每个（藏传佛教）寺院一年里正常的佛事活动，寺院同时为部落世俗民众防止雹灾。一般在夏季农历六月初一至十五日间举行，期间严禁妇女来寺朝拜，僧人不得以任何理由离寺外出。[③]民众为此亦要缴纳专门的防雹念经费，[④] 还有的寺院则以在雹灾频发处放置法符、宝瓶的方式防雹，时人言"吾邑（碾伯县）冰雹为灾，久为人民之患，我佛（瞿昙寺梅凉州佛——引者注）法术宏深。近年来凡有法符宝瓶御止之处，莫不风调雨顺，五谷丰登"；[⑤] 青海的回族、撒拉族教众在阿訇带领下，集中在河滩干"尔麦力"，挡"过雨"和"冰雹"。[⑥] 而土民如前所述热衷于建"挡雹台"，以作预防雹灾之用。"挡雹台"是一种由活佛摆的圆锥形土墩子，俗称"苏克斗"。其大小一般为五六尺到七八尺高，直径四五尺，也有一丈多高、直径七八尺的。在土族的田野中，"挡雹台"随处可见，人们相信它可以挡冰雹灾害。

---

① （清）杨志平编纂、何平顺等校注《丹噶尔厅志》，载《青海地方旧志五种》，青海人民出版社，1989，第291～292页。

② 绽福寿：《西宁清真东关大寺的今昔》，载中国人民政治协商会议青海省委员会文史资料研究委员会编《青海文史资料选辑·第10辑》，1982年，第162页。

③ 陈庆英主编《藏族部落制度研究》，中国藏学出版社，2002，第347页。

④ 吴均：《论安木多藏区的政教合一制统治》，《青海民族学院学报》（社会科学版）1982年第4期。

⑤ 谢善述著、谢才华辑《谢善述诗文集》（上卷），青海人民出版社，2002，第180页。

⑥ 马毓：《青海伊斯兰教概况》，载中国人民政治协商会议青海省委员会文史资料研究委员会编《青海文史资料（第10～12合辑）》，青海省西宁第三印刷厂印刷，1984，第78页。

此外，土族地区还会请萨满主持“白虎祭”（Rite of the White Tiger）。“白虎祭”是一种防雹法事，“该祭仪在五月即在雹灾多发前举行，并不一定每年都举行，但雹灾毁坏了庄稼后的那一年是一定要举行的”。[①]

念经求禳、背经转山、设置“挡雹台”、进行防雹法事“白虎祭”等都是各族民众在面对频繁的旱灾、雹灾时，在没有有效的防治方法下，采取的消极应对方式。除了求得心理上的些许安慰外，没有实际作用，靡费财力之余，如前所述，安装“安阵”“白虎祭”仪式等做法甚至引起了村际间的冲突，影响了民众间的感情。即便如此，面对灾害，人力的不足使巫禳的习俗不断存续。在近代，它与科学的救灾方法同时并行。甚至到了21世纪初，当地还有巫禳救荒的遗俗可寻，如霍福先生在2003年到青海省西宁市湟中县共和镇汉、藏聚居的一个偏僻村落——苏木世村做调研时发现“该地每年的农事祭祀活动中还有五月二十日背经祈雨的活动”。[②] 可见，在本区长期遭受灾害威胁的背景下，巫禳活动一直贯穿于近代青海地方社会，并且在各族中形成了不同的民风民俗。

“不饥丸”与救荒。消极的应灾方式除各种巫禳活动外，当时还出现世人探索免饥之方，将摆脱饥馑寄托于药丸的荒唐之事。据1949年3月28日的《青海民国日报》登载：“大通县元朔乡第三保教员韩喜兆，自幼爱读奇书，搜求知识，动辄研究奥妙，以为自慰。于1949年韩氏忽在古书（未详何名）内发现节食免饥之方，乃按书中所载原料及分量，如法制造为药丸，并经再三实验，其效力甚大，现已研究成功。每人每天五钱重之丸药一粒，即可十小时不饥，不但可以免饥，且能补中益气，妙用无穷。”[③] 就此，韩喜兆在呈给省田粮处的呈文中写道：“如一人每月吃丹九日，吃饭二十一日，即可在一月中俭省九日之食粮，如以全年合计，则可减一百零八日之食粮，如以十万人而言，依法俭省，全年可俭省十万公石食粮，即俭省硬币二十万元以上之消耗，且此种食料体积甚小，行军杀敌，最为有利，如能详查准予制造，则不但有助于经济，即无数贫民亦可免除饥馑。”[④] 至于“不饥丸”的成分无从得知，至于韩喜兆所言“每人

① 房建昌：《土族地区的白虎祭》，《西北民族研究》1990年第2期。

② 霍福：《青海苏木世村的农事祭祀活动》，《民族研究》2004年第2期。

③ 《青海民国日报》1949年3月28日，第3版。

④ 《青海民国日报》1949年3月28日，第3版。

每天五钱重之丸药一粒，即可十小时不饥，不但可以免饥，且能补中益气，妙用无穷。如一人每月吃丹九日，吃饭二十一日，即可在一月中俭省九日之食粮”等救饥的功效现在读来甚为荒谬，但在当时乡民对其“莫不视为神奇，均欲得其术而制造免饥”。[①] 这表明地方上自然灾害频繁发生，民食维艰，饥荒随时可能相伴发生。“不饥丸”这种脱离现实的臆想正好契合了民众对食物的极大渴求。

二 民间赈灾款物的筹集与对政府救灾的支持

在灾荒发生后，政府通常会号召民间捐献款物以资救灾。而部分民人积极响应，慷慨解囊。钱款和物资一般交给地方政府，由官方具体支配，决定救灾事宜。

1927 年、1928 年全省连年大旱，疾疫流行。灾民饿仆于道，辗转流离者众多。1929 年 3 月，青海省安辑委员会（建省初期的政府救灾机构）在省内“印发捐启，由县署会同名誉委员劝捐，特别大户，令函呼助，按款多寡，请由省府分别给奖，或由省府呈请国府给奖”。[②] 当时有富户在政府劝捐下，捐 3000 大洋的记载。[③] 又 1946 年，省内各县成立“节食一日”救灾运动委员会，在各机关、团体以及乡间劝募。“互助县县政府全体员警、县党部各同志、县参议会、税务局员工各捐一日所得。在乡间劝募时，有赵德杰一万元；王进梅八千元；王生明等 5 人各二千元；吴成才等 4 人各五千元……，等等，数目不同之捐款。共计捐国币三十一万八千零六十一元四角四分；大通县，由‘节食一日’救灾运动委员会劝募以来，县农会捐二千元；香山商会五千元；第一煤厂三千元；第二煤厂二千七百元；第三煤厂三千元；第四煤厂二千七百元；第一平窑一千五百元；沙器厂一千二百元；石灰厂一千二百元；煤窑合作社一千二百元；香山瓷器厂二万〇一百元。民人张明德、赵廷麟等 38 人各三百元；汪庆等 3 人各九百元；赵广荣、罗凤林各一千元；李进玉、方叔良等 8 人各三百元；孙荫文六百元；张瑛、赵永柏等 9 人各三百元；李宗泰六百元；郭运生、萧辅邦

---

① 《青海民国日报》1949 年 3 月 28 日，第 3 版。

② 刘凤翰编著《孙连仲先生年谱长编（第一册）》，台北“国史馆”印行，1993，第 368 页。

③ 参见刘凤翰编著《孙连仲先生年谱长编（第六册）》，台北“国史馆”印行，1993，第 3505 页。

等 27 人各三百元……，合计十一万九千五百元。以上赈款交省三青团支部，转交地方政府赈灾。”[①]

除劝募的赈灾款外，也有主动捐款助赈的。如 1943 年 9 月 11 日的《青海民国日报》上就曾登载：“夫己氏捐款赈灾黎。工作某处之夫己氏先生，念本省今岁灾情奇重，同胞流离，捐现洋五百元交西宁青年服务社，代转振委会施赈。”[②]

民间募集的款项对政府组织较大规模、较长时间的救灾提供了一定的资金支持。

三　民间的应灾举措

“犹如人体受病毒侵袭，身体免疫系统会自行反击一样，灾害发生后民间自有一套抵御手段”，[③] 比如，民众会自下而上群体请愿，要求政府赈济。此外，灾民通过外地的同乡会等途径，向省内外反映灾情，呼吁社会各界救灾。如 1934 年 7 月 9 日，互助县西区景阳川、杨小庄、大小寺、李什门、土关等庄遭雹灾，各地禾稼摧残尽净，茎穗不留。击毙牧放牛羊多头（只）。该县被灾区域人士李惠民、杨宇民及李子玉组织“互助被灾区域民众代表呼吁团”，推李惠民、杨宇民、李子玉三人负责向各方接洽，并执掌呼吁团文件的撰拟及缮写等事项，并函请互助旅京同乡会援助本团共呼吁。[④] 又 1945 年，牛瘟、旱荒、冰雹、疫疠诸灾纷至沓来，民情惶惶。省旅渝同乡会将灾情报道发至重庆各大报纸代为宣传，7 月 29 日，“渝市各大报纸，咸以显著地位刊载本省灾请”。此外，旅渝同乡会理学长刘华下、常务理事刘文雅、冷少颖等人，会同青省参政员、省府驻渝办事处处长，于烈日炎炎，挥汗奔走，先后谒见宋院长及粮食、财政、农林三部部长，振委会许委员长，报告灾情，并请求赈济。[⑤]

除上述呼吁请赈、救灾外，民间的具体救灾举措有自救，也有不同主体实施的救灾活动。

---

① 《节食一日救灾捐款征信录》，《青海民国日报》1946 年 9 月 13 日，第 2 版。

② 《青海民国日报》1943 年 9 月 11 日，第 2 版。

③ 参见李文海、夏明方主编《天有凶年——清代灾荒与中国社会》，生活·读书·新知三联书店，2007，第 71 页。

④ 《最近之青海》（六月二十一日至七月三十一日），《新青海》1935 年第 3 卷第 8 期，第 56 页。

⑤ 《青海民国日报》1945 年 7 月 29 日，第 2 版。

（一）民间自救

1. 民间互助关系的结成与自救

面对频繁的自然灾害，为了增强抵御灾害的能力，青海东部地区的民众自发组织互助性的会社进行自救。如新中国成立前部分农民组织了“生死会”，该会的原则是：“会员之间休戚相关，庆吊相问。若遇天灾人祸，自愿募捐救济。每逢农历的七月十五日，会友相聚，联络感情，烧香点灯，拜神祈福，并演皮影子戏娱神助兴。”[①] 该会社尚留存着患难相恤、生死不渝的互助古风。

在草原上，发生自然灾害时，有些部落之间会互让草山，使受灾一方渡过难关。这种情况一般发生在盟友之间。蒙藏部落中的千百户以及普通牧民通过盟誓的方式，与其他部落相应阶层结成兄弟，如原海西王家旗（现海西州乌兰县铜普乡）王爷王德海与汪什代海（现海西州天峻县）千户丹科、副千户秋尔杰木对天盟誓，结拜为兄弟，而两部落的蒙藏群众约有30%互相结拜为兄弟，逢年过节互访互问、互送礼品，亲如一家，通过人情礼俗上的往来，结成互助关系，但逢天灾人祸，互相帮助，互让草山，使受灾一方渡过难关。[②] 这里需指出的是，是否出借草山其决定权在部落头人手中。草原上的牧场属于占有牧场的部落公有，但在部落公有制的外衣下，牧场实际支配权属于部落头人。他们安排冬春草场和放牧时间，指定牧民搬圈地点，可将本部落草山借给发生灾害或缺草的部落及其亲属。

此外，不同民族之间，一方在遇到雨水不足、草场贫瘠的特殊时期向另一方求助时，大多也会得到慷慨的答允，如1911～1922年，在西宁传教的比利时天主教传教士 Louis Schram 在其《甘青边界蒙古尔人的起源、历史及社会组织》一书中就曾写道：“蒙古儿人（即土族）在雨水不足，草场贫瘠时就带着礼物去找游牧的番部落或蒙古部落首领，请求允许这个夏季在他们的土地上放牧。这种时候，这些游牧民们总是慷慨

---

① 参见朱世奎主编《青海风俗简志》，青海人民出版社，1994，第114页。

② 鄂崇荣：《明代以来青海草场冲突纠纷及解决路径述略》，《青海民族研究》2010年第3期。

的、助人的。”[①]

互助关系的结成，提高了民间的抗灾能力，使人们在受到天灾人祸的侵袭时，能够彼此扶助、共济时艰。在政府救助尚未启动或救济不力时，起到了一定作用，降低了灾难的打击，在无情的灾难面前，织起了温情的网络。

2. 民间的疫病防治

（1）民间简单的隔离措施与葬俗中的疫病防治。新中国成立前，在玉树地区为防止传染，麻风病人住到离家较远的小山洞，或简易的半洞式房屋，平时由家人送饭。一旦去世封死洞口，或推倒住屋，就地掩埋。此外，对死于麻风的病人实行土葬，这较之藏人通常实行的天葬、水葬等更安全，意在防止传染。[②] 蒙古族的丧葬习俗中对于得了天花和伤寒病死的人，怕引起传染，也进行土葬。在荒山上挖很深的坑，将尸体裹上白布埋掉。[③]

（2）畜疫的民间防治。20 世纪上半叶，在长期的生产实践中，青海各族牧民群众逐渐积累了对一般常见畜病的一些土法防治经验，在当时的社会条件下，起了一定作用。很早以来牧民就知道采取隔离方法可防止传染病的流行。如光绪十四年（1888 年）颁布的《果洛阿将三部落法规》中就规定使“病畜乱居者”罚银十两。“病畜乱居”易于传染疾病，对牲畜所有者的这种惩戒，已有隔离病畜之意。[④] 又 1935 年，西北防疫处工作人员张逢旭至湟源作兽疫调查时发现，“该县琼胡滩北部山沟，畜牛共百十五头全数得传染性胸膜肺炎，已由番医灌‘洛式紫’，驱诸深山，以避传染”。[⑤] 此外，牧民用灌血法防治牛瘟，即宰一头病牛，取血给其他病牛喝。另外，将一种药（藏语叫“止”）与黄羊血和在一起，

① 〔比〕Louis Schram：《甘青边界蒙古尔人的起源、历史及社会组织》，李美玲译，青海人民出版社，2007，第 179 页。

② 参见朱世奎主编《青海风俗简志》，青海人民出版社，1994，第 183 页。

③ 青海省编辑组编《青海省藏族蒙古族社会历史调查》，青海人民出版社，1985，第 150 页。

④ 青海省编辑组编《青海省藏族蒙古族社会历史调查》，青海人民出版社，1985，第 176 页。其中关于该部落法规出台的时间，文中为“土子年九月十三日”，该书译者认为“土子年”系公元 1855 年。藏历的年是金木水火土与十二生肖配对组成的，因此并没有土子年一说，子代表鼠，该法规应是土鼠年颁布的，即 1888 年，与译者所说 1855 年也最接近。因此文中采用 1888 年。

⑤ 《西北防疫处民国二十四年十二月份工作报告》之《青海湟源县兽疫调查》，甘肃省档案馆馆藏，档号：015 - 006 - 0451。

给好牛灌上，等其鼻子处血管涨起后，刺破取血，灌给别的牛喝；[①] 对牛的传染性胸膜肺炎，则采用灌“洛式紫”的办法。“洛式紫”配法：野兔肉一个（去骨皮）、新出芽的莎柳（昂布）一束、甘草一束、香柴（苏鲁）一束，共煮于一锅内经一夜。翌日以铜勺搅拌一日。俟冷后，再加病牛胸内浓液（即将牛捆帐房内须不见天日，剖杀取其全胸水）即成。健牛或病牛须一昼夜不准饮食。灌服一茶杯后，即至河滩饮水。如是凡三次，则健牛永不得该疫，而病牛可愈，但亦有死亡者。[②] 对牛口蹄疫的流行，“土人之疗法，对于蹄部，将牛系于清流中，经数次可痊愈。对口粘膜，则以大黄豆为粉末撒布面上”[③]。至于羊痘，新中国成立前，“民间采用苍术、朽棺材板研末，用清油混合灌服，治疗初起羊痘，疗效达70%”[④]；也有在治疗时，在羊群中洒上白烧酒，使羊闻到酒味治愈羊痘的办法[⑤]。

各族牧民除积累了一些畜疫的防治土法外，更懂得保持牲畜膘肥体壮、增强抵抗力，能起到抗灾祛病的作用，减少牲畜死亡，因此注重在秋季让牲畜采食抓膘。[⑥] 每年秋天，当然布籽长熟的时候，牧人为了使牛羊更多地长膘，常早出晚归，赶着畜群寻食然布。[⑦] 还有，在放牧时讲求合理组群，“马放滩，羊放湾，牦牛上高山，骆驼要放盐碱滩”。在牲畜采食时，注意“放的散，看的见，不能团团转”，平时储草，在冬春补饲等，[⑧] 以保证增强牲畜体质。

牧民在长期的生产实践中，形成了自身对畜疫防治的土方土法，也形成了如何使牲畜采食抓膘、增强抵抗力的一些经验。只是随着政府对牧民苛捐杂税的增多，千百户、头人、寺院加诸其身的重重负担，以及民国时期马氏军阀为使牧区部落臣服，多次征缴。种种逼迫，打破了牧民原有的生活机制，贫困流离者多，且20世纪30年代随着筑路、修渠、植树等地方建设的大力开展，无预警地征发劳力成为常态，蒙藏牧民也不例外。日益恶劣的社

---

① 邢海宁：《果洛藏族社会》，中国藏学出版社，1994，第73页。

② 《西北防疫处民国二十四年九月份工作报告》之《都兰县及沿途兽疫调查报告》，甘肃省档案馆馆藏，档号：015-006-0451。

③ 《西北防疫处民国二十四年十月份工作报告》之《青海省大通、门源、互助三县及甘肃省黄城一带兽疫调查报告》，甘肃省档案馆藏，档号：015-006-0451。

④ 贵德县地方志编纂委员会编《贵德县志》，陕西人民出版社，1995，第175页。

⑤ 参见邢海宁《果洛藏族社会》，中国藏学出版社，1994，第73页。

⑥ 参见陈庆英主编《藏族部落制度研究》，中国藏学出版社，2002，第315页。

⑦ 梁钦：《江源藏俗录》，华艺出版社，1993，第368页。

⑧ 参见陈庆英主编《藏族部落制度研究》，中国藏学出版社，2002，第316页。

会环境使牧民们疲于奔命，无法安心于牧业生产，牧区得不到休养生息。至于防疫方面也是顾及不多。面对频发的畜疫，积贫积弱的人们更是无力应对。而牧民积累的传统经验，也不为当政者所重视，得不到有效利用。

（二）民间个体的救灾活动

1. 士绅、富户、土司的赈灾

只要不是毁灭性的灾害，“贫富之家承受灾情的能力不同，有时可以相互救济渡过难关”[①]。灾害发生后，士绅、富户等投入救灾者也不乏其人。清末，时人李世运，“碾伯增生，道光间邑人大饥，世运尽出其蓄积，小麦七十余石，赈济戚党，不取毫值”[②]。赵之洁，“大通北川营增生……性俭约，乐施与。同治五年（1866 年）岁大饥，人相食。之洁计口赈济”[③]。道光二十二年、二十三年（1842 年、1843 年）间，时值饥馑，居（碾伯）努木堡甘沟山的王得玉、得珠二人以祖上“凡人积财，贵其能施赈也，否则守财虏耳”为训诫，多方济急，邑人均沾实惠[④]。1912～1913 年间，碾伯县复遭水旱之灾，米珠薪桂，民人半菽不饱，饿殍相望于道。家居努木堡，家道小康的王辅国兄弟“极意恤戚党，有告贷者，辄慨然与之，无德色”[⑤]。马德昌（1868～1944），字馨斋，门源麻莲沟乡中麻莲村人，回族。幼年读书，后从军宁夏马福祥部，因不忍残杀无辜，25 岁时脱离军队返乡务农。1929 年，门源遍遭冻灾，马德昌在中麻莲村设平粜处赈济乡民。[⑥] 又朵如兰（1900～1953），字春岩，门源县浩门镇疙瘩村人，1925 年北京大学法律系毕业。曾任青海省大通县上四部西区区长、新编第九师上校参议及门源县参议员等职。后辞官还乡，务农为生。在大通县上四部西区任区长时，门源县先后发生了瘟疫、地震、冰雹等灾荒，造成流亡载道。他发动本乡百姓筹措粮食 100 石（10 万斤）会同其父朵增翠积极救济灾民。[⑦]

---

① 李文海、夏明方主编《天有凶年——清代灾荒与中国社会》，生活·读书·新知三联书店，2007，第 74 页。

② （清）升允等修、安维峻纂《甘肃新通志》卷 74《人物志·孝义下》，载甘肃省古籍文献整理编译中心编《中国西北文献丛书》第 25 册，兰州古籍书店，1990，第 655 页。

③ （清）升允等修、安维峻纂《甘肃新通志》卷 72《人物志·忠节》，载甘肃省古籍文献整理编译中心编《中国西北文献丛书》第 25 册，兰州古籍书店，1990，第 556 页。

④ 《谢善述诗文集（中卷）》，谢才华辑，青海人民出版社，2002，第 242 页。

⑤ 《谢善述诗文集（中卷）》，谢才华辑，青海人民出版社，2002，第 243～244 页。

⑥ 门源回族自治县志编纂委员会编《门源县志》，甘肃人民出版社，1993，第 665 页。

⑦ 《甘青朵氏家族》编委会编《甘青朵氏家族》，民族出版社，2013，第 256 页。

1929 年，青海东部农业区和甘肃省遭受特大旱灾，巴燕县受灾 80 个村庄，灾民 35700 人。邻近各县饥民大量涌入（巴燕），粮价飞跃而上，一斗青稞值百元，米珠薪桂，化隆街头巷尾时有发现饿死饥民的惨景。县城士绅马应彪联合地方富户陈炽和李锦堂、冶建福（商会长）、孙首爷、马福贤、牛庭仆等人捐资献粮，设粥场，在鼓楼前施粥以救灾民。① 阿成琇，乐都县马营乡墩湾村人，清末民初的土司千总。1928 年，乐都天遭荒旱，颗粒无收，次年饥民遍地，加之瘟病流行，阿成琇将家存的 15 石（约 7500 公斤）积粮拿出，救济村民。白崖子、白崖岭村民多得糊口之粮。②

此外，在牧区，秋天或入冬时，牧主、富牧把病死的牛羊冻起来，到冬末或春天，牧民闹饥荒时，会出于赈济将这种冻肉出借，无固定利率，约定夏秋还酥油或繁忙季节服劳役，通常借肉的牧民在繁忙季节给债主劳动十天半月作为报答。③

士绅、富户、土司、牧主的赈灾行为，缓解了灾后严峻的局面，得到了官方的极大鼓励。马德昌受到青海省政府嘉奖，颁给“望重乡贤”的匾额一副。④ 而对朵如兰父子，西宁道尹黎丹曾致以“邑绅慷慨捐助，活人无算，指囷输粟，古风貌焉”的赞语，并书赠“书登赒恤”的匾额，予以褒扬。⑤

2. 荒歉之年田主对佃户的缓租与赈济

民间亦有田主对佃户缓租之说。除官方的赋税外，结成租佃关系的双方，佃户要向田主交纳租税。在荒歉之年，“佃户虽有纳租之义务而力求未逮，不能不报告被灾轻重，请求田主酌量免缓，以免其责”。田主以荒年歉收，也允许缓租。其大致情况为“循化厅、碾伯县，可缓至来年而不加利；西宁县可缓而无免租加利”。⑥ 荒歉之年，田主对佃户缓租的宽宥做法，使灾民得以喘息，有一定的赈济意义，当然也不排除田主若逼之太

---

① 参见化隆回族自治县地方编纂委员会编《化隆县志》，陕西人民出版社，1994，第 17 页；金玉堂：《巴燕出色的绅士马应彪轶事》，载化隆县政协文史委员会编印《化隆文史资料（第 8～9 合辑）》，1988，第 11～12 页。

② 乐都县志编纂委员会编《乐都县志》，陕西人民出版社，1992，第 559 页。需指出的是，原文中 15 石折合 11250 公斤，这与粮食计量单位中 1 石折合 1000 市斤的折算关系不符，故文中改为 7500 公斤。

③ 参见郝时远等主编《中国少数民族现状与发展调查研究丛书·玛沁县藏族卷》，民族出版社，2006，第 97 页。

④ 门源回族自治县志编纂委员会编《门源县志》，甘肃人民出版社，1993，第 665 页。

⑤ 《甘青朵氏家族》编委会编《甘青朵氏家族》，民族出版社，2013，第 256 页。

⑥ 佚名：《甘肃全省调查民事习惯问题报告册》，载甘肃省古籍文献整理编译中心编《中国西北文献丛书》第 120 册，兰州古籍书店，1990，第 138 页。

急，恐佃户退佃、逃荒之虑。

3. 民间业医者与瘟疫救治

清同治十一年至十三年（1872～1874年），乐都高庙镇东、西村天花流行，儿童深受其害。老中医李长远先生为了有效地遏止天花的蔓延，改变了以往民间常用的吹苗法种痘，采用了当时比较先进的“花痂”接种法，取得了明显的效果。① 1929年，乡间难民涌进西宁城甚多，西宁地区以痢疾、伤寒为主的瘟疫大流行，民间医师耿子元主动承担起了施药救治的重任，他向道教清斋公的道人杨香海先生争取了银币200元，以此为资，制作了大量藿香正气散、五积散、理中丸、芍药汤、香莲丸、香苏引等丸散之剂。每日以竹篮盛之，遍走大街小巷，见病人就按症治疗施药，活人甚多。在6～8月的3个月里，耿子元一直奔波在贫民之中。② 同年，乐都一带瘟疫也甚为流行，在瘟疫疯狂肆虐高庙东、西村时，老中医李国楠、晏化邦等以他们精心研制的验方缓解了瘟疫的流行。③ 又1942年，互助县南门峡地区天花流行，当地藏医尕曾尼玛为救治每天络绎不绝的求诊者精心调配药物，亲自碾成散剂让患者服用，不多日子就控制了天花的流行，群众感激地说：“药匠喇嘛看得实话好，他救了我们好多人的命。”④

瘟疫的救治贵在及时，在政府有组织的救治开展以前，民间业医者的施救活动，能够在短期内缓解疫情、救人活命。

（三）民间有组织的赈灾活动——义赈⑤

早在19世纪上半叶，民间有组织的赈灾活动——义赈，在江南一带得

---

① 高庙村志编纂委员会编《高庙村志》，青海宏兴彩印股份合作公司印制，2004，第227页。

② 参见西宁市卫生局卫生志办公室编《西宁市卫生资料汇编（第一期）》，青海省气象局青年印刷厂印制，1987，第55页。

③ 高庙村志编纂委员会编《高庙村志》，青海宏兴彩印股份合作公司印制，2004，第227页。

④ 参见阿文秀《著名藏医和高僧尕曾尼玛传略》，载互助土族自治县政协十二届委员会文史资料工作委员会编《互助文史资料选辑（第三辑）》，青海青稞酒宏兴彩印股份合作公司印刷，2001，第131页。

⑤ 这里的“义赈”不是作为“捐赈褒称”层面的义赈，而是指“民捐民办”，与官赈并立的一种赈灾机制，即指由民间自行组织劝赈、自行募集经费，并自行向灾民直接散发救灾物资的救灾活动。

到了长足发展。晚清以来，义赈在江南地区仍普遍存在，[①] 且在“丁戊奇荒”后，义赈在山西、山东、河南等地也广泛开展。[②] 地处偏远的甘青一带，义赈作为地方性的民间救灾机制并不常见。1920 年，甘肃严重震灾后出现的义赈算是比较典型、规模较大的一次。甘肃震灾后，次年（1921 年）夏秋以来，“大通、皋兰、榆中、狄道……平凉及庄浪等县又均被雹甚重。大者如拳，小者如卵，房舍损坏，禾苗无存”。[③] 面对严重的灾情，以兰州举人刘尔炘为首的地方绅士在兰州设立甘肃震灾筹赈处，以绅士名义综理救灾事宜。该处向省内外募捐，办理义赈。将各处捐来票银，陆续兑为现银，以现银散放灾区。其中 1921 年 10 月 18 日，发大通县赈款兰平现银 3000 两。大通系派绅士蒋柏林、赵鼎徵前往散放，共放 3614 户。该员等遍历灾区，亲查亲放，有散放表册，受赈人员皆有手押。[④] 碾伯县发放兰平现银 3000 两。[⑤] 又用本次义赈所捐余款，如前所述在西宁、碾伯、大通等县各设丰黎仓一处。

（四）民间专门救灾团体——华洋义赈会的赈灾

华洋义赈会，全称“中国华洋义赈救灾总会”，是以“筹办天灾赈济”和“提倡防灾工作”为宗旨的民间组织。[⑥] 该组织成立于 1921 年，1949 年 7 月 27 日宣告解散。[⑦] 该会由一批怀揣改良民生、造福黎民的中外人士联合组成，是当时全国最大的民间性救灾组织。

因华洋义赈会在救灾方面成效显著，地方政府在出现灾情时除向中央报灾以求赈济外，也会函请华洋义赈会设法赈济。1929 年旱、涝、地震、病虫等灾遍及西宁、民和、乐都、大通、互助、化隆、贵德、都兰等地，亹源地区发生牛羊瘟疫，死亡 121 万头（只）。该年政府调查所得，全省共计灾民

---

① 朱浒：《名实之境：“义赈”名称源起及其实践内容之演变》，《清史研究》2015 年第 2 期。

② 参见郝平《江南“义赈”在山西：以“丁戊奇荒”为中心的考察》，载郝平、高建国主编《多学科视野下的华北灾荒与社会变迁研究》，北岳文艺出版社，2010，第 145 页；王卫平等《江南绅商与光绪初年山东义赈》，《江海学刊》2006 年第 5 期；苏全有：《论光绪年间江南民间的河南义赈》，《河南科技大学学报》（社会科学版）2009 年第 3 期。

③ 《甘肃省议会第三期常会议决案》，载《辛酉联合会往来电稿》，铅印本，1920，第 4 页，甘肃省图书馆藏。

④ 《甘肃震灾筹振处第一期征信录》，铅印本，1921，第 19～20 页，甘肃省图书馆馆藏。

⑤ 刘尔炘：《辛壬赈灾纪（附创设丰黎社仓记）》，手抄本，第 5 页，甘肃省图书馆馆藏。

⑥ 蔡勤禹：《民间组织与灾荒救治：民国华洋义赈会研究》，商务印书馆，2005，第 1 页。

⑦ 薛毅：《中国华洋义赈救灾总会研究》，武汉大学出版社，2008，第 1～2 页。

87万余人。① 鉴于严重的灾情，该年4月16日省府就以“青海灾情奇重，饥民待哺甚殷”函请华洋义赈会设法赈济。② 据华洋义赈会统计，“1922年至1936年用于西北的急赈款项中分配给青海18万元”。③

华洋义赈会最盛时影响遍及全国16个省，设立地方分会、事务所、赈务顾问委员会17个。④ 青海省华洋义赈会在1929年5月1日函请省政府核予立案成立。⑤ 该会成立后，开展了一定的救灾活动，如同年6月，该会就乐都县粥厂粮款支绌，给予协助，⑥ 并函请各县调查灾民情况，以便决定施赈。⑦ 此外，1929年，该会在经过认真的灾情调查后，以本年青省灾情电报国民政府、陕甘赈灾委员会、旅京甘肃同乡呼吁会、华洋义赈会总会、旅京甘肃筹赈会等，称“青海地瘦民贫，频年旱雹，复遭匪害，焚掠屠杀，死亡山积，草根树皮食尽，人将相食，经本会调查所得灾民共计八十七万三千一百余人，均已在望空待毙内，无种可播者且四十万人，现距秋熟尚远，特请急赈……并伏乞轸念青灾奇重，列入一等灾区”。⑧ 同时，青海华洋义赈会以上述呈给国民政府的电报为主要内容，以《青海灾荒》为题，登在了《大公报》1929年4月27日的第四版上，呼吁社会各界关注青海灾情并伸出援手。⑨

从上述看，华洋义赈总会及青海分会在青海就灾情的走访、调查以及呼吁请赈、发放急赈款方面开展了一定的工作。只是遗憾的是，华洋义赈会在防灾救灾时以采取工赈、开展合作社为其业务中极具代表性的活动，在全国多个省份实施并成效显著，但在青海未见实施的记载，从这一点看，华洋义赈会及青海分会在青海的救灾活动从力度上讲较其他省份为

① 史国枢主编《青海自然灾害》，青海人民出版社，2003，第163页。

② 刘凤翰编著《孙连仲先生年谱长编（第一册）》，台北“国史馆”印行，1993，第473页。

③ 《华洋义赈总会·十五周年纪念册》，第113页。转引自吴志华《华洋义赈会与西北开发》，《青海民族大学学报》（社会科学版）2014年第3期。

④ 蔡勤禹：《民间组织与灾荒救治：民国华洋义赈会研究》，商务印书馆，2005，第1页。

⑤ 刘凤翰编著《孙连仲先生年谱长编（第二册）》，台北“国史馆”印行，1993，第534页。

⑥ 刘凤翰编著《孙连仲先生年谱长编（第二册）》，台北“国史馆”印行，1993，第689页。

⑦ 刘凤翰编著《孙连仲先生年谱长编（第一册）》，台北“国史馆”印行，1993，第723页。

⑧ 《青海省报灾请赈（1929.4）》，载《青海赈济资料》，手抄本，第3～4页，青海省图书馆馆藏。

⑨ 《青海民国间报刊资料辑录》，手抄本，青海省图书馆馆藏。

弱，就是与邻封甘肃相比，也相差甚远。

（五）寺院组织的救灾活动

藏族的寺院有在灾荒、瘟疫时向寺院辖区的民众提供衣食的功能。[①]如 1928 年，青海各县遭旱，次年饥馑，乡民或离乡逃荒，或以树皮、草根度日。时瞿昙寺有存粮百余石，瞿昙寺主十世梅凉州佛却吉尖参不忍附近乡民遭此大难，遂于 1929 年 3 月开始煮粥赈济灾民。县衙闻之，派员到寺，要向县府捐粮，声言“瞿昙有粮能济两县，为何不给县府捐粮?”为此，被迫停赈。3 月开仓，6 月停舍，共用粮 50 余石（约 25000 公斤），救活了不少人的性命。[②] 又青海地区的伊斯兰教教派中的“阁底目”派（即尊古派、老教）在农业生产如遇天灾危害时，教徒在阿訇带领下，除集中干“尔麦力”外，也积极挖泉抗旱。[③]

第四节　西方传教士的救灾

自 19 世纪中期天主教、基督教新教相继传入青海以来，传教士亲身经历了这个边远地方频繁的自然灾害、无休止的战祸。他们已经与该地民众产生了某种联系，对动荡不安中的当地民众的悲惨遭遇给予了极大同情。恰如基督教内地会传教士胡立礼所言：“我们感到非常想家（即西宁的家——引者注），因为在该地我们和贫穷的人们一起分享的讨厌的事情和悲伤已经交织并曲折地进入我们的内心……我们奇怪地被他们吸引，在需要的时候证明是他们的朋友。”[④] 因此，在当地发生灾荒、百姓啼饥号寒时，他们常常不惮疫疠，奔波于灾区。

---

① 邓慧君：《青海近代社会史》，青海人民出版社，2001，第 193 页。

② 参见乐都县志编纂委员会编《乐都县志》，陕西人民出版社，1992，第 565 页。原文为“50 余石（约 37500 公斤）”，按照 1 石折合 1000 市斤的折算方法，应为 25000 公斤。

③ “尔麦力”一词是阿拉伯语音译，原意为“工作”“行为”等，引申为“善行”，主要指以追念先贤、搭救亡人、祈祷、感恩等为主要内容的宗教活动。参见马燕《回族宰牲仪式的宗教人类学解读》，《宁夏社会科学》2015 年第 3 期；马毓：《青海伊斯兰教概况》，载青海省政协文史资料研究委员会编《青海文史资料（第 10 ~ 12 辑）》，西宁第三印刷厂印制，1982，第 78 页。

④ H. F. Ridley. After the War . *China's Millions*, 1897（3）：37。转引自刘继华《基督教与伊斯兰教在青海的早期相遇——兼论基督教在青海的早期传播》，《青海民族研究》2012 年第 3 期。

光绪二十一年（1895 年）三月，河湟起义在青海循化厅爆发后，迅速蔓延到西宁、河州等地。伴随战祸的是白喉、天花等疾疫的流行。此时，在青海的基督教传教士有中国内地会的胡立礼夫妇和贺（J. C. Hall）先生等人。“尽管当时时局不安，但他们还是选择了留在这座城市。在长达数月的围困中，他们坚持着自己的工作，照顾双方的伤员，与连续发生的天花和白喉疫情作斗争，援助鳏寡孤独。”[①] 据胡立礼自己回忆，当时“城里塞满了人，疾病非常流行。天花和白喉害死了几百人。从这个月初开始，我们自己有二百五十多名白喉病人，压力不小。一个月来我们每天有一百五十个病人，包括受伤和生病的。前者大部分现在好多了，因此最近几天我们也平静了下来”。[②]

除救治战争伤员、治疗疾疫外，传教士也采取措施赈济饥民。光绪乙未年前后天灾不断，光绪十七年（1891 年），“时大旱，循化境内粮价猛涨，每石小麦由一千文涨至十千文以上；光绪十九年（1893 年）循化厅等十二处约有七分收成”；[③] 光绪二十一年（1895 年），“西宁各属群鼠食苗，次年乃息”。[④] 天灾加上战祸，造成大量饥民的涌现。于是在乙未河湟起义之后，中国内地会传教士继续开展主要针对饥民的慈善救济工作。“对于饥民，传教士开展了长达数月的食物分发工作。每天有两三百名饥民受助，这些饥民大部分是穆斯林。此外，在停止食物救济后，传教士基于穆斯林在社会上遭遇排斥，找不到工作而处于饥饿边缘的现状，用救济的余款雇用他们修路，实行以工代赈。”[⑤]

民国时期也有传教士在灾荒后发放赈济粮的行为：1924 年，西宁地区遭荒年，西宁天主教会的连福川神甫主办赈济，在西大街的三元车马店内（即今西大街新华社分社地址）发放救济粮青稞面粉 8 万余斤。放赈期为

① 〔英〕金乐婷（Mary Geraldine Guinness）：《大西北的呼唤——女传教士西北见闻录》，尚季芳、咸娟娟译，甘肃文化出版社，2005，第 109～110 页。

② R. F. Ridley. Trouble Times in Kan – Suh – Ⅱ. *China's Millions*, 1896（5）：65。转引自刘继华《基督教与伊斯兰教在青海的早期相遇——兼论基督教在青海的早期传播》，《青海民族研究》2012 年第 3 期。

③ 青海民族学院民族研究所编印《撒拉族档案史料》，1981，第 329 页。

④（清）升允等修、安维峻纂《甘肃新通志》卷 2《天文志·附祥异》，载甘肃省古籍文献整理编译中心编《中国西北文献丛书》第 23 册，兰州古籍书店，1990，第 174 页。

⑤ H. F. Ridley. Feeding the Hungry at Si – Ning. *China's Millions*, 1897（10）：121。转引自刘继华《基督教与伊斯兰教在青海的早期相遇——兼论基督教在青海的早期传播》，《青海民族研究》2012 年第 3 期。

两星期，每人一次救济2斤。[①]

传教士积极的赈灾救荒行为固然是对基督教“博爱”“救世”精神的一种实践，亦是他们传教的重要途径。通过向灾民施赈，以赢得民心，拓展教会的发展空间。但无论其目的怎样，他们通过治疗时疫、救治伤员、发放赈济粮，为灾民提供了切实的帮助。对灾民而言，确实起到了救助的作用，且受益匪浅。困境中的灾民对传教士救灾工作的肯定和感激之情，在当时游历西北的金乐婷女士的见闻录中有很好的传达：

> 在他们（西宁县及循化厅所属地方民众——引者注）看来，只有这样不计回报的奉献，才是安全的。那些天里，无论是异教徒还是穆斯林，都不会忘记那个满怀爱心、在他们中间忙碌奔波的人（即胡立礼——引者注）。街道上也有很多这样的身影。这些人冒着生命危险，不计回报地帮助他们救死扶伤。当他们饥寒交迫时，这些人会为他们送来食物和衣服，无论悲伤，还是丧亲之痛，这些人都能像对自己有三十年交情的老朋友一般去安慰他们。[②]

第五节　近代青海灾荒救济的成效及评价

一　政府救灾活动的成效及评价

救济措施“不仅在于它预防了人们所遭受的苦难，而且在于它保存了农村经济的生产潜力”，[③] 而农村的生产潜力正是政府赋税杂捐来源的原动力，“任何政府都有维持社会稳定、改善民生疾苦的愿望，哪怕它是出自维护自身统治的目的”。[④] 近代以来，地方社会灾害频繁，民生艰难，国家和地方政府在力所能及的范围内都做了一些工作。

---

① 伦泉连：《近百年来西宁的基督教会》，载西宁市城中区政协文史资料研究委员会编《西宁城中文史资料（第1辑）》，1988，第60页。

② 〔英〕金乐婷（Mary Geraldine Guinness）：《大西北的呼唤——女传教士西北见闻录》，尚季芳、咸娟娟译，甘肃文化出版社，2005，第110页。

③ 〔印度〕让·德雷兹、阿玛蒂亚·森：《饥饿与公共行为》，苏雷译，社会科学文献出版社，2006，第165页。

④ 彭秀良：《守望与开新——近代中国的社会工作》，河北教育出版社，2010，第272页。

近代以来，尤其是民国时期，国家和地方政府对灾赈的管理有所加强，国家和地方的救灾机构和制度建设日趋完善。青海省赈济委员会、各县赈济委员会的成立以及《青海省田赋灾歉减免办法》《各县仓储粮管理细则》《青海省赈济委员会办事细则》等规章制度的出台，使救灾工作有章可循，将减灾纳入组织化、法制化管理轨道。

除机构管理、制度层面的建设外，政府在灾前预防方面做了一系列工作，包括植树造林、兴修水利、鼓励农垦、禁烟、发展仓储、备荒植物的推广种植、设立气象和水文监测机构等备荒措施，以及以卫生机构的免疫种痘、卫生清洁运动的发起、卫生观念的普及等为内容的防疫举措。而在灾害发生、应灾时，按规定勘灾、定灾后，政府开展了急赈（赈粮和平粜、赈款、粥赈）、工赈、疫病的救治等临灾赈济措施。灾后，政府也采取了恢复措施：安辑流民、蠲免、缓征、灾后补种、借贷、对重要物资粮食的流通进行管理等多种措施。

政府的灾害救济涉及防灾、应灾、灾后善后三个方面，建立了集预防与救灾于一体的救灾体系。多种备荒和防疫措施的采用，表明地方的灾害救治向防灾救灾并重、标本兼治的近代化阶段迈进。植树造林、兴修水利、注意公共卫生及防疫措施的开展，对改善地方生态环境、提高抗旱能力、发展农业生产、减轻疫情起了一定的作用。临灾的急赈在短期内缓解了灾情，减轻了民众的困苦。灾后的恢复措施对平抑粮价、减轻人民负担、促进农业生产的恢复起了一定作用，尤其以国家力量推进的新式农贷等现代金融方式在青海地方的浸入，有利于缓解民间高利贷的剥削，大量生产资本的投入有利于地方农牧业生产的恢复。

悖论的是，官方在防灾、应灾、灾后恢复方面都采取了一定措施，并取得了一定的成效，但清末至民国时期，百姓流离、饿殍遍野、“人相食”的情况还是时有发生，这不能不引起我们的深入思考并探究到底是什么因素影响了救灾的成效。笔者认为主要有以下三个方面的因素对救灾产生了消极影响。

（一）灾赈中的弊病层出，充斥于救灾的各个环节

防灾环节中，就垦殖活动而言，有负责官吏不按规定办理，将承领执照任意发放的现象，“垦地给张李，由办事者之心意空口为断”，有时一块

地同时发执照给多人，造成民人词讼不断，酿成民族纠纷。[①] 而且在推行垦务过程中清丈土地，使农民不胜其扰。尤其1936年，青海土地局改称地政局后，在全省范围内多次清丈土地，因丈地人员营私舞弊，清丈土地遂成为马氏家族盘剥农民的手段，致使部分农民为交高额的丈地款而倾家荡产，不但荒地未曾开垦，连熟地也因农民的破产逃亡而被弃耕。[②]

仓储中的陋规积习也多，如“县、义等仓，原为救灾备荒而设，但县、义仓收粮贷粮时，升斗出入，不得平允。以此盈余，开支员役食粮”。[③] 有些地区管理社仓者吞没仓谷或谷款，“与辕差等串通，捏造借粮花户，盗卖粮食分肥”。[④] 还有奸猾者反复征收借粮，有“西宁县各社仓，借粮民众所借粮石，均已本利还清，给有串票可凭，而持串票向仓中负责人抽取借约时，各仓负责人员，多不许允，将借约仍归列入欠粮额内，屡次派人至乡催访”的情形出现。[⑤]

风水观念历来是区域文化的构成部分，但风水之说中的“宿命”色彩一旦为地方执政者深信，则会成为赈灾的羁绊。当时有地方官吏迷信风水之说，破坏防汛设施的。光绪二十四年（1898年）六月初一，“丹噶尔大雨之后，城内外发生水灾，毁坏民房数十院，淹毙男女十余人，冲刷田地数百亩。当时城内出水，原有两窦（孔、洞——引者注），犹致灾患。后同知黄翰章颟顸昏庸，竟以有碍风水之说，将城内出水的水洞塞住，倘遭遇水灾，大水无处宣泄，城内百姓如入水之鱼”。[⑥]

此外，政府发起的以唤起民众“注意清洁、增进康健、免除疫疠”“整饬市容、提倡卫生”为旨归的卫生清洁运动，在清洁方面提出的一些标准和做法不太合时宜，带有明显的矫枉过正之嫌。如灭蝇本是好事，但负责机关在初次收蝇时将苍蝇按个点数，按数上报，未免烦琐、滑稽，而且在此过程中反易传染疾病。更为无奈的是，“起初民众尚能捕捉到苍蝇，其后无法觅得，员工尚可支吾，市民迫于命令，纷纷在僻静或郊外地区，

---

① 张得善：《青海之政治经济及社会事业》，《地方自治（南京）》1935年第4期，第779～780页。

② 周伟洲主编《西北少数民族地区经济开发史》，中国社会科学出版社，2008，第232页。

③ 《青海民国日报》1944年5月10日，第2版。

④ 方少云：《救济本省农村问题》，《青海评论》1933年第6期，第11页。

⑤ 《新青海》1935年第3卷第3期，第55页。

⑥ 参见（清）杨志平编纂、何平顺等校注《丹噶尔厅志》，载《地方旧志五种》，青海人民出版社，1989，第356～396页。

曝晒死驴、死狗诱扑苍蝇，聊以交差，很多人因此而患病”，[①] 这不仅与卫生清洁运动的旨归背道而驰，甚至走向了反面。

灾害发生时，应灾环节弊病也不少。有地方官吏隐匿灾情不报的。光绪末年，甘肃（含西宁府所辖七县）旱灾三年，牛马饿仆，人自相食，甘肃都督升允匿灾三年不报，宣统元年（1909 年）始行电奏，却未恳请免赋。[②] 1931 年，乐都旱魃为虐，野无青草，县长马师融未报灾请赈；[③] 至于赈款的发放，如前分析分摊到民众身上的并不多，救济作用有限，而灾民还需缴纳施赈官吏的食宿招待费，[④] 加重了民众负担。此外，赈款的侵吞现象也时有发生，如 1931 年，乐都旱魃为虐，县长马师融将省赈务会拨给乐都兴办水利的赈款洋 3300 元，私派其子马天民具领 1100 元贪入私舍，始终未发给民间兴办水渠，有意侵吞赈款。[⑤] 而 1940 年省府准监察院函，“严令各县县长，以后对于赈款，务须于领到后，即行发放，在任何情形之下，不得挪用，以慰垂毙之灾民”，[⑥] 说明当时各县赈款的挪用、延不发放的情形较为普遍。

灾后，农业生产贷款、畜牧贷款的发放也存在一定的问题。农业区受益更多的是农村中的地主豪绅、保甲长这类人。在牧区，畜牧贷款也常为牧主、头人所享有，一般牧民很少贷到。蠲免、缓征赋税也是局部的、短时期的，大多数情况下，依然是责令征收，甚至在战事发生等情形下出现预征的现象。此外，政府对粮食流通的严格管控，对灾后平抑粮价、调剂民食方面起了一定的作用，但政府的强制干预使民间粮食的自由流通受到限制，也导致市场自由调节机制的弱化。而且政府自身的部分经济行为严重影响了粮食市场的良性运转，极大地损害了区域粮食流通的稳定。如政府征购的粮食数量过大，致使粮食市场的供需平衡发生了变化。且地方政府在粮食问题上更倾向于军供和战略的需要，粮食以军供为主，政府的军

---

① 陈秉渊：《马步芳家族统治青海四十年》，青海人民出版社，2007，第 265 页。

② 《上海陕甘学生会致北京陕甘京官及各同胞电（为升允匿灾事）》，《新闻报》1909 年 6 月 20 日第 5 版。

③ 《青海乐都县旅省学生反对该县县长马师融贪赃枉法伸（申）请省府严办请愿经过》，《新青海》1932 年第 1 卷第 1 期，第 68 页。

④ 甘肃省地方史志编纂委员会编《甘肃省志 · 民政志》，甘肃人民出版社，1994，第 579 页。

⑤ 《青海乐都县旅省学生反对该县县长马师融贪赃枉法伸（申）请省府严办请愿经过》，《新青海》1932 年第 1 卷第 1 期，第 68 页。

⑥ 《青海民国日报》1940 年 7 月 20 日，第 2 版。

粮仓粮食充裕，每年存储的粮食数额大，除已拨交军公粮外，尚有余粮。军粮仓甚至出现存粮堆积，未能及时调拨，导致大量霉烂而倾倒于沟壑的现象。[①] 又政府严令打击囤积粮食的商户，反讽的是，地方执政者自身却成为最大的囤积者。作为一方的执政者，马步芳囤积粮食，进行买空卖空的投机活动。他将大批粮食和羊毛堆积在仓库里，却不能及时出售，由于腐烂或不能在市价最合适时出售，造成大量损失。[②] 以上经济行为导致政府对粮食流通的管制，对救荒作用甚微。

上述种种表明政府的灾赈中弊病层出，充斥于救灾的各环节，从防灾、应灾到灾后无一不是如此，这严重影响了救荒的实效。

（二）政府救灾的同时，伴随着对民间大量的索取

1. 繁重的苛捐杂税与任意的摊派

20 世纪 30 年代时人在调查青海时指出当地人纳税太重，仅贵德一县"每年农民须缴纳地亩粮仓石一千二百五十一石有余，营买粮市升九百石，再加其他借款杂支等，总计每年全县民众须负担十二万四千余元，以全县人口二万七千余口中，除去年迈残废及幼年男女不能生产者不计外，其年壮力富者每人每年负担至四十元以上，如此苛捐重税，实为农民受苦最深者"。[③]

于政府的正额外，还有不法官吏向民众摊派、浮征的现象。1932 年，乐都县县长马师融在本年政府向乐都征兵正额 200 名外，浮派兵 14 名，每名以 350 元左右计算，征价当在 5000 元以上；在民众已"盈升上纳"本年营买粮、县区公所已派有经常费用的情况下，复以营买粮消耗及区公所食粮为名，向民间苛派市粮 80 石，又摊派地方杂款 24000 元。[④] 马师融作为一县父母官，于政府正额外浮征、从中渔利，又任意摊派款项、以肥私

---

① 青海地方粮食的征购数量逐年增加：从 1916 年起，农业区 7 县共征收本色粮食 371.76 万斤；1919～1928 年，每年征收本色粮 1064 万斤；到 1948 年全省应征公粮总数达到 11 亿公斤，占当年粮食总产量的 36.4%，比民国初期增加了 11 倍。参见罗耀南《民国田赋粮政》，《青海粮食史料》1988 年第 4 期，第 35 页；青海省地方志编纂委员会编《青海省志·粮食志》，青海人民出版社，1993，第 2 页。

② 〔美〕默利尔·亨斯博格：《马步芳在青海（1931—1949）》，崔永红译，青海人民出版社，1994，第 142 页。

③ 顾执中、陆诒：《到青海去》，商务印书馆，1934，第 216 页。

④ 《青海乐都县旅省学生反对该县县长马师融贪赃枉法伸（申）请省府严办请愿经过》，《新青海》1932 年第 1 卷第 1 期，第 67 页。

囊，如此苛索情事，应是冰山一角。在蒙藏牧区，部分千百户在代征正额时，苛索无常之事也是常有。此外，基层的保甲长投机自肥者也有。如大通逊让堡保长张五十九，“1931 年区公所摊给该堡全年正杂各款共计洋五百八十一元二角九分，而该堡长摊收大洋三千六百元，除由区摊到五百八十一元二角九分，及该堡各项杂支外，浮收二千五六百元左右。又 1933 年征兵一事，该堡共计着帮价洋一千三百六十元，而该堡长竟摊收一千六百元”。[①] 保甲长任意摊收、浮征的行为在当时应属常见。1940 年，西宁县府以各保甲长，多有在预算以外摊收款项，或竟私自摊派，以肥私囊的情况，特训令所属各保甲长，“嗣后不准于预算外摊收任何款项，以增加民众负担”。[②]

2. 拔兵虐政与无偿征发民夫

军队是地方军阀的立身之本，正如马麒所说，“革命初败，军阀蜂起，从中央到地方皆是军人的世界。升官靠军队，发财靠军队，扩充地盘也要靠军队，没有军队，我们在青海就难以立足”。[③] 因此，征兵扩军一项，在马氏统治青海数十年来不断得到强化。

青海的拔门兵，“在 1927 年时已经开始，当时数量甚少，且多要的是枪手、猎夫。自 1930 年起，大批的拔兵开始了，各县数百，每年一次、二次，甚至于三次，没有什么一定的规律”。[④] 解放战争时期，马步芳积极追随蒋介石参加反共内战，疯狂扩充军力，每年抽丁拔兵达三四次。强拉硬拽的拔兵方式在全省风行，拔兵成为数十年来民间最大的苛政虐政。当时规定，凡年 17～45 岁的男子，都按三丁抽二的办法服兵役。20 世纪 40 年代，青海农业区平均每两户人家就有一个人在营正式当兵，甚至有一家兄弟两三人同时当兵的。大批劳动力被抽拔，以致土地荒芜，生产衰退。青海和甘肃河西等地的各族人民像躲避瘟疫虎狼一样躲避兵役。稍有财力者雇人充数或贿赂官员以求规避，无钱人家不少离乡背井，流离失所。[⑤]

无偿征发民夫。大规模地方建设的开展，除极少部分工程开展了以工代赈外，大部分是无偿征发的，民间大量劳动力承担了政府的建设任务，

---

① 《一月来之青海（三月十四日至四月十三日）》，《新青海》1934 年第 2 卷第 5 期，第 88 页。

② 《青海民国日报》1940 年 10 月 19 日第 2 版。

③ 《从马麒到马继援》，油印本，1960，第 6 页，青海省图书馆馆藏。

④ 云程：《青海虐政之一斑》，《西北问题》1935 年第 2 卷第 13、14 期合刊，第 21 页。

⑤ 参见崔永红等主编《青海通史》，青海人民出版社，1999，第 543～544 页；《土族简史》编写组编《土族简史》，青海人民出版社，1982，第 74 页。

而无法专心于自家的田亩和牲畜。1938 年后，植树造林被列为“六大中心工作”之一。地方政府动员社会所有力量参与造林活动，植树季节均在每年春季农业生产大忙之时，农民因植树，以致荒芜了田间生产，生活受到严重影响。另外，公路、大型水利工程的修建都征发了大量民夫劳动。1935 年 10 月，青海省政府对甘青公路进行较大规模的改建，西宁至小峡、白崖子至享堂为新修路段，其余沿原有道路加以整修，当时征派民工 2000 余人。[①] 青藏公路宁玉段（西宁—玉树段）于 1943 年全面动工修筑，原计划应征民工 10000 人，由于马步芳历年的残暴镇压，果洛人民奋起反抗，所派 2000 民工，未到一人，实际征发民工 6600 人。[②] 在修建大型水利工程芳惠渠时，省府征雇了大量人工，严督赶工。[③]

征兵、民夫的征发，使民间青壮年劳动力严重缺失。新中国成立初期，民族工作者在互助土族自治县东沟大庄地区做调查时当地人谈到，“解放前当地的青壮年被抓兵、抓伕和服劳役去了，农业劳动都落在老人、妇女和小孩的肩上”。[④] 劳力的缺少，使创造财富的人员大量减少，严重影响了民间的农牧业生产。

藏富于民才能使民间有能力应灾，同时也可减少政府的救灾投入。早在战国时期，孟子就曾言“制民之产，必使仰足以事父母，俯足以畜妻子，乐岁终身饱，凶年免于死亡”[⑤]，提出要让老百姓拥有一定的私人财产，使其能面对凶荒。而近代青海，尤其马家军阀主政青海时，苛捐杂税众多，不法官吏任意摊派，苛索无常，民众负担沉重。征兵、民夫的征发，又使民间青壮年劳动力严重缺失，农牧业生产衰退，经济来源减少。民人家无所藏，岁偶不登，生活便无所着落。原本可自我保障的人，在政府大量的索取下也成为需要救济的人，政府不得不面对数量庞大的待救济群体。

（三）地方政府救灾中的迟疑、阻滞与地方利益

自然灾害所造成的损失，除取决于自然要素变化的强烈程度、时间尺

---

① 参见青海省地方志编纂委员会编《青海省志·公路交通志》，黄山书社，1996，第 81 页。

② 青海公路交通史编写办公室编《解放前青藏公路（宁玉段）修筑概况》，载青海省政协文史资料研究委员会编《青海文史资料（第 10～12 辑）》，西宁第三印刷厂印制，1982，第 190 页。

③ 《青海最大水利工程——芳惠渠》，《西北通讯》1947 年第 9 期，第 25 页。

④ 青海省编辑组编《青海土族社会历史调查》，青海人民出版社，1985，第 70 页。

⑤ （战国）孟轲：《孟子》卷 1《梁惠王章句上》，（汉）赵岐注，四部丛刊景宋大字本。

度、发生地区的自然地理条件、交通通信状况等客观因素外，救灾主体的反应速度和方式也是很重要的决定因素。

灾害发生后国家、政府、非政府组织的职责及应急行动各有不同。一般情况下，灾害爆发初期，受灾地区处于混乱当中，应对灾害的行动在最紧急的状态下开展。地方政府此时最先启动应急预案，如果灾害的严重程度超出了地方政府的能力，国家部门应介入救援。政府在这一阶段发挥着处理灾害的中枢作用。非政府组织则充当辅助性角色，它们是灾害救助最有力的支援者，也是救助物资的整合者。[①] 在灾害爆发初期地方政府应最先启动应急预案，但从多项记载看，青海省政府在灾害发生后，不是在自己力所能及的范围内首先展开紧急救灾活动，而是以向国家报灾请赈为第一要务。此外，国家以发放赈款的形式向地方提供援助为马步芳所乐于接受，但对由国家直接派驻人员兴建的防灾机构却较为警戒，害怕国家势力借此渗透，因此对这些机构工作的开展不予支持甚至进行妨碍。[②]

赈灾措施中的弊病陈陈相因，而且政府过多的索取，使民人自我保障能力急剧下降，需要救济的灾民人数陡增。政府在庞大的待救济群体面前常常显得力不从心。此外，地方政府为自身利益考虑，在救灾中的迟疑、阻滞行为也影响了救灾的成效。以上诸种因素的影响，大大减小了救济的力度，影响了救济的正常开展，也使政府采取的多种赈灾措施取得的成效有限，只能在一定程度上降低灾害的危害，减少灾后百姓流离的情况，但不能杜绝这种情形的出现。

二　民间力量救灾活动的评价

世人以青海地处偏远，认为民众也智识落后、保守性成、不思改革，实则不然。从上述看民众在防灾备荒方面有所实践，在面对灾害时，除向政府呼吁请赈外，也有一定的自救行为，包括结成互助关系、民间土法防疫等，当然传统痼习，如以祈雨防雹为内容的迷信活动成为“民间自救”的另一种寄托而长期存在。此外，民间个体、宗教组织、救灾团体参与赈灾，形成多重的民间救灾格局。只是尽管救灾主体多样，但力量分散，民间未出现组织有效、运行规范的有现代意义的本地社会救灾组织，而华洋

---

① 梁茂春主编《灾害社会学》，暨南大学出版社，2011，第96页。

② 这一内容在国家与地方互动一节中详述。

义赈会作为外来的专门救灾团体在青海的救灾只限于调查灾情、呼吁请赈、发放少量急赈款，没有展开更为有效的救灾活动。因此，民间力量远远不能承担起救灾的重任，但不可否认的是，“民间的救灾活动，以其快捷灵活、因地制宜的特点，弥补了官方救灾程序烦琐、动作迟缓的不足”。[①] 在短期内，多方出动，急人所需，使灾民多所全活，同时在一定程度上遏制了灾情的持续恶化，降低了次生灾害发生的概率，成为政府救灾的有益辅助。其中也需指出的是，当地宗教氛围浓厚，这一特点在某些方面影响了民众对灾害的防治。其中寺院对农事活动的干预，使百姓不能自主合理地安排农事，如对庄稼的收割，必须在统一的日子进行，[②] 妨碍了民众对已成熟的庄稼的抢收，坐误时机，使农作物在气候变化无常下，遭受风雨雹灾、鸟兽等侵害的概率增大，减少了收成，甚至演成巨灾。此外，因藏人笃信佛教，不随便捕杀动物，这使草原上易酿成鼠害。如记者葛赤峰20世纪40年代在果洛采风入康格部落地境后，发现“沿途数十里，景象荒凉，寸草不生，仅有老鼠出没其间……过高山后，（当日）大半日之行程，所经均为‘老鼠地带’”。[③] 就此他不无忧虑地指出：“藏地少猫，又藏民大约以笃信佛教之故，不随便捕杀动物，致使老鼠之蔓延如此。长此以往，牲畜之牧草，将大成问题。”[④]

而作为外来力量，西方传教士在这里的一切善行以传播福音为最终目的，但不论其出发点如何，在灾害发生时他们治疗时疫、救治伤员、发放赈济粮，为本地灾民确实提供了切实的帮助，救助了不少灾民。

---

① 陈桦、刘宗志：《救灾与济贫——中国封建时代的社会救助活动（1750—1911）》，中国人民大学出版社，2005，第30页。

② 参见俄后保《果洛的若干史实》，载青海省政协学习和文史委员会编《青海文史资料集萃·民族宗教卷》，西宁民族印刷厂印制，2001，第118页。

③ 葛赤峰：《藏边采风记》，商务印书馆，1943，第79页。

④ 葛赤峰：《藏边采风记》，商务印书馆，1943，第79页。

第四章　近代青海社会救济的特点及反映的国家—地方—民间的互动关系

第一节　近代青海社会救济的特点

一　传统与现代的结合

近代是新旧交替的时期，青海虽然地处一隅，但也步入了时代的大潮，尤其20世纪30年代随着西北开发的蓬勃发展，青海的近代化变迁尤为明显。映射到救济领域，不论是常态的贫困救济，还是突发的自然灾害的救济，都呈现出传统与现代相结合的特点。

（一）常态的贫困救济方面

就官办的救济机构而言，省救济院从原来的传统慈善机构合并而来，在其设立和发展过程中并未真正摆脱传统因素，但已然有了近代因素。如救济院不仅有了全国统一的规范——《各地方救济院规则》为指导，有了基金保管委员会等较为进步的组织，而且在救济理念上强调“教养兼施”，在实际运行中如前文所述也是确实如此。此外，近代青海，官办的慈善救济事业中的义务教育一项，与国家政策在全国的开展同步进行，其救济对象有所扩大，不仅限于弱势群体，更侧重于面向社会大众，使官方的救济事业已然具有了近代慈善公益活动的特征。

（二）灾荒救济方面

灾荒救济方面，从人们对于灾害的认知，救灾措施中传统荒政与现代救灾方式的采用，呼吁灾情、报灾请赈中现代媒介的使用，筹款方式中传统劝募与游艺会等近代方式的并存，无不呈现出灾害救济中传统与现代相结合的特点。

随着近代科学知识、技术的传入，人们关于灾害的认知有了一些新的转变。就成灾原因而言，从清末天帝震怒的传统认知，到民国时期开始从环境、气候方面做客观分析。光绪七年（1881年），大通县红山、元墩两堡发生雹灾，时任西宁府大通县知县的贾勋前去勘灾，在途中作《雹灾叹》，就雹灾的成因认为是上天震怒，“皇天厌裸虫，来牟靳率育。持譴群蛙兵，团冰而雹作……偃禾十六庄，震怒犹未足”。[①] 而到民国时期，政府的报灾电文中对成灾原因的分析较为客观，如就1942年的牛瘟，官方认为：“盖以今年黑霜、冰雹、雪压之交相为害，以致气候失调、燥湿不匀，牧区草中滋生病菌，牛只食后在其口腔顿时生疮，兼患蹄黄病症。正感行食困难，适复惨遭急性之传染，瘟灾流行剧烈、死亡接踵，莫可遏止，遂酿成此种惨重灾情。”[②] 此外，近代接受新思想、新知识的知识分子，也开始以科学知识宣传灾害的成因。1920年，甘肃大地震发生后，西宁诗人李焕章写了《地震》一诗，诗中不仅用细致的笔墨记述了地震的过程，而且进一步科学地解释了地震的成因：“我闻地球亦行星，自转公转旋太清。有时火喷或陷落，地球被震声轰轰。更有断层殊可怖，城郭覆没山岳倾。既不若日月之薄蚀，可推测而预明；又不若鬼魔之作祟，可祈禳以精诚。”[③] 灾害认知上出现的转变，并不意味着以新换旧的全面替代，而是二者杂糅并存，反映在救灾实际中便是巫禳救荒与科学的救灾方法同时并行。

政府在继承历朝赈粮、赈钱、平粜、蠲免赋税、工赈等传统荒政的同时，到民国时期，具有现代意义的救灾方式被广泛采用，如大型水利工程的兴修、卫生清洁运动及防疫措施的开展、农贷的发放等，将现代技术和金融方式应用到救灾过程中，使救灾趋于科学化。而且现代医学在青海的发展与卫生防疫体系的建立也使疫情得到减轻。尽管有些具有现代意义的救灾措施在当时还呈现出力量薄弱、或多或少存有缺陷的特点，但较之传统救济方式更有活力、力度更大，在救灾和恢复农村经济中发挥了重要的作用。

---

① （清）邓承伟修，张价卿、来维礼等纂，基生兰续纂《西宁府续志》卷10《志余》，青海人民出版社，1985，第653页。

② 《马步芳致振委会许世英函（1942.11.18）》，载《青海黑霜、牛瘟成灾》，手抄本，第4页，青海省图书馆藏。

③ 李焕章：《惜阴轩诗草》，李逢春编注，青海人民出版社，2012，第76页。

近代青海，电报、电话等近代通信设备，报纸、杂志等新闻媒介在灾情的传递和宣传方面已然广泛使用，缩短了报灾请赈的时间，也为宣传灾情、进行广泛的社会动员发挥了作用。

此外，筹款方式中除以政府号召民间有能力者踊跃捐输，对捐资者给予一定的精神鼓励的传统劝募方式外，举办游艺会这样的新型筹款方式也开始出现。1929 年，青海省民政厅商呈省主席孙连仲，组织筹赈灾民游艺会，演剧售票，集款在西宁设立了 3 个灾民收容所。① 1940 年，省冬振会以“本年全青歉收，冬赈需款，尤倍于往昔”，函请省垣新生活俱乐部诸人士“以游艺筹款”。于是俱乐部组织自 1941 年元旦起，举行冬赈游艺会 5 日，最终筹得赈款 4962 元。②

二　以政府为主导，以民间力量为辅

青海地处僻远，地理环境严酷，富源未开，且自给自足的农牧业经济、发展滞后的工商业，使民间难以孕育出财力雄厚的士绅群体。财力有限之余，因地处一隅，观念落后，加之在马氏军政化的统治下，高压的政治环境使民间社会力量始终处于弱势，无法与政府的威权抗衡。具体到救济领域，由于受特定的经济、政治环境影响，青海地方没有形成组织有力、运行规范的近代民间慈善团体。只有地方士绅、富户本着慈善仁爱、抚恤乡里的个人情怀进行的小规模救济，力量有限；青海宗教氛围浓厚，宗教组织、寺院也参与其中，只是寺院的救济如前所述投入有限，辐射面狭窄。以上不同主体的民间救济力量相对弱小，难以与政府抗衡，只是作为官方救济有益的辅助而存在。

具体而言，常态的贫困救济方面，除因利局、佛教团体开办的救济院等少量民办机构外，近代青海的救济机构主要是官办的。政府设立了养济院、栖流所等功能不同的救济机构，对贫弱进行集中教养。此外，由中央资金投入、政策引导，地方政府行政力量推进的冬令救济、助学活动等其他社会救济事业面向对象更为广泛，救济的程度更深，这是缺乏资金和号召力的民间力量远远不能相比的。

灾害救济方面，政府在应对灾荒时，建立了集灾前预防、灾中救济、灾后安抚于一体的灾害救济体系。尤其在民国时期，以政府力量全面推进

---

① 青海省政府民政厅编《最近之青海》，新亚细亚学会，1934，第 232 页。

② 《青海民国日报》1940 年 11 月 30 日，第 2 版；1941 年 4 月 2 日，第 2 版。

和开展的个别救灾活动，如大型水利工程的修建、公共卫生的加强及防疫措施的开展、农贷的发放等，将现代技术和金融方式应用到救灾过程中，使救灾趋于科学化。救灾中的现代因素明显加大，在灾害防治和恢复农村经济中发挥了一定的作用。

政府通过多层次的救灾活动，主导着救灾工作。与此同时，如前所述政府注意发挥民间力量的辅助作用，采用劝募、褒奖民间救灾义行等方式发动民间力量参与救灾。

民间出于对灾害的本能反应，在进行一定的自救活动外，民间个体、宗教组织、救灾团体以及西方传教士参与赈灾，形成多重的民间救灾格局。只是尽管救灾主体多样，但力量分散，民间未出现组织有效、运行规范的有现代意义的本地社会救灾组织，而华洋义赈会作为外来的专门救灾团体在青海的救灾只限于调查灾情、呼吁请赈、发放少量急赈款，没有展开更为有效的救灾活动。虽然建省前曾出现大规模的民间义赈，但为数较少，且以甘肃为中心，惠及青海仅两三县而已。建省后便无有组织、规模较大的“义赈”记载可寻了。因此，民间力量远远不能承担起救灾的重任，只是政府救灾的有益辅助。尤其在重大灾害面前，民间不同经济地位的人均遭受沉重打击，民间的自救互济能力急剧下降，这时国家、政府以强大行政力调节盈余、整合资源后提供的救助就显得尤为重要。

三　多层次和多样化

近代青海救济事业的发展在区域上具有多样性。青海高原地域辽阔，地势高亢，地貌形态复杂多样。但大体上也可分出三个不同地形区，即东部及北部平行岭谷区、西部柴达木盆地区、南部青南高原区。在不同的地形和环境特征下，主要有东部农业区和西南牧业区的划分，环境的巨大不同使救济事业在区域上具有多样性。以常态的贫困救济而言，在东部地区，以府县厅署所在地为中心，政府设有专门的针对鳏寡孤独、贫弱的救恤机构。其他官办社会救济事业的开展也主要以东部农业区为中心，而蒙藏牧区因自然环境的限制及历史上的原因，其经济、文化发展滞后于东部农业区，缺乏以“汉人社会”为标准的传统意义上的福利事业，但部落组织、宗教寺院不同程度地承担了对弱势群体的收容和救助功能。而于政府来说，藏区基层建置的推进，经常伴随着冲突，而且新设县一般财政困窘，百姓积习难改，于社会事业没有跟进。另外，在灾害赈济方面，政府对蒙藏地区的关注及救助力度远远不及东部地区，救助区域上的不均等也很明显。

具体到救济活动的实施，分官方（国家和地方）、民间、外来力量三个层面。除去外来力量不说，中央、地方、民间在社会救济体系中的作用和职能分工中表现出明显的层次性。中央掌控救济导向，通过规章制度的制定、救济机构的向下辐射，指导和规范地方的救济活动，并在地方力所不逮时紧急援助，居于体系的最高层次；地方政府作为社会救济责任的承担者和救济政策的具体推行者，居于第二层次；士绅、民间会社、宗教组织、同乡组织、民间慈善、救灾团体作为官方救济的补充居于第三层次；基于血缘、地缘等联结纽带形成的家庭、宗族、戚友、主佃、邻里乡党等的互助圈，则是救济的最基础的层次。各个层次虽有区别又彼此关联，构成了多层次又有机统一的救济体系。而且不同层次的救助力量开展的救济活动亦形式多样，就地方政府而言，如前所述常态的贫困救济方面，官办的救济机构与多类其他救济形式并存。灾荒救济方面，政府更是从灾前、应灾、灾后三个层面进行了灾害救治，救灾手段多样。

此外，青海作为多民族聚居区，民间的救济活动也呈现出多样的色彩。各民族秉承着不同的慈善文化，不同称谓的血缘组织、地缘单位基于自身特有的生产、生活方式，互助共济。又各民族宗教信仰不一，寺院林立。不同的宗教组织即清真寺、藏传佛教寺院、汉传佛教会、佛教居士林、西道堂对信众或邻近地区的民众开展了不同程度的慈善救济活动，同时地方上也出现了针对特定弱势群体的族内救助。如马步芳以一个穆斯林的身份，出于对同教弱势群体的关怀，对“青海回族妇女中那些不愿再改嫁的寡妇们开设了‘济妇堂’，使她们有机会参加必要的社会活动。如果这些女人不能照料她们的孩子，就把孩子留在济妇堂，直到他们达到上学年龄”。[①] 对于那些无依无靠、没有家庭成员供养的寡妇来说，济妇堂无疑是很好的庇护场所。她们学龄前的孩子可以托付给济妇堂，这样的安排使她们能腾出手来参加生产劳动，尽量改变自身窘迫的处境。济妇堂的设置没有推广到省属各地所有处于相同境遇的妇女身上，仅限于省垣附近的穆斯林，是民族内部的救助。而在灾害面前，各民族除通过结成互助关系、

---

① 〔美〕玛格利特·布劳恩：《颁令解放》，《独立妇女》1949 年第 8 卷第 3 期，转引自〔美〕默利尔·亨斯博格《马步芳在青海（1931—1949）》，崔永红译，青海人民出版社，1994，第 92 页。

民间土法防疫、祈雨防雹等方式自救外，民间个体、宗教组织、救灾团体亦参与赈灾，形成了多重的民间救灾格局。

近代青海救济事业的多层次、多样化的特点，是近代救济事业发展嬗变的必然，也是多民族地区救济事业复杂性的反映。

第二节　近代社会救济事业中国家—地方—民间的互动关系

一　中央与地方的互动

青海马氏家族一直统治青海，地方事务上长期保持着自治的状态。正如 H. T. Lin 所说，即便在“蒋介石在南京巩固了政权，并宣布对整个中国拥有统治权时，他还是无法对西北地区实施有效的控制，很大程度上依靠本地当权者的主动配合”。[①] 但是青马军阀也自知其实力无法与中央相抗衡，而且地方建设也离不开国家的支持。由此他们时常以“惟知服从中央命令，绝不能对于地方势位，有所恋栈”[②] 表白忠心，与此同时，在事关国事时，强调青海与国民政府在利益上是一致的，希望以此获得中央的好感。而中央政府虽有加速国家内地化进程的主观愿望，但蒙藏问题的复杂、国内战事的持续，使其不仅不能以武力推进，而且还要依靠地方势力在军事上的支援。因此，二者之间相互利用，相互依靠，唯地方军阀有一坚守的“底线”，即“在控制青海内部权力的问题上，马步芳从来是寸土不让”。[③] 中央与地方这种若即若离的微妙关系，映射到社会救济领域，表现为双方以合作为主，但也有博弈，有地方对中央抗拒的一面。

（一）地方与中央的合作

地方对国家社会救济政策和方案的推行，虽然有些地方有过迟疑和观望，但最终大部分予以了贯彻实施。地方赈济机构的设立、救济法规的颁

---

① H. T. Lin, Nationalists, Muslim Warlords, and the “Great Northwestern Development” in Pre - Communist China, *China and Eurasia Forum Quarterly* 5/1 (2007)), pp. 115 - 135.

② 《民国 26 年 4 月 6 日省府纪念周上的报告》，载《马代主席讲演集》。转引自杨效平《马步芳家族的兴衰》，青海人民出版社，2007，第 141 页。

③ 杨效平：《马步芳家族的兴衰》，青海人民出版社，2007，第 176 页。

布，无不与国家政策相衔接。而具体措施上，水利的兴修、植树造林、禁烟、仓储的建设等与国家建设大端相吻合。而中央在地方大型水利工程的兴修、农贷与合作业务的开展方面，给予了强有力的动力支持。此外，由于灾荒严重时，救济灾民不再是仅仅关乎人道主义原则，而是关系到地方经济的发展和社会的安定，而青海作为入藏、通新之要道，战略地位重要，因此，国家对地方政府的救灾请求也很重视。在灾害发生后，对于地方政府的频频请赈，从前述《民国时期部分年份青海省赈济款统计表》看，地方政府的请求基本上也得到了中央的允准。中央对地方的每次请赈，有针对性地依据灾情配拨了数量不等的救灾款。而且从请赈上看，救灾中地方对中央赈款的依赖性还很强，中央与地方的关系更多的是良性合作。

（二）地方对中央的抗拒性

1943年，经济学家何廉一行在西北旅行时，从兰州到青海后，发现“青海的省政府主席是回族将军马步青（应为马步芳——引者注）……土生土长，关心保存自己的权势，他对从中央政府得到支援，发展‘他的’省份的经济感兴趣，但是有一定的保留。他认为，政府应在资本上及技术上帮助他，但管理和建设大权应完全由他掌握”。[①] 这是关于地方军阀控制下的青海地方和中央关系维度的一个精辟观察，放到救济领域也莫不如是。地方势力在请赈方面是下足了功夫的，“地方财政困窘、民生艰难”是基本措辞，而且请赈时不惜连电齐发，向中央不同部门同时呼吁。此外，在水利的兴修、农贷的发放方面，积极争取中央资金和技术上的扶持。只是，对任何形式的中央势力向青海的渗透都加以防范和抵制。

中央为加速国家一体化进程，对于西北诸省开始向积极加强联系并逐渐干预地方事务迈进。在青海以培训军官、建立国民党青海省党部和“三民主义青年团”青海支团等方式加紧渗透，唯马步芳对国民党历次派到青海的党务特派员排挤、“驱赶”，最终由其心腹接管，进而将省党部、三青团青海支团操纵在自己手中。中央势力的深入陷入困境，而赈灾作为能救边民于水火、传播国家声威的极佳途径，成为中央势力向青海渗透的另一种选择。其具体措施，一是派大员到农牧区发放赈济款，争取民心。如

---

① 何廉：《何廉回忆录》，朱佑慈、杨大宁、胡隆昶译，中国文史出版社，1988，第230页。

1937 年 8 月，赈务委员会青海省监放委员阎复中从西宁到结古放赈，发放赈款玉树二十五族共万元，凡贫苦受灾者，每人 2 元。就此，中央官员马鹤天评论说："此款如能修桥改良畜牧，试验农林，效果或大……现每人分得二元，使边民知中央德意，其意义亦甚大也。"[①] 二是积极凭借救灾，适时在地方建立直属于中央的卫生、防疫、气象监测机构。中央在青海设立的涉及防疫救灾的机构有省卫生实验处和青海省兽疫防治处。此外，还有气象监测机构——西宁测候所。地方军阀不能容忍在地方上有任何机构、组织在隶属关系上游离于省府之外而直辖于中央，因此，对国民政府在青海派设的防疫救灾机构采取不合作态度，救灾中地方对中央的抗拒性就从这些机构的设置引发。

1934 年，国民政府全国经济委员会派王禹昌来西宁，设立了青海省卫生实验处，省内医疗器械有了较新的设置，医药面貌为之一新。该处的业务主要包括门诊医疗、巡回医疗、学校卫生医疗、环境卫生、妇婴卫生、预防疫病等。如前文所述，该处在疫病的防治与治疗方面开展了一定的工作。但"马步芳对中央人员进入青海多方面给予为难，后以南京停发经费为借口，于 1938 年将其裁撤，业务交中山医院。1941 年，青海省政府成立了卫生处"。[②] 青海省兽疫防治处是 1942 年蒙藏牧区牛瘟大爆发后中央紧急筹建的，马氏从狭隘的地方主义出发，拒绝配合国民政府农林部派来的工作人员筹建省兽疫防治处。先是在经费上，早在 1942 年冬，农林部拨给青海兽疫防治处的筹建经费 300 万元，应马步芳的请求，直拨给了青海省政府由其转付省兽疫防治大队。马步芳存心侵吞，转交的过程中百般拖延，致使筹建工作蒙受了很大的障碍和损失，而且筹建过程中的征购地皮、修建房屋环节也得不到马氏有力支持。征购地皮一事至 1943 年春末仍无下文，直至该年 6 月时任农林部部长的沈鸿烈以"在青海处事困难，必须亲自出马"，再作青海之行，[③] 乘专机来青后才得以与马步芳协商，购得杨家寨地皮一处。修建房屋时，马步芳在建筑材料的购置、工匠的招募方面也加以阻挠，建筑所需工匠，是谷子俊等人从兰州招工而来。费尽千辛

① 马鹤天：《甘青藏边区考察记》，甘肃人民出版社，2003，第 323～324 页。

② 参见青海省政协文史资料研究会、《青海三马》编辑组编《青海三马》，中国文史出版社，2016，第 267 页。

③ 中国第二历史档案馆编选《国民政府赈济 1942 年青海牛瘟档案史料》，《民国档案》1996 年第 2 期。

万苦，直到1944年，青海兽疫防治处才正式成立起来。成立之后，因工作人员是由农林部派任的，又为马步芳所排挤，以致防疫、制造、调查研究等工作，都难以开展。直至由谷子俊教授推荐其弟子，亦为马步芳亲属的马献瑞任该处处长后，工作才常规化。谷子俊教授和其他技术人员于1945年春，陆续离开了青海。[①]

正所谓“救灾如救火”，疫病的防治更是讲究时效。在人员、资金都到齐的情况下，防治处拖延一年才曲折成立，成立后，各项工作处处掣肘，又难以展开。疫情蔓延时，防疫资源的人为阻滞，堪比“犯罪”。马步芳“冒天下之大不韪而为之”，只为防止中央势力在其地盘的渗透。无视救济大局，为一己之私利，而置千万蒙藏百姓的生命、财产于不顾，足见其军阀本质。青海兽疫防治处成立和业务开展中遇到的阻滞，显示出中央和地方在救灾上不合作的一面，不合作的关键之处在于地方权力的角逐。

此外，关于西宁测候所，时人言“马步芳以它为中央系统的单位，不予支持”，测候所设备简陋，故仅勉强维持工作。[②]

如上机构中，马步芳对利害相关的卫生防疫机构最终以由省府举办，负责人由地方指派结束，而对测候所则选择不扶持、不重视的冷置态度。

当然“抗拒”作为“以利益分化为诱因的不和谐式互动”，[③] 地方与中央在救灾中的不合作并没有以激烈的冲突形式表现出来，而是地方执政者以政治手腕，将中央势力借救灾在地方的渗透巧妙阻滞而化解。

二 地方政府与民间的互动

近代青海地方是“强政府”—“弱社会”的模式，救济领域官方与民间的互动是合作与互补为主调、冲突并不明显的关系。

自给自足的农牧业经济、发展滞后的工商业，使民间难以孕育出财力雄厚的士绅群体。财力有限之余，因地处一隅观念落后，加之在马氏军政化的统治下，高压的政治环境使民间社会力量始终处于弱势，无法与政府

---

① 参见吴也波《一九四二年青海发生严重牛瘟及筹建兽疫防治机构的经过》，载青海省政协文史资料研究委员会编《青海文史资料（第8辑）》，1981，第50页；杨智友：《1942年青海牛瘟案述评》，《中国藏学》2006年第3期。

② 参见陈秉渊《马步芳家族统治青海四十年》，青海人民出版社，2003，第265页。

③ 蔡勤禹：《国家社会与弱势群体——民国时期的社会救济（1927—1949）》，天津人民出版社，2003，第211页。

的威权抗衡。具体到救济领域，如前所述不同主体的民间救济力量相对弱小，难以与政府抗衡，只是作为官方救济有益的辅助而存在。而政府为了充分发挥民间力量在救济活动中的辅助作用，往往会采取精神鼓励的激励办法，如对士绅在乡间自发开展的救济活动，以地方政府名义予以嘉奖。如前所述，对朵如兰父子，西宁道尹黎丹书赠“书登赒恤”的匾额，予以褒扬；对亹源马德昌，省府颁给“望重乡贤”的匾额一幅。另外，政府有时也会发动商民互惠合作，如1944年省粮食市场管理处发布通告：“灾后省垣缺粮，为调剂供应，凡有运输工具的商民与省驿运管理处商办盐粮联运。商民在驿运处登记由西宁赴民和运盐，政府发放运费。由民和返程回西宁时，商民可自由在民和购办食粮，运回西宁粜售，以调节民食。”[①] 商民亦是踊跃参与。这样的合作双方互利，合作愉快。政府方面解决了驿运处的运输任务，也减少了专门组织人力购运粮食粜售的成本。商民除有运盐脚费可得外，有了政府支持，运粮贩卖自当畅通无碍，也可获利。而最关键的是缓解了灾后省垣缺粮的状况，有助于平抑粮价，调节民食。

此外，充足的资金是救济得力的保证。在赈款的募集上，官方和民间社会的互动更加频繁。民间资源对政府救灾资金的补充助力不少。如青省的冬令救济，逐步由城区覆盖到乡间，待救者数量庞大，政府资力有限，难以承担如此艰巨之任务，于是从经费的筹措、活动的组织开展，政府都积极鼓励民间参与。在筹措冬赈款物时，政府在拨付一部分的同时，以行政手段发动民众募捐，在贫富户之间进行调剂，所谓“取之于众，用之于众”。此外，在灾荒发生后，政府通常会号召民间捐献款物以资救灾。1929年3月，青海省安辑委员会（建省初期的政府救灾机构）在省内“印发捐启，由县署会同名誉委员劝捐，特别大户，令函呼助，按款多寡，请由省府分别给奖，或由省府呈请国府给奖”。[②] 又1946年，各县成立“节食一日”救灾运动委员会，在各机关、团体以及乡间劝募。[③] 对于政府的劝募，如前文所述民人中有能力者纷纷响应，慷慨解囊，以支持政府救灾。

而政府对捐资者则予以精神奖励。1929年，中央振灾委员会拟定的《捐助振款给奖章程》规定：“捐款一千元以上由振灾委员会给予二等金质奖章、提给匾额；凡捐一万元以上者，呈请国民政府提给匾额并给予特等

---

① 《省粮食管理处通告》，《青海民国日报》1944年4月23日，第2版。

② 刘凤翰编著《孙连仲先生年谱长编》第一册，台北“国史馆”印行，1993，第368页。

③ 《青海民国日报》1946年9月13日，第2版。

优质奖章。"[①] 各地依此实行。建省初期，青海省安辑委员会对捐资者就规定，"按款多寡，请由省府分别给奖，或由省府呈请国府给奖"。有时也会选择在官方的报纸上登载，以彰其行。如 1943 年 9 月 11 日的《青海民国日报》就登载，"夫己氏捐款五百元赈灾黎"。[②] 如此鼓励，促进了双方的合作。

以政府为主体的救灾活动，也会出现在政府动员下，民间的款物、劳力齐上阵，演变成全员救灾的情形。如 1948 年入夏后，青海先遭旱、雹、黑霜等灾，继则暴风骤雨，山洪暴发，水患遍及全省，损失甚重。有关国防建设及民生福利的公路、桥涵及水渠电厂等，在此次天灾下也无不蒙受巨灾，尤其是国道、省道及大车道，十分之九皆被冲毁。该年刚刚动工的大型水利"常胜""庆凯""平安""阁工"等重要工程，悉被摧毁。水灾发生后，青海省政府、省参议会连电国民政府行政院、社会部、内政部，要求拨金圆券 500 万元，以 300 万元抢修青新、青藏、甘青公路，以 200 万元救济灾民。[③] 但国民政府只由社会部拨给金圆券 4000 元办理急赈。[④] 在没有中央拨发巨款的有力支援的情况下，马步芳动员民众，开展地方自救。同年 9 月 5 日，青海省政府召集国民党青海省党部，各机关、团体负责人，各县县长，国民大会代表，省、市参议员等开会，决定救灾办法以暂时恢复重要交通为主。所需车辆，向各县有车辆的居民派用；所需木料，向各县有树木和存木的居民征集；所需工匠和小工，抽各县工匠和居民义务劳动，工具、粮食、燃料、炊具、帐幕等，概由民工自备。[⑤] 政府发动民众，全员救灾。

双方在救济领域没有明显博弈的迹象，以合作为主。良好互动的形成，一方面是民间力量弱小无法与"强政府"抗衡，且士人出于慈悲之心、乡邻之谊对政府救灾往往也会主动合作；另一方面，其中也暗含有"被合作"的意味。正如民国时期外籍人士就中国老百姓在面对军阀专制

---

① 《令所属各机关：发振灾委员会捐助振款给奖章程由》，载浙江省政府秘书处编《浙江省政府公报》1929 年第 627 期，第 7 ~ 9 页。

② 《青海民国日报》1943 年 9 月 11 日，第 2 版。

③ 青海省志编纂委员会编《青海历史纪要》，青海人民出版社，1980，第 205 页。

④ 《青海省政府致水利部代电》，载《民国卅七年青海省政府呈报青海遭受水灾请求赈济电文》，第 1 页，青海省图书馆藏。

⑤ 《西北通讯》第 3 卷第 1 期。转引自青海省志编纂委员会编《青海历史纪要》，青海人民出版社，1980，第 205 页。

时的忍耐性感到震惊，“在超越他们的势力面前，他们像芦苇在狂风中一样低下了头”。[①] 而青海地方军阀对任何他们决定的事往往是通过军政力量来付诸实施的，救灾中的一些决定亦是如此。政府动员民间出资、出力参与救灾，很多时候是民众无法拒绝，倾家荡产亦要“良好合作”的。1948年水灾发生后，民众本已困苦不堪，却成为政府救灾的重要参与力量，正是最好的诠释。

---

① 〔法〕蜜德蕊·凯伯（Mildred Cable）、〔法〕法兰西丝卡·法兰屈（Francesca French）：《戈壁沙漠》，黄梅峰、麦慧芬译，中国青年出版社，2002，第179页。

结　语

青海高原地势高峻，气候寒冷、干旱，生态环境脆弱，各类自然灾害频仍。且地处偏远、交通不便，资源相对稀缺，富源未开，经济发展相对滞后。又近代多民族聚居的青海，人文特征复杂多样。特殊的自然地理环境和人文环境，使该区社会救济事业的开展本身就带有艰巨性和复杂性，在具体实施过程中，并呈现出新旧嬗变，以政府为主、以民间力量为辅，以及多层次、多样化的特点。

纵观近代青海社会救济事业的发展，在官方、民间、外来力量各方努力下取得了一些成绩，也出现了一些新的变化。但总体来讲，因诸种因素的影响及现实情形的限制，救济成效还是有限。

从政府层面的救济看。政府作为社会民生福利的主要提供者及救济活动的主要实施者，在救济方面做出了一定努力并取得了一定的成绩。就常态的贫困救济而言，官办的养济院、救济院、栖流所等收容救恤机构的种类、扩散区域、规模远远不能和同一时期的东南部地区相提并论，甚至与邻封甘肃相比也相差较远。救济机构呈现出数量少、收容人数少、覆盖面小、救济面窄等特点。即便如此，这些救济机构于艰窘中发展，在各方努力下对救济贫弱还是起了一定的作用。另外，值得一提的是，在近代新旧交替的时代背景下，救济院虽于传统事业的基础上改组建立，但也融入了现代因素，“教养兼施”的理念在救济院的运行和活动安排中旗帜鲜明地显现出来了，具有一定的进步性。此外，较于官办救济机构，近代官方的其他慈善救济事业，除平民工厂作为积极的救济措施，在青海的创设不尽人意，多半途而废，未真正起到救济贫民的作用外，覆盖城乡、针对广大贫民的“冬令救济”，面向大众的义务教育、平民教育、省内公费生资助项目，因突发情形而返贫的民众的灵活救济等措施，面向对象更广泛，救济的程度更深，发挥的救助作用也是可圈可点，尤其面向大众的义务教育已然有了近代公益的特征。

就灾荒救济而言。近代青海灾害频发，从附录一的不完全统计中可以看出，晚清到民国时期，青海近乎年年有灾，而灾害对地方经济、人口、社会秩序的安定都产生着巨大的影响。它使地方的大量经济成果化为乌有，使大量人口死亡或流离，而且天灾人祸与社会矛盾交织，暗流涌动，灾害也是社会冲突的诱因之一。鉴于此，各级政府对于灾害的救治也甚为重视。近代以来，尤其是民国时期，国家和地方政府对灾赈的管理有所加强，国家和地方的救灾机构和制度建设日趋完善。青海省振济委员会、各县振济委员会的成立以及《青海省田赋灾歉减免办法》《各县仓储粮管理细则》等规章制度的出台，使地方救灾工作有章可循，逐渐步入组织化、法制化轨道。除机构管理、制度层面的建设外，政府的灾害救济涉及防灾、应灾、灾后善后三个方面，建立了集预防与救灾于一体的救灾体系。灾前的植树造林、禁烟、兴修水利、注意公共卫生及防疫措施等的开展，对改善地方生态环境、提高抗旱能力、发展农业生产、减轻疫情起了一定的作用。临灾的急赈、工赈、疫病的救治，救民于危难，在短期内减轻了灾害的危害。灾后，安辑流民、蠲缓、补种、借贷、对粮食流通的管理等措施的实施对恢复农牧业生产起了一定作用。从上述可以看出，地方的灾害救治已然向防灾救灾并重、标本兼治的近代化阶段迈进了。

从政策和制度层面看，政府的救济措施堪称完备，具体实施中也有如上值得肯定的成绩和新变化的出现。只是政府的救济活动在施行过程中存在一定问题，在一定程度上使其救济实效大打折扣。

其一，在政府救济的同时，伴随着对民间大量的索取。据近人统计，青海的苛捐杂税计有屯粮、番粮、营买粮、盈余陋规粮、百五经费粮、支应粮、戒烟款、屠宰税、地方杂税、皮毛捐、行政费、榷运费、烟酒税、产销税、教育费等51种，[①] 负担之重，实属罕见。又于政府的正额外，还有不法官吏向民众摊派、浮征的现象。此外，地方政府经常性的“拔兵”与无偿征发民夫，也是当时的虐政之一。藏富于民，民间才有能力面对凶荒，同时也可减少政府的救济投入。而近代青海，尤其马家军阀主政青海时，苛捐杂税繁多，不法官吏任意摊派，苛索无常，民众不堪重负。征兵、民夫的征发，又使民间青壮年劳动力严重缺失，农牧业生产衰退，经济来源减少。民人家无所藏，一遇荒歉，生活便无所着落。原本可自我保

① 安汉、李自发等编著《西北农业考察》，正中书局，1936，第47～48页。

障的人，在政府大量的索取下也成为需要救济的人，原本由家庭扶养的老者、弱者更是无以为生，流向社会，政府不得不面对数量庞大的待救济群体。

其二，政府经费投入不足。社会救济是支出型的事业，充裕的经费是救济活动开展的保证。近代中国，国家战事频繁，军费开支浩大，又有外国侵略势力的倾轧，外债举借频繁，国库困窘。具体到地方，青海地方僻远，地势高峻，气候严寒，所出不丰，地方富源未开，财政困窘，如时人所言："青宁两省每年总收入不足二百万元，尚不及东南一县之经费。"[①]而为巩固地盘，地方军阀不断扩军，军队数量呈几何级增长，军需扩大。军费开支往往超过岁收，甚至每年积欠高达三四百万元。庞大的军费开支，严重地制约了政府对地方公益事业的投入。地方社会救济经费一再被挤压，投入有限，如前所述，省救济院自成立以来经费一项颇感困难，曾一度向菜馆抽取筵席捐来补充。而赈灾中赈济款的发放，有时到手的平摊下来只有一两元，杯水车薪，对灾民来说于事无补。

其三，救济措施的实际执行中弊病层出，与制度层面相差甚远，极大地影响了救济的成效。如地方政府对社会救济机构建设与破坏并存。救济机构遭强迁、撤并，经费被侵吞的情况也有出现。甚至还出现马步芳作为一方执政者，为一己之利，将收养于救济院中、本应受到政府庇护的贫弱残疾者强行赶至自己开办的工厂、煤窑充当廉价劳动力的离谱事情。义教方面，有经费被侵吞，移为省公教人员的工资、军费之弊。[②] 另外，灾赈中的弊病，更是充斥于救荒过程的各个环节中。防灾时备荒垦殖中，有不法官吏将承领执照任意发放的现象，更为恶劣的是政府在推行垦务过程中清丈土地，高额的丈地款使大量农民倾家荡产。仓储管理中的陋规积弊也多，如有些社仓管理者吞没仓谷或谷款，"捏造借粮花户，盗卖粮食分肥"，抑或向民众重收或浮收等，诸种弊端不一而足。政府倡导的以"注意清洁，免除疫疠"为旨归的卫生清洁运动，如前所述在清洁方面提出的一些标准和做法在后期矫枉过正，违背了清洁运动的旨归，甚至走向了反面。灾害发生时，有不法官吏隐匿灾情、侵吞赈款的现象；灾后，农业生产贷款、畜牧贷款的发放，受益更多的是农村中的地主豪绅、保甲长及牧区的牧主、头人等；蠲免、缓征赋税也是局部的、短时期的，大多数情况

---

① 参见西尊《边省县政之症结及其革新之途径》，《边疆》1937 年第 2 卷第 10 期，第 1 页。
② 陈秉渊：《马步芳家族统治青海四十年》，青海人民出版社，2007，第 257 页。

下，依然是责令征收，“岁歉何堪逢硕鼠，民穷强半赋牂羊”的情形也是当时的写照。此外，灾后政府对粮食流通实施了严格的调控，甚至为打击民间囤积居奇而采取了粮商登记、民间余粮登记制，这些无疑影响了市场机制的自由培育和民间自救的能力。同时，政府自身的一些经济行为又破坏了粮食市场的良性运转，危害了区域粮食流通的稳定。如政府征购粮食的数量过大，导致省内粮食市场上市量很少，供需平衡被打破。且地方政府在粮食问题上更倾向于军供和战略的需要，粮食的政治属性被强化，而作为民食和再生产的自然属性被弱化。又政府严令打击囤积粮食的商户，反讽的是，地方执政者自身却成为最大的囤积者。作为一方的执政者，马步芳囤积粮食，进行买空卖空的投机活动。以上经济行为导致政府对粮食的管制对救荒作用甚微。政府干预和市场调节两级调控的失效，也使粮食流通在保障区域粮食安全方面的作用急剧降低。凡此种种，社会救济过程中的弊病陈陈相因，严重影响了救济的实效。

其四，地方政府救济过程中的迟疑、阻滞态度影响了救灾。出于地方利益的考量，地方政府在灾害发生时，为保存自身实力，不是紧急御灾而是以向国家请赈为第一要务，且为防国家势力借救灾向地方的渗透，对国家派驻人员兴建的防灾机构及其工作的开展不予支持甚至进行妨碍，这无疑对灾荒救济的效果产生了不利影响。

上述因素的存在，大大减小了政府社会救济的力度，影响了救济事业的正常开展，也使作为社会救济主体的政府所采取的多种救济措施的效果大打折扣。

而从民间社会层面看，作为政府救济有益补充的民间力量有其自身的优势，但面临的更多是现实的限制。先以民间社会团体而论，自给自足的农牧业经济、发展滞后的工商业，使民间难以孕育出财力雄厚的士绅群体。财力有限之余，因地处一隅，观念落后，没有形成组织有力、运行规范的近代民间慈善和赈灾团体。此外，近代青海地方社会“强政府”—“弱社会”的社会结构，使民间的活力被压制，民间社会团体在地方政府的监督及种种制约下，无法自由培育壮大，其活动见诸记载者也是一鳞半爪。且救济方面，也只是以其因地制宜、灵活性见长，发挥的救济作用还是有限，没有形成国家、政府力量缺失时独当一面的局面。还有，当地宗教氛围浓厚，寺院林立。佛教寺院和清真寺等宗教组织是地方财富与权力的聚集地，宗教组织在收容孤儿、流浪者，开展医疗救济，设立救济院，助葬，赈灾等方面做了一定的工作，但这远远与其享有的巨额资金以及其拥有的人力、物力上的强大凝聚力等优质资源不匹配。寺院组织的封建性，使其相对封闭，其“事业”重心在宗教教义的传承和宗教文化活动方面，而对于如何面向社会，谋众生之福利，开展慈善公益事业，还是关注不够。并且寺院对百姓农事活动的盲目干预等，影响了民间的抗灾能力。因此，宗教组织在济贫救灾方面产生的社会影响较弱，受惠面及辐射范围也比较狭窄。相比较而言，民间由血缘性和乡土性支撑下的互助共济，作为人们获取社会支持资源的一种，在青海这样的多民族地区以不同的名目、形式出现。我们虽然无法量化其在扶危济困方面发挥的作用，但能肯定的是，正是这种互助传统的存在，是多灾多难的地方社会在重重打击下保有“蒲苇般柔软而坚韧的生命力”之所在。而且由血缘性和乡土性支撑的济贫救灾活动，从长时段看，具有显著的持续性，甚至融进了各民族群众的习俗中。只是战乱、苛政等人为破坏因素的存在，使整个乡村社会的“经济生存能力可能被同时削弱，以致给相互援助留下的空间就十分狭窄了”,[①] 这是近代青海社会现状下民间慈善互助活动不得不面对的现实。此外，我们也应该清楚地意识到，当时青海民间社会整体在物质方面相对匮乏，民间的慈善活动、互助行为只停留在满足最不幸之人的紧急生活需要，而并非消除贫困。尤其在重大灾害面前，民间不同经济地位的人均遭受沉重打击，民间的自救互济能力会急剧下降。

作为外来力量，西方传教士在这里的一切善行以传播福音为最终目的，但不论其出发点如何，他们在医疗、教育以及赈灾中的扶助活动，对困境中的当地民众还是有一定帮助的，只是从前述也可以明显看到其救助规模不是太大。

以上诸种因素的影响以及现实情形的限制，使近代青海社会救济事业虽有政府、民间社会、西方教会的多方参与，也取得了一定的成绩，但总体来讲还是成效有限，也是近代青海平日多有乞丐、贫民蹒跚街头，一遇荒歉百姓流离、饿殍遍野的情形常见的成因所在。

在探寻近代青海社会救济事业在复杂、动荡的时势下艰难发展的历史轨迹，并探讨其实施成效的同时，本书的研究又不禁引发我们对当今青海多民族地区社会保障事业的一些思考。进入当代，地方的社会保障事业已

---

① 〔印度〕让·德雷兹、阿玛蒂亚·森：《饥饿与公共行为》，社会科学文献出版社，2006，第 270 页。

转向增进民生福利、有灾无荒的局面，但作为攻坚的一个话题，其还存在一定问题。而该研究对现如今如何更好地开展地区社会保障事业有一定启示，主要有如下四点。

第一，坚持经济与生态协调发展的道路。“经济发展是缓解贫困的第一大推动力”,[①] 大力发展地方经济，提高青海各族群众生活水平，是减少贫困、解决地方社会救助保障问题的根本之道。但是经济增长与贫困减少两个变量负相关关系的长久发生，取决于选择什么样的经济增长方式。[②]近代青海，为了发展农业经济，大力举办垦务。如前所述，从民国初年到1949 年的近 40 年间，取得了净增耕地近 200 万亩的成绩。只是办垦以来，政府规划无力，对于农、林、牧区域无从划分。随着垦殖范围的扩大，荒滩、牧地成为主要的垦殖地点。这些地方大多不适宜农业生产，垦而撂荒者多，由此造成地表裸露，而寒冷干旱的气候又使原来的植被很难短期恢复，容易引发土地的沙漠化或荒漠化，对生态环境造成危害。而且垦殖过程中缺乏有效的行政管理，垦民一到新的垦殖点，往往出于爨薪之需，对当地林木滥伐，再次对当地脆弱的生态造成破坏。[③] 而且与垦殖活动相伴的是政府的清丈土地，农民要交纳高额的丈地款，致使部分农民倾家荡产。不但荒地未曾开垦，连熟地也因农民的破产逃亡而被弃耕，加重了农村经济的残败，又垦殖中的农牧争地现象也引发了一定的民族问题，也是“清末民国时期，甘肃、青海北部旱灾更趋严重”[④] 的诱因之一。总之，近代青海以农业垦殖为代表的经济开发带来的收益有限，带来的负面影响更多。

到现代，黄河源头的玛多县在经济发展道路上的曲折也很能说明问题。20 世纪 70 年代初，该县有 4000 多个大小不等的湖泊，水草肥美。七八十年代，该县牧民的年人均收入曾连续 3 年高居全国之首。仅仅十多年后，玛多县却变为全国的贫困县，近 38% 的牧户因原地无法生活而离乡背

---

① 中国发展研究基金会组织编《在发展中消除贫困：中国发展报告 2007》，中国发展出版社，2007，第 11 页。

② 这里姑且将经济增长收益分配过程中出现严重不均等这一假定情况对贫困减少的影响不予考虑。

③ 如共和县之铁盖林，红柳与小叶杨构成的天然森林，绵延东西长约十数里，南北五里许。1930 年，汉人来此垦荒。为政者不加保护，任垦民滥伐焚烧，至焦干枯枝纵横地上。参见李自发《青海共和县考察记》，《新青海》1934 年第 2 卷第 12 期，第 44 页。

④ 参见崔永红等《明代以来黄河上游地区生态环境与社会变迁史研究》，青海人民出版社，2008，第 212 页。

井，沦为生态难民。20年时间内的巨大反差，是由盲目扩大畜牧业生产引起的。过度放牧，一味追求存栏率，使牲畜数量超过了草场的最大承载力，导致玛多草场大面积退化，草场退化面积占全县天然草场面积的70%。草地退化后覆盖率下降，生物量减少，涵养水源的能力下降，大小湖泊只剩下2000多个，上千条小河、溪流大半因水源枯竭而干涸，草地黄沙滚滚。[①]

可见，在短期利益驱动下，以牺牲环境、损耗资源为代价的经济增长，只是在一定时期内实现了经济的数量型增长，短期内发生了经济增长与贫困减少的正相关关系，只是这种良好的形势势必不会长久存在。此外，这种经济增长方式还会带给人们更深重的灾难——生态环境的破坏，而生态环境的恶化又易于引发自然灾害。自然灾害的加剧不仅威胁人民生命财产的安全，也对社会财富造成严重损失，制约着地方经济的发展。尤其像青海这样生态环境具有明显的脆弱性又承担着重要生态使命的地区，[②]只有走经济与生态环境协调发展的道路，才会使经济的发展与贫困的消除正相关关系稳定、持久发生。

而为实现生态与经济协调发展，需从多个层面加以建设和改进。经济建设方面，须坚持在保护生态前提下的开发。倡导绿色循环低碳为主攻方向的新型工业化，在产业结构调整中大力鼓励发展节约资源型产业、“无公害”高新技术工业和绿色化工工业。资源开发利用中坚持走综合利用和高附加值化的道路。农牧产业要走生态农牧业发展道路，退耕还林（草）要与生态保护、农牧民致富、生产发展密切结合。能源产业结构调整应大力发展节能、清洁、可再生能源。[③] 环境保护和治理中，须继续推进大型生态保护工程，加强环境治理制度体系建设，完善生态环境监测评估预警体系，强化企业主体责任，实施工业企业有偿排污制度，激励和约束企业主动落实环保责任，实施生态环境损害赔偿制度等。生态保护建设投入不

---

① 张忠孝：《青海地理》，青海人民出版社，2004，第390页。

② 青海除东部河谷地区海拔在2500米以下，水热条件良好外，大部分地域海拔超过3000米，青南高原在4200米以上。气候寒冷，生物过程微弱，土壤、植被发育演变缓慢，相对较年轻，抗逆性差，生态环境明显表现出敏感性和脆弱性，一旦遭到破坏，在短期内难以恢复。此外，青海作为黄河、长江、澜沧江的发源地，也是这些河流重要的水源补给区，素有“中华水塔”“东亚水塔”之称。其生态环境质量不仅关系到本地区经济的发展，还直接影响全国乃至更加广泛区域的环境质量，肩负着重要的生态使命。

③ 张忠孝：《青海地理》，青海人民出版社，2004，第394页。

足方面，在健全资源有偿使用和生态补偿制度，积极争取扩大中央纵向转移支付规模外，加大横向、流域生态转移支付。在生态建设过程中，建立让农牧民群众得到实惠的利益分配机制，诱导其自动减少因收益不足而破坏生态环境的行为，并提高农牧民群众参与生态建设事业的自觉性和积极性。此外，青海各民族的传统思想中不仅有许多鲜活、饱满的生态意识和观念，而且在其传统习俗中有不少有利于生态环境保护的内容。如何正确挖掘、利用这些传统生态文化，使其“为克服现代性的负面效应作出贡献”[①] 也是政府需要思考的问题。

生态环境的保护与经济的可持续发展任重道远，要达到经济效益和生态效益的有效统一和有机结合，还需政府、企业、公众的多方努力。

第二，健全社会救助体系中的监督机制。正如张祖平先生所言，“舞弊行为自从社会救助制度产生以来就没有中断过，可以说，一部社会救助发展史，就是舞弊与反舞弊的斗争史”。[②] 近代青海，涉及救灾的规章制度相继出台，使救灾工作有章可循，将减灾纳入法制化管理轨道。但在具体实施过程中如前所述救灾各个环节中弊病层出，严重影响了救灾的效果。

而到了今天，涉及利益分配的灾害救助依然存在救灾款发放不合理、救灾资金管理不善、救灾物资储备库管理不到位的问题。如 2016 年 3 月，青海省民政厅救灾处、规划财务处对全省 73 个州（市）、县、乡“2013～2015 年以来救灾资金的使用情况、救灾物资储备库的情况”进行检查时发现，救灾资金物资的发放本应严格按照“户报、村评、乡审、县定”四个步骤，但称多县在无受灾户申请或有申请但村委会、乡政府均未盖章确认的情况下就给予了救助。另外，玛多县、湟中县、杂多县、格尔木市等地民政局对自然灾害生活救助资金没有设立专账管理，与本单位的其他资金混合管理，这样容易发生挤占、挪用和擅自扩大资金使用范围的情况。此外，政府虽出台了《青海省救灾物资储备库管理办法》，但各地救灾物资储备库设置、管理不到位的情况还是很多，如玛沁县下大武乡、杂多县苏鲁乡、称多县清水河镇和同德县的救灾物资储备库“屋顶漏雨、地面返潮，个别通风窗已损坏”；同德县、久治县索乎日麻乡的救灾物资储备库

① 张汝伦：《现代中国思想研究》，上海人民出版社，2014，第 308 页。

② 张祖平：《明清时期政府社会保障体系研究》，北京大学出版社，2012，第 218 页。

“防尘和防鼠措施不到位，一些仓库储备的面粉没有防尘保护”；等等。[①]

灾害救助中诸如以上弊病的存在，降低了灾害救助的成效。因此，从制度层面加强监督，加大实地巡查的力度，并鼓励民众进行舆论监督很有必要，有利于降低在救助过程中过多依赖于实施者和监督者个人操守的风险。

另外，在常态贫困人员的救助上，要克服舞弊。在低保金的发放、廉租房的申请方面，加强监督，杜绝人为干扰。在资格审查上需慎之又慎，使真正需要扶助的人享有政府提供的资源，最大限度地发挥低保金、廉租房的使用效益。

总之，面对当代社会救助过程中依然存在的宿弊，政府从制度和管理层面加强监督很有必要。此外，要通过权利理念的宣传及相关政策平台的提供，使社会救助对象不只是被动地接受救助，而且积极参与到社会救助的过程中来，使贫困群体的参与以及合理的维权活动，成为健全地方社会救助体系监督机制的另一有效渠道。

第三，新时期重视各民族的互助传统在扶贫济困方面的作为。民间各民族基于血缘、地缘单位下的互助传统的存在是近代多灾多难的地方社会在天灾人祸的重重打击下依然保有生命力的主要原因。在新时期，多民族聚居的青海，各民族传统的救济文化和体系还发挥着作用，如学者们在部分藏区做调研时发现，传统的拉果组织和“朗姆”体系下的救助活动均效果良好。[②] 因此，为避免单一、普世性的救助政策在民族地区实施效果有所弱化的倾向，在政府实施国家救助政策时，考虑多民族聚居的地方实际，最好能与基层民族文化传统中的若干因素相衔接，如考虑借力于各民族的救助传统，这样既可以节约政府投入的部分成本，又可相对减少利益分配中出现的摩擦。

至于东部农业区，在当代社会其发展变化远远大于牧区。随着乡村现代化进程的推进，乡村社会面临着很大的变化，其中包括人口流动的加快，原本的“熟人社会”正在逐步走向“陌生人社会”，而植根于民间的

---

① 青海省民政厅救灾处：《关于对全省救灾资金物资和救灾物资储备库检查情况的通报》，青海民政信息网，http：//mzt. qinghai. gov. cn/html/show－6121. html。

② 拉果组织：藏族家族中以婚姻、血缘与亲属关系为基础，父系家族内部的兄弟、姊妹按辈分、经济条件、文化程度高低所形成的具有一定权利与义务关系的社会组织；朗姆：藏族村落中传统的慈善救济体系。参见乔益洁、扎登太等《青海牧区民族社会工作实践研究——以青海湖南岸 ZQH 村为例》，《青海民族研究》2016 年第 3 期。

互助传统也面临着挑战。以传统伦理义务为主要依据的民间互助已然发生变化，更多地转向利益的考量。即便如此，民间互助作为获取社会资源的本质依然还存在。在当代，政府加强正确的舆论宣传和引导，使人们在通过交往礼俗构建自己的互助圈获取社会支持资源、合理追求自身利益的同时，继续发扬民间传统的互助共济的良风美俗，使民间社会通过开展不同形式的济贫扶困、自救互助的活动，能够自我承受和消解一定的救助问题，使其不流向政府，完全依赖于政府救助。

第四，重视民间慈善力量的发展。近代青海，地方经济基础薄弱，民间慈善团体实力弱小。再者，民间慈善团体在军阀政治下，束缚颇多，无法培育壮大。而在新形势下，政府留下了足够的政治、经济、社会空间以容纳民间力量的正当发展。民间慈善力量在良好的形势下发展迅速。据官方统计，截至2015年底，公益类社会组织达到了831家（具有公募资格的基金会27家）。[①] 这些民间慈善团体开展的活动是政府实施社会保障和改善民生的重要补充。因此，政府在提供空间并实施监督之责使其健康有序发展的同时，也要鼓励和扶持它们的发展。在政策上加以扶助，如提供税收优惠、金融服务、信息服务等，在政府公共资源的使用上为民间慈善团体提供便利。实施表彰奖励等激励措施，使民间慈善团体的救助活动能更好开展。此外，政府有必要“明确不同慈善团体的救济目标，注意发挥各类慈善团体的优势，使其能更有效地发挥社会援助的作用”。[②] 尤其在多民族地区，部分慈善团体以少数民族群体为主要救助对象，如青海回族撒拉族救助会、“香港李嘉诚基金会”捐资支持的青海塔尔寺藏医院贫困藏区免费医疗队以更有针对性、更人性化的方式开展的教育、医疗救助，赢得了贫困民众的信任，打开了他们的心扉，使救助得以在良好的沟通中开展。诸如此类有特点的救济团体，鼓励发挥其优势，实在是很有必要。

---

① 王琼：《青海省公益类慈善社会组织达831家》，《西宁晚报》2016年8月31日，第A3版。

② 参见杨琪《民国时期的减灾研究（1912—1937）》，齐鲁书社，2009，第249页。

参考文献

一　史籍类（按成书年代排序）

（春秋战国）管仲：《管子》，（唐）房玄龄注，四部丛刊景宋本。

（春秋战国）孟轲：《孟子》，（汉）赵岐注，四部丛刊景宋本。

（东汉）班固：《汉书》，颜师古注，中华书局，1962。

（梁）萧子显：《南齐书》，中华书局，1972。

（唐）魏徵、令狐德棻：《隋书》，中华书局，1973。

（唐）姚思廉：《梁书》，中华书局，1973。

（宋）王溥：《唐会要》，中华书局，1955。

（明）宋濂：《元史》，中华书局，1976。

（明）陈龙正：《救荒策会》，载李文海、夏明方主编《中国荒政全书》第一辑，北京古籍出版社，2003。

（明）张萱辑：《西园闻见录·卷41户部》，民国哈佛燕京学社印本。

（明）刘天和：《治河六柳》，载程国政编注《中国古代建筑文献集要（明代）》（上册），同济大学出版社，2013。

（明）朱橚：《救荒本草校释与研究》，王家葵等校注，中医古籍出版社，2007。

《清实录》，台北华文书局，1969。

（清）赵尔巽：《清史稿》，中华书局，1977。

（清）梁份：《秦边纪略》，赵盛世、王子贞等校注，青海人民出版社，1987。

（清）文孚：《青海事宜节略》，魏明章标注，青海人民出版社，1993。

（清）李慎：《李星使论办河南番务复函》，手抄本，甘肃省图书馆藏。

（清）谢善述：《谢善述诗文集》（上、中、下卷），谢才华辑，青海人民出版社，2002。

（清）左宗棠：《左宗棠全集·书信》（第二册），刘泱泱点校，岳麓书社，1996。

《清光绪年二十二省财政说明书（甘肃卷）》第一册，全国图书馆文献微缩复制中心复制，新华书店北京发行所，2008。

故宫博物院编《钦定户部则例》，故宫珍本丛刊（第三册），海南出版社，2000。

（清）王志伊辑《荒政辑要》，载李文海、夏明方主编《中国荒政全书》第二辑（第二卷），北京古籍文献出版社，2004。

（清）杨锦仁：《筹济编》，载李文海、夏明方主编《中国荒政全书》第二辑（第四卷），北京古籍出版社，2004。

（清）杨西明：《灾赈全书》，载李文海、夏明方主编《中国荒政全书》第二辑（第三卷），北京古籍出版社，2004。

（清）陆曾禹：《钦定康济录》，载李文海、夏明方主编《中国荒政全书》第二辑（第一卷），北京古籍出版社，2004。

（清）李焕章：《惜阴轩诗草·河阴竹枝词》，载甘肃省古籍文献整理编译中心编《中国西北文献丛书》（第170册），兰州古籍书店，1990。

（清末民国）佚名：《甘肃全省调查民事习惯问题报告册》，载甘肃省古籍文献整理编译中心编《中国西北文献丛书》（第120册），兰州古籍书店，1990。

基生兰：《敬业草堂嚼蜡吟》，载甘肃省古籍文献整理编译中心编《中国西北文献丛书》（第170册），兰州古籍书店，1990。

刘锦藻：《清续文献通考》，民国商务印书馆影印十通本。

张謇：《张謇全集（二）》，江苏古籍出版社，1994。

二　档案与资料汇编（按刊发时间排序）

《西宁道尹公署饬令造报植树情形令循化县府的训令》（1922.6），青海省档案馆藏，档号：67－永久－233。

甘肃省长公署：《农商部饬令各省提倡林业》（1927.5），青海省档案馆藏，档号：67－永久－233。

《循化县给民政厅呈报估计兴修水车并绘图》（1932.4），青海省档案馆藏，档号：67－永久－477。

《内政部各省市第一次（二十年份）仓储积谷报告书》（1933.6），甘肃省档案馆藏，档号：15－005－0019。

立法院编译处编《中华民国法规汇编》，中华书局，1934。

《西北防疫处民国二十四年十二月份工作报告：青海湟源县兽疫调查》（1935.12），甘肃省档案馆藏，档号：015－006－0451。

《西北防疫处民国二十四年九月份工作报告：都兰县及沿途兽疫调查报告》（1935.09），甘肃省档案馆藏，档号：015－006－0451。

《西北防疫处民国二十四年十月份工作报告：青海省大通、门源、互助三县及甘肃省黄城一带兽疫调查报告》（1935.10），甘肃省档案馆藏，档号：015－006－0451。

《西北防疫处民国二十四年九至十二月份、民国二十五年一月份工作报告》（1936.1），甘肃省档案馆藏，档号：15－006－0451。

《西北防疫处民国二十五年七月份工作报告：青海省海南北兽疫之调查与防治》（1936.7），甘肃省档案馆藏，档号：015－006－0456。

《为报青海省政府禁酿各种酒类给甘宁青区税务局呈》（1942.11.4），甘肃省档案馆藏，档号：17－003－0600。

《西北兽疫防治处农林部国库署1941、1942年各月经费拨付与青海发生牛瘟派员防治情形的函电》（1942.10.18），甘肃省档案馆藏，档号：30－2－121。

《省政府、三青团青海支部关于畜牧贷款有关问题的函》（1943.1～1944.7），青海省档案馆藏，档号：23－永久－61。

《农业合作社借款合同》（1943.6），青海省档案馆藏，档号：23－永久－71。

《青行检查报告书》（1944.8.3），中国第二历史档案馆藏，档号：399－2588。

《关于青海省府开放粮禁一事给市农会的训令》（1945.9.14），甘肃省档案馆藏，档号：59－009－1339。

《中国农民银行西宁支行三十四～三十六年度农贷报告》（1945～1947），青海省档案馆藏，档号：23－永久－66。

《西宁支行三十五年度农贷报告》（1946），青海省档案馆藏，档号：23－永久－66。

甘青宁税务局：《青海省酿产业经明会解禁仰即遵令查明具报切实稽征的训令》（1946.3.16），甘肃省档案馆藏，档号：17－003－0426。

《青海省三十六年度农业生产贷款报告、省政府合管处关于发放催缴农业贷款问题的函电》（1947.2～1947.11），青海省档案馆藏，档号：23－永久－64。

《方永福关于请求救济生活的呈文》（1948.5.5），甘肃省档案馆藏，档号：59－005－1835。

《兰州市政府会计室拨付市民方永福救济金的拨款通知书》（1948.5.23），甘肃省档案馆藏，档号：59－005－1835。

《兰州市政府关于拨发灾民方永福救济金致省政府的呈文》（1948.6.14），甘肃省档案馆藏，档号：59－005－1835。

《甘肃省政府关于拨发灾民方永福救济金一案准的代电》（1948.6.22），甘肃省档案馆藏，档号：59－005－1835。

《青海省政府关于寄水灾专刊请予援助给兰州市政府的公函》（1948.9.21），甘肃省档案馆藏，档号：59－009－1836。

《关于为青海水灾募捐情况的通知》（1948.12.09），甘肃省档案馆藏，档号：59－006－0307。

《兰州市商会关于送青海水灾捐款的代电》（1949.1.17），甘肃省档案馆藏，档号：59－009－1916。

甘肃省人民委员会参事室编《有关甘肃自然灾害的一些历史材料》（1963.10），甘肃省档案馆藏，档号：138－004－1144。

青海省图书馆辑《青海省之灾害资料》，油印本，1963。

青海省图书馆辑《青海黑霜、牛瘟成灾》，油印本，1963。

青海省图书馆辑《青海省赈济资料》，油印本，年代不详。

青海省图书馆辑《青海省政府报灾电文汇集》，油印本，年代不详。

青海省图书馆辑《民国卅七年青海省政府呈报青海遭受水灾请求赈济电文》，油印本，年代不详。

青海省图书馆辑《青海各地遭被灾害概况》，油印本，年代不详。

青海省图书馆辑《青海民国间报刊资料辑录》，手抄本，年代不详。

甘肃省图书馆辑《甘肃省西宁民国十七年灾情一览表》，手抄本，年代不详。

顾亭林：《青海省帐幕经济与农村经济之研究（下卷）》，载萧铮主编《中国地政研究所丛刊·民国二十年代中国大陆土地问题资料》，台北成文出版社，1977。

青海省气象局科学研究所编《青海东部近五百年气候历史资料》，内部资料，1978。

中国人民银行金融研究所编《中华民国史资料丛稿·中国农民银行》，中国财政经济出版社，1980。

国家地震局兰州地震研究所编《陕甘宁青四省（区）强地震目录》，陕西科学技术出版社，1985。

甘肃省图书馆目参考部编《西北民族宗教史料文摘（青海分册)》，甘肃图书馆，1986。

西宁市卫生局卫生志办公室编《西宁市卫生资料汇编》(第一期)，青海省气象局青年印刷厂印制，1987。

丁世良、赵放主编《中国地方志民俗资料汇编（西北卷)》，北京图书馆出版社，1989。

中国第二历史档案馆编《中华民国史档案资料汇编·第5辑 第1编教育》，江苏古籍出版社，1994。

中国第二历史档案馆编《中华民国史档案资料汇编·第五辑 第2编财政（一)》，江苏古籍出版社，1997。

中国第二历史档案馆编《中华民国史档案资料汇编·第五辑 第2编财政（四)》，江苏古籍出版社，1998。

中国第二历史档案馆编《中华民国史档案资料汇编·第五辑 第2编财政经济（八)》，江苏古籍出版社，1998。

中国第二历史档案馆编《中华民国史档案资料汇编·第三辑 财政(二)》，江苏古籍出版社，1998。

刘一平、徐易主编《地方志人物传记资料丛刊（西北卷)》第13册，北京图书馆出版社，2000。

甘肃省档案馆编《晚清以来甘肃印象》，敦煌文艺出版社，2008。

殷梦霞、李强选编《民国赈灾史料续编》(第一册)，国家图书馆出版社，2009。

彭秀良、郝文忠主编《民国时期社会法规汇编》，河北教育出版社，2014。

三 报纸类（按刊发时间排序）

（清）陶模：《光绪二十三年陕甘总督陶模奏报甘肃各属被灾情形折》，《经世报》1897年第9期。

（清）佚名：《上海陕甘学生会致北京陕甘京官及各同胞电（为升允匿灾事）》，《新闻报》1909年6月20日。

（清）庆恕：《西宁办事大臣庆恕奏“青海垦务出力各员请奖片”》，《内阁官报》1911年3月17日。

《循化县政府拟具全县水利具体计划》，《青海民国日报》1931年11月25日。

《本省急振款决办工振》，《青海民国日报》1931年12月6日。

《马主席捐助救济院皮衣发给贫民以资御寒》，《青海民国日报》1931年12月10日。

《民厅令发办振团体及在事人员奖励条例并办理人员惩罚条例》，《青海民国日报》1931年12月12日。

《省救济院赶制大批棉衣》，《青海民国日报》1931年12月19日。

《省救济院奉到内部各地方救济院规则及管理各地方私立慈善机关规则》，《青海民国日报》1931年12月30日。

《各县仓储粮管理细则》，《青海民国日报》1931年12月27日。

《省振务会开临时会决议案五件》，《青海民国日报》1932年1月23日。

《西宁西区廿年尾欠营买粮草省政府明令豁免》，《青海民国日报》1932年2月10日。

《省救济院教养兼施》，《青海民国日报》1932年1月24日。

《省垣各菜馆联名呈请豁免席捐》，《青海民国日报》1932年2月23日。

《省府核减下沈家二十年营买》，《青海民国日报》1932年3月5日。

《循化关外九族难民得救》，《青海民国日报》1932年4月21日。

《亹源发生牛疫　兽疫防治所准备诊疗》，《青海民国日报》1938年10月8日。

《省救济院招收孤儿施予教养》，《青海民国日报》1938年10月24日。

《省救济院令施救平民工作》，《青海民国日报》1938年10月27日。

《省佛教会定期施放冬赈》，《青海民国日报》1939年2月14日。

《马主席关怀春耕》，《青海民国日报》1939年3月12日。

《共和兽疫防治所卫生讲习班开课》，《青海民国日报》1939年1月25日。

《省垣各户踊跃捕蝇》，《青海民国日报》1939 年 9 月 3 日。

《共和牛瘟局积极点发牛痘》，《青海民国日报》1939 年 4 月 14 日。

《西北防疫处去年在青工作》，《青海民国日报》1939 年 1 月 19 日。

《省佛教会请葬普济寺灵柩》，《青海民国日报》1940 年 6 月 26 日。

《不得挪用振款及延不发放以慰垂毙之灾民》，《青海民国日报》1940 年 7 月 20 日。

《乐都、亹源均受雹灾》，《青海民国日报》1940 年 8 月 8 日。

《省振济会决定施振办法》，《青海民国日报》1940 年 12 月 16 日。

《省垣贫民救济会赶办冬赈》，《青海民国日报》1940 年 12 月 13 日。

《中央社会部电令推行小本贷款以扶助贫灾难民生计》，《青海民国日报》1940 年 10 月 17 日。

《省垣新生活俱乐部定元旦举行冬赈游艺会》，《青海民国日报》1940 年 11 月 30 日。

《本省临时参议会呼吁救灾》，《青海民国日报》1940 年 12 月 6 日。

《县仓民欠粮石 在仓借粮约据领单等件均监视焚毁》，《青海民国日报》1940 年 12 月 22 日。

《冬赈募捐游艺会前日举行筹备会议》，《青海民国日报》1940 年 12 月 25 日。

《省振济会召开第四次委员会议》，《青海民国日报》1941 年 1 月 7 日。

《县府令各县本年广种榆钱》，《青海民国日报》1941 年 4 月 7 日。

《省救济委员会组织条例拟就》，《青海民国日报》1941 年 1 月 14 日。

《青海省西宁县冬赈募捐游艺会启事》，《青海民国日报》1941 年 4 月 2 日。

《互助各酒行暂行停营 以期节储民食》，《青海民国日报》1941 年 5 月 8 日。

《基生兰谈南塔院地租》，《青海民国日报》1941 年 1 月 12 日。

《合作指导室组织暂行办法》，《青海民国日报》1942 年 5 月 11 日。

《省卫生处展览卫生模型》，《青海民国日报》1942 年 4 月 3 日。

《本省禁酿办法及施行细则》，《青海民国日报》1943 年 5 月 8 日。

《省府彻底实行粮政 布告粮户勿囤积》，《青海民国日报》1942 年 12 月 7 日。

《青海省党部社会服务处小本贷款处通告》，《青海民国日报》1943 年

7月5日。

《省府令各县仓取缔盈余粮》，《青海民国日报》1944年5月10日。

《玉树等县牛瘟惨重》，《青海民国日报》1944年7月27日。

《互助旱雹之后积极种秋田》，《青海民国日报》1944年4月12日。

《省垣义仓存粮贷放完竣》，《青海民国日报》1944年4月20日。

《省垣发放孤贫口粮》，《青海民国日报》1944年4月21日。

《青海省会粮食市场管理处通告》，《青海民国日报》1944年4月23日。

《共和公益捐购粮五十余石贮县仓》，《青海民国日报》1944年7月26日。

《同仁旱魃为虐秋收歉薄》，《青海民国日报》1944年8月20日。

《大通南北区惨遭雹虫灾　灾区达十三乡》，《青海民国日报》1944年8月28日。

《亹源一区雹灾惨重》，《青海民国日报》1944年9月3日。

《冬令救济奖助费 购粮分贷贫民》，《青海民国日报》1945年1月25日。

《各县春耕籽种贷放完毕》，《青海民国日报》1945年8月4日。

窦建业：《牛瘟怎样医治》，《青海民国日报》1945年6月16日。

《省警局注重公共卫生 设置屠宰场二处》，《青海民国日报》1945年6月16日。

《省府定期举行卫生大检查》，《青海民国日报》1945年8月16日。

《省卫生处发动秋季防疫》，《青海民国日报》1946年9月13日。

《互助县节食一日救灾运动委员会发动劝募》，《青海民国日报》1946年9月13日。

《海南北一带牛羊疫流行甚烈》，《青海民国日报》1947年4月16日。

《省府通令各县市局举办冬令救济》，《青海民国日报》1947年12月9日。

《亹源冬令救济捐募救济情况》，《青海民国日报》1947年2月11日。

王琼：《青海省公益类慈善社会组织达831家》，《西宁晚报》2016年8月31日。

四　地方志类（按成书年代排序）

（清）杨应琚：《西宁府新志》，青海人民出版社，1988。

（清）邓承伟修，张价卿、来维礼等纂，基生兰续纂《西宁府续志》，青海人民出版社，1985。

（清）龚景翰纂《循化厅志》，青海人民出版社，2016。

（清）汪学伊等纂修《固原州志》，宣统元年刊本。

（清）松筠：《卫藏通志》，载西藏研究部编《西藏志·卫藏通志合刊》，西藏人民出版社，1982。

（清）升允等修、安维峻纂《甘肃新通志》，载甘肃省古籍文献整理编译中心编《中国西北文献丛书》第24册，兰州古籍书店，1990。

（清）杨志平编纂、何平顺等校注《丹噶尔厅志》，载《青海地方旧志五种》，青海人民出版社，1989。

刘郁芬修、杨思等纂《甘肃通志稿》，载甘肃省古籍文献整理编译中心编《中国西北文献丛书》第28册，兰州古籍书店，1990。

姚钧纂、宋挺生标注《贵德县志稿》，载《青海地方旧志五种》，青海人民出版社，1989。

刘运新等编纂、大通县古籍地方办公室标注《大通县志》，载《青海地方旧志五种》，青海人民出版社，1989。

乐都县志编纂委员会编《乐都县志》，陕西人民出版社，1992。

青海省地方志编纂委员会编《青海省志·物价志》，青海人民出版社，1993。

大通县志编纂委员会编《大通县志》，陕西人民出版社，1993。

青海省地方志编纂委员会编《青海省志·林业志》，青海人民出版社，1993。

民和回族土族自治县志编纂委员会编《民和县志》，陕西人民出版社，1993。

门源回族自治县志编纂委员会编《门源县志》，甘肃人民出版社，1993。

化隆回族自治县地方志编纂委员会编《化隆县志》，陕西人民出版社，1994。

贵德县地方志编纂委员会编《贵德县志》，陕西人民出版社，1995。

青海省地方志编纂委员会编《青海省志·气象志》，黄山书社，1996。

青海省地方志编纂委员会编《青海省志·教育志》，黄山书社，1996。

青海省地方志编纂委员会编《青海省志·公路交通志》，黄山书社，

1996。

海南藏族自治州地方志编纂委员会编《海南州州志》，民族出版社，1997。

青海省地方志编纂委员会编《青海省志·金融志》，黄山书社，1997。

青海省地方志编纂委员会编《青海省志·民政志》，黄山书社，1998。

黄南藏族自治州地方志编纂委员会编《黄南藏族自治州志》（上卷），甘肃人民出版社，1999。

青海省同德县地方志编委会编《同德县志》，民族出版社，1999。

青海省地方志编纂委员会编《青海省志·宗教志》，西安出版社，2000。

青海省地方志编纂委员会编《青海省志·水利志》，黄河水利出版社，2001。

高庙村志编纂委员会编《高庙村志》，青海宏兴彩印股份合作公司印制，2004。

五　著作类（按出版年代排序）

周毓英：《贫穷研究》，南京社会旬报社，1932。

冯柳堂：《中国历代民食政策史》，商务印书馆，1934。

郎擎霄：《中国民食史》，商务印书馆，1934。

宋家泰：《柴达木盆地》，国立中央大学研究院理科研究所地理学部，1934。

青海省政府民政厅：《最近之青海》，新亚细亚学会，1934。

柯象峰：《社会救济》，正中书局，1935。

寒世子编校《心道法师西北弘法记》，宏善书局，1936。

安汉、李自发：《西北农业考察》，正中书局，1936。

国立暨南大学西北教育考察团编《西北教育考察报告》，暨南大学出版社，1936。

王武科：《中国之农赈》，商务印书馆，1936。

邓云特：《中国救荒史》，商务印书馆，1937。

许公武：《青海志略》，商务印书馆，1943。

葛赤峰：《藏边采风记》，商务印书馆，1943。

蒋经国：《伟大的西北》，重庆天地出版社，1943。

柯象峰：《中国的贫穷问题》，正中书局，1947。

韩宪纲：《西北的气候》，西北人民出版社，1951。

周振鹤：《青海》，台北商务印书馆，1971。

青海省志编纂委员会编《青海历史纪要》，青海人民出版社，1980。

《土族简史》编写组编《土族简史》，青海人民出版社，1982。

王昱、李庆涛编《青海风土概况调查集》，青海人民出版社，1985。

周兴民等编《青海植被》，青海人民出版社，1986。

《孙中山全集》（第九卷），中华书局，1986。

芈一之：《撒拉族政治社会史》，香港黄河文化出版社，1990。

李文海、周源：《灾荒与饥馑：1840—1919》，高等教育出版社，1991。

张嘉选：《柴达木开发史》，兰州大学出版社，1991。

甘肃省民政厅民政志编辑室编《甘肃民政大事记（1840—1990年）》，甘肃人民出版社，1992。

王昱：《青海简史》，青海人民出版社，1992。

刘凤翰编著《孙连仲先生年谱长编》（第一册），台北"国史馆"印行，1993。

魏永理：《中国西北近代开发史》，甘肃人民出版社，1993。

梁钦：《江源藏俗录》，华艺出版社，1993。

李文海等编《近代中国灾荒纪年续编（1919—1949）》，湖南教育出版社，1993。

谢佐：《青海金石录》，青海人民出版社，1993。

朱世奎主编《青海风俗简志》，青海人民出版社，1994。

袁林：《西北灾荒史》，甘肃人民出版社，1994。

陈良瑾：《中国社会工作百科全书》，中国社会出版社，1994。

邢海宁：《果洛藏族社会》，中国藏学出版社，1994。

李向军：《清代荒政研究》，中国农业出版社，1995。

青海省水利志编委会办公室编《青海水利大事记》，青海人民出版社，1995。

马模贞等编《中国百年禁毒历程》，经济科学出版社，1997。

杨绳信：《清末陕甘概况》，三秦出版社，1997。

翟松天：《青海经济史》（近代卷），青海人民出版社，1998。

李鸿仪编纂、李培业整理《西夏李氏世谱》，辽宁民族出版社，

1998。

崔永红等：《青海通史》，青海人民出版社，1999。

郝苏民主编《丝路走廊的报告：甘青特有民族文化形态研究》，民族出版社，1999。

史凤仪：《中国古代的家族与身分》，社会科学文献出版社，1999。

夏明方：《民国时期自然灾害与乡村社会》，中华书局，2000。

邓慧君：《青海近代社会史》，青海人民出版社，2001。

张维珊：《青海工业史话》，西宁东宝印务有限责任公司，2001。

梁圣译主编《中国兽医生物制品发展简史》，中国农业出版社，2001。

池子华：《流民问题与社会控制》，广西人民出版社，2001。

陈赓雅：《西北视察记》，甘肃人民出版社，2002。

时正新、廖鸿：《中国社会救助体系研究》，中国社会科学出版社，2002。

林鹏侠：《西北行》，甘肃人民出版社，2002。

张济民主编《渊源流近：藏族部落习惯法法规及案例辑录》，青海人民出版社，2002。

马鹤天：《甘青藏边区考察记》，甘肃人民出版社，2003。

史国枢：《青海自然灾害》，青海人民出版社，2003。

蔡勤禹：《国家社会与弱势群体：民国时期的社会救济（1927—1949)》，天津人民出版社，2003。

马敏：《官商之间——社会巨变中的近代绅商》，华中师范大学出版社，2003。

齐磊、胡金野：《中国禁毒史》，甘肃人民出版社，2004。

崔永红主编《土官与土司》，青海人民出版社，2004。

张忠孝：《青海地理》，青海人民出版社，2004。

韩生贵主编《西宁东关清真大寺志》，甘肃文化出版社，2004。

冯尔康：《中国社会史概论》，高等教育出版社，2004。

孙绍聘：《中国救灾制度研究》，商务印书馆，2004。

刘进：《中心与边缘：国民党政权与甘宁青社会》，天津古籍出版社，2004。

赵宗福、马成俊编《青海民俗》，甘肃人民出版社，2004。

王江山：《青海天气气候》，气象出版社，2004。

王国祯：《青海气象史》，气象出版社，2004。

王金香：《中国禁毒史》，上海人民出版社，2005。

蔡勤禹：《民间组织与灾荒救治——民国华洋义赈会研究》，商务印书馆，2005。

大通回族土族自治县地方志编纂委员会编《大通大事记》，人民日报出版社，2005。

陈桦、刘宗志：《救灾与济贫——中国封建时代的社会救助活动(1750—1911)》，中国人民大学出版社，2005。

秦永章：《甘宁青地区多民族格局形成史研究》，民族出版社，2005。

马季辉等：《尘封的历史瞬间：摄影大师庄学本20世纪30年代的西部人文探访》，四川民族出版社，2005。

三木才：《千年汪什代海——一个古老藏族部落的历史文化新探》，青海人民出版社，2006。

朱浒：《地方性流动及其超越：晚清义赈与近代中国的新陈代谢》，中国人民大学出版社，2006。

郝时远主编《中国少数民族现状与发展调查研究丛书·玛沁县藏族卷》，民族出版社，2006。

任云兰：《近代天津的慈善与社会救济》，天津人民出版社，2007。

杨效平：《马步芳家族的兴衰》，青海人民出版社，2007。

王莘：《中国气象灾害大典·青海卷》，气象出版社，2007。

陈秉渊：《马步芳家族统治青海四十年》，青海人民出版社，2007。

南文渊：《可可淖尔蒙古走向边缘的历史》，辽宁民族出版社，2007。

李文海、夏明方主编《天有凶年——清代灾荒与中国社会》，生活·读书·新知三联书店，2007。

西宁城北区政协文史资料委员会编《晚清河湟名人来维礼》，内部资料，2007。

陈佐邦：《汪什代海见闻录》，中国文史出版社，2008。

周伟洲编《西北少数民族经济开发史》，中国社会科学出版社，2008。

余新忠主编《清以来的疾病、医疗和卫生——以社会文化史为视角的探索》，生活·读书·新知三联书店，2009。

喇秉德、马文慧等：《青海回族史》，民族出版社，2009。

陈新海：《历史时期青海经济开发与自然环境变迁》，青海人民出版社，2009。

杨琪：《民国时期的减灾研究（1912—1937）》，齐鲁书社，2009。

郑功成：《灾害经济学》，商务印书馆，2010。

马光星、闫国良：《土族文化概况》，青海人民出版社，2010。

彭秀良：《守望与开新——近代中国的社会工作》，河北教育出版社，2010。

费孝通：《江村经济——中国农民的生活》，戴可景译，外语教学与研究出版社，2010。

梁茂春主编《灾害社会学》，暨南大学出版社，2011。

李焕章：《惜阴轩诗草》，李逢春编注，青海人民出版社，2012。

张奇林主编《社会救助与社会福利》，人民出版社，2012。

张祖平：《明清时期政府社会保障体系研究》，北京大学出版社，2012。

杨瑾：《信仰与慈善救济——伊斯兰历史上的贫困与济贫研究》，文物出版社，2012。

王元林、孟昭峰：《自然灾害与历代中国政府应对研究》，暨南大学出版社，2012。

梁其姿：《施善与教化：明清的慈善组织》，北京师范大学出版社，2013。

《甘青朵氏家族》编委会编《甘青朵氏家族》，民族出版社，2013。

青海省气象局编《青海省基层气象台站简史》，气象出版社，2013。

青海省委党史研究室编《青海省抗日战争时期人口伤亡和财产损失》，中共党史出版社，2015。

青海省政协文史资料研究会、《青海三马》编辑组编《青海三马》，中国文史出版社，2016。

余新忠：《清代卫生防疫机制及其近代演变》，北京师范大学出版社，2016。

六　期刊文章（按发表时间排序）

《令西宁县政府将沿街无家无衣之贫民收纳在养济院设法救济》，《青海省政府公报》1931 年第 40 期。

《令财政厅据呈报发过魏育贤制造抽水机奖金等情准予备查》，《青海省政府公报》1931 年第 42 期。

《令各省民政厅：查各地遇有旱虫各灾应由县长随时履勘》，《内政公报》1932 年第 13 期。

张元彬：《青海蒙藏两族的生活》，《新青海》1932 年第 1 卷第 2 期。

连三：《青海田赋之探讨》，《新青海》1932 年第 1 卷第 2 期。

方少云：《救济本省农村问题》，《青海评论》1933 年第 6 期。

秦万春：《青海农业概况》，《新青海》1933 年第 1 卷第 5 期。

黎小苏：《青海喇嘛教寺院》，《新亚细亚》1933 年第 4 期。

黎小苏：《青海之经济概况》，《新亚细亚》1934 年第 2 期。

胡彦圣：《论救荒似当以急赈为过渡，以工赈为归宿》，《湖北地方政务研究》（半月刊）1934 年第 4 期。

顾执中：《调查：青海化隆、贵德、循化三县农村之概况》，《农业周报》1934 年第 2 期。

仲模：《救济院将开始毛织工作》，《新青海》1934 年第 2 卷第 10 期。

佚名：《一月来之青海（三月十四日至四月十三日）》，《新青海》1934 年第 2 卷第 5 期。

安汉：《青海农田水利调查概况》，《西北问题》1935 年第 11、12 期合刊。

魏崇阳：《西北巡礼》，《新亚细亚》1935 年第 3 期。

张元彬：《青海蒙藏两族的生活》，《新青海》1932 年第 1 卷第 2 期。

云程：《青海虐政之一斑》，《西北问题》1935 年第 13、14 期合刊。

《青海省卫生实验处工作摘要》，《卫生半月刊》1935 年第 11 期。

青海省卫生实验处：《青海省卫生实验处六七月份工作报告》，《公共卫生月刊》1935 年第 5 期。

高迈：《我国救济事业之过去与今后》，《青年月刊（南京）》1935 年第 1 期。

张得善：《青海种族分布概况》，《地方自治（南京）》1935 年第 3 期。

张得善：《青海之政治经济及社会事业》，《地方自治（南京）》1935 年第 4 期。

安汉、李自发：《青海垦务沿革现状及改进意见》，《新青海》1935 年第 3 卷第 1 期。

陈宗贤、杨守绅：《西北防疫处之沿革设施及防治兽疫工作》，《开发西北》1935 年第 6 期。

吴承禧:《中国银行业的农业金融》,《社会科学杂志》1935 年第 3 期。

积琏:《青海省救济院扩大救济范围》,《新青海》1935 年第 3 卷第 5 期。

佚名:《一月来之青海（廿三年十二月廿日至廿四年一月廿日)》,《新青海》1935 年第 2 期。

佚名:《一月来之青海（一月廿一日至二月五日)》,《新青海》1935 年第 3 卷第 3 期。

佚名:《青海之垦务》,《新亚细亚》1936 年第 1 期。

高长柱:《筹边政策与边疆现状》,《西陲宣化使公署月刊》1936 年第 7、8 期合刊。

任美锷:《循化的撒拉回回》,《地理教育》1936 年第 5 期。

佚名:《马代主席电陈中央请在青设大学院》,《新青海》1936 年第 4 卷第 8 期。

佚名:《教厅筹措留学津贴不日即行汇寄》,《新青海》1936 年第 4 卷第 8 期。

西尊:《边省县政之症结及其革新之途径》,《边疆》1937 年第 10 期。

内政部统计处编发《内政部关于各省市关岳庙的调查统计》,《内政统计季刊（南京)》1937 年第 3 期。

青海省政府秘书处编《青海省二十八年度实施义务教育计划及预算书》,《青海省政府公报》1939 年第 83 期。

李廷弼:《撒拉回民》,《回民言论(重庆版)》1939 年第 8 期。

佚名:《经济消息:赈委会举办小本贷款》,《广西银行月报》1941 年第 2 期。

汤惠荪、雷男、陆年青:《青海省农业调查》,《资源委员会季刊（西北专号)》(二）1942 年第 2 期。

佚名:《最近经济杂讯:小本贷款政院饬停办》,《经济汇报》1943 年第 2 期。

程纯枢:《黄土高原及西北之气候》,《地理学报》1943 年第 10 期。

严得一:《柴达木屯垦问题》,《边政公论》1943 年第 6 ~8 期合刊。

李式金:《玉树的民风（续)》,《西北学术》1943 年第 2 期。

高迈：《我国户内救济之过去与今后》，《东方杂志》1945年第14期。

高迈：《户外救济的纵横观》，《东方杂志》1945年第23期。

宪城：《各地灾荒惨象：西北角一年缺雨》，《现代农民》1946年第6期。

程沁：《农业生产贷款之效果》，《中农月刊》1947年第8期。

佚名：《青海最大水利工程——芳惠渠》，《西北通讯》1947年第9期。

马献瑞：《青海的兽疫防治事业》，《西北通讯》1948年第2卷第3期。

张有魁：《二十年来青海的造林工作》，《西北通讯》1948年第2卷第9期。

青海省政府秘书处编印《水灾专刊》，《青海政情》1948年第285期。

王册：《青海喇嘛教概述》，《青海社会科学》1980年第2期。

王中兴：《解放前西宁社会救济事业简况》，《青海文史资料选辑（第10~12辑）》，内部资料，1982。

王剑萍、王中兴：《民国时期青海禁烟内幕》，《青海文史资料选辑（第10~12辑）》，内部资料，1982。

绽福寿：《西宁清真东关大寺的今昔》，《青海文史资料选辑（第10辑）》，内部资料，1982。

朱刚：《西道堂大事记》，《青海民族学院学报》（社会科学版）1982年第4期。

孔祥录、喇秉德：《青海回族来源初探》，《青海民族学院学报》1982年第4期。

张志忠：《贵德的水利与“龙倌”制度》，《贵德县文史资料（第1辑）》，内部资料，2000。

任斌：《略论青海“山陕会馆”和山陕商帮的性质及其历史作用》，《青海师范大学学报》（哲学社会科学版）1984年第2期。

魏明章：《马麒在青海》，《西宁文史资料（第1辑）》，内部资料，1984。

马毓：《青海伊斯兰教概况》，《青海文史资料（第10~12辑）》，内部资料，1984。

白文固：《明清以来青海喇嘛教寺院经济发展情况概述》，《青海社会科学》1985年第2期。

魏登晋：《青海地震历史资料汇编》，《青海史志研究》1985 年第 1、2 期合刊。

劳杰明：《青海纪行》，《青海邮电史志通讯》1986 年第 2 期。

罗舒群：《抗日战争时期甘宁青三省合作社运动述略》，《开发研究》1987 年第 3 期。

佚名：《清末及民国期间青海省通信概况》，《青海邮电史志通讯》1987 年第 3 期。

马文辉：《基督教在化隆的活动概况》，《化隆文史资料（第 6 辑）》，内部资料，1987。

君羊：《抗战时期甘宁青三省之农贷探讨》，《开发研究》1988 年第 3 期。

沈国真：《解放前农业银行在青海发放农贷概况》，《青海金融研究》1988 年第 2 期。

王杰：《清代青海地区县仓、常平仓和社仓》，《青海粮食史料》1988 年第 4 期。

严永章：《青海建省后粮政概况》，《青海粮食史料》1988 年第 4 期。

吴中申：《旧都兰县行政建置沿革及都兰垦务局》，《海西文史资料（第 1 辑）》，内部资料，1988。

桑森：《“曹家寨”其人及其事》，《西宁文史资料（第 5 辑）》，内部资料，1988。

常世伟：《民国初天主教传入黑咀尔》，《湟中文史资料选（第 1 辑）》，内部资料，1989。

房建昌：《土族地区的白虎祭》，《西北民族研究》1990 年第 2 期。

敖红：《“塔尔寺六族”与塔尔寺》，《青海社会科学》1991 年第 3 期。

韩得彦：《试谈撒拉族的尕最制度》，《青海民族研究》1991 年第 1 期。

谢一彪：《试述马步芳“新政”的历史背景》，《青海师范大学学报》（哲学社会科学版）1991 年第 1 期。

韩中义：《撒拉族社会组织——“工”之初探》，《西北民族研究》1993 年第 1 期。

赵珍：《民国时期青海田赋附加——营买粮》，《青海社会科学》1993

年第2期。

陆相时：《怀念爱国民主人士赵明五先生》，《海北文史资料选辑（第2辑）》，内部资料，1993。

麻宝珠：《天主教传入互助地区的概况》，《互助文史资料（第2辑）》，内部资料，1994。

吕美颐：《略论清代灾赈制度中的弊端和防弊措施》，《郑州大学学报》1994年第4期。

李向军：《清代救灾的制度建设与社会效果》，《历史研究》1995年第3期。

芈一之：《青海汉族的来源、变化和发展（上）》，《青海民族研究》1996年第1期。

芈一之：《青海汉族的来源、变化和发展（下）》，《青海民族研究》1996年第3期。

余新忠：《1980年以来国内明清社会救济史研究综述》，《中国史研究动态》1996年第9期。

张志珪：《西宁的山陕会馆》，《西宁城中文史资料（第12辑）》，内部资料，2000。

张志珪：《在宁经商的"绛太帮"》，《青海文史资料集萃·工商经济卷》，内部资料，2001。

俄后保：《果洛的若干史实》，《青海文史资料集萃·民族宗教卷》，内部资料，2001。

徐祥利、徐克敬：《民国时期青海的水利》，《青海档案》2001年第2期。

樊宝敏：《中国清代以来林政史研究》，博士学位论文，北京林业大学，2002。

邓慧君：《青海社会近代化的历史步履》，《青海社会科学》2003年第4期。

霍福：《青海苏木世村的农事祭祀活动》，《民族研究》2004年第2期。

哈吉易卜拉欣·冯今源：《马启西评传》，《世界宗教研究》2004年第2期。

朱普选：《明至民国时期青海东部地区自然灾害及其治理》，《中国历史地理论丛》2005 年第 4 期。

张世德:《大通名医李文杰及其商号“万寿堂”之兴衰》,《大通文史资料(第 2 辑)》,内部资料,2005。

杨智友:《1942 年青海牛瘟案述评》,《中国藏学》2006 年第 6 期。

黄正林:《黄河上游区域农村经济研究(1644—1949)》博士学位论文,河北大学,2006。

田正平、张建中:《中英庚款与民国时期的边疆教育》,《河北师范大学学报》(教育科学版)2006 年第 6 期。

杨建新、王东春:《明代蒙古部落大批入据青海考论》,《中国边疆史地研究》2007 年第 2 期。

邓子美:《人间佛教释疑》,《法音》2007 年第 12 期。

赵全军:《清末民国时期中国农村义务教育供给责任机制研究》,《云南社会科学》2007 年第 3 期。

罗康隆:《族际文化制衡与资源利用格局》,《怀化学院学报》2007 年第 6 期。

曾桂林:《近 20 年来中国近代慈善事业史研究述评》,《近代史研究》2008 年第 2 期。

朱世奎、程起骏:《清清渠水兄弟情——扎麻隆“渠水活民”摩崖石刻的故事》,《西宁城中文史资料(第 20 辑)》,内部资料,2008。

崔永红:《明、清、民国时期黄河上游地区备荒赈灾考述》,《青海社会科学》2008 年第 6 期。

周伟洲:《清代甘青藏区建制及社会研究》,《中国历史地理论丛》2009 年第 3 期。

刘颖:《略论民国时期青海社会救济》,《和田师范专科学校学报》2009 年第 6 期。

尚季芳:《传教士与民国甘宁青社会赈灾研究》,《宗教学研究》2010 年第 3 期。

赵宝爱:《略论近代山东的慈善教育事业》,《济南大学学报》(社会科学版)2010 年第 5 期。

鄂崇荣:《明代以来青海草场冲突纠纷及解决路径述略》,《青海民族研究》2010 年第 3 期。

冯玉新:《水资源与社会环境:西部大开发过程中水资源利用与保

护——以青海省循化县为例》，《兰州教育学院学报》2010年第3期。

李志坚：《徐光启的农业备荒思想》，《农业考古》2011年第4期。

王正儒：《青海马家官僚资本论略》，《黑龙江民族丛刊》2011年第5期。

刘继华：《基督教与伊斯兰教在青海的早期相遇——兼论基督教在青海的早期传播》，《青海民族研究》2012年第3期。

曾桂林：《伊斯兰教慈善思想探析》，《宁夏社会科学》2012年第2期。

蔡宏政：《中国社会福利体制阶层化的政治经济学根源》，《台湾社会学刊》2012年第50期。

温艳：《民国时期西北地区自然灾害研究》，博士学位论文，西北大学，2012。

张天政：《20世纪40年代青海少数民族聚居区的新式农贷》，《青海民族研究》2013年第3期。

谭玉秀、范立君：《从平民工厂看南京国民政府十年期失业治理及其成效》，《理论导刊》2014年第11期。

高占福：《西道堂——伊斯兰教中国本土特色的实践者》，《西北民族研究》2014年第3期。

马燕：《回族宰牲仪式的宗教人类学解读》，《宁夏社会科学》2015年第3期。

王英：《多民族国家政治整合的地方实践与历史经验——以民国青海藏族社会为例》，《中国边疆史地研究》2016年第2期。

乔益洁、扎登太等：《青海牧区民族社会工作实践研究——以青海湖南岸ZQH村为例》，《青海民族研究》2016年第3期。

八　外文资料、译著（按发表时间排序）

Anonymous. The Chinese Recorder and Missionary Journal, Volume23. American Presbyterian mission Press, 1892.

R. F. Ridley. Trouble Times in Kan - Suh - Ⅱ. China's Millions, 1896 (5).

H. F. Ridley. After the War. China's Millions, 1897 (3).

H. F. Ridley. Feeding the Hungry at Si - Ning. China's Millions, 1897 (10).

H. T. Lin. Nationalists, Muslim Warlords, and the "Great Northwestern Development" in Pre - Communist China, China and Eurasia Forum Quarterly, 2007 (5/1).

Lillian. M. Li. Fighting faminein North: state, market, andenvironmental decline, 1690s - 1990s. Stanford University Press, 2007.

〔巴西〕约绪·德·卡斯特罗:《饥饿地理》,黄秉镛译,生活·读书·新知三联书店,1959。

〔英〕马林诺夫斯基:《巫术、科学、宗教与神话》,李安宅译,中国民间文艺出版社,1986。

何廉:《何廉回忆录》,朱佑慈、杨大宁、胡隆昶译,中国文史出版社,1988。

〔美〕默利尔·亨斯博格:《马步芳在青海(1931—1949)》,崔永红译,青海人民出版社,1994。

〔印度〕阿马蒂亚·森:《贫困与饥荒》,王宇、王文玉译,商务印书馆,2001。

〔德〕花之安:《自西徂东》,上海书店出版社,2002。

〔法〕蜜德蕊·凯伯、〔法〕法兰西丝卡·法兰屈:《戈壁沙漠》,黄梅峰、麦慧芬译,中国青年出版社,2002。

〔印度〕让·德雷兹、阿玛蒂亚·森:《饥饿与公共行为》,苏雷译,社会科学文献出版社,2006。

〔美〕弗朗西斯·享利·尼科尔斯:《穿越神秘的陕西》,史红帅译,三秦出版社,2009。

〔英〕贝思飞:《民国时期的土匪》,徐有威等译,上海人民出版社,2010。

〔比〕Louis Schram:《甘青边界蒙古尔人的起源、历史及社会组织》,李美玲译,青海人民出版社,2007。

〔英〕台克满:《领事官在中国西北的旅行》,史红帅译,上海科学技术文献出版社,2013。

〔英〕金乐婷:《大西北的呼唤——女传教士西北见闻录》,尚季芳、咸娟娟译,甘肃文化出版社,2015。

九　电子文献(按时间排序)

青海省民政志编委会办公室:《灾害救济大事记(1929—1989)》,青海民政信息网，http://mzt.qinghai.gov.cn/html/show-3595.html。

青海省民政厅救灾处：《关于对全省救灾资金物资和救灾物资储备库检查情况的通报》，青海民政信息网，http://mzt.qinghai.gov.cn/html/show-6121.html。

附　录

附录一　有关近代青海社会救济的部分法规

勘报灾歉条例

（1928 年 8 月 11 日内政部公布）

第一条　各地方遇有水、旱、风、雹、虫伤诸灾及他项灾伤，应行查勘蠲缓钱粮者，悉依本条例办理。

第二条　旱虫各灾由渐而成，应由县长随时履勘，至迟不得逾十日。风、雹、水灾及其他项急灾应立时履勘，至迟不得逾三日。履勘后，先将被灾大概情形分报该管省政府及民政厅备案。前项报灾日期，夏灾限立秋前一日，秋灾限立冬前一日为止，但临时急变，因而成灾者，不在此限。甘肃、新疆、川边及其他气候较迟之省区，关于夏秋报灾，准各展限十五日。

第三条　省政府据县呈报后，立即呈报国民政府，并分咨内政、财政两部备案。同时饬令民政厅委员会同县复勘、审定被灾分类，造具区、村地亩应行蠲缓数目清册，会呈民政厅复核加结，咨由财政厅核明，会报省政府，转咨内政、财政两部审核，会呈国民政府核示。县长及委员复勘，限十五日造册，限十五日民政厅复核加结，咨送财政厅，及由财政厅核明，会同民政厅呈请省政府核转，各限五日，共限四十日。

第四条　地方续被灾伤，除旱、虫各灾以渐而成，应仍依限勘报外，其他项续灾距原报情形之日，在十五日以外者，准予正限外，展限二十日勘报。距原报情形之日，未过十五日者，统于正限内勘报，不准展限。若已过初灾勘报正限之后，续被重灾，准另起勘报。

第五条　地方勘报夏灾，察看灾情较轻，尚可播种秋禾者，统俟秋获时，再行确勘，酌定蠲缓分类，分呈民政厅、财政厅及省政府复核。其播种只有一季，向不播种秋禾者，即在夏灾限内勘定分类。

第六条 地方勘报灾伤，将灾户原纳正赋作十分计算，按灾请蠲。被灾九分以上者，蠲正赋十分之八。被灾七分以上者，蠲正赋十分之五。被灾五分以上者，蠲正赋十分之二。

第七条 被灾地方钱粮业经勘明，应行蠲缓者，即自勘报之日起停征。俟奉国民政府令准后，由内政、财政两部会咨该省省政府，饬县遵照，并于城市及被灾地方宣布周知。应蠲钱粮，有输官在前者，准其流抵次年应完正赋。

第八条 依照第六条规定，蠲除之钱粮，应分年带征如左。被灾七分以上者，分作三年带征，被灾五分以上者，分作二年带征。

第九条 被灾十分地亩，经省政府查明，确有特殊情形，得专案呈请免征本年正赋。县长及民政厅不得率行呈请。其五分以下不成灾地亩，特请缓征者亦同。

第十条 成灾五分以上，各县内成熟（灾）村庄应征钱粮，准其一体缓至次年秋成后补征。勘不成灾地方，其中偶有一二村庄，实应请缓者，缓至次年麦熟时补征。其次年麦熟时应征钱粮，递缓至是年秋成后补征。如系被灾之年，直至深冬方得雨雪，及积水方退者，得缓至次年秋成熟后，新旧并纳。

第十一条 被灾地方如有应行请赈者，县长应于复勘限内，将应赈户口，从速查造清册，呈送省政府核明，转咨内政部，呈请国民政府发放赈款。

第十二条 被灾地亩，如系水冲沙压不能垦复者，县长应将该地粮额，另行造册，呈送省政府核明，转咨内政部、财政部，会呈国民政府豁除。如系暂时不能耕种者，应仍限令原户垦复归入蠲缓一案办理。

第十三条 县长勘报，有左列各项情事之一者，由民政厅酌拟惩戒处分，呈请省政府行之：一、地方遇有灾伤，县长不即履勘或履勘后并不呈报，或呈报不实者；二、地方报灾后，县长若将所报灾地留待勘报分数，不令赶种，致误农事者；三、县长初勘灾伤逾第二条规定期限，覆勘逾第三条规定期限者，惩戒处分之序，类依惩治官吏法之所定。

第十四条 会勘委员有前条第一项第一款、第三款情事者，应一律予以惩戒。其惩戒程序并依前条之规定。

第十五条 本条例自公布日施行。

修正勘报灾歉条例（1928 年 10 月 9 日内政部通令修正）

第六条 地方勘报灾况，将灾户原纳正赋作十分计算，按灾请蠲。

（一）被灾九分以上者，蠲正赋十分之八；

（二）被灾七分以上者，蠲十分之五；

（三）被灾五分以上者，蠲十分之二。

第八条 依照第七条之规定，蠲除之钱粮应分年带征如左：

（一）被灾七分以上者，分作三年带征；

（二）被灾五分以上者，分作二年带征。

（资料来源：国民政府法制局编《增订国民政府现行法规》，商务印书馆，1929，第 44～46 页）

乐都县粥厂简章（1929 年）

本厂承奉省县政府之命令，体念民间困饿之急迫，特应运产生，专以养活一般灾黎为宗旨。

第一条 本厂俾全县灾民均沾实惠起见，特于适中地点，老鸦城设立之。

第二条 本厂自开始放赈之日起，至多不得过二月，但于必要时可酌量延长或缩短之。

第三条 本厂设主任一人，宗理全厂事务，又以助理员二人，干事员十人，共策厂务之进行。

第四条 本厂服务人员由各机关，及地方绅士推定后，呈请县政府委任之。

第五条 本厂为便于工作起见，特分左列六股，其股务由各干事担任之。一、总务股：办理会计、庶务、保管、分发粮款及不属于各股之事宜。二、文书股：办理缮写文件、编制报告表及登记账簿等事宜。三、交际股：办理粮款、燃料、器物及对外交涉事宜。四、稽查股：调查灾民实况，考核职员勤惰，及杜防厂内外一切流弊事宜。五、烹饪股：办理煮粥、放粥、磨面、挑水等事宜。六、统计股：统计每日领粥灾民总数，编定预算、决算，以作领粮款、派燃料之标准。

第六条 筹办粮款及运送等事，由县长及筹赈会负完全责任。

第七条 领粥灾民除老弱残废、鳏寡孤独者不计外，如遇能自谋生活之壮丁，需严加限制。

第八条 本厂放粥时期定于每日上午十时起，下午一时止。

第九条 本厂雇佣夫役，须就灾民中作工可靠者充当之，但不分性别及地域。

第十条 关于厂内外维持秩序及催促薪料问题，由县政府派警察十二人担任之。

第十一条 厂内所需燃料及器物等，均由县政府责成临近各堡供给之，但器物用毕之日，仍须交还原主。

第十二条 本厂应用图记，由县政府刊发之。

第十三条 本厂一切办公费，由县政府及赈务会筹发之。

第十四条 本厂服务人员惩奖条例，另定之。

第十五条 本厂办事细则另定之。

第十六条 本简章得各机关及地方人士通过，与省政府核准之日执行。

第十七条 本简章如有未尽事宜，得随时修正之。

[资料来源：刘凤翰编著《孙连仲先生年谱长编（第一册）》台北"国史馆"印行，1993，第645~647页]

青海省各县兴修水利办法（1929年）

一、各县兴修水道，应依本办法之规定。

二、各县乡区水道之兴修，其办法如左：1. 各县设立水利局，办理水利事宜，其局长由各县县长兼之。2. 各县县长应令沿河镇村自行疏濬，务使河基巩固，水流遄达。如彼此有关联时，更需由数镇或数村联合设立水利分局，公推董事三人，督率办理；前款工作，应于每年农隙之时，派夫修理，如不能出夫之户，得出资代雇。3. 原有沟渠，每年须重新修濬，力求稳固，务使灌溉普及。其沿河可利用河流之处，并须另辟新渠，积极兴办。4. 近山或远水地方，须道泉通沟或凿井灌田。如近河地方限于地势，不能引流开渠时，宜仿古桔槔法，或置备水车行之。5. 各县沟渠之尺度，得由各该村村正等规定，呈报县政府备案。

三、各乡举办前项规定事项，合于国民政府新颁兴办水利防御水灾奖惩条例第四条各款之规定者，得由各该县县长查照呈请奖励之。其在事实人员如有劳绩及捐资，或募集巨款补助工事者，得由各该县县长查照该条例第七条二三两项之规定，呈请奖励之。

四、各县联合兴办水利时，其经费由各县分筹，或数县协筹。但雇佣工力及工匠，均须酌给口食。

五、沟渠所占土地均应给价，并呈请豁免钱粮，以昭公允。

六、沟渠经此次修筑，每年秋后必须修补一次。并由督修人员不时查勘有无损坏之处，随时呈明县长核办。

七、本办法之规定，本省各理事准用之。

八、本办法自公布之日施行。

（资料来源：青海省政府民政厅编《最近之青海》，新亚细亚学会，1934，第213～214页）

各县仓储粮管理细则

（1931年省民政厅令发）

第一条 本细则依据各地方仓储管理规则第二十三条规定制定之。

第二条 本细则施行后两个月内，各县县长对于各该县旧有县社仓或县义仓或县丰黎社仓或县丰泰社仓或县公民义仓或其他地方公有之积谷仓廒，以救济灾荒为目的而其属于全县者一律改称县仓。依照各地方仓储管理规则第六条之规定办理。前项仓储如同时一县有数仓时，应别以某县第一、第二、第三、第四等名词，以示区别。

第三条 县长依照前条办理后，应将该仓或各该仓积谷实数、贷出石数、仓房现状及其他一切情况查造清册呈报民政厅查核示遵。关于上项谷数经查核后得按照情形饬令筹增至相当程度为止。前项谷数、谷仓应合并计算或筹增之。

第四条 各县长依照本细则第二第三各条规定改办仓储后，即将该仓或各该仓旧有面记或其他印记，应一律截角撤销。

第五条 关于县仓或各县仓公文书及其他一切文据凭单均由县长署名盖章并钤用县印以助理员之副属行之。

第六条 本细则施行后如无第二条各该仓或该仓之县分，应于六个月内筹设一仓，其积谷数目至少在五十石以上，嗣后按年照数筹增，大县至三千石、中县至二千石、下县至一千石为止。关于筹备积谷派收或捐募完竣后，除榜示外，并应呈报民政厅备案。本细则第三条所定筹增至相当程度，应比照前项规定石数办理，但其原有谷数，如逾越前项规定者依其原数。

第七条 各县由地方推举协助公正绅士，其名义应称为县仓助理员。前项助理员经举定后，县长取其履历呈报民政厅备案。

第八条 推举助理员由县长名集该县各区区长及该县各法团代表各一人行之。前项所推助理员每区不得逾二人。

第九条 助理员服务期间以二年为限，不因县长交替而解职。期满再推，不得连任。

第十条 各县县仓由县长委用书记一人，但有增加必要时得呈准民政厅增用之。斗级夫役由县长取保雇用，其名额由县长定之。但不得逾越必须额数。前项县长委用书记及雇用级役，须得各助理员之同意。委雇后并呈报民政厅备案。

第十一条 助理员及书记按照青海固有习惯每年各津贴小麦一石、青稞一石，计共二石。斗级仓役各给工资青稞一石。均由息粮项下支给。

第十二条 县仓谷使用应依本地习惯春耕时贷与农民以作籽种，但须留三分之一以备平粜及散放之用。前项贷与俟新谷登场按一分加息将本利一并归仓。

第十三条 县仓谷应除（出）陈易新，不得致生霉变以亏资本。如有霉变情事，县长及各助理员共负赔偿之责。

第十四条 各县县仓每年贷与仓谷均先期备制簿记四本，呈送民政厅盖印发还。出借时，县长及助理员将借户姓名、谷数、保人分别记入印簿。借毕，一本自存，三本存缴民政厅。一面公示周知。民政厅据前项呈报后，除抽存一本外，即将余二本转呈省政府以备存转。

第十五条 贷与仓谷须平出平入，不取斛损，本利当场，余粮不论多寡均由借户装还，不得侵占合勺。其斛底压粮亦如之。出入仓谷斛斗升合须较准大小，一律不得有大入小出情弊。

第十六条 县属农民无论佃田、自田，凡无力者皆许借贷。借时须书立借券并觅取各本区乡乡长或邻闾长或富户或商铺之保结方可借给。

第十七条 民厅厅长出巡或委员因公下乡时，顺便携带印簿。凡经过乡庄随处抽问放谷之姓名有无捏饬，是否公允，自能明晰。

第十八条 每县县仓每年收入贷粮，均先期制备簿记四本，呈送民政厅盖印发还。收粮时县长及助理员将还户姓名、谷数分别记入印簿。一本自存，三本呈缴民政厅存转。

第十九条　借户还清贷粮时，县长及助理员当场即将原领及保结给还，并于印簿注明。届时如有未还及还未足数者应即追比。一面将欠户姓名数目开单呈报民厅备查。本户不能清者，着保人先行代清，仍向欠户追还保人。但因灾荒奇重本保均实无力清还者，应查明确情呈报民厅，复查无异，酌于缓至第二年收粮之期还收。

第二十条　行政警察出乡□粮，绝对不得向借户索取脚钱分文及有敲诈并其他不正行为。每届还粮期间，各该区区长应督促各乡长饬各借户踊跃乐输，毋得拖延。

第二十一条　县长及助理员如有侵吞仓粮或假公济私情弊者，应分别予以严厉之处分，并令其为相当之赔偿。

第二十二条　书记、斗级人等如有不正行为，一经各区乡、邻闾长等三十人以上联名告发者立于开革，听候查办。前项告发机关为民政厅。

第二十三条　平粜之价额由县长及助理员斟酌状况呈请民政厅定之。

第二十四条　平粜及散放应体察灾荒情形及本地之习惯，并比照本细则第十四条、第十七条、第十八条各条之规定，临时由民政厅订定妥详办法呈准省政府行之。

第二十五条　本细则如有未尽事宜，应由民政厅随时呈准省政府修正之。

第二十六条　本细则自呈请省府核准公布日施行。

（资料来源：《青海民国日报》1931 年 12 月 26 日，第 3 版；1931 年 12 月 27 日，第 3 版；1931 年 12 月 28 日，第 3 版）

冬令救济实施办法

（1942 年 10 月 26 日）

一、为办理冬令救济事业，各省县市应一律按时设立冬令救济委员会。

二、各级冬令救济委员会，由社会行政机关或主管社会行政人员，发动联合有关机关团体及当地各界代表组织之，设主任委员一人、副主任委员一人，委员若干人；以社会行政机关负责人为主任委员，于地方人士中推选一人为副主任委员，各机关团体负责人及各界代表为委员，但如果以省（市）主席（市长）兼任主任委员者，得加设副主任委员一人，以该省（市）社会行政机关负责人充之。

三、各级冬令救济委员会设下列各组会，分掌各事项：（一）查放组：

设组长一人，干事若干人，处理统计及一切救济之实施事项；（二）事务组：设组长一人，干事若干人，办理会计出纳庶务、人事及不属于各组会事项；（三）筹募委员会：设主任委员一人，委员二十一人至二十九人，干事若干人，办理款物之筹募征集及保管事项；（四）监核委员：设主任委员一人，委员七人至十一人，干事若干人，办理一切属于监督审核事项。筹募、监核两委员会委员，应由冬令救济委员会于各地方公正人士素著信望者遴聘，并由各该委员会互推一人为主任委员，查放事务两组组长，由冬令救济委员会主任委员于委员中选任。各组会干事，视业务繁简，由各机关团体调用，但均不支薪津。

四、各级冬令救济委员会，应参酌地方情形，举办下列各项救济设施：（一）以工代赈；（二）小本贷款；（三）举办平粜或施放米谷；（四）开办平价食堂或粥厂；（五）发售平价衣被或施送衣被；（六）设置庇寒所（或冬令临时收容所）；（七）发放代金。以上各项如不能同时并举者，得择要举办。

五、冬令救济之对象暂定如下：（一）鳏寡孤独残废；（二）难民（但在当地已有职业可以生活者不予救济）；（三）灾民（以不能生活者为限）；（四）抗战军人家属（家境可以生活者不予救济）；（五）生有子女至五人以上，家境赤贫者。

六、冬令救济款物之筹集，采用下列方法：（一）依法动支地方救济经费；（二）依法动用或平粜地方积谷；（三）向地方殷实富户、巨商捐募米谷、衣被或代金；（四）动用地方特种公集款项。但其上级官署有案者，仍须依法呈准。

七、冬令救济款物之动用，均须分别性质，拟具计划及概算，送由监核委员会审核，经冬令救济委员会全体委员会议决定之。

八、冬令救济款物之发放，应依照下列手续：（一）发放代金及施送衣被米谷，应先周详调查造册，于发放前七日，将应受接济者姓名、款物量公布，其有确应救济而漏遗，或不应救济而滥冒者，许其声请，并尽量接受人民意见，立予纠正；（二）发放时应照公布名册，由经发人会同当地乡镇保甲长定期公开办理，并请监核委员会委员到场监视；（三）发放后七日内，应将受救济人姓名、款物数量公布，如有虚假不符或经办人员有舞弊情事时，准人民告发，立予究办。

九、各级冬令救济委员会之工作时期，一律限于每年十一月十六日或十二月一日起成立，至次年三月底结束。但此项机关，除有个别之人事变动外，仍应保留其形式，届至下季十一月，仍循陈规恢复工作，如另以法令变更者不在此限。

十、各级冬令救济委员会之工作程序，应依照下列规定：（一）调查辖境应受救济对象；（二）举行扩大宣传及募捐运动；（三）筹集救济款物统筹支配；（四）筹定第四条所列各种救济设施并实施之准备；（五）实施救济。

十一、各级冬令救济委员会于每年结束后，应将收支账目发放单据，按照定章经过核销手续，其捐款数目在十万元以上者，并应编印征信录，并将办理经过情形制成报告书，分层报转。

十二、本办法由社会部颁布施行。

（资料来源：彭秀良、郝文忠主编《民国时期社会法规汇编》，河北教育出版社，2014，第23～26页）

灾赈查放办法

（1946年5月9日颁布）

第一章　总　则

第一条　灾赈之勘灾、放赈、报销，除法令别有规定外，依本办法行之。

第二章　勘　灾

第二条　报灾应列举下列事实：（一）灾害种类；（二）被灾程度；（三）被灾面积；（四）被灾人数；（五）财产损失。

第三条　灾情重大非地方财力物力所能救济时，应由被灾地方报请省市政府请由中央主管官署转呈行政院指拨赈品赈款，或以其他方法予以救济。

第四条　省市政府据报辖境发生灾变时，应立即派员前往灾区，会同当地县（市）政府勘灾。派员不止一人时，并应指定一人为主任。灾况特殊重大时，中央主管官署并得选派专员亲往灾区会同勘办。

第五条　遇特殊紧急灾害，勘灾放赈得同时进行，其发放手续仍应依照规定办理。

第六条　勘灾人员奉到指派后，应立即起程并将日期报查，不得耽延或于途中有逗留情事。

第七条　勘灾人员到达被灾地区，应即会同当地县（市）政府约集下列人员商洽，率同被灾地区保甲或警察依据报灾报告实地履勘：（一）民意机关代表；（二）自治人员；（三）公正士绅。其属于院辖市者，勘灾手续依本条及以下各条之规定，由市政府负责办理放赈时亦同。

第八条 勘灾人员到达各县（市），视灾情轻重应分区勘查，并就灾情较重之区开始。

第九条 灾难区域广大、灾情急迫时，应即各区同时分行勘查，由勘灾人员及当地政府及第七条各款所列人员开会商定，每区推定人员前往。

第十条 勘灾完毕，各级勘灾人员均应于三日内将勘灾报告依照第二条规定顺序逐项列举，并附具被灾地区简图，表明各区灾情轻重；再就所需何种救济，确切估计其总数量及分别拟配数目。勘灾报告以电报为原则，其应附简图得快邮另寄。

第十一条 省市政府应将勘灾报告送由中央主管官署，会同有关机关转呈行政院核办。

第三章 放 赈

第十二条 放赈除工赈、农贷款及医药救济外，不论发放赈品或赈款，概用赈票。

第十三条 赈票由被灾之省市政府制发，其格式由中央主管官署另定之。

第十四条 赈票应加盖当地市县政府印信。

第十五条 省市政府于应赈地区呈奉核定后，应即根据勘灾报告核定各县市应摊赈数目、给赈等第标准，并即指派查放人员遵照前往发放。查放或监放不止一人时，应各指定一人为主任。

第十六条 查放监放人员到达被灾地区，应即会同县（市）政府召集第七条各款所列人员，根据勘灾报告商定分区查放办法及各该区应摊受赈数量，于三日内出发查放。

第十七条 查放应就灾情轻重之顺次行之，如灾情急迫应同时查放，其人员支配适用第九条之规定。但其中应以一人为查放，一人为监放，并先报请省市政府备查。

第十八条 赈票每人一张。

第十九条 赈票遗失不得请求补发。

第二十条 赈票不得抵偿抵租或让与赠与。

第二十一条 给赈等第以某某几字代表一定品类一定数量，发放前应严守秘密。

第二十二条 给赈五岁以上为大口，未满五岁为小口，两小口折合一大口。

第二十三条 查户发票应依照户籍册，顺保甲户号次第行之。

第二十四条 查户发票应依照灾户人口实数给予赈票收据联，其已外出谋生者应予剔除。

第二十五条 查户发票应由监放人员跟同查放人员，按照本办法第十六条规定，将给赈等第于赈票收据联及存根联上分别书明。

第二十六条 查户发票每完一保，由保长出具甘结，证明该保被灾人并无顶替冒领情事。

第二十七条 查放人员应各做日记表，每日经历地区、查户发票人数、每一等第若干及共赈若干暨住宿地点均须详细填报，逐日送交该县（市）查放主任。查放主任于收到发票清册核对明白后，汇报省市政府备查。

第二十八条 发票完毕，应由查放监放人员查明存根所记等第，逐一详细注明应发赈品或赈款数量后，会同造具发票清册，载明发票数目起讫字号，连同存余未用之票封送该县（市）查放主任，于发赈完毕后转送省市政府存备查核。

第二十九条 赈票发毕，立即由查放监放人员报请县（市）查放主任，决定发赈日期地点，于三日内布告。应每保一张，贴于保办公处，并应由保甲逐户通知。

第三十条 发票与发赈应分由两人负责办理，县（市）查放主任得分别酌量调配之。

第三十一条 发赈应就该区内适当地点行之，并得分为数处。为便于灾民领赈，每处配赈范围不得超过二十里。

第三十二条 发赈时应将给赈等第、各字代表品类数量，大字布告张贴于发赈处所。

第三十三条 发赈以赈票为凭，凡领有赈票者均须亲往领赈。其有因疾病、生产或残废不能亲往者，委托亲友代领转交，并由保甲长证明。

第三十四条 受赈人领赈后，应于赈票收据联上加盖私章或捺盖左手大拇指印模缴同，其由亲友代领转发者，并应由代领人盖章负责。

第三十五条 赈票收回时，应由查放人员盖章，并批明发赈品赈款数量，由监放人员即时与存根核对，并盖章其上。

第三十六条 监放人员每日跟同发放完毕，应造具监放清册，载明发放日期、收回赈票数量字号及发赈数量，由监放人员亲笔缮写签名盖章，封送县（市）监放主任转呈省市政府存备查核。

第三十七条 发票发赈后，其事后归回灾区或自误未领者，概不补发。

第三十八条 在难民麇集情势迫切时，为简捷便利起见，得由省市政府电经中央主管官署核定，免予逐户查放。即在指定地点由应受赈济之灾民，持具证明身份之文件径行领赈，但领赈证明文件上加盖“发讫”之戳记，仍由省市政府遴派查放监放人员办理之。

第三十九条 依照前条之规定办理时，得由赈册代替赈票，惟放赈标准不分等第，只分大小口。

第四十条 赈册应载明事项依赈票之规定，其同一情形之事项得分别于首页或末页载明之。

第四十一条 不查户发票即行发赈，应于发赈地点及难民麇集地方布告被灾难民得受赈之条件与应备之证件及领赈地点，其有期限者并公告其日期。

第四十二条 依照第四十条之规定办理时，其放赈日记及放赈监放各项清册，仍参照第二十八条、第二十九条、第三十七条之规定造送。

第四章 报销及报告

……

（资料来源：彭秀良，郝文忠主编《民国时期社会法规汇编》，河北教育出版社，2014，第16～21页）

附录二 近代青海自然灾害发生统计表

时　间	受灾地区	灾　况	资料来源
道光二十年(1840年)七月	西宁、碾伯	缓征西宁、碾伯被震、被霜灾区新旧额赋	《清实录·宣宗成皇帝实录》卷三百三十六
道光二十一年(1841年)十一月	西宁、碾伯	缓征被雹、被霜、被水歉区旧欠额赋	《清实录·宣宗成皇帝实录》卷三百六十二
	玉树地区	免玉树番族被雪压毙人户应征银	
道光二十二年(1842年)十一月	西宁、碾伯	缓征（被旱、被水、被雹）歉收村庄新旧额赋	《清实录·宣宗成皇帝实录》卷三百八十五
道光二十四年(1844年)十一月	西宁、碾伯	缓征（被旱、被雹、被水）歉收地亩新旧正杂额赋	《清实录·宣宗成皇帝实录》卷四百十一
道光二十六年(1846年)十一月	碾伯	缓征被水、被旱、被霜、被雹灾区新旧额赋	《清实录·宣宗成皇帝实录》卷四百三十六

续表

时　间	受灾地区	灾　况	资料来源
道光二十七年（1847年）六月	西宁	西宁地震山崩，河流堵塞，房屋倒塌	《陕甘宁青四省（区）强地震目录（公元1177—1982年）》
	西宁	夏六月十一日，西宁县北川郭家塔尔山崩，压死男妇数百人。南川田家寨北山崩，壅塞河道，冲倒房屋，邑民避居高阜福神庙，次夜雷雨复作，水高数十丈，栖于庙者皆淹毙	《西宁府续志》卷3《祠祀志》
道光二十八年（1848年）	黄河上游沿岸地区	黄河水溢诸滩庐舍，田禾淹没甚多	（重修）《皋兰县志》卷14《灾异》
道光二十九年（1849年）	西宁	大雨雹，北川上鲍堡山崩	《西宁府续志》卷3《祠祀志》
咸丰元年（1851年）十一月	西宁、大通、碾伯	缓征被水、被雪、被风、被旱灾区未完新旧银粮草束	《清实录·文宗显皇帝实录》卷四十八
咸丰二年（1852年）十二月	西宁、大通	缓征被旱、被水、被雹、被霜地方新旧额赋	《清实录·文宗显皇帝实录》卷七十九
咸丰三年（1853年）	碾伯	缓征被水、被旱、被霜、被雹地方旧欠额赋	《清实录·文宗显皇帝实录》卷一百十三
咸丰五年（1855年）	大通县	大通县塔坡山崩	《清史稿》卷44《灾异5》
咸丰六年（1856年）	碾伯、西宁	十一月，展缓碾伯、西宁两县被水、被雹、被旱灾区新旧额赋	《清实录·文宗显皇帝实录》卷二百十三
咸丰八年（1858年）七月	大通县	大雪约厚二尺，压折树枝、谷皆冻秕不收	《甘肃新通志》卷2《天文志·附祥异》
咸丰十年（1860年）九月	贵德县	地震两次	《贵德县志稿》卷1《天文志·祥异》
咸丰十一年（1861年）四月	西宁	西宁大风拔木	《西宁府续志》卷3《祠祀志》
同治元年（1862年）六月	大通县	雨雹、冰丸大如鸡卵，田禾尽伤，园蔬不留，遂成饥馑	《甘肃新通志》卷2《天文志·附祥异》

续表

时　　间	受灾地区	灾　　况	资料来源
同治二年（1863 年）三月	碾伯	缓征被水、被霜、被风、被冻地方新旧钱粮草束	《清实录·穆宗毅皇帝实录》卷六十一
同治四年（1865 年）	西宁七属	西宁大饥	《甘肃新通志》卷 2《天文志·附祥异》
同治六年（1867 年）	大通县	九月十六日狂风大作，大通县属之乱泉、贝沟等庄，吹去禾捆五万余、骡一头、男子二人	《西宁府续志》卷 3《祠祀志》
同治九年（1870 年）	西宁	六月，景阳川峡门雨雹，形状甚大	《西宁府续志》卷 3《祠祀志》
同治十一年（1872 年）	贵德	五月，（黄）河北地方山崩数丈，尘土遮天二日	《贵德县志稿》卷 1《天文志·祥异》
光绪元年（1875 年）	西宁	正月元日，阴山崩	《西宁府续志》卷 3《祠祀志》
光绪四年（1878 年）	大通	七月奏：间有被雹之处	《故宫档案》
光绪七年（1881 年）	大通	闰七月，大通红山、元敦两堡被雹	《西宁府续志》卷 10《志余》
光绪八年（1882 年）十一月	贵德	地震二次，是岁大饥	《贵德县志稿》卷 1《天文志·祥异》
光绪九年（1883 年）四月	贵德	陨霜杀稼，又饥	《贵德县志稿》卷 1《天文志·祥异》
光绪十二年（1886 年）九月	巴燕戎格、大通、碾伯、西宁	抚恤被雹、被水灾民	《清实录·德宗景皇帝实录》卷二百三十二
光绪十四年（1888 年）五月	大通县	夏五月，大水冲落大通河桥，人物间遭湮没	《大通县志》
光绪十五年（1889 年）	西宁	通济桥被水冲	《甘肃新通志》卷 2《天文志·附祥异》

续表

时　　间	受灾地区	灾　　况	资料来源
光绪十六年（1890年）	西宁	西宁东川一带震塌土房十余间，压毙四人，伤数人	《清代地震档案史料》（国家档案局明清档案馆）
光绪十七年（1891年）	西宁	通济桥被水冲	《青海东部近五百年气候历史资料》，第13页
	巴燕戎格厅	先后具报被旱、被雹、被水，例不成灾	《故宫档案》
光绪十八年（1892年）	西宁	西宁，岁大饥，乡民来城觅粮者甚众，西宁县署开平粜，每人准粮五升，民众拥挤不堪，竟将头门鼓尔石踏倒	《西宁府续志》卷10《志余》
	巴燕戎格厅	被雹	《清实录·德宗景皇帝实录》卷三百十七
光绪十九年（1893年）	西宁	小南川琐尔干地震，倾倒房屋三百余间，压毙人口甚多	《甘肃新通志》卷2《天文志·附祥异》
光绪二十一年（1895年）	大通县	是年疠疫大作，死者万余人	《甘肃新通志》卷2《天文志·附祥异》
	西宁	西宁属群鼠食苗，次年乃息	《甘肃新通志》卷2《天文志·附祥异》
	西宁、河州	三月，白喉、天花等疾疫流行	R. F. Ridley. Trouble Times in Kan – Suh – Ⅱ. China's Millions，1896（5）：65–66
	西宁	八月奏：西宁等处被水、被雹，现筹抚恤	《清实录·德宗景皇帝实录》卷三百七十四
光绪二十三年（1897年）	碾伯	七月初三、初六等日峡口堡等十七庄忽降雨雹，打伤禾稼，冲坏地亩	《经世报》1897年第9期
光绪二十四年（1898年）	丹噶尔厅	六月初一初昏时，雷电交作，大雨倾盆。是夜南城水起丈余，漂坏房屋数十间，淹死一女。城外沟水，冲刷坏民房数十院，淹死男女十余人，冲压田地数百亩	《丹噶尔厅志》卷8《杂记·祥异类》
	丹噶尔厅	大旱，饥	《甘肃新通志》卷2《天文志·附祥异》

续表

时　间	受灾地区	灾　况	资料来源
光绪二十五年（1899年）八月	巴燕戎格厅、西宁、大通、贵德、碾伯	八月奏，兰州等府被水、被雹。饬令该管道确切查勘。次年正月，蠲缓被（水、旱、雹、霜）灾地方额赋余粮草束	《清实录·德宗景皇帝实录》卷四百四十九、四百五十八
	大通县	七月初七日雨雹，收成不佳	《大通县志稿》
光绪二十六年（1900年）	大通县	大通，初秋，城西七里作斯图山崩，贺家庄山裂	《大通县志稿》
光绪二十七年（1901年）	西宁、大通	被旱灾，次年正月蠲缓被灾地方粮赋有差	《清实录·德宗景皇帝实录》卷四百九十四
光绪二十九年（1903年）十月	西宁、碾伯	抚恤西宁、碾伯等地被雹、被水灾民	《清实录·德宗景皇帝实录》卷五百二十二
光绪三十一年（1905年）	巴燕戎格厅	九月奏：巴燕戎格厅各属猝被风雹，禾苗受伤，分别查看抚恤	《清实录·德宗景皇帝实录》卷五百四十九
光绪三十三年（1907年）	贵德	河水干涸，是岁大饥	《贵德县志稿》卷1《天文志·祥异》
	碾伯	十二月，蠲缓被旱、雹、冻灾地方钱粮	《清实录·德宗景皇帝实录》卷五百八十五
光绪三十四年（1908年）	湟源	丹噶尔四月初一日未申两刻，忽疾风大作，冷如严冬，天色深黄，日光淡白，山川暗晦，田禾枯数寸许	《丹噶尔厅志》卷8《杂记·祥异类》
宣统元年（1909年）	碾伯	四月十八日奏称，甘肃连年旱歉，迄今尚未得透雨，碾伯等各土司报灾，粮少价昂，饥民哀号乞命，牲畜多致饿仆	《己酉甘肃赈务往来电稿》，手抄本，甘肃图书馆藏
	碾伯	碾伯等皆荐饥	《甘肃新通志》卷2《天文志·附祥异》
	大通	大通等州、县，禀报被雹、被霜、被水，打伤禾苗，漫塌房屋，均称堪不成灾	故宫档案《灾荒史》1102页
民国五年（1916年）	西宁	连旱两年	《青海东部近五百年气候历史资料》，第15页
民国六年（1917年）	贵德	旱	《青海东部近五百年气候历史资料》，第15页

续表

时　　间	受灾地区	灾　　况	资料来源
民国九年（1920 年）	西宁、贵德、海晏、湟源、湟中、循化、乐都	宁夏海源地震波及至青海。西宁：张家寨有房屋倒塌者，城垣亦有塌处；贵德：地裂出黑水；海晏：不坚固之墙有个别倒塌者；湟源：地裂，土墙亦有裂缝；湟中：旧土房倒五间，地面有细小裂缝；循化：城东南角裂缝，南城垛墙倒 4～5 堵，民房有坍塌者；乐都：坍冲、插隆两地土山崩塌，压民房 14 户，田 400 亩，未伤人	《陕甘宁青四省（区）强地震目录（公元 1177—1982 年）》
民国十年（1921 年）	西宁	庄稼上黄。是秋霪雨病禾	《青海东部近五百年气候历史资料》，第 15 页
民国十一年（1922 年）	西宁	春，谷贵民饥	《西宁府续志》卷 10《志余》
民国十三年（1924 年）	碾伯	夏秋，禾苗被雹、被旱、被水冲压	《甘肃政报》1927 年 1 月 6 日，第 661 期
民国十五年（1926 年）	西宁	八月，西宁所属各庄，被雹	《甘肃政报》1926 年 9 月 1 日，第 639 期
	贵德	七月，雹伤麦谷瓜果	《贵德县志稿》卷 1《天文志・祥异》
	大通	九月七日至十日，北大通红山堡各庄天降严霜，厚如薄雪，冻得禾稼硬如木枝，灾象已成	《甘肃政报》1926 年 9 月 26 日，第 643 期
民国十六年（1927 年）	贵德	四月，陨霜杀禾。五月，虫生遍地，食损麦禾、瓜果、菜、百草，岁大饥	《贵德县志稿》卷 1《天文志・祥异》
	西宁一带	西宁一带因去岁夏旱秋被雹，以致多未收获，至本年春耕多未下种，闻古鄯邑一带赴平番逃难之人甚多	《青海水灾和冰雹》，青海省图书馆藏
	西宁	五月，西宁旧房开裂，朽墙倾倒，几间旧铺倒毁	《中国地震历史资料汇编》
	乐都	五月，少数老土房开裂，极少数朽墙有倒的，一红土山下塌	《中国地震历史资料汇编》
	湟源	房屋动摇，不坚固者倒塌	《锥指集》第 134 页
	西宁道所属	暮春三月，地大震，西宁道所属，有数处房屋倾颓，压毙人民、牲畜甚多	《西宁府续志》卷 10《志余》

续表

时　间	受灾地区	灾　况	资料来源
民国十七年（1928 年）	西宁	七月冰雹，田禾牲畜皆被打伤，山川各地冰雹堆积，历半月始行消尽	《甘肃省民国十七年各县灾情一览表（甘肃筹振会）》
	甘肃（含海东地区）	全省大旱，被灾地区粮价奇昂，饥民载道	《甘肃通志稿·变异志》
	甘肃、宁夏、海东	甘肃全省灾民二百四十四万人	《清朝续文献通稿》
	贵德	七月，雹雨，大伤麦谷果木，岁大饥	《贵德县志稿》卷 1《天文志·祥异》
民国十八年（1929 年）	乐都、大通、化隆	乐都雹灾，被灾十九庄，被灾面积四十二顷六十亩；大通雹灾，被灾十六庄，被灾面积十三顷	《最近之青海》，第 236 页
		1929 年，青海东部农业区和甘肃省遭受特大旱灾，巴燕县受灾 80 个村庄，灾民 35700 人，死亡 1230 人	《化隆县志》第 17 页
民国十九年（1930 年）	西宁、民和、大通、循化、化隆	西宁雹灾，被灾二庄，被灾面积十六顷二十亩；民和雹灾，被灾十三庄，被灾面积一百五十三顷；大通雹灾，被灾十二庄，被灾面积一百零五顷十亩；循化雹灾，被灾三庄，被灾面积二十三顷；化隆雹灾，被灾九庄，被灾面积十三顷二十亩	《最近之青海》，第 236 ~237 页
	循化、化隆、民和	既有冰雹、黑霜及鼠子之摧残	《青海》（周振鹤）
	西宁、大通	西宁、大通之小麦亦遭锈病	《青海》（周振鹤）
	乐都	黄灾，被灾面积二万七千四百八十六亩	《最近之青海》，第 236 页
	贵德	黄灾，被灾二十三庄，被灾面积三十三顷	《最近之青海》，第 237 页
民国二十一年（1932 年）	青海省三县	霍乱，发生病例 121 例，死亡 12 例	Wu Lien - The, J. W. H. Chun, Pollitzer, C. Y. Wu, Cholera: A Manual for the Medical Profession in China, Shanghai National Quarantine Service, 1934. p. 34

续表

时　　间	受灾地区	灾　　况	资料来源
民国二十一年至民国二十二年（1932～1933年）	贵德、同仁	牛疫大流行，病势至烈，死亡率平均为百分之八十，共死三万一千余头	《青海省贵德县及同仁县和日族兽疫之调查》，甘肃省档案馆藏西北防疫处档案，档号：015－006－0451
民国二十二年（1933年）	西宁	西宁县属之河北中林乡，于七月十三日下午二时许，狂风大作，阴霾四合，一时大雨如注，沟浍皆盈，阡陌顿成泽地，致将附近所牧牲畜，淹毙者甚多，田苗被水冲压者，约三十石	《新青海》1933年第1卷第8期
	西宁	县属大小南川、加牙、羊毛沟等十余庄八月十四日下午六时天降雹雨，各处禾稼擢打净尽。并山洪暴发，势甚勇猛，以致牛羊、树株、房屋被漂没者甚多。又第二区中红庄，倾泻大雨，洪水骤发，房屋坍塌，淹毙牛羊牲畜甚多。共冲没田地四千余石	《新青海》1933年第1卷第9期
	互助	互助县属高寒地方，于七月二十日被雹，禾苗被打折无余	《新青海》1933年第1卷第8期
	民和	民和县属之第四区北望乡，于七月某日，降落冰雹，大如鸡卵，所有田禾，悉数摧折	《新青海》1933年第1卷第8期
	乐都	乐都县属之第二区下北山一带，于七月十五日午后，狂风大作，阴云密布，登时大雨倾盆，遍地泛滥，致将该地附近田苗淹没无算，路途桥梁亦多被冲坏	《新青海》1933年第1卷第8期
	乐都	于八月十七日晚，暴雨彻夜，全境沟浍汪洋，致将湟水沿岸及各小沟堡沿河庄稼，溺莫殆尽。沿河桥梁、磨坊，多数被水冲坏	《新青海》1933年第1卷第9期
	湟源	西区恰庄、大路庄、星泉庄一带，于七月二十八日午后五时许，倾盆大雨如注而降，雨后继之以雹，历三时许始止。平地积雹深至尺许，所有秋禾尽被损伤。受灾区域广，东西三十余里，南北二十余里，其中以恰庄一带为最严重	《新青海》1933年第1卷第9期

续表

时　间	受灾地区	灾　况	资料来源
民国二十二年（1933 年）	大通	雹雨为厉，受灾奇重者祁家、元墩、黄家等八堡	《新青海》1933 年第 1 卷第 9 期
	化隆	八月十七日晚八时，忽黑云密布，雨雹交加，冰雹大如鸡卵，禾稼颗粒无存，其中以西南乡属上下卧力尕、马昂等十余村被灾最重	《新青海》1933 年第 1 卷第 9 期
民国二十三年（1934 年）	化隆	县城附近，五月十八日降雹十分钟，大如雀卵。五月二十二日降雹二十分钟，致将甫出土之嫩苗蔬菜一并遭受重伤	《新青海》1934 年第 2 卷第 7 期
	乐都	南乡虎狼海及大麦沟脑山一带于五月间忽降雹雨，来势甚猛，急如倾盆，打伤田禾甚重	《新青海》1934 年第 2 卷第 7 期
		该县自七月八日落雨，阴雨连绵十余日未止。河水陡涨，或将不免于水患；本县第二区阿鸾、集鸾、双沟，及第三区瞿昙等堡，于七月二十七日下午雷雹倾注，将各处禾稼登时打得粉碎	《新青海》1934 年第 2 卷第 9 期
	共和	该县所属中郭密第二区尼那乡卡有、江才二庄，地当黄河沿岸，于七月八日下午二时，冰雹倾注，行将收获之禾稼尽被摧残。计卡有豌豆、油菜毫无收成，小麦被打七成，青稞胡麻被打八成；江才庄小麦青稞被打五成，胡麻被倒六成，梨、杏均受要创，打落二成，被伤三成	《新青海》1934 年第 2 卷第 9 期
	西宁	本市八月以来因气候不调，发生时疫，多为热症，传染甚速	《新青海》1934 年第 2 卷第 9 期
	民和	八月三十日晚，一夜北风，积雪如山，树枝皆摧，田禾尽压，开空前绝后之奇象，成斯民未闻否见之灾情	《新青海》1934 年第 2 卷第 10 期
	循化	县属边都、尕楞、比塘、起台四乡春季连降大雪，播种失时，灾民三千余户	《中国气象灾害大典·青海卷》，第 170 页

续表

时　　间	受灾地区	灾　　况	资料来源
民国二十四年（1935 年）	西宁	4 月中旬以来，气候乍寒乍热，空气极不均适。点雨不滴，农田土壤干燥，春耕甚受影响，时疫亦乘机发作，以伤风大花最多	《新青海》1935 年第 3 卷第 6 期
		县属北川上下孙堡、上刘堡附近一带各村庄于七月九日冰雹沛降，大如鸡卵，禾稼打毁，荡然无余。大南川泉儿湾、新庄、杜家庄等一带各庄禾稼均生黄症，甚为剧烈	《新青海》1935 年第 3 卷第 8 期
	乐都	去岁麦类发生黄病，收成歉薄。今年七月以来全境天气亢旱，温度急增，各地夏禾复生黄病	《新青海》1935 年第 3 卷第 8 期
	互助	七月九日下午，县西区之景阳川、杨小庄等庄忽降冰雹，大如鸡卵，迎风卷来，势甚凶猛，历半小时，堆集盈尺，各地禾稼摧残尽净，茎穗不留，击毙放牧牛羊亦不知其数	《新青海》1935 年第 3 卷第 8 期
	民和	该县第二区红嘴乡于五月一日下午突降大雨，一时山洪暴发，计湮没田地十余石	《新青海》1935 年第 3 卷第 6 期
		七月二十一日下午，县属巴州、保和等乡数十里之禾稼被雹打折尽净，损失约六七十石之谱	《新青海》1935 年第 3 卷第 8 期
	共和	该县沙珠玉卡力岗庄于六月五日下午二时，忽密云四合，雷电交作，顿时冰雹下降，打伤农田禾稼在五百亩以上，农人相向而泣	《新青海》1935 年第 3 卷第 8 期
	都兰	都兰境内多沙漠，因之气候干燥，雨量稀少，本年自春徂夏，每日狂风大作，迄未落雨，春季播种维艰，迩来亢旱结果，即已出土之夏禾，亦多枯槁，秋收定属无望	《新青海》1935 年第 3 卷第 8 期
	贵德、同仁	九月，贵德、同仁一带发现瘴气及其他流行性传染病甚多	《新青海》1935 年第 3 卷第 10 期

续表

时　　间	受灾地区	灾　　况	资料来源
民国二十四年（1935 年）	大通	六月二十二日至三十日，本县各地连日冰雹，田禾摧残甚重，山洪暴发，良田多被石沙冲压，灾祲遍地。被灾者共有东区新庄、旧庄，河州、凉州、向阳各堡，北区李家、阿家、元墩各堡，南区毛贺等堡	《新青海》1935 年第 3 卷第 8 期
民国二十五年（1936 年）	循化	县属边都三沟，于七月之五日下午，遭雹灾。冰雹大如鸡卵，各色禾稼均打伤无余。被灾民众，男女老少，肩荷残余禾秆奔向县府报告，请求赈济	《新青海》1936 年第 4 卷第 8 期
	海南北、玉树、同仁、共和、贵德	春季疫病流行蒙古二十九旗、环海八族、果洛九族、玉树二十五族、保安十二族、果（郭）密九族、恰卜恰三族、海南二十九族等游牧区域，辗转传染，牲畜死亡达 60% 以上	《青海省政府工作报告：民国二十五年五六七各月份合编》，陕西省图书馆藏
民国二十九年（1940 年）	大通	十月间天降大雪后，所有庄稼及禾捆，均被雪压。农民灾后收获已成绝望，损失数达十分之八九	《青海民国日报》1940 年 12 月 12 日，第 2 版
	亹源、西宁、共和、湟源	1940 年，青海多地疫疠流行：亹源，全县死亡不下数百人；共和县千卜录族死于疫疠者达 700 余人，该族千户全家病殁；西宁瘟疫流行，灾民 3780 人；湟源，全县人民均患疫疠，甚有全家皆病，无人诊疗，饥不得一食，寒不得一衣，竟致死亡绝户者，时有所闻	《青海民国日报》1940 年 11 月 18 日，第 2 版；《青海自然灾害》，第 168 ~ 169 页；《青海民国日报》1940 年 11 月 24 日，第 2 版
	乐都、亹源	乐都羊圈庄、旱庄子、高店子、秦和乡等地，于七月二十五日前后大受雹灾，大如鹅卵，历时约有时许，以羊圈庄为最重，秋收已无望；亹源第二区丰聚乡于七月二十五日下午一时天降雹雨，大如鸡卵，所有该处今年新垦地禾稼，打伤甚重，全无收成，闻被灾之地面积下籽十余石	《青海民国日报》1940 年 8 月 8 日，第 2 版

续表

时　　间	受灾地区	灾　　况	资料来源
民国三十一年（1942年）	西宁、民和、湟源、大通、互助、贵德、循化、化隆等县	五、六月间迭遭冰雹摧残	《青海省之灾害》，青海省图书馆藏
	海东	西宁、乐都、民和、湟源、大通、互助、贵德、循化、化隆等县五月十八、十九两日气候骤寒，午夜猛降黑霜，年谷、青苗、蔬菜、果类毁坏十之五六。九月间，降落大雪，在高寒地带其厚盈尺，且继以连日黑霜，所有作物冻死，如燕麦、菜籽之类亦被夭折，总其收成仅十之三四	《青海省之灾害》，青海省图书馆藏
	大通	伯胜、极乐等八乡、镇于农历八月四日遭冰雹，继以恶风、暴雨，多数田禾受灾惨重	《青海省政府报灾电文汇集》，青海省图书馆藏
	互助	该县第三区廉让乡、戴家坡、邵家沟等三庄之老鸡蛋山，忽于农历九月间先后崩走数次，计压没阴坡湾、麻边墙、浪滩河沿、前湾口一带地亩计共30石左右，压没田梱3.22万余捆	《青海民国日报》1942年11月21日，第2版
	海南北、贵德、兴海等县	1942年夏，牛瘟由海西汪什代克族发生，先侵入海北刚察地区，然又转入海东、海南之达如玉、千卜录等族，环海各牧场均被其传染。又复自环海一带传至黄河以南贵德县属之鲁仓各族及同德、同仁各牧场。十月，蔓延至海西至柴达木附近，南至大河坝、北至祁连山麓。被灾之地纵横各达1000华里，至十月底已死亡牛只110余万头	《青海黑霜、牛瘟成灾》，青海省图书馆藏。
民国三十二年（1943年）	贵德县	县属坝芒下茶纳庄，于农历正月初三午后四时，忽然山崩地裂，压毙男女一百一十六人，骡、马、牛、羊、驴共六七百头，其压伤及逃出者40余人无家可归	《青海赈济资料摘抄》，青海省图书馆藏

续表

时　间	受灾地区	灾　况	资料来源
民国三十二年（1943 年）	西宁	七八月间，冰雹迭降	《青海各地遭被灾害概况》，青海省图书馆藏
		康乐乡西甘河，农历七月二十一日洪水，将山冲崩，损失田地 3 石余	《青海各地遭被灾害概况》，青海省图书馆藏
		西华镇、大寺沟、水峡口各庄秋遭蝗虫，成灾五分	《青海各地遭被灾害概况》，青海省图书馆藏
		山旱沟脑之处，入夏以来禾稼概属生黄、变霉，苗而不穗	《青海各地遭被灾害概况》，青海省图书馆藏
	互助	八月，第三区德胜等乡遭蝗虫，禾稼吃枯	《青海省政府报灾电文汇集》，青海省图书馆藏
	湟源	文峰、新海等三乡被冰雹灾	《青海各地遭被灾害概况》，青海省图书馆藏
	大通	良教、元墩等五乡，农历七月间先后被冰雹打损	《青海各地遭被灾害概况》，青海省图书馆藏
	乐都	共和乡属、双堡乡属数村庄天降冰雹，受灾奇重，收获无望	《青海各地遭被灾害概况》，青海省图书馆藏
	贵德	芒拉沟下属各庄、上山加秃合等庄，农历六月间先后被雹，其中芒拉沟下属各庄雹积厚六七尺，禾稼打伤殆尽	《青海各地遭被灾害概况》，青海省图书馆藏
		贵德县城百余里外之查乃海、诸忽勒及二百余里外之鲁仓族一带。去冬，牛瘟流行剧烈，死亡极重。兹闻现仍流行未止，近数月来，羊瘟又起，传播甚速	《青海民国日报》1943 年 5 月 13 日，第 2 版
	互助	第二、三、四区的须德、兴盛等数乡，农历六月二十五日冰雹，成灾四至八分不等	《青海各地遭被灾害概况》，青海省图书馆藏
	化隆	黑城乡、东堡乡六月间被雪，禾稼遍地摧打，成灾八分以上	《青海各地遭被灾害概况》，青海省图书馆藏
	亹源	自暮春以来，春雪无多，以致牧区羊只疫疠流行，马匹亦感染热病，死亡甚多。黄城滩、大河坝一带，马、羊疫疠尤甚	《青海民国日报》1943 年 4 月 29 日，第 2 版

续表

时　间	受灾地区	灾　况	资料来源
民国三十三年（1944年）	乐都南	因地震为灾，寺院一度受到破坏	《中国地震历史资料汇编》
	同仁	旱魃为虐，秋收歉薄	《青海民国日报》1944年8月20日，第2版
	大通	南北区惨遭雹、虫灾，灾区达十三乡	《青海民国日报》1944年8月28日，第2版
	亹源	亹源一区雹灾惨重，日内成熟之庄稼打伤殆尽	《青海民国日报》1944年9月3日，第2版
民国三十四年（1945年）	共和县	五月，共和县千卜列（录——引者注）乡、都秀一带，连日大雪频降，竟达五寸之厚。该地羔羊、小牛冻饿死者不计其数，蒙藏人民异常忧恐	《青海民国日报》1945年5月25日，第1版
民国三十五年（1946年）	海晏、都兰、亹源、共和	该年鼠疫流行，海宴县塔如和塔秀地区死亡近100人，全家死绝者60多户；都兰县宗家旗死亡300多人，全家死绝者60多户；昆仑山下台吉乃旗死亡300多人。同年伤寒流行，门源县浩门镇40%的人受感染，病死率高达31%；共和县家拉乡东巴地区死亡11人	《安多蒙藏医药史》，第158页
民国三十六年（1947年）	海南北一带	牛羊疫流行甚烈	《青海民国日报》1947年4月16日，第3版
	海晏县	香庄等处牛只发生嗓喉病症	《青海民国日报》1947年12月13日，第2版
民国三十六至三十七年（1947～1948年）	湟中县	盘道和上五庄山区发生牛瘟，发病率达70%～80%，死牛1000余头，死亡率近100%	《湟中县志》，第99页
民国三十七年（1948年）	遍及全省	入夏后，都兰、兴海县惨遭黑霜，田禾全部枯槁；复同德惨遭黑霜。继则暴风骤雨，山洪暴发，水患遍及全省，损失甚重。有关国防建设及民生福利的公路、桥涵及水渠、电厂等，在此次天灾下也无不蒙受巨灾，尤其是国道、省道及大车道十分之九皆被冲毁。刚刚动工的大型水利“常胜”“庆凯”“平安”“阁工”等重要工程，悉被摧毁	《青海政情》1948年第285期

续表

时　间	受灾地区	灾　况	资料来源
民国三十七年（1948 年）	西宁市	元月，西宁市突发流行性脑脊髓膜炎	《青海省三十七年度政绩比较表》，陕西省图书馆藏
	环海各县	春季大雪成灾，蒙藏人民帐幕牛羊马匹损失惨重	《青海省三十七年度政绩比较表》，陕西省图书馆藏
民国三十八年（1949 年）	互助	冰雹，占播种面积约 30% 的耕地不同程度受害	《青海省气象局综合调查材料》

备注：关于 1932 年西宁三省发生的霍乱，据张萍教授在《环境史视域下的疫病研究：1932 年陕西霍乱灾害的三个问题》一文中分析，有关青海发生病例和死亡人数尚不止表中所述，实际更多。

图书在版编目(CIP)数据

近代青海社会救济研究 / 王梅著. -- 秦皇岛 : 燕山大学出版社 ; 北京 : 社会科学文献出版社, 2019.12

ISBN 978-7-81142-986-2

Ⅰ.①近… Ⅱ.①王… Ⅲ.①社会救济-研究-青海-近代 Ⅳ.①D693.66

中国版本图书馆CIP数据核字（2019）第282467号

近代青海社会救济研究

著　　者 / 王　梅

出 版 人 / 陈　玉
责任编辑 / 张岳洪　高振华

出　　版 / 燕山大学出版社
地址：河北省秦皇岛市河北大街西段438号
社会科学文献出版社
地址：北京市北三环中路甲29号院华龙大厦
经　　销 / 全国新华书店
印　　装 / 北京虎彩文化传播有限公司

规　　格 / 开本：787mm×1092mm　1/16
印张：19.5　字数：317千字
版　　次 / 2019年12月第1版　2019年12月第1次印刷
书　　号 / ISBN 978-7-81142-986-2
定　　价 / 79.00元